UTB **3514**

Eine Arbeitsgemeinschaft der Verlage

Böhlau Verlag · Wien · Köln · Weimar
Verlag Barbara Budrich · Opladen · Farmington Hills
facultas.wuv · Wien
Wilhelm Fink · München
A. Francke Verlag · Tübingen und Basel
Haupt Verlag · Bern · Stuttgart · Wien
Julius Klinkhardt Verlagsbuchhandlung · Bad Heilbrunn
Mohr Siebeck · Tübingen
Orell Füssli Verlag · Zürich
Ernst Reinhardt Verlag · München · Basel
Ferdinand Schöningh · Paderborn · München · Wien · Zürich
Eugen Ulmer Verlag · Stuttgart
UVK Verlagsgesellschaft · Konstanz, mit UVK/Lucius · München
Vandenhoeck & Ruprecht · Göttingen
vdf Hochschulverlag AG an der ETH Zürich

Themen der Theologie

herausgegeben von
Christian Albrecht, Volker Henning Drecoll,
Hermut Löhr, Friederike Nüssel, Konrad Schmid

Band 4

Konrad Schmid (Hg.)

Schöpfung

Mohr Siebeck

Konrad Schmid, geboren 1965; Professor für Alttestamentliche Wissenschaft und Frühjüdische Religionsgeschichte an der Universität Zürich.

ISBN 978-3-8252-3514-7 (UTB Band 3514)

Online-Angebote oder elektronische Ausgaben erhältlich unter *www.utbshop.de*

Die Deutsche Nationalbibliothek verzeichnet diese Publikation in der Deutschen Nationalbibliographie; detaillierte bibliographische Daten sind im Internet über *http://dnb.d-nb.de* abrufbar.

© 2012 Mohr Siebeck Tübingen.

Das Werk einschließlich aller seiner Teile ist urheberrechtlich geschützt. Jede Verwertung außerhalb der engen Grenzen des Urheberrechtsgesetzes ist ohne Zustimmung des Verlags unzulässig und strafbar. Das gilt insbesondere für Vervielfältigungen, Übersetzungen, Mikroverfilmungen und die Einspeicherung und Verarbeitung in elektronischen Systemen.

Das Buch wurde von Computersatz Staiger in Rottenburg a.N. gesetzt und von Hubert & Co. in Göttingen gedruckt und gebunden.

Inhalt

Einführung

Konrad Schmid: Schöpfung als Thema der Theologie   1

1. Problemhorizont des Themas   1
2. Der Begriff der Schöpfung   3
3. Wissenschafts- und theologiegeschichtliche Prägungen .   6
4. Überblick über die Beiträge des Bandes   9

Quellen- und Literaturverzeichnis 14

Alter Orient

Annette Zgoll: Welt, Götter und Menschen in den
Schöpfungsentwürfen des antiken Mesopotamien 17

1. Schöpfung in mesopotamischen Quellen 17
   1.1. Quellen, Kontexte, Lexeme 18
   1.2. Ziele des Beitrages 19
2. Schöpfung einer lebenswerten Welt:
Stadt und Tempel 19
   2.1. Urwelten: Eine Übersicht 19
   2.2. *Enūma eliš:* Tempel und Stadt als Zielpunkt
       der Schöpfung 23
   2.3. Keš-Hymne: Austauschbarkeit von Tempel
       und Stadt 27
   2.4. Kosmologische Implikationen:
       Der Kosmos als Stadt 28
   2.5. Andere Konzepte: Baum, Gebäude, Gutshof 35
3. Ziele der Schöpfung und der Schöpfungstexte 36
   3.1. Gesamtziel: Ontologie als Teleologie
       und Theologie 36
   3.2. Teilziele: Anliegen verschiedener Schöpfungstexte . 38

4. Schöpfung des Menschen im Dienst der Götter
und Teilhabe am Göttlichen 40
   4.1. Schöpfer und Schöpfung von Menschen:
        Eine Übersicht 40
   4.2. Die Erschaffung der Menschheit im
        Atramhasis-Mythos 42
   4.3. Menschenschöpfung in *Enūma eliš* 46
   4.4. Enki und Ninmah. Die Stadt als urbaner
        Lebensraum für alle. Das Problem von Krankheit,
        Schwäche, aber auch der besonderen Begabungen .. 46
5. Wesen und Aufgaben des Menschen 49
   5.1. Wesen des Menschen: Die Nähe der Menschen
        zu den Göttern 49
   5.2. Aufgaben des Menschen: Mitarbeit
        an der Schöpfung 51
6. Schöpfung als Weltentfaltung:
   Natur, Kultur und Geschichte 58
   6.1. Natur-Elemente 58
   6.2. Kultur-Elemente 59
   6.3. Progress der Schöpfungsgeschichte –
        das Beispiel von »Mutterschaf und Getreide« 60
   6.4. Weltschöpfung und Weltgeschichte in *Enūma eliš* .. 62
7. Aspekte altorientalischer Schöpfungsentwürfe:
   Zusammenfassung und Ausblick 64

Quellen- und Literaturverzeichnis 66

Altes Testament

Konrad Schmid: Schöpfung im Alten Testament 71

1. Schöpfungsaussagen im Alten Testament 71
   1.1. Überblick 71
   1.2. Religions- und literaturgeschichtliche
        Voraussetzungen 72
2. Die Erschaffung der Welt nach Gen 1 77
3. Die Paradieserzählung Gen 2 f. 92
4. Psalmen 99

5. Deuterojesaja und Tritojesaja (Jes 40–66) 102
6. Proverbia, Hiob und Qohelet 104
   6.1. Prov 1–9 105
   6.2. Hiob 106
   6.3. Qohelet 109
7. Apokalyptische Literatur 111

Quellen- und Literaturverzeichnis 113

Neues Testament

Matthias Konradt: Schöpfung und Neuschöpfung
im Neuen Testament 121

1. Hinführung 121
2. Die Verkündigung der Königsherrschaft Gottes
   im Horizont der Schöpfung in der (synoptischen)
   Jesustradition 123
   2.1. Die Basileia des Schöpfers: Einführung 123
   2.2. Vertrauen in die Fürsorge des Schöpfers und die
        Suche der Basileia: Q 12,22–31 124
   2.3. Der schöpfungstheologische Horizont der
        ethischen Unterweisung Jesu 129
3. Die Schöpfungsthematik in der Theologie und Ethik
   des Jakobusbriefs 132
4. Der schöpfungstheologische Ansatz in den
   Missionspredigten vor »Heiden« in der
   Apostelgeschichte 137
   4.1. Einleitung 137
   4.2. Die Lystra-Episode in Apg 14,8–18 138
   4.3. Paulus auf dem Areopag in Athen (Apg 17,16–34) . 140
5. Schöpfung und Neuschöpfung bei Paulus 146
   5.1. Einleitung 146
   5.2. Gotteserkenntnis anhand der Schöpfung 147
   5.3. Christus als Ebenbild Gottes und letzter Adam ... 152
   5.4. Das Heilshandeln des Schöpfers 156
   5.5. Paulus' Rede von der neuen Schöpfung 158
   5.6. Die Erlösung der Schöpfung in Röm 8,19–23 164

6. Christus als Schöpfungsmittler 167
7. Der neue Himmel und die neue Erde in Apk 21
   (und 2Petr 3,13) 173

Quellen- und Literaturverzeichnis 178

Kirchengeschichte

Anselm Schubert: Schöpfung – Positionen der Theologie-
und Kirchengeschichte 185

1. Einleitung 185
2. Die Alte Kirche: Die moralische Qualität des Kosmos . 186
   2.1. Einleitung 186
   2.2. Hellenistische Schöpfungsvorstellungen 186
   2.3. Die spätantike Gnosis 189
   2.4. Von den Apostolischen Vätern zu Origenes 190
   2.5. Die Begründung der abendländischen
        Anthropologie: Augustin und Pelagius 193
   2.6. »Dionyisus Areopagita«:
        Die himmlische Schöpfungsordnung 195
3. Das Mittelalter: Die Metaphysik der Schöpfung 196
   3.1. Einleitung 196
   3.2. Frühscholastik: Anselm von Canterbury 197
   3.3. Hochscholastik: Thomas von Aquin 197
   3.4. Spätscholastik: Meister Eckhart und
        William von Ockham 199
4. Frühe Neuzeit: Die Ordnung der Welt 200
   4.1. Einleitung 200
   4.2. Die theologischen Grundlagen 201
   4.3. Der Umbruch des Weltbildes 205
5. Neuzeit: Die Veränderlichkeit der Natur 208
   5.1. Einleitung 208
   5.2. Die Evolutionstheorie 209
   5.3. Theologische Antworten 210

Quellen- und Literaturverzeichnis 213

Systematische Theologie

Reiner Anselm: Schöpfung als Deutung der Lebenswirklichkeit 225

1. Einleitung 225
2. Schöpfung als freier Akt Gottes: *creatio ex nihilo* und *creatio continua* 228
3. *Concursus divinus:* Die Souveränität Gottes und die Möglichkeiten des Menschen 236
4. Trinitarische Schöpfungslehre: Die Kontingenz der Schöpfung und die Solidarität Gottes 239
5. Schöpfung, Weltverständnis und Naturwissenschaft .. 245
6. Schöpfung, Selbstverständnis und Weltgestaltung 258
7. Schöpfung und Lebensführung 268

Quellen- und Literaturverzeichnis 287

Praktische Theologie

Martin Rothgangel: Schöpfung – Praktisch-theologische Herausforderungen und bildungstheoretische Konsequenzen 295

1. Schöpfung: Aktuelle Herausforderungen aus empirischer Perspektive 296
   1.1. Gen 1 als Tatsachenbericht? Zur Schöpfungsvorstellung von Kindern und Kreationisten 296
   1.2. Biblischer Schöpfungsglaube von Naturwissenschaften widerlegt? Zur Schöpfungsvorstellung von Jugendlichen und Szientisten 300
2. Schöpfung ›und‹ Naturwissenschaft: Vereinbarungsstrategien aus entwicklungspsychologischer, alltagstheoretischer und theologischer Perspektive 303
   2.1. Zur Entwicklung komplementären Denkens 303
   2.2. Alltagstheoretische Vereinbarungsstrategien 305
   2.3. Theologische Vereinbarungsstrategien 310

3. Bildungstheoretische Überlegungen 314
   3.1. Leitlinien einer schöpfungsorientierten Didaktik . 314
   3.2. Bildungsziele 316

Literaturverzeichnis 320

Zusammenschau

Konrad Schmid: Die Welt als Schöpfung 325

1. Einführung 325
2. Historische Entwicklungslinien 326
3. Thematische Brennpunkte 329
   3.1. Sein und Nichtsein 329
   3.2. Die Weltlichkeit der Welt 330
   3.3. Universalität und Partikularität 331
   3.4. Die moralische Qualität der Welt und die Theodizeefrage 332
   3.5. Die Minderung der Lebenswelt durch das konflikträchtige Verhältnis der Geschöpfe untereinander 333
   3.6. Schöpfungsglaube und Naturwissenschaft 334
   3.7. Gott als Designer? 337
   3.8. Das Selbstverständnis des Menschen 338
   3.9. Die Schöpfung bewahren? 340
4. Schöpfung als Thema der Theologie und der Kultur- und Geisteswissenschaften 342

Quellen- und Literaturverzeichnis 344

Autoren 347

Namenregister 349

Sachregister 355

Einführung

Konrad Schmid

Schöpfung als Thema der Theologie

1. Problemhorizont des Themas

»Schöpfung« scheint ein gängiges, ansprechendes und aktuelles Thema der Theologie zu sein. In der Tat: Im Horizont von ökologischen Krisen und menschlicher Ausbeutung natürlicher Lebensgrundlagen und Ressourcen auf Kosten späterer Generationen sind Theologie und Kirche gefragt, sich zum Thema »Schöpfung« zu äußern, was sie auch in intensiver Weise getan haben und weiter tun. Hinzu tritt, dass in neuerer Zeit – durch entsprechende Diskussionen vor allem in den USA, mittlerweile aber auch in Europa – die Kreationismusdebatte wieder aufgeflammt ist, besonders im Blick auf schulpolitische Fragen: Welchen Stellenwert soll die Bibel neben den naturwissenschaftlichen Zugängen zu Kosmologie und Anthropologie im Unterricht haben?

Gleichwohl ist bereits zu Beginn dieses Bandes in aller Deutlichkeit festzustellen: So oft der Begriff der »Schöpfung« von der Theologie und Kirche, ja sogar darüber hinaus verwendet wird – »Schöpfung« gehört zu den wenigen theologischen Begriffen, die ihren Weg auch in gegenwärtige rechtliche und politische Diskurse gefunden haben –, so widerständig und schwierig ist und bleibt er im Grunde genommen doch. Die Bestimmung Luthers (Martin Luther, *Die Promotionsdisputation von Petrus Hegemon*; WA 39/2, 340, 21f.): *articulus de creatione rerum ex nihilo difficilior est creditu quam articulus de incarnatione* (»Der Satz von der Schöpfung der Dinge aus dem Nichts ist schwieriger zu glauben als der Satz von der Menschwerdung«) ist aus theologischer Sicht nach wie vor höchst aktuell.

2 Einführung

Es wäre ein Trugschluss zu meinen, der erste Artikel sei leichter zu verstehen als der zweite Artikel des Glaubensbekenntnisses, obwohl »Schöpfung« erfahrungsnaher zu sein scheint als der Themenkomplex um die »Christologie«.

Weshalb? Die Beantwortung dieser Frage werden die Beiträge dieses Bandes zu leisten haben, soviel aber ist als elementare Bestimmung des Problemhorizonts vorwegzunehmen: »Schöpfung« kann leicht missverstanden werden als eine ökologisch oder politisch motivierte Metapher für die Umwelt, insofern diese als verletzlich, bedroht und schützenswert in den Blick genommen wird. »Schöpfung« *als Thema der Theologie* wäre aber gründlich verfehlt, wenn dahinter eine metaphysisch verbrämte oder romantisierende Lehre von der Welt erblickt würde. Theologisch gesehen kann von »Schöpfung« nicht geredet werden, ohne zugleich vom Schöpfer zu reden. In der dogmatischen Tradition gehört die Schöpfungslehre zur Gotteslehre hinzu, und da von Gott – zumindest in der christlichen Tradition – nicht unter Absehung des zweiten Artikels gesprochen werden kann, ist dadurch der erste Artikel insgesamt, die Schöpfungslehre miteingeschlossen, grundsätzlich vom zweiten Artikel her zu verstehen. Wenn nun also schon der zweite Artikel des Glaubensbekennntnisses schwierig ist, dann gilt dies umso mehr vom ersten.

Hinzu tritt eine weitere Schwierigkeit. Namentlich in der akademischen Theologie sowie auch in den mitteleuropäischen – anders als in einigen amerikanischen – Kirchen hat sich mittlerweile ein Modell der schiedlich-friedlichen Zuordnung von Schöpfung und Naturwissenschaft etabliert, das in der von ihm postulierten Konfliktfreiheit dieser beiden Weltinterpretationen die Problemsituation möglicherweise eher verschleiert als klärt. In der Regel hält man den biblischen Schöpfungsbericht für naturwissenschaftlich überholt und heute nur noch für Fragen lebensweltlicher Deutungen relevant, während sich die heutige Naturwissenschaft dazu komplementär verhalte. So könne beides nebeneinander bestehen. Dieses etwas biedere Modell tappt zwar nicht in die Falle, die biblischen Texte im Blick auf ihre kosmologischen Vorstellungen für überzeitlich gültige Wahrheiten und für gleich- oder gar höherwertige Konkurrenten gegenwärtiger naturwissenschaftlicher Zugänge zu halten, verharmlost aber einerseits den Weltbezug biblischer Schöpfungstexte, der gewissermaßen nicht vollständig »entmythologisierbar« ist, und andererseits den heutiges menschliches Selbstverständnis doch subkutan und grundsätzlich prägenden Charakter einer naturwissenschaftlich-technischen Sicht auf die Welt, die etwa deren soziale oder auch transzendente Bezüge systematisch vernachlässigt – jedenfalls nicht einer grundlegenden Reflexion zuführt (vgl. Schröder 2011). Umgekehrt werden damit die quasimythischen Momente kosmologischer Gesamtentwürfe keiner Kritik in Bezug auf deren Eigenschaften als extrapolierende Konstrukte ausgesetzt.

Grundsätzliche Schwierigkeiten im Umkreis des Schöpfungsthemas können allerdings selbstredend nicht von der Beschäftigung mit ihm entbinden. Das Thema ist aktuell, und es sind gerade die genannten Schwierigkeiten, die eine Klärung sinnvoll und nötig machen.

Entsprechend der Aufgabenstellung und dem Aufriss der Bände in der Reihe »Themen der Theologie« wird das Thema aus der Sicht der einzelnen Disziplinen der Theologie behandelt werden, ergänzt durch eine Einleitung und eine Auswertung, aber auch durch ein altorientalisches Kapitel, das den religionsgeschichtlichen Rückraum der biblischen Behandlung des Themas erhellen soll und dem wissenschaftsgeschichtlich bedeutsamen Umstand Rechnung trägt, dass die Schöpfungsthematik nicht aus der Bibel stammt, sondern ihr vorgegeben war.

2. Der Begriff der Schöpfung

Der deutsche Begriff »Schöpfung« stammt aus dem Mittelhochdeutschen (»schepf[en]unge«, das mittelhochdeutsche Verb für »schaffen« lautet »schepfen«) und bezeichnet nach Auskunft des Duden zunächst nur Gottes Werk, kann dann aber vom 18. Jahrhundert an »dichterisch für ›Welt‹ nach engl. creation« sowie »für das künstlerische Schaffen und sein Ergebnis« verwendet werden (Duden 1997: 649). Die profanen Verwendungen des Begriffs sind allerdings nur der lexikalischen Vollständigkeit halber zu erwähnen: Sie sind selten anzutreffen, und in ihnen scheint auch die Metaphorik des religiösen Sprachgebrauches durch.

Doch auch der theologische Gebrauch des Begriffs ist nicht Teil der Umgangssprache – zunächst schlicht aus dem Grund, da religiöse Interpretationen der Wirklichkeit in ihrer Mehrzahl kaum mehr umgangssprachlichen Stellenwert haben. Gleichwohl wird »Schöpfung« bisweilen in bestimmten Kontexten außerhalb von Theologie und Kirche verwendet, namentlich im Bereich des Rechts und in ökologischen Diskursen. So lautet etwa die Präambel der Verfassung des Kantons Zürich vom 27. Februar 2005: »Wir, das Volk des Kantons Zürich, in Verantwortung gegenüber der Schöpfung und im Wissen um die Grenzen menschlicher Macht, im gemeinsamen Willen, Freiheit, Recht und Menschenwürde zu schützen und den Kanton Zürich als weltoffenen, wirtschaftlich, kulturell und sozial starken Gliedstaat der Schweizerischen Eidgenossenschaft weiterzuentwickeln, geben uns die folgende Verfassung: […]«. Auch die Verfassung des Kantons Bern vom 6. Juni 1993 formuliert ähnlich: »In der Absicht, Freiheit und Recht zu schützen und ein Gemeinwesen zu gestalten, in dem alle in Verantwortung gegenüber der Schöpfung zusammenleben, gibt sich das Volk des Kantons Bern folgende Verfassung: […]«. Schöpfung bezeichnet hier die Mit- und Umwelt des Menschen, die als ihm gegeben, aber auch als durch ihn bedroht angesehen wird. Wo Schöpfung als Begriff in heutigen Kontexten benutzt wird, scheint er vor allem als intakte Natur verstanden zu werden. Mit anderen Worten: Anthropogene Produkte der Kultur und Zivilisation gehören nicht dazu. Die Zugspitze als Berg ist als »Schöpfung« ansprechbar, nicht aber die hinauf führende Seilbahn.

Nun sind sprachliche Entwicklungen und Umprägungen als solche zunächst zur Kenntnis zu nehmen und nicht leichtfertig zu kritisieren. Für den Begriff der Schöpfung bleibt aber gleichwohl festzuhalten, dass diese Verwendung weder der biblischen Sicht noch der theologischen Tradition entspricht. Schöpfung meint das von Gott Geschaffene und von ihm Unterschiedene und umfasst – theologisch verstanden – restlos alles, was nicht der Schöpfer selbst ist. Mit Blick auf die genannte Redeweise wäre also zu präzisieren: Die Exklusion von anthropogenen Errungenschaften aus dem Schöpfungsbegriff entspricht jedenfalls nicht dem biblischen und theologischen Verständnis. Dass menschliche Kultur- und Zivilisationsleistungen nicht zur »Schöpfung« zählen sollen, basiert auf einer naturromantischen Engführung des Schöpfungsbegriffs und insinuiert zudem eine mögliche Konkurrenz des göttlichen Schöpfers und des Menschen, dessen Erzeugnisse anscheinend nicht als Teil der Schöpfung verstanden werden.

Man ist mithin gut beraten, solche außertheologischen Adaptionen des Schöpfungsbegriffs kritisch wahrzunehmen und sie von den theologischen Diskurslagen und Präzisierungen her zu klären.

Was die biblischen Ursprünge der Rede von der »Schöpfung« betrifft, so ist zunächst festzuhalten, dass das Alte Testament keinen substantivischen Begriff für »Schöpfung« kennt. Es verwendet zwar das Verb ברא *bārā'* für das analogielose göttliche Schaffen, doch die Substantivbildung dazu בריאה *bᵉrij'āh* lässt sich erstmals in dem in Qumran gefundenen Text CD 4,21 (vgl. 12,15) belegen und findet sich dann auch in der rabbinischen Literatur. Anders verhält es sich im Neuen Testament, das ganz geläufig neben dem Verb κτίζω (»erschaffen«) auch das Substantiv κτίσις (»Schöpfung«) verwendet.

Zumindest für das Alte Testament muss das Fehlen einer eigenen Begrifflichkeit nicht erstaunen. »Schöpfung« kommt im Rahmen eines soziomorphen Weltbildes, das nicht grundsätzlich zwischen kosmologischen und soziologischen, zwischen naturwissenschaftlichen und theologischen Aspekten differenziert, erwartungsgemäß nicht als eigenständiges Thema zur Sprache. Dass die Welt, in der das antike Israel lebte, Gottes Schöpfung war, ist eine theologische Aussage, die das antike Israel zwar erst nach und nach entwickelte, sie galt in der Zeit der formativen Periode des Alten Testaments aber als Selbstverständlichkeit. Fraglich war, wie, wo und wann Gott in der Schöpfung wahrnehmbar präsent sei, nicht aber, ob er überhaupt der Schöpfer sei.

Der Begriff der Schöpfung ist insofern in doppelter Weise zu relativieren: In den biblischen Grundüberlieferungen des Alten Testaments spielt er – als Begriff – keine wichtige Rolle; moderne Verwendungen neigen mitunter dazu, ihn zu romantisieren und ihn hinsichtlich der Vorstellung intakter Natur engzuführen.

3. Wissenschafts- und theologiegeschichtliche Prägungen

Für die theologische Behandlung des Themas Schöpfung ist vor allem die Entwicklung der Naturwissenschaften und der Verlauf der Theologiegeschichte des 19. und 20. Jahrhunderts zu bedenken (vgl. Keel/Schroer 2008[2]: 11–36). Die moderne Kosmologie ist im Wesentlichen eine Errungenschaft des 20. Jahrhunderts. Erst mit Albert Einsteins Relativitätstheorie sowie den Beobachtungen von Edwin Hubble zur Expansion des Universums waren die Grundsteine für die naturwissenschaftliche Theoriebildung gelegt, die die gegenwärtigen Diskurse bestimmt. Das Alter des Universums ist nach derzeitiger Ansicht vergleichsweise genau bestimmbar, es beträgt 13,7 Milliarden Jahre (Benz 2009). Damit hat sich auch die Überzeugung durchgesetzt, dass das Universum einen Anfang hat, wie es die Urknall-Theorie formuliert. Diese Position der heutigen Forschung ist gegenüber antiken und neuzeitlichen philosophischen Kritiken der Schöpfungsvorstellung bemerkenswert, die auf der Ewigkeit des Bestandes der Welt beharren und den Gedanken eines absoluten Anfangs als inkonsistent und widersprüchlich zurückweisen (Wagner 1995: 89–113). Zwar stellt sich auch angesichts der Auskünfte der modernen Kosmologie die Frage des Zustandes des Universums vor dem Urknall, doch muss die Astrophysik hier darauf verweisen, dass die Frage nach dem »Zuvor« im Rahmen dieser Theorie sinnlos ist – es gibt keine zeitliche Erstreckung des Universums vor seinen Beginn hinaus.

Wesentlich unsicherer ist sich die Astrophysik über den künftigen Verlauf der Expansion des Universums. Hier existieren verschiedene Modellannahmen nebeneinander. Ein wissenschaftlicher Konsens wie im Blick auf Urknall und Alter des Universums ist noch nicht in Sicht und ist wohl auch nicht zu erwarten. Die diskutierten Modelle beruhen auf Extrapolationen, deren eingeschränkte Datenbasis keine hinreichend plausiblen Entwicklungsprognosen nahe legt.

Ist so immerhin bezüglich des Beginns des Universums eine grundsätzliche Übereinstimmung zwischen Naturwissenschaft und theologischen Schöpfungsaussagen festzustellen, so ist allerdings im Blick auf die weiteren geistesgeschichtlichen Befindlichkeiten der Gegenwart mehr und mehr beobachtbar, dass die Strahlkraft konkreter wissenschaftlicher Weltbilder an gesellschaftlicher Bedeutung abgenommen hat (Lübbe 1989: 258f., 270). Wie alt das Universum ist, ob es im Gefolge eines Urknalls entstanden ist oder nicht, diese Fragen haben zu Beginn des 21. Jahrhunderts nicht mehr dieselbe gesellschaftliche und öffentliche Relevanz wie ein Jahrhundert zuvor.

Dieser Prozess hängt im Wesentlichen mit der Situation der Wissenschaft nach der Aufklärung zusammen: »Dogmatische Sätze kirchlich tradierter religiöser Lehren begrenzen die wissenschaftlichen Theoriebildungsprozesse seit langem schlechterdings nicht mehr, und insoweit lässt sich dann sagen, dass die Aufklärung in wissenschaftspraktischer Hinsicht sich kulturell und politisch durchgesetzt hat. Ein sicheres Indiz dieses Vorgangs ist der Schwund der religiösen Bedeutsamkeit, den der wissenschaftliche Erkenntnisfortschritt im Sieg der Aufklärung erleidet« (Lübbe 1989: 258). Hinzu kommt: Im Zeitalter der »multiple modernities« (Eisenstadt 2000) sind einheitliche Weltbildvorstellungen nicht mehr zu erwarten, insofern reduziert sich auch das Konfliktpotential konkurrierender oder jedenfalls nicht kongruenter Konzeptionen.

Insofern dürfte für gegenwärtige Annäherungen an die Schöpfungsthematik – jedenfalls im mitteleuropäischen Bereich – weniger die Weltbildthematik im Konflikt mit wissenschaftlichen Zugangsweisen zur Entstehung des Universums im Vordergrund stehen, als die historische und hermeneutische Erschließung dieser Vorstellung im Rahmen eines Zeitalters, dem soziomorphe Erklärungsweisen und das Zusammendenken von Welt und Lebenswelt nicht mehr einfach geläufig sind.

Was die Theologiegeschichte betrifft, so ist noch einmal zu differenzieren. Zunächst waren für die Schöpfungsthematik im Bereich der Theologie die großen archäologischen Entdeckungen in Mesopotamien im 19. Jahrhundert von Bedeutung (Keel/Schroer 2008). Durch das Bekanntwerden akkadischer Parallelen zur biblischen Schöpfungs- und Fluterzählung wurde der traditionelle und mythologische Charakter der entsprechenden Überlieferungen deutlich. Die Analogielosigkeit der Bibel war nachgerade empirisch widerlegt, von manchen wurde darin eine Beschneidung ihrer Offenbarungsqualität gesehen (vgl. Lehmann 1989). Aus dem Abstand von nun mehr als hundert Jahren seit diesen Entdeckungen hat man einerseits die Beziehungen zwischen »Babel« und der »Bibel« differenziert zu sehen gelernt – weder ist die Bibel in *splendid isolation* geschrieben, noch ist der Panbabylonismus ein adäquates Interpretationsschema –, und andererseits hat man die rezeptions- und traditionsgeschichtlichen Aspekte der Bibel auch in theologischer Hinsicht zu würdigen gelernt: Die Qualität der Bibel liegt nicht in der Analogielosigkeit ihrer Stoffe, sondern in ihren spezifischen Interpretationen. Um diese herauszuarbeiten, hat sich in der Bibelwissenschaft im 20. Jahrhundert eine Grundüberzeugung institutionalisiert, die davon ausgeht, dass die Bibel zu behandeln und auszulegen sei wie jede andere Literatur auch.

Von noch größerer Bedeutung für die Behandlung des Schöpfungsthemas in der Theologie war jedoch das Aufkommen der Dialektischen Theologie anfangs der zwanziger Jahre des 20. Jahrhunderts (Moltmann 1962/1963; Körtner 2001). Zum einen geriet die natürliche Theologie und mit ihr das Schöpfungsthema aus innertheologischen Gründen in Misskredit, zum anderen wurde das Schöpfungsthema durch die Inanspruchnahme der Vorstellung von Schöpfungsordnungen im Umkreis der »Deutschen Christen« und durch die vehemente Bekämpfung solcher Positionen im Rahmen der »Bekennenden Kirche« nach dem Zweiten Weltkrieg in der Theologie stark marginalisiert. Beispielhaft ist etwa Gerhard von Rads einflussreicher Aufsatz »Das theologische Problem des alttestamentlichen Schöpfungsglaubens« (1936), der dem Schöpfungsglauben innerhalb der Theologie des Alten Testaments eine gegenüber der Heilsgeschichte dienende Rolle zuschrieb.

Es waren erst Stimmen aus der Peripherie und aus dem letzten Drittel des 20. Jahrhunderts, die das Thema wieder in Erinnerung riefen (vgl. Schmid 1973; Spieckermann 2003). Im Zuge der seit derselben Zeit einsetzenden ökologischen Krisen wurde der Schöpfungsbegriff in der kirchlichen Öffentlichkeit wieder so populär, dass seine Vorgeschichte anscheinend – zumindest im öffentlichen Bewusstsein – weitgehend in Vergessenheit geriet. Allerdings ergaben sich Schwierigkeiten nicht nur im Blick auf die ungeklärte Vergangenheitsproblematik, sondern auch hinsichtlich des Begriffs selber, der namentlich in ökotheologischen Diskursen unscharf gegen den Naturbegriff abgegrenzt wurde (Graf 1990). Im Rahmen des so genannten konziliaren Prozesses, der 1983 auf der Vollversammlung des Ökumenischen Rates der Kirchen in Vancouver seinen Anfang nahm und sich für Gerechtigkeit, Friede und Bewahrung der Schöpfung einsetzen sollte, wurde dies besonders deutlich. Namentlich das Ziel der »Bewahrung der Schöpfung« rief Kritik hervor, da hier Natur und Schöpfung nicht unterschieden werden. Theologisch kann der Mensch nicht Subjekt der Bewahrung von Schöpfung sein. Richtiger müsste von »Bewahrung der Natur im Wissen um ihren Charakter als Schöpfung« gesprochen werden (Bedford-Strohm 2001: 154).

Auch die innertheologischen Umgangsweisen mit dem Schöpfungsbegriff zeigen also gewisse Unklarheiten auf, die es im Folgenden zu berücksichtigen gilt.

4. Überblick über die Beiträge des Bandes

Der vorliegende Band behandelt das Thema Schöpfung entlang der klassischen Teildisziplinen der evangelischen Theologie (Altes Testament, Neues Testament, Kirchengeschichte, Systematische Theologie, Praktische Theologie), er bietet darüber hinaus aber als ersten Beitrag eine Darstellung altorientalischer Schöpfungsentwürfe (Annette Zgoll). Aufgrund dieses Beitrags wird zunächst deutlich, dass die grundlegenden Schöpfungsaussagen und -überlieferungen der Bibel, jedenfalls was das Thema als solches betrifft, nicht originell, sondern traditionell sind. Die mesopotamischen Kulturen haben bereits Jahrhunderte vor der Bibel von Schöpfung gesprochen und dabei Konzeptionen formuliert, die durch den Kulturkontakt, der namentlich durch das so genannte babylonische Exil der Judäer vom 6. Jahrhundert v. Chr. an erheblich intensiviert wurde, ihren Weg nach Israel fanden und dort in neuer Weise rezipiert und reformuliert worden sind. Annette Zgoll stellt zunächst die Vielfalt der altorientalischen Schöpfungskonzeptionen vor, bespricht dann einige herausragende Texte in näherer Hinsicht, um dann zu grundlegenden Fragen des Welt- und

Menschenverständnisses dieser Überlieferungen zu gelangen. An dem so genannten babylonischen Weltschöpfungsepos *Enūma eliš* ist etwa zu erkennen, dass die Weltschöpfung auf die Suprematie des Gottes Marduk über die anderen Götter und die Einrichtung der entsprechenden Kultstätten hinausläuft. Kosmogonie und Anthropogonie sind ganz in den Dienst der Götter gestellt und unterstreichen den engen Zusammenhang zwischen Schöpfung und Tempel, der sich dann auch in den alttestamentlichen Überlieferungen wieder nachweisen lassen wird. Die altorientalischen Texte zeigen, dass Schöpfungsprozesse auf die Ermöglichung von Leben hin ausgerichtet sind, die Überlieferungen dieses Leben aber als ein dynamisches und ständig zu bewahrendes und zu erhaltendes interpretieren. Entsprechend ist Schöpfung auch kein uranfänglich abgeschlossener Vorgang, Schöpfung hört nie auf. Der König hat als oberster menschlicher Hüter die Weltordnung zu bewahren, und die Menschen haben am Erhalt der Schöpfung durch ihre Kulturarbeit mitzuwirken, ansonsten würde das Chaos überhandnehmen und die geordnete Kulturwelt in ein sinnloses Durcheinander zurückfallen.

Der alttestamentliche Beitrag (Konrad Schmid) schließt historisch und sachlich an seinen altorientalischen Vorgänger an. Er stellt ausführlich die biblischen Grundtexte zur Schöpfung in Gen 1 und 2f. vor und zeigt an diesen auf, wie sehr die biblischen Schöpfungstexte hermeneutisch auf die Erschließung gegenwärtiger Lebenswelt hin ausgerichtet sind: Gen 1 zeichnet als Schöpfungsordnung eine Gegenwelt, die von der damals und gegenwärtig erfahrbaren Lebenswelt zwar nicht vollständig, aber doch markant unterschieden ist. Erst durch die in Gen 1–9 berichteten Vorkommnisse und die Veränderung der Schöpfungsordnung in Gen 9 entsteht die vorfindliche Lebenswelt. In Gen 2f. lässt sich eine vergleichbare Zuordnung von Gegenwelt und Lebenswelt und der Überführung des einen in den anderen Zustand auf textlich beschränkterem Raum und in Konzentration auf die Anthropogonie beobachten: Die Erschaffung der Menschen sieht diesen zunächst als unselbständiges, aber in Gemeinschaft mit Gott lebendes Wesen vor. Der Fall führt dann zur Ausstattung des Menschen mit Erkenntnisfähigkeit, aber zum dauerhaften Verlust der Gemeinschaft mit Gott. Schöpfung ist in Gen 1–3 also jeweils daraufhin ausgerichtet, wie die gegenwärtige Lebenswelt mit ihren Gewährungen, aber auch mit ihren Minderungen zu erklären ist. Im Unterschied zu den mesopotamischen Konzeptionen fällt auf, wie stark die Bibel die Trennung von Gott und Welt, Schöpfer und Geschöpf betont. Schöpfungstheologie ist in dieser Hinsicht weniger auf Spiritualisierung der Welt, denn vielmehr auf die Wahrnehmung ihrer Weltlichkeit hin ausgerichtet. An die Behandlung von Gen 1–3 schließt sich die Besprechung weiterer Schöpfungskonzeptionen aus den Psalmen, der Weisheits- sowie der apokalyptischen Überlieferung an.

Der neutestamentliche Beitrag (Matthias Konradt) bespricht das Wirklichkeitsverständnis des Urchristentums im Horizont des Schöpfungsthemas, das im Neuen Testament einerseits von der alttestamentlichen Grundunterscheidung von Gott und Welt, andererseits aber auch von der hellenistischen Überzeugung der Transparenz des Kosmos als Ort der Gotteserkenntnis her bestimmt ist, vor allem aber im Blick auf die eschatologische Vollendung der Schöpfung hin entfaltet wird. Schöpfung ist keine zentrale Interpretationskategorie des Neuen Testaments, wohl aber eine grundlegende Verstehensvoraussetzung der Rede vom Reich Gottes in der synoptischen Jesustradition, die Matthias Konradt zunächst behandelt. Die Schöpfungsthematik ist des Weiteren von Bedeutung im Jakobusbrief, der in dieser Hinsicht den Synoptikern nahe steht, sie kommt ferner in den Missionsreden des Paulus in der Darstellung der Apostelgeschichte zur Sprache, die daraufhin besprochen werden. Bei Paulus selbst ist das Schöpfungsthema vielschichtig angelegt und wird in seiner Differenzierung vorgestellt. Eigens zur Darstellung kommt der Topos der Schöpfungsmittlerschaft Christi (anhand von Kol 1,15–20), den Abschluss des neutestamentlichen Beitrags bildet die Vision eines neuen Himmels und einer neuen Erde in der Johannesapokalypse.

Der Überblick über Entwicklungen und Positionen in der Geschichte des Christentums (Anselm Schubert) macht deutlich, wie sehr die Bestimmungen der Schöpfungstheologie jeweils zwischen den Polen der biblischen Überlieferung einerseits und den jeweiligen philosophie- und wissenschaftsgeschichtlichen Überzeugungen andererseits oszillieren. In der Zeit der Alten Kirche steht die

Auseinandersetzung mit der durch die hellenistischen Kosmologien aufgeworfenen Frage nach der moralischen Qualität der Schöpfung im Vordergrund, die im Zeitalter der Reformation anthropologisch zugespitzt wird im Blick auf die (nicht vorhandenen) Möglichkeiten des Menschen, sich selbst Gnade oder auch nur sich selbst den Glauben an die göttliche Gnade zu verschaffen. Mit den ersten astronomischen, geographischen, geologischen und biologischen Entdeckungen der frühen Neuzeit begannen sich die Schöpfungsvorstellungen zunächst nur moderat zu verändern, da von der biblischen Darstellung abweichende Befunde zunächst mittels *ad-hoc*-Hypothesen mit dieser (versuchsweise) vereinbart wurden, doch der Evidenzdruck solcher Befunde verfestigte allmählich die Einsicht, dass die biblische Schöpfungsdarstellung nicht zugleich auch die naturwissenschaftlich angemessene sein könne. Namentlich das biblische Alter der Schöpfung konnte kaum mehr mit naturwissenschaftlichen Befunden verschiedener Provenienz vereinbart werden. Der Konflikt brach dann im 19. Jahrhundert vor allem aufgrund von Darwins evolutionsbiologischen Theorien vollends auf. Erst die Dialektische Theologie mit ihren existenzialphilosophischen Grundlagen vermochte eine Linderung zu schaffen, bevor in der zweiten Hälfte des 20. Jahrhunderts dann auch Fragen des ökologischen Engagements die Schöpfungstheologie zu beeinflussen begannen.

Der systematisch-theologische Beitrag (Reiner Anselm) verknüpft bewusst die dogmatische und ethische Dimension der Schöpfungstheologie, was bei diesem Thema auch nahe liegt. Die dogmatische Behandlung orientiert sich dabei an den traditionellen Lehraussagen und fragt nach deren Aussageintentionen. Anselm bespricht zunächst die theologischen Topoi der *creatio continua* und der *creatio ex nihilo*, deren Pointe im Herausstellen der unbedingten und vollständigen Souveränität Gottes über seine Schöpfung und *vice versa* in der Betonung von deren Abhängigkeit von ihm besteht. Ergänzt wird diese grundlegende Perspektive durch das Lehrstück des *concursus divinus*, das versucht, die Korrelation göttlicher und menschlicher Handlungen in diesem Rahmen zu denken. Verbinden lassen sich diese Perspektiven im Rahmen einer trinitarischen Schöpfungslehre, die sowohl die

Souveränität des Schöpfers, dessen Weltbezogenheit, als auch die Gottbezogenheit der Welt zusammendenkt. Problematisiert wird im Gefolge der »Burgfriede« zwischen Theologie und Naturwissenschaft, der namentlich auf Seite der Theologie einen Rückzug der Religion in die Innerlichkeit fördert und kaum Perspektiven für eine weltgestaltende Ethik eröffnen kann. So zeigen sich Konturen einer Schöpfungsauffassung, die die Kontingenz der Schöpfung betont, die ihre Zeitlichkeit wahrnimmt und die Relativität und von daher geforderte Solidarität der Geschöpfe untereinander respektiert und schließlich sich immer wieder – in Vermeidung jedweden Doketismus' in der Schöpfungstheologie – vor der Aufgabe sieht, Natur und Schöpfung nachvollziehbar zusammenzudenken.

Den Durchgang durch die Disziplinen der Theologie beschließt der praktisch-theologische Beitrag von Martin Rothgangel, der in drei Schritten zunächst die empirisch belegbaren Konflikte zwischen Schöpfungsglaube und Naturwissenschaft im Denken Heranwachsender, aber auch von Kreationisten und Szientisten beschreibt, dann die unterschiedlichen Vereinbarungs- (bzw. Nichtvereinbarungs-)Strategien beider Problemfelder klassifiziert und schließlich daraus einige religionspädagogische Folgerungen zieht. Rothgangel schlägt im Anschluss an Ian Barbour (1990) folgende Modelle der Verhältnisbestimmung zwischen Naturwissenschaft und Theologie vor: das Konflikt-, das Unabhängigkeits-, das Dialog- und das Integrationsmodell. Das Konfliktmodell hält Schöpfungsglaube und Naturwissenschaft für unvereinbar, während das Unabhängigkeitsmodell bereits insofern eine Vereinbarungsstrategie darstellt, als es beide Zugangsweisen als autark und beziehungslos beschreibt. Das Dialogmodell geht davon aus, dass auch inhaltliche Berührungspunkte festzustellen sind, zwischen denen Verbindungslinien hergestellt werden können. Das Integrationsmodell schließlich votiert für die Möglichkeit der Berücksichtigung und differenzierenden Vereinbarung sowohl theologischer als auch naturwissenschaftlicher Perspektiven im Blick auf das Schöpfungsthema. In religionspädagogischer Hinsicht ergibt sich die Notwendigkeit, die Entwicklungsstufen der jeweiligen Adressatinnen und Adressaten zu berücksichtigen und das Verständnis für unterschiedliche Zugangsweisen zur Schöpfungsthematik zu fördern, wozu auch die metareflexive Kenntnis unterschiedlicher Vereinbarungsstrategien hilfreich ist.

Der abschließende Abschnitt versucht, eine mit rück- und ausblickenden Elementen versehene Zusammenschau anhand der voranstehenden Kapitel vorzunehmen, ohne damit aber die differenzierte Diskussion in den Einzeldisziplinen nivellieren zu wollen.

Quellen- und Literaturverzeichnis

1. Quellen

CD / *Damaskusschrift*: Maier, Johann: Die Qumran-Essener: Die Texte vom Toten Meer. Bd. I (UTB 1862), München/Basel 1995, 1–37.

Luther, Martin: *Die Promotionsdisputation von Petrus Hegemon*: D. Martin Luthers Werke, Kritische Gesamtausgabe, 39. Band, Zweite Abteilung, Weimar 1932, 339–401.

2. Sekundärliteratur

Barbour 1990: Barbour, Ian G.: Religion in an Age of Science, San Francisco 1990.

Bedford-Strohm 2001: Bedford-Strohm, Heinrich: Schöpfung, Bensheimer Hefte 96 / Ökumenische Studienhefte 12, Göttingen 2001.

Benz 2009: Benz, Arnold: Das geschenkte Universum. Astrophysik und Schöpfung, Düsseldorf 2009.

Bormann 2008: Bormann, Lukas (Hg.): Schöpfung, Monotheismus und fremde Religionen (BThSt 95), Neukirchen-Vluyn 2008.

Duden 1997: Duden. Etymologie. Herkunftswörterbuch der deutschen Sprache, bearbeitet von Günther Drosdowski, Duden Bd. 7, Mannheim u.a. 1997.

Eisenstadt 2000: Eisenstadt, Shmuel N.: Multiple Modernities, Cambridge MA 2000.

Graf 1990: Graf, Friedrich Wilhelm: Von der creatio ex nihilo zur »Bewahrung der Schöpfung«. Dogmatische Erwägungen zur Frage nach einer möglichen ethischen Relevanz der Schöpfungslehre, ZThK 87 (1990), 206–223.

Keel / Schroer 2008: Keel, Othmar / Schroer, Silvia: Schöpfung. Biblische Theologien im Kontext altorientalischer Religionen, Fribourg/Göttingen 2008[2].

Körtner 2001: Körtner, Ulrich: Theologie des Wortes Gottes. Positionen – Probleme – Perspektiven, Göttingen 2001.

Lehmann 1989: Lehmann, Reinhard G.: Friedrich Delitzsch und der Babel-Bibel-Streit (OBO 133), Fribourg/Göttingen 1989.

Lübbe 1989: Lübbe, Hermann: Wissenschaft und Weltanschauung. Ideenpolitische Fronten im Streit um Emil Du Bois-Reymond, in: ders.: Die Aufdringlichkeit der Geschichte. Herausforderungen der Moderne vom Historismus bis zum Nationalsozialismus, Graz u.a. 1989, 257–274.

Moltmann 1962/1963: Moltmann, Jürgen (Hg.): Anfänge der dialektischen Theologie (ThB 17,1–2), München 1962/1963.

von Rad 1936: Rad, Gerhard von: Das theologische Problem des alttestamentlichen Schöpfungsglaubens [1936], in: ders.: Gesammelte Studien zum Alten Testament (ThB 8), München 1961[2], 136–147.

Schmid 1973: Schmid, Hans Heinrich: Schöpfung, Gerechtigkeit und Heil, ZThK 70 (1973), 1–19.

Schmid 1999: Schmid, Konrad: Erzväter und Exodus. Untersuchungen zur doppelten Begründung der Ursprünge Israels innerhalb der Geschichtsbücher des Alten Testaments (WMANT 72), Neukirchen-Vluyn 1999.

Schröder 2011: Schröder, Richard: Abschaffung der Religion? Wissenschaftlicher Fanatismus und die Folgen, Freiburg i.Br. u.a. 20112.

Spieckermann 2003: Spieckermann, Hermann: Schöpfung, Gerechtigkeit und Heil als Horizont alttestamentlicher Theologie, ZThK 100 (2003), 399–419.

Wagner 1995: Wagner, Falk: Zur Lage des Protestantismus, Gütersloh 1995.

3. Weiterführende Literatur

Keel, Othmar / Schroer, Silvia: Schöpfung. Biblische Theologien im Kontext altorientalischer Religionen, Fribourg/Göttingen 2008[2].

Stinglhammer, Hermann: Einführung in die Schöpfungstheologie, Darmstadt 2011.

Alter Orient

Annette Zgoll

Welt, Götter und Menschen in den Schöpfungsentwürfen des antiken Mesopotamien

1. Schöpfung in mesopotamischen Quellen

Im Unterschied zum Menschen unserer Tage und Breiten, der beim Stichwort »Kosmos« vornehmlich an »Urknall« und Ähnliches denken dürfte, nach welchem sich dann aus der Grundenergie gemäß den bereits naturwissenschaftlich erkannten und wohl noch zu erkennenden Gesetzen der uns heute bekannte Kosmos, wie auch, als kleine, freilich höchst erstaunliche, weil aller Wahrscheinlichkeit widersprechende Besonderheit, unsere Erde und das Leben auf ihr herausgebildet hat (Evolution), zeigen sich dem altorientalischen Menschen beim Blick auf die Welt und beim Bedenken ihrer Entstehung verschiedene Vorgänge, welche zu großen Teilen Planung, Ziele und personale Urheber erkennen lassen. Nimmt man den längsten und wohl bekanntesten altorientalischen Text, der die Schöpfung zu einem seiner zentralen Themen macht, den Text von der Erhöhung Marduks zum obersten Gott, *Enūma eliš*, so erkennt man hier drei verschiedene schöpferische Prozesse, die in altorientalischen Texten berichtet werden, als fortschreitenden Vorgang in drei Stufen dargestellt: Auf ein eher unpersönliches Urgeschehen – die sich mischenden Urwasser, aus denen die Götter hervorgehen – folgt eine Phase des Konflikts der älteren Numina gegen die jüngeren Götter und daraufhin die aktive Erschaffung eines Kosmos und seiner Teile und Bewohner (Wilcke 2007).

1.1. Quellen, Kontexte, Lexeme

Die frühesten altorientalischen Textquellen zum Thema Schöpfung haben sich seit der Mitte des 3. Jahrtausends v. Chr. im Raum des heutigen Irak erhalten, woher auch aus den nachfolgenden beiden Jahrtausenden eine große Vielfalt verschiedenartigster Texte auf uns gekommen ist, niedergeschrieben in Keilschrift auf Tontafeln (und daher gut erhalten) in sumerischer und babylonisch-assyrischer Sprache. Aussagen über die Schöpfung finden sich in mythischen Stoffen, die man episch-narrativ oder hymnisch-preisend ausgestaltete und die teils der religiösen Praxis angehörten (Rituale), teils innerhalb der (Hoch-)Schulausbildung tradiert wurden (teils beides zugleich). In diesem Kontext wurden auch Dialoge geschrieben, die man einigen Hinweisen zufolge zur Unterhaltung nach einem Mahl aufführte und die akademische Bildung und gelehrtes Wissen ebenso vermittelten, wie sie die rhetorische Kunst schulten. Dem »wissenschaftlich-theologischen« Schaffen entstammen außerdem frühe »Lexika«, d.h. gegliederte Sammlungen von Götternamen in Listenform, die Einblicke in kosmogonische Vorstellungen geben, wenn sie eine Abfolge von uranfänglichen Numina zu historisch verehrten Göttern nachzeichnen, außerdem Kultkommentare, d.h. exegetische Auslegungen der narrativen Texte und deren Adaptionen an aktuelle Erfordernisse.

Weder das Sumerische noch das Akkadische haben ein Wort, welches wie hebräisch ברא *bārā'* ausschließlich für göttliches Schöpfungshandeln reserviert wäre. Der Blick in die sumerischen und akkadischen Texte zeigt schöpferische Handlungen, die verschiedenen semantischen Bereichen zugehören. Die wichtigsten sprachlichen Ausdrücke für Kosmogonie, Theogonie und Anthropogonie stehen in Analogie zu den Bereichen Handwerk/Technik/Kunst (»bauen«, »erschaffen«, »formen« = sumerisch [angezeigt durch Sperrdruck] řu$_2$, dim$_2$, mud; akkadisch [angezeigt durch Kursivierung] *banûm*, *bašāmum* II, *epēšum*, *patāqum*; »trennen« = bad [nur sumerisch: von Himmel und Erde]; »zeichnen« = *wuṣṣurum*), Zeugung/Geburt (»zeugen«, »gebären« = du$_2$.d; *walādum*), Pflanzenwachstum (»aus der Erde brechen«; »wachsen«; »grün werden« = ki-ta e$_3$, ki dar, mu$_2$, sig$_7$, [nur sumerisch]), autoritative Verfügung (»befehlen« =

qabû; »Schicksal entscheiden« = nam--tar, *šīmta šiāmu*) und Namengebung (»Namen geben«, »benennen« = mu ĝar, *nabû, šuma zakāru*). Das *Enūma eliš* verwendet darüber hinaus viele ausgefallene Termini für schöpferisches Handeln wie »aufleuchten«, »strahlend sichtbar machen« (*wapûm* Š), »(er)stehen lassen« (*šuzuzzu*), »entstehen lassen« (*šubšû*). »Erschaffen« konnte auch mit mathematischen Prozeduren in Verbindung gebracht werden (Horowitz 1998: 148).

1.2. Ziele des Beitrages

Der vorliegende Beitrag verfolgt drei Ziele: Zum einen soll die Vielfalt der mesopotamischen Texte zu Kosmogonie und Anthropogonie durch verschiedene stark geraffte Überblicke deutlich werden, zum anderen dienen einige Texte als Kerntexte, um exemplarisch individuelle Textgestaltung und ihre Funktionen sichtbar zu machen. Diese Texte decken unterschiedliche Gattungen ab (narrativ-episch gestalteter Mythos, hymnische Verarbeitung von mythischen Stoffen, Dialoge, Götterlisten) und entstammen den beiden Hauptsprachen Mesopotamiens, dem Sumerischen und dem Akkadischen (d.h. dem Babylonischen und Assyrischen). Zeitlich schlagen sie den Bogen vom 3. bis ins 1. Jahrtausend v. Chr. Schließlich geht es darum, Einblicke in die Anliegen und Leistungen der in diesen Texten aufscheinenden Reflexionen über Konzepte und Ziele der Welt(entstehung) und Wesen und Aufgaben des Menschen in ihr zu gewinnen. Wichtiges Komplement sind Studien, die Einzelaspekte stärker diachron und diatop verfolgen (z.B. Westenholz 2010).

2. Schöpfung einer lebenswerten Welt: Stadt und Tempel

2.1. Urwelten: Eine Übersicht

Am Anfang gab es numinose Wesenheiten, darin sind sich, bei aller Vielfalt, die verschiedenen Textbefunde aus Sumer und Akkad einig. Diese Numina konnte man als »All« aus Himmel und Erde, als alleinigen Himmel oder »Erdwesen« (Enki-Ninki) oder als »Ur-

Wasser« vorstellen (Lambert 1975; Westenholz 2010). Spuren verweisen auch auf eine »Urzeit« oder »Ewige Dauer« am Anfang der Schöpfung. Kosmogonie wird zunächst als ein Prozess der numinosen Vervielfältigung dargestellt, insofern aus diesen uranfänglichen Wesen weitere hervorgehen. Im Einzelnen lassen sich insbesondere zwei unterschiedliche Arten feststellen: Ur-Wesen trennen sich voneinander oder sie gehen miteinander eine Verbindung ein. So erzählt man sich, dass Himmel und Erde einstmals ein großes Ganzes, ein »All« waren und sich dann erst voneinander trennten oder durch den Gott Enlil voneinander getrennt wurden, wie die derzeit frühesten bekannten sumerischen mythischen Texte seit dem 26. Jahrhundert berichten (Krebernik 1998). Die Erschaffung des Kosmos kann aber auch durch einen umgekehrten Prozess beschrieben sein: Der Himmel, gedacht als männlicher Partner, vereinigt sich mit der Erde, gedacht als weiblicher Partner, und so zeugen und gebären beide die weitere Schöpfung (zum dyadischen versus monadischen Urspung vgl. Westenholz 2010). Nach dem Ninurta-Mythos Lugale z.B. zeugt der Himmelsgott An mit der Erde zusammen den Beherrscher des Berglandes, den Asag-Krieger. Dieser Asag breitet seinen Samen im Bergland aus, d.h. er zeugt mit dem Bergland die Steine (Wilcke 2007).

Statt Himmel und Erde können auch kosmische Ur-Gewässer am Anfang des Seins stehen (wie in der ersten biblischen Schöpfungserzählung). So etwa in der Götterliste An – Anum und ihrem Vorläufertext, welche eine Liste der »Väter und Mütter von Enlil« enthält, die vermutlich für ein Ritual des Ahnenkults im Monat Duku.g in Verwendung war (Wiggermann 1992; 2004). Dort ist das erste Prinzip die Göttin Namma, der Ur-Ozean, die als Ama-(u_3)-du_2-an-ki, als »Mutter, die Himmel-Erde geboren hat« bezeichnet wird. Auch im Mythos von *Enki und Ninmah* ist Namma die Mutter, welche die Götter geboren hat. In den Kosmogonien des 2. und 1. Jahrtausends wird Namma ersetzt durch Tiāmtu, das Salzwasser, und Apsû, das Süßwasser. Aus beiden entstehen nach *Enūma eliš* zunächst mehrere paarweise Generationen von Ur-Göttern, dann erst die »großen«, historisch bekannten Gottheiten wie Anu, Enlil, Ea und vor allem Marduk. In einem anderen Schöpfungsmythos heißt es, dass »alle Länder Meer waren« (TUAT 608).

Frühe sumerische Götterlisten aus Fāra nennen die Enki-Ninki-Götter, d.h. »Herren und Damen Erde« als uranfängliche Wesenheiten. Die Erde ist auch in der spätbabylonischen Abschrift des Harab-Mythos erstes Element, mit dem der ebenfalls »im Anfang« vorhandene Gott »Pflug« (Harab aus Akkadisch *harbu*) vermutlich eine Ehe eingeht: Aus dem Ödland macht er gepflügtes Land und erschafft so (?) das Meer; außerdem gebiert die Erde »von selbst« den Gott der Steppentiere (Wiggermann 1999). Der Text führt die weitere Entstehung der Welt als Sukzessionsmythos fort. Die Welt kann auch von einem Urhügel ausgehen, der insbesondere in der Enlil-Theologie eine Rolle spielt. Nach der Liste der »Väter und Mütter von Enlil« (s.o.) entsteht aus den Enki-Ninki-(Erd-)Göttern der »Strahlend-heilige Hügel«, der du$_6$-ku$_3$.g, daraus der Gott Enlil, der dann Himmel und Erde trennt; weitere Gottheiten kommen auf diese Weise ins Sein, z.B. die »Herrin Gebirge«, (Nin-hursaĝ). Diese »Herrin Gebirge« kommt auch in einem frühen kosmogonischen Text vor, demzufolge Urgottheiten als sieben Zwillingspaare in ihrem Leib entstehen (Barton-Zylinder, präsargonisch Nippur, Alster – Westenholz ASJ 16; ähnlich IAS 174). Die wichtige Rolle des Urhügels zeigt sich in Ritualen, die sogar einem Monat den Namen gegeben haben, und in verschiedenen Titeln für Götter wie u.a. (^{d}Dumu-du$_6$-ku$_3$.g) »Sohn des Strahlend-heiligen Hügels« (für Marduk in *Enūma eliš*) und (^{d}Lugal-du$_6$-ku$_3$-ga), »König des/über den Strahlend-heiligen Hügel«, den verschiedene Götter tragen (zum »Heiligen Hügel« vgl. 2.4.1.).

Himmel und Urhügel spielen auch eine wichtige Rolle im Streitgespräch von *Mutterschaf und Getreide*, wo der Himmelsgott An die Anunna-Götter »im Gebirge von Himmel und Erde« zeugt und wo die Götter dann »in ihrem Haus, dem Heiligen Hügel« auch Mutterschaf und Getreide wohnen lassen. Seit der altbabylonischen Zeit finden sich auch Schilderungen, die den Himmelsgott Anu vom Himmel trennen: Nach der Überlieferung einer altbabylonischen Beschwörung zeugt der Himmelsgott Anu mit dem Himmel (weiblich gedacht?) gemeinsam die Erde. Eine Kosmogonie aus dem 1. Jahrtausend schildert, der Himmelsgott Anu habe den Himmel erschaffen. Die so genannte »Beschwörung gegen den Zahnwurm« führt dieses Prinzip, das Entstehen eines »Elementes«

aus dem anderen, weiter: Der Himmelsgott erschafft den Himmel, der Himmel erschafft die Erde, die Erde die Flüsse etc. Der Gott Enlil trennt in verschiedenen, vor allem sumerischen Schöpfungstexten Himmel und Erde (nach Wiggermann 1992 einfach durch sein Entstehen als »Lord Ether«). Auch dem akkadischen *Anzu-Epos* gilt er als »Gründer der weiten Erde« und »Bestimmer der Schicksale«. Seine schicksalsbestimmende Macht, welche entscheidend für das Funktionieren des Geschaffenen ist, zeigt sich auch in anderen Texten, z.B. der Keš-Hymne (vgl. 2.3.).

Noch vor der Erde sollen Muttergöttinnen existiert haben, berichtet der sumerisch-akkadisch überlieferte Text KAR 4. In einer Götterliste wird die ewig-dauernde Zeit in der Personifikation zweier Gottheiten an den Anfang gestellt: Aus *Dūri* und *Dāri* »Immer und Immer« entstehen Lahmu und Lahamu, zwei See-Monster, daraus Alala und Belili und aus diesen beiden der Himmelsgott Anu. Die Überlieferungen sind vielgestaltig und lassen sich diachron und diatop, nach lokalen Theorien bzw. Theologien, weiter ausdifferenzieren (vgl. Westenholz 2010). Allgemein lässt sich festhalten, dass die Entwicklung der Urwelt als Entfaltung numinoser Wesen beschrieben wird, oftmals als Abfolge von Göttergenerationen, deren Ursprung vielfach in einem All aus Himmel und Erde oder in einem Ur-Gewässer oder in einer Ur-Erde liegen kann. Wenn nun auch im Anfang alles göttlich war, so heißt das noch keineswegs, dass deswegen alles im Anfang bereits vollkommen harmonisch und ausgewogen gewesen wäre. Gegen die Mächte des Werdens und Lebens sind stets Mächte des Vergehens und der Zerstörung am Werk (Urnumina, Wasser, Anzu und Gewitter, Asag und Steine). Leben muß stets den Mächten des Todes abgetrotzt und abgerungen werden. Aus dieser Perspektive, die zugleich für die Deutung der Welt wie auch für die Reflexion über das Selbst bedeutsam ist, beginnt die Schöpfung für den Alten Orient mit der mühevollen Arbeit der Götter: dem mühevollen Aufbau und Ausbau und der Gestaltung einer Welt durch Trennung und Differenzierung, Erschaffung und Vervielfältigung beziehungsweise durch blutigen Kampf und Krieg.

2.2. *Enūma eliš:*
Tempel und Stadt als Zielpunkt der Schöpfung

Mit dem so genannten babylonischen Weltschöpfungsepos, welches Marduks Aufstieg zum König der Götter besingt, liegt eine komplexe Einheit vor, die unterschiedliche Texte und Traditionen verarbeitet hat. Die derzeit bekannten Abschriften entstammen dem 1. Jahrtausend v. Chr. Im Einzelnen verlangt der Text nach detaillierten Analysen, welche die verschiedenen Schichten herausarbeiten und in ihren je eigenen Intentionen würdigen. Die folgenden Ausführungen versuchen demgegenüber, große Bögen der Gesamtkomposition, die für das Thema Schöpfung wichtig sind, herauszuarbeiten: Es beginnt damit, dass das als männlich vorgestellte Süßwasser und das als weiblich vorgestellte Salzwasser, das zugleich als riesiges Monster geschildert wird, ihre Wasser vermischen. Aus der Verbindung beider Wasser entstehen mehrere Göttergenerationen. Am Anfang steht hier also eine Art numinose Urmaterie, aus welcher die verschiedenen Götter hervorgehen. Der Raum, wie wir ihn uns als typisch mesopotamisch vorstellen mögen – Erde unten, Himmel oben –, existiert hier noch nicht. Einen solchen Raum stellen die frühesten Kosmogonien in sumerischer Sprache vor (verschriftet vor Mitte des 3. Jahrtausends), wenn sie schildern, wie sich Himmel und Erde trennen und verbinden. Im *Enūma eliš* ist dieser Raum zu Beginn explizit noch nicht existent: *enūma eliš lā nabû šamāmu šapliš ammatum šuma lā zakrat* (»Als oben die Himmel nicht namentlich genannt waren, unten die Feste nicht mit Namen gerufen war«; *Enūma eliš* 1:1–2). Der Text gilt den antiken Autoren als *zamāru ša Marduk ša Tiāmtu ikmuma ilqû šarrūti* (»Lied von Marduk, der Tiāmtu vernichtete und das Königtum annahm«; Textende von *Enūma eliš* 7:161f.). Die Geschehnisse innerhalb der Götterwelt, wo Marduk die Bedrohung der Götter durch das uranfängliche Salzwasser Tiāmtu abwehrt und ein stabiles Königtum errichten kann, werden als die entscheidenden Punkte des Textes angesehen. Dieses Königtum Marduks manifestiert sich in einer dauerhaften Ordnung von Raum, Zeit und Personen samt ihren Beziehungen. Den Raum erschafft er aus dem Leib des uranfänglichen numinosen Salzwasser-Wesens, der

Tiāmtu, zuerst aus ihrem oberen Teil den Himmel, dann aus ihrem unteren Teil die Erde. Er bestimmt die Standorte der Gestirne und bestimmt damit zugleich die Zeit. Die Beziehungen zwischen den Ur-Numina und den Göttern, welche schwankend waren und das Leben der Götter bedroht hatten, werden gefestigt, insofern als ein Wesen erschaffen wird, welches den Göttern Ruhe gewähren soll: der Mensch, der durch seine Tätigkeit den Göttern Arbeit abnimmt. Im Einzelnen vollzieht sich die Schöpfung in drei Etappen: Himmel, Erde, Mensch.

Die erste Schöpfungshandlung Marduks findet sich in der Erschaffung des Himmels aus dem oberen Teil des Leibes der Tiāmtu. Zusammen mit dem Himmel bringt er Wesen und Erscheinungen hervor, die zum Himmel gehören, insbesondere Sterne und Wetter (4:129–5:52). Das Ganze kulminiert in einem Tempelbau: Marduk errichtet einen Tempel für Enlil, das E-šara (4:141–4:146, Ende von Tf. 4), und lässt Anu, Enlil und Ea in ihren Kultzentren (*māhāzu* = »Schrein, Kultzentrum, Stadt«), E-šara, Eš-gala und dem Himmel sitzen.

»[IV 135] Zur Ruhe kam der Herr, auf daß er ihren Leichnam betrachte, / Daß er die Mißgeburt zerteile und Kunstvolles bilde. / Er zerbrach sie in zwei Teile wie einen Stockfisch, / Ihre eine Hälfte stellte er hierher, ließ den Himmel einen Schirm sein, / Spannte die Haut, versah sie mit einer Wache, / [140] Wies diese an, ihr Wasser nicht herauszulassen. / Er durchquerte den Himmel, inspizierte die Anlage, / Machte sie zu einem Abbild des Apsû, der Wohnung Nudimmuds. / Ešgalla stellte er hin als sein, des Ešarra Ebenbild, / Um im Ešgalla, dem Ešarra, das er in den Himmel gebaut hatte, / [145] An, Enlil und Ea ihre Wohnsitze gründen zu lassen. / [V 1] Er gestaltete den Standort für die großen Götter, / Die Sterne als ihr Ebenbild, die Sternbilder stellte er auf. / Er tat das Jahr kund, indem er die Grenzen einzeichnete, / 12 Monate zu je 3 Sternen stellte er auf. / [5] Von dem Tage an, an dem er das Jahr eingezeichnet hatte, / Legte er den Standort des Jupiter[sterns] fest zur Kundgabe ihrer ›Bande‹. / Auf daß es keine Regelwidrigkeit gebe, auf daß keiner vergessen werde, / Legte er die Standorte von Enlil und Ea bei ihm fest. / Dann öffnete er Tore an beiden Seiten / [10] Und brachte links und rechts starke Riegel an«.
(*Enūma eliš* 4:135–5:10, Übersetzung Wilcke 2007: 41)

Dann kommt die Erde an die Reihe. Nach *Enūma eliš* 5:53 stellt Marduk den Kopf der Tiāmtu hin und häuft etwas darauf. Danach gestaltet er die Erde weiter, indem er die Teile der Tiāmtu von oben nach unten »ausschlachtet«. Aus den Augen lässt er die Flüsse Euphrat und Tigris fließen (5:55 *īnu* ist »Auge« und »Quelle«), aus den Brüsten bildet er die Berge (5:57). Die Erde schließlich entsteht aus Tiāmtus unterer Hälfte (5:62). Unter den Namen, die Marduk am Ende des Textes empfängt, ist einer, der sein Schöpfungshandeln zusammenfasst: *bānû erṣetim eliš mê mukīn elâti* (»Der die Erde auf Wassern erbaut, das ›Obere‹ befestigt«) heißt es in 7:83. Die wenigen Worte deuten den vertikalen Aufbau der Welt an, drei ›Geschosse‹, die stabil aufeinander gestellt sind. Stabilität und Dauerhaftigkeit (*kânu*) ist entscheidend für diesen Bau. – Der dritte Teil der Schöpfungshandlungen ist die Erschaffung des Menschen. Die Menschen sind wie der Kosmos Kunstwerke (6:2, 7:112). Sie haben Anteil an göttlicher »Materie« (Blut, 6:11–33). Ihre Bestimmung ist es, den Göttern Arbeit abzunehmen und die Götter damit zu befreien (6:31–36, 7:25–29; vgl. unten 5.2.3).

Himmel, Erde und Menschen sind nicht eigentliches Ziel des Textes, sondern stellen Stationen auf dem Weg zu einem höheren Ziel dar (vgl. 5:113–129). Dieses Ziel offenbart sich durch die göttlichen Handlungen, die den jeweiligen Schöpfungstaten folgen. Sie zeigen, dass sämtliche Schöpfungsakte auf die Errichtung von Tempeln zulaufen. Die Schöpfung von Himmel, Erde und Mensch kulminiert in Kultzentren. Und diese Kultzentren (*māhāzu*), Tempel (*eširtu*) und Kapellen oder Thronsitze (*parakku*) sind als Räume für die Götter und zu ihrer Versorgung bestimmt. Anders formuliert: Kosmogonie und Anthropogonie werden nach *Enūma eliš* ganz im Dienst und mit Blick auf die Götter vorgenommen. Andere Texte bestätigen dies. Es ist keine Schöpfung um der Menschen willen. Wie der gesamte Text auf das Königtum Marduks zielt, so zielt die Schöpfung auf den Königspalast, auf seine Stadt Babylon (vgl. Westenholz 1998). Das macht der Text an vielen Stellen deutlich: Gleich nach der Erschaffung des Himmels erbaut Marduk selbst Wohnstätten für Anu und Enlil (4:141–146), er setzt einen Gott ein, der für die Heiligtümer sorgen soll (5:83f.), eine Aufgabe, die die Göttergemeinschaft auch Marduk selbst zuweist (5:115f.). Marduk wünscht sich ein Haus mit Kultzentrum und Zella für sein Königtum in zentraler Lage zwischen Ea im Apsû, gegenüber dem E-šara des Enlil, und unter Anus Himmel. Dieser Palast soll als Versammlungsort und Ruheort der Götter dienen, d.h., wenn die Götter auf die Erde kommen, wohnen sie dort (5:124–128). Dieses Gebilde wird mit Babylon identifiziert (5:129).

»Nachdem sie Marduk das Königtum gegeben hatten,
sagten sie ihm eine ›Beschwörung‹ für Gutes und Gewährung.
›Seit heute bist du der Versorger unserer Kapellen.‹«

(*Enūma eliš* 5:113–115)

Marduk antwortet mit dem Ziel, für sein Königtum einen Sitz und zugleich Versammlungsort für die Götter zu gründen:

»Machen will ich ein Haus, das der Wohnsitz meiner Wonne sein möge!
Darin will ich dessen Kultzentrum gründen.
Eine Zella für mich will ich anlegen, nach meinem Königtum sehen.
Wenn ihr vom Apsû hinaufsteigt zur Versammlung,
(dann wird) an seiner (= des Hauses) Stelle euer Ruheplatz sein vor eurer Versammlung.
Wenn ihr vom Himmel herabs[teigt] zur [Versammlung],
(dann wird) an sei[ner (= des Hauses) Stel]le euer Ruheplatz sein vor eurer Versammlung.
Ich will [ihm] als Namen nennen [›Gottes-Tor (= Babylon)], Häuser der großen Götter‹.«

(*Enūma eliš* 5:122–129)

Zum Dank für die Erschaffung des Menschen, der ihnen die Arbeit abnimmt, bauen die großen Götter dieses Heiligtum (6:51–68), welches auch mit Wohnungen (*šubtu*) für Anu, Enlil und Ea und mit Kapellen (*parakku*) für die Anunnaki selbst ausgestattet wird (6:68). Marduk und »seine Menschen« sollen die Versorgung der Götter und ihrer Tempel garantieren (6:109–118). *Enūma eliš* führt die Schöpfung also nicht nur bis zu einer naturhaften »Welt«, sondern zielt vielmehr auf eine Welt, die im königlichen Palast des Hauptgottes Marduk ihr kosmisches Zentrum hat. Dieser Königssitz ist nicht begrenzt auf den Marduk-Tempel, das Esagil. Königssitz ist vielmehr die gesamte Stadt Marduks, Babylon. Tempel und Stadt fallen in dieser Perspektive in eins. Der Tempel steht metonymisch für die Stadt, ist ihr Herzstück. Die Stadt entspricht dem Tempel und seinem Umland. Innerhalb der Etappen der Schöpfung bilden Tempel beziehungsweise Stadt den Zielpunkt.

2.3. Keš-Hymne: Austauschbarkeit von Tempel und Stadt

Einen solchen Zielpunkt der Schöpfung nennt schon ein früher sumerischer Text aus dem 26. Jahrhundert v. Chr., der früheste bislang bekannte sumerische Hymnus, von dem auch Abschriften aus dem 18. Jahrhundert existieren (Wilcke 2006b). Er preist eine prachtvolle Tempelanlage in der Stadt Keš und wird daher modern als Keš-Hymne bezeichnet. In diesem Text erfahren wir ebenfalls vom Tempel als Zielpunkt einer Schöpfungshandlung. Die höchsten Götter, An und Enlil, sind mit dieser Tat befasst, wobei ihre Aufgaben verteilt sind: »Haus, von An gegründet, von Enlil im Preislied besungen« (Z. 38). Das ist zu verstehen als Auffaltung der beiden zentralen Bestandteile eines Schöpfungsaktes, der Hervorbringung der Sache, hier durch An, und seiner Bestimmung für Gegenwart und Zukunft, d.h. der Festlegung seiner Fähigkeiten und Auswirkungen. Diese wird hier von Enlil vorgenommen. Und Ihr gilt das Augenmerk dieses Textes. Die Schöpfung des Tempels findet in einer Urzeit statt, um für allezeit zu gelten. Es ist die Zeit, als die Berge entstehen und die Ränder und Ecken des Himmels sich grün färben, wie es heißt (5f.). Der Text zeigt, wieso der Tempel diesen hohen Status trägt und wie er seine wichtigen Aufgaben überhaupt erfüllen kann. Er zielt auf die Komplettierung der Welt, der neben Himmel und Erde das entscheidende Dritte, der Tempel gegeben wird. Der Hymnus zitiert die gewaltigen göttlichen Worte, die das Schöpfungswerk erst vollständig machen, nämlich die Schicksalsentscheidung des höchsten Gottes Enlil. Diese Schicksalsentscheidung erlässt Enlil in Gestalt eines Preisliedes, welches die Göttin der Schreibkunst, Nisaba, auf einer Tafel aufzeichnet:

»Als (die Stadt) Keš zu ihm unter allen Bergen das Haupt erhob,
Da sang Enlil für Keš ein Preislied.
Und Nisaba – sie war die einzige Schreibkundige dafür –
sie beherrschte (die Kunst), (es =) das Lied aus diesen Worten festzuzurren wie (Edelsteine) auf einer Kette,
indem sie es auf eine Tontafel schrieb, die sie sich gerade in die Hand legte:
›……………………….‹«

(*Keš-Hymne 8–13*, vgl. Wilcke 2006b, leicht abweichend)

Das Preislied überträgt auf den Tempel dessen eigene Macht. Diese fundamental wichtige Entscheidung wird parallel dazu auf einer Tontafel fixiert, die sich damit als eine Art »Schicksalstafel« zu erkennen gibt. Anders ausgedrückt: Erst der göttliche Sprechakt und seine Festschreibung auf der Tafel lassen den Tempel als Wirkmacht kosmischen Ausmaßes funktionieren, so dass er z.B., wie es heißt, zwischen Himmel und unterirdischem Ozean verbinden (15–17), Leben für das Land hervorbringen und Menschen und König gebären kann. Die charakteristischen Eigenschaften und Machtbefugnisse des Tempels werden also laut diesem Text durch göttliche Festschreibung ins Sein gerufen. Der Umfang dieser Eigenschaften und Machtbefugnisse lässt begreifen, welche Kernstelle der Tempel im Universum der Sumerer und Akkader einnahm. Tempel und Stadt sind nach den Vorstellungen dieses Textes und anderer so eng verzahnt, dass sie beide füreinander eintreten können. Der Tempel kann als der Ort gelten, in dem die Stadt gegründet wird – gerade im Kontext der Urhügel-Theologie Nippurs (vgl. 2.4.1.). So heißt es in einem Hymnus auf Enlil (ETCSL 4.05.1): »Enlil, nachdem du die strahlenden Siedlungen auf der Erde gezeichnet hast, da hast du selbst (als Abschluss und Höhepunkt, sum. ši-…) Nippur, die Stadt (tatkräftig) erbaut. (…) Inmitten der vier Weltecken im (Tempel) Duranki hast du sie gegründet.«

2.4. Kosmologische Implikationen: Der Kosmos als Stadt

Die uranfängliche Stadt und die Urhügel-Theologie: Die historische Perspektive. Der Kosmos entsteht aus einer ursprünglichen Urwelt numinoser Phänomene heraus. Nach *Enūma eliš* entsteht in Marduk ein Gott, der Macht über die numinosen Ur-Phänomene hat und aufgrund dieser Macht den eigentlichen Kosmos erschafft. Der Text fokussiert auf Babylon als Zentrum des Alls, sehnlichst gewünschter Wohnstätte Marduks, Versammlungsort aller Götter. Stadt und Tempel sind hier wie in der Keš-Hymne und vielen anderen Texten direkt aufeinander bezogen und stehen in metonymischem Austausch füreinander. Diese Stadt, mag sie nun Keš, Nippur, Babylon, Assur oder entsprechend heißen, bildet das Modell einer jeden Götterstadt im Kosmos. Ja wir können in diesem Sinn sogar annehmen, dass die ideale Stadt des Alten Orient das Grundmodell bildete für die Erschaffung und Besiedlung des Kosmos insgesamt. Unter den verschiedenen Konzeptionen für den Kosmos, die wir in den Texten finden, ist das Modell »Stadt« am prominentesten. Spuren davon haben sich schon in der »Urhügel-Theologie« und in der Vorstellung von der namentlich nicht spezifizierten, uranfänglichen Stadt erhalten. Der Urhügel du$_6$ ku$_3$.g, der als erster fester Punkt der Welt gilt (vgl. 2.1.), ist Anfang des Werdens und zugleich Teil des noch immer Bestehenden und Erfahrbaren. Im Tempel von Nippur und in vielen anderen Orten, auch in Babylon, gibt es einen solchen Ort. Wir wissen, dass er in Nippur im Ahnenkult des Enlil eine wichtige Rolle spielte, wenn man im Ritual seiner Vorfahren, der toten Ur-Götter, gedachte (Tsukimoto 1985). In Babylon war der du$_6$ ku$_3$.g als »Thronsitz der Schicksalsentscheidung« (*parak šīmāti*) der Dreh- und Angelpunkt des Neujahrsfestes, wo über die Zukunft von Stadt und Land entschieden wurde (Zgoll 2006). Der Urhügel ist Zentrum der Ur-Stadt, der »uranfänglichen Stadt«, sumerisch iri ul, akkadisch *āl ṣiātim*, und gilt z.b. in der Tradition von Babylon seit dem 12. Jahrhundert als der Ort, wo die Götter entstanden. Die immense Bedeutung dieses kosmischen Zentrums wird deutlich, wenn eine Götterliste aus altbabylonischer Zeit (ca. 18./17. Jahrhundert), deren Anordnung und Bedeutung Lambert 1975 klären konnte, folgende kosmogonische Abfolge zeichnet: Am Anfang ist das Ur-Wasser Namma, aus dem das »All«, wörtlich »Himmel-Erde«, geboren wird. Ihr folgt die Erdgöttin Uraš, die als »Herrin der Götter« bezeichnet wird, und dann En-iri-ula, der »Herr der uranfänglichen Stadt«. Erst danach entsteht An-šar-gal (»großes Himmelsrund«) und der Himmelsgott An (Himmel).

An, »Himmel(sgott)« <stammt ab von(?)>
An-šar-gal, »großes Himmelsrund« (= Vatersname oder Beiname von An) <stammt ab von>
En-iri-ula, »Herr der uranfänglichen Stadt« <stammt ab von>
Uraš, »Erd(göttin)« (=)
Bēlet-ilī, »Herrin der Götter« (Epitheton von Uraš) <stammt ab von>
Namma, »Urwasser(göttin)« (=)
Ama-du-an-ki, »Mutter, die Himmel und Erde geboren hat« (Epitheton von Namma)
(altbabylonische Götterliste, vgl. zuletzt Westenholz 2010: 319 mit Lit.)

Lässt sich diese Anordnung so verstehen, dass aus dem Ur-Wasser ein All entsteht, welches dann durch die erste Stadt in zwei Teile, nämlich Erde und Himmel, getrennt wird? Unterstützung für diese Hypothese lässt sich aus der Vorstellung gewinnen, die Tempelnamen zeigen, wenn sie Himmel und Erde als Band oder Ähnliches zusammenhalten. Die Stadt verbindet und trennt Himmel und Erde. Wie dem auch im Einzelnen sein mag, die kosmologische Bedeutung von Städten in sumerischem und babylonischem Gedankengut wird hier ganz deutlich. Und darüber hinaus weist alles darauf hin, dass das zugrundeliegende Konzept von einer einzigen kosmischen Stadt ausgeht (van Dijk 1964). In dieser Perspektive erscheint die Stadt am Anfang der Schöpfung, weil sie für mesopotamische Vorstellungen die uranfängliche Bedingung jeder Existenz ist: »La ville apparaît au stade initial de la création, car elle est la condition primordiale de toute existence« (Brüschweiler 1983). Wie wir im Folgenden noch sehen werden, lässt sich die Vorstellung von der einen Stadt auch auf verschiedene Ebenen des Kosmos übertragen, sie ist sozusagen »multiplizierbar«.

Die Stadt kann also an zwei prominenten Punkten im Progress der Schöpfung positioniert sein: Ganz am Anfang (Urhügel-Theologie) oder als Zielpunkt (Keš-Hymne, *Enūma eliš* und andere). Jede aktuell bewohnte, historisch erfahrbare Stadt kann als eine solche Ur-Stadt fassbar werden und das Prädikat des Uranfänglichen als Auszeichnung erhalten (Westenholz 1998); und jeder aktuell durchgeführte Tempelbau oder -wiederaufbau kann konzeptionell in die Anfänge der Schöpfung zurückreichen wie am Beispiel der Keš-Hymne deutlich wurde. Vor diesem Hintergrund erscheint die kosmisch bedeutsame Stadt als eine Wesenheit ähnlich den Ur-Numina wie Ur-Wasser oder Himmel-Erde. Dass eine Ur-Gottheit En-iri-ula (»Herr der uranfänglichen Stadt«) in der altbabylonischen Götterliste zwischen Ur-Wasser und Ur-Erde existiert, zeigt diese Stadt in personifizierter, vergöttlichter Gestalt.

Die historisch erfahrbare Stadt als uranfängliche Stadt und Zentrum des Kosmos: Die zentrale Perspektive. Personennamen wie *Ālum-ilum* (»Die Stadt ist Gott«) oder *Bēlī-ālī* (»Mein Herr ist meine Stadt«) lassen sich verstehen, wenn man die historisch erfahrbare, eigene Stadt als uranfängliche Stadt begreift, wie es das *Enūma eliš* mit viel Energie in Bezug auf Babylon zu seinem Anliegen macht. Viele Texte zeigen, wie man die eigene Stadt als Ur-Stadt und Zentrum des Kosmos verstanden wissen wollte. Für das 3. und 2. Jahrtausend sind z.b. Belege für Keš, Uruk, Nippur, Akkade und Mari zu nennen. Die Keš-Hymne zeigt Keš als Stadt, deren Tempel als Mittelpunkt der Schöpfung fungiert, und dem die Götter daher ein gutes Schicksal zuschreiben (vgl. 2.3.). Das Epos *Gilgameš und Akka* nennt die Götter als Erschaffer von Uruk, dessen Tempel E-Ana vom Himmel herabgekommen sei. Im Lied *Fluch über Akkade* baut Inana ihre Stadt Akkade. Ein Hymnus auf Enlil preist ihn als Erbauer Nippurs im Zentrum der vier Weltgegenden, Quelle des Lebens für das Land und die Länder (vgl. Abb. unten). Auch die göttliche Gründung der Stadt Mari wird nach einer Königsinschrift in die Urzeit verlegt.

Texte, deren Abschriften aus dem 1. Jahrtausend stammen, die teils aber schon ins 2. Jahrtausend zurückreichen, führen diese Konzeptionen für ihre Bedürfnisse weiter. Die Ausführungen von *Enūma eliš* über die Entstehung Babylons im Kontext der Schöpfung der Welt haben wir oben nachgezeichnet (vgl. 2.2.). In der kultischen Realität Babylons spielte der Urhügel ebenso wie in Nippur eine große Rolle. Hier in Babylon stand er im Vorhof des Tempels als »Sockel der Schicksalsentscheidungen« (*parak šīmāti*). Dieser war »in der noch ungeordneten Welt (…) der Ursprung alles geordneten Seins und somit der ›Nabel der Welt‹« gewesen. Durch ihn »stülpte sich gewissermaßen die Vorwelt, der Uranfang allen Seins und aller Zeit, ein Pol der Zeiten, sichtbar und real in die Gegenwart des babylonischen Menschen.« (Maul 2004). Eine antike Sammlung der wichtigen kultischen Stätten Babylons nennt daher auch diese Stadt »die das Zaumzeug von Himmel und Erde/Unterwelt hält« (1:23), »Band von Himmel und Erde« (1:35), »Band der Länder« (1:51), »Schöpfer von Gott und Mensch« (1:30), »Ort der Erschaffung der großen Götter« (5:89f.) etc. (George 1992).

Dass man aus anderer religiöser Perspektive und unter leidvollen politischen Erfahrungen gegen diesen Anspruch der *einen* Stadt und des *einen* Tempels zu Felde zog wie in Gen 11, verwundert nicht; besonders dann nicht, wenn man diesem Anspruch einen eigenen entgegenhalten wollte und demzufolge Jerusalem als die *eine* Stadt und das Zentrum des Kosmos anzusehen war. Dass man den Anspruch einer anderen Stadt beschneiden und ihre Rechte auf die eigene Stadt übertragen wollte, ist auch im babylonisch-assyrischen Verhältnis zu finden. Nachdem Sanherib Babylon hatte zerstören lassen, brachte er einen Teil ihres Staubes ins Neujahrsfesthaus von Assur.

Das ganze Universum wird unter städtischem Blickwinkel erfasst und gegliedert, Stadtmauern trennen Stadt von Nicht-Stadt als Bereiche von Ordnung versus Unordnung, Sicherheit versus Vernichtungsgefahr, trennen Geschaffenes von Ungeschaffenem, d.h. sie grenzen eine Zone der Schöpfung von einer Zone der Chaosmächte ab (Brüschweiler 1983). Die Stadt ist mithin Inbegriff des Kosmos selbst, und als solche bildet sie auch den Kosmos in sich ab. Die »Anlage der Königsstadt Babylon ist als ein Abbild der geordneten Welt anzusehen, die sich der Unordnung des Außen, der Welt des Feindes entgegenstellte. Es ist nicht zufällig, dass mehrere Stadtteile Babylons die Namen der wichtigsten mesopotamischen Kultzentren tragen. Mit der Absicht, die Stadt zu einem Abbild des Kosmos zu gestalten, wurden mit großem Aufwand fremdartige Pflanzen und auch Tiere in den Gärten des Palastes und der Stadt heimisch gemacht. Auch die systematische, sicherheitspolitisch nicht ganz ungefährliche Ansiedlung deportierter fremder Völkerschaften in der Königsstadt mag neben rein wirtschaftlichen Gründen ebenfalls diesem Zweck gedient haben.« (Maul 2004).

Das Modell des städtischen Kosmos wird auch durch Bildquellen deutlich. Insbesondere eine Weltkarte aus der ersten Hälfte des 3. Jahrtausends aus Fāra und ihre komprimierten Versionen aus dem 3. und 2. Jahrtausend (Wiggermann 1996) zeigen im Zentrum der Welt die Stadt, umgeben von vier Flüssen. Die Tafel aus Fāra bezeichnet die Mitte mit dem Keilschriftzeichen KUR, welches nach der Deutung von Frans Wiggermann für E_2-kur, also den Tempel von Nippur und damit für Nippur selbst steht. Umgeben ist es von vier stilisierten Zeichen, die als $gana_2$ »Feld« zu lesen sind, und von vier Doppellinien, d.h. Flüssen. Tempel bzw. Stadt – hier Nippur – liegen mithin im Zentrum von landwirtschaftlichen Flächen und vier Flüssen, die für die vier Weltecken bzw. Weltufer stehen, welche seit der altakkadischen Zeit die Grenzen der Welt bezeichnen. Die Vorderseite der Tafel enthält eine Berufeliste, also mit Wiggermann »the community of mankind, effectively ordered«, wir können sagen: die Menschheit geordnet als »städtische Welt«.

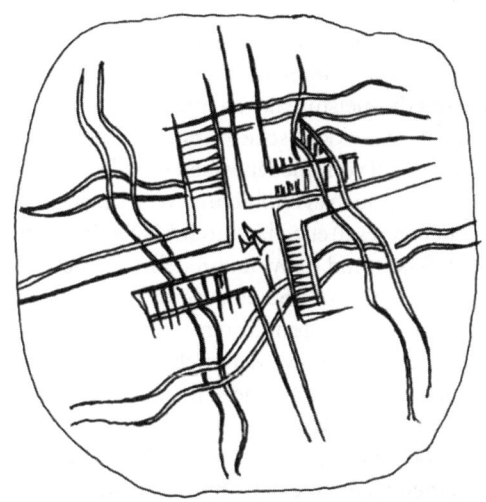

Abbildung aus: Wiggermann 1996, 228

Städte übereinander: Die vertikale Perspektive. Das Bild vom Kosmos als Stadt, wie es sich besonders im Gefolge der Urhügel-Theologie findet, ist in vielen Texten vertikal erweitert. Der Kosmos wird als Schichtung aus verschiedenen Ebenen vorgestellt, deren Anzahl variieren kann (*Enūma eliš* kombiniert verschiedene solche Traditionen). Die Ebenen des Kosmos sind als flache »Stockwerke« anzusehen, die einander entsprechen und durch »kosmische Kabel« oder »Bänder«, nämlich die Tempel, zusammengehalten werden. Dazwischen gibt es eine kosmische Treppe, welche die Götter benutzen können. Die Konzeption des Kosmos als Stadt ist auf die verschiedenen Ebenen des Kosmos erweiterbar. Modern würde man sagen, dass das Bild der Stadt von der Erde in die anderen Räume transponiert ist, antik hingegen schildert das *Enūma eliš* den umgekehrten Blickwinkel, wenn der Tempel des Marduk in

Entsprechung zu den Tempeln im Süßwasserozean (Ea) und in zwei Himmeln (Anu, Enlil) gestaltet wird. Bei der Besiedelung des Kosmos werden gleiche Bauprinzipien und Analogien angewendet (*Enūma eliš* 6:112). Babylon bildet demnach horizontal wie vertikal gesehen das Zentrum der Welt.

Der Himmel ist eine Stadt, umgeben von einer großen Stadtmauer mit Stadttoren, hinter denen sich die Götterwohnungen befinden. Diese Himmelstore liegen im Horizont und werden von Göttern bewacht. Das akkadische Pluraletantum *šamû* »Himmel« lässt sich nicht nur auf verschiedene übereinander liegende Himmel übertragen, sondern auch als Abbildung verschiedener Stadtviertel oder verschiedener Stadtteile, die durch Mauerringe getrennt sind wie in Ur, Isin, Assur und Babylon, verstehen (Wilcke 2010). Auch die Unterwelt ist eine »große Stadt«, wie schon ihr Name irigal bezeugt, und kann mit Mauern, Toren und Türhütern vorgestellt werden. Ihre Eigenschaften werden nicht topographisch, sondern architektonisch geschildert. Tempel, Flüsse, Felder und Schafe werden in diesem Raum lokalisiert.

Städte nebeneinander: Die horizontale Perspektive. Die Vorstellung von der einen Stadt als Zentrum des Kosmos prägt Texte, die eine fokussierende, teils legitimierende Perspektive einnehmen. Andere Texte beschreiben eher aus einem Weitwinkel heraus und schildern die Welt in horizontaler Perspektive als städtisches Universum aus mehreren nebeneinander liegenden Städten. Der sumerische Flutmythos lässt einen Gott (Enki? Textanfang bislang nicht erhalten) den Städtebau erfinden; jede Stadt wird einem Gott übergeben. In der Ritualserie Mundwaschung ist ein Mythos überliefert, der Marduk als Erschaffer verschiedener Städte und ihrer Tempel zeigt. Sumerische Hymnen nennen als Gründer von Städten und Tempeln häufig den Himmelsgott An. Auch in Streitgesprächen ist das Thema des Städtebaus wichtig. Im sumerischen Dialog zwischen Vogel und Fisch schafft Enki Städte und Dörfer und füllt sie mit Menschen (Z. 10). Dem akkadischen Dialog zwischen Dattelpalme und Tamariske zufolge machten Götter Städte für die weit verstreuten Menschen. Beide Sichtweisen auf den Kosmos ergeben sich aus unterschiedlichen Perspektiven, der zentralen (eine Stadt) und der horizontalen (mehrere Städte). Beide konnten leicht miteinander harmonisiert werden, wie der Stadtaufbau von Babylon zeigt, wo die Stadtviertel mit den Namen anderer Städte benannt sind. Damit konnte Babylon als die eine, einzige Stadt aufgefasst werden, die alle anderen wichtigen Städte inkorporierte. Umgekehrt ließ sich jede weitere Stadt als Außenposten Babylons, als weiterer Stadtteil, auffassen.

2.5. Andere Konzepte: Baum, Gebäude, Gutshof

Baum: Neben dem Konzept vom Universum als Stadt lassen sich weitere ausfindig machen, die in einigen Texten und im lexematischen Befund Spuren hinterlassen haben. Betrachtet man mit Wilcke 2010 die sumerischen Bezeichnungen für »Horizont« und »Zenit«, so deutet sich ein Zusammenhang mit einem Baum an, da die Wörter »Himmels-Wurzel« (an-ur$_2$,) und »Himmels-Baumkrone« (an-pa) lauten (zu einem kosmischen Baum vgl. z.B. *Erra-Epos* 1:150–153).

Gebäude: Die entsprechenden akkadischen Bezeichnungen zeigen die Vorstellung vom Kosmos als mehrstöckigem Bauwerk; der Horizont heißt hier wörtlich »Fundament des Himmels« (*išid šamê*), »Zenit« eigentlich »Obergeschosse« (*elâtu*). Ein solches Bauwerk mag ganz unterschiedlich vorgestellt worden sein – womöglich auch wie der Tempel, genauer noch: der Tempelturm, die Zikkurat. In einem Vergleich zwischen den Anlagen des Kosmos, des Tempelturmes von Babylon und dem Aufbau der babylonischen »Arche« hat Glassner 2002 weit reichende Entsprechungen entdecken können. Wie die Arche nach dem *Gilgameš-Epos* 11:56f., so besitzt auch der Tempelturm von Babylon namens E-temen-an-ki (»Haus, Fundament von Himmel und Erde«) sieben Etagen, die je auf neun Teile aufgeteilt sind; auch der Kosmos ist dem kosmologischen Text KAR 307, Vs. 30–Rs. 3 zufolge in sieben Ebenen gegliedert.

Gutshof: Ein Mythos, der hurritische Elemente enthält und daher vermutlich auf die zweite Hälfte des 2. Jahrtausends zurückgeht (Textzeugen 7./6. Jahrhundert), bietet ein Gegenstück zur Vorstellung vom städtisch geprägten Kosmos, das vermutlich in Abhebung zur historischen Welt als Beschreibung einer Urwelt (ähnlich derjenigen von Apsû, Tiāmtu und Nachfolgern in *Enūma eliš*) zu verstehen ist. Diese Urwelt ist geschildert im Bild der Abfolge mehrerer Götterpaare, die gegenseitig heiraten, zeugen, gebären und einander töten (vgl. den hethitischen Kumarbi-Mythos oder Hesiods Theogonie). Die Bereiche, für welche die Gottheiten stehen, zeigen den Horizont einer ländlich-bäuerlichen Welt: Erde, Pflug, Gehöft, Hirten, Fluss mit Weide und Pappel, Trauben, wozu nach Wiggermann 1999 Getreide zu ergänzen ist. Der bäuerliche Bereich, der sich im Horizont dieser Gottheiten auf Erden aufbaut, hat sein Pendant im Raum, in welchem die Gottheiten ihre Ruhestätte finden: im *dunnu*, dem akkadischen Ausdruck für »befestigter bäuerlicher Gutshof«. Ein solches *dunnu* fungiert hier als »Mausoleum« für die uranfänglichen Götter. Auch die Unterwelt ist also analog zur irdischen Welt als Gutshof gestaltet. – Die Erde als bewehrter, eingefriedeter Hof könnte auch im *Etana-Epos* gemeint sein, wenn der Held der Geschichte, von Adlerflügeln in Richtung Himmel getragen, nach unten blickt und das Meer als *tarbāṣu*, d.h. als »Viehhürde« in Gestalt eines ringförmigen Kreises um das Land erkennt.

3. Ziele der Schöpfung und der Schöpfungstexte

3.1. Gesamtziel: Ontologie als Teleologie und Theologie

Diejenigen Mächte, die aktiv in die Entfaltung des Kosmos eingreifen, zeigen sich als kriegerisch und schöpferisch tätige Götter, die in einer Vielfalt ihnen gemäßer Aufgaben (Götter als Spezialisten in Sachen Weisheit, Erfindungsreichtum, Macht, Geburt etc.) zu einem Gesamtziel beitragen. Insbesondere auch durch ihr autoritatives Wort, ihre Schicksalsbestimmungen, wirken sie auf Kosmos und Welt ein. Manchmal aber ist es auch der Mensch selber, zumal wenn es seine eigenen Interessen und seine Geschichte betrifft, der hier mithilft. Etwa wenn Etana das Königtum zu einem dynastischen macht, indem er das Gebärkraut vom Himmel holt, oder wenn *Gilgameš* in öden Gegenden Wasser erschließt, indem er Brunnen gräbt und Oasen auffindet. Dieses Gesamtziel aller Schöpfung heißt im antiken Mesopotamien, ähnlich wie im alten

Israel, »Leben«. Doch nicht nur Götter und Menschen haben Anteil am Leben, auch die Pflanzen und die Tiere, und in noch höherem Maß die Erde selber, da sie die Voraussetzung ist für das Gedeihen der Pflanzen und für die Nahrung der Grasfresser. Auch die Berge haben Leben, als Unterkunft für Pflanzen und Tiere, vor allem aber, da sie als Himmel und Erde verbindende Elemente in bedeutsamen Funktionen in Betracht kommen. Sodann sind die von Göttern kanalisierten Flüsse zu nennen, Euphrat und Tigris, aber auch deren Zuflüsse, um die sich Ninurta verdient gemacht hat, wie das *Anzu-Epos* berichtet (Wilcke 2007). Selbst die Steine auf den Bergen, die Häuser, die Mauern können als lebendig gedacht sein, können sprechen und hören, gehorchen oder auch Gehorsam verweigern. Was ist, ist geschaffen auf dieses Ziel hin. Leben zeigt sich als »inneres« Ziel göttlich-menschlichen Schöpfungshandelns. So ist auch zu erklären, dass das Totenreich in den Schöpfungstexten keine Rolle spielt. Es ist nachgeordnet, mit *Atramhasis* könnte man sagen, es kommt erst durch weitere Differenzierung ins Sein. Die Lehre von den seienden Dingen (Ontologie) wird im Alten Orient mithin als Lehre von den auf Ziele hin erschaffenen Dingen gefasst (Teleologie). Da aber das Gesamtziel der Schöpfung göttlich ist und Schöpfung grundsätzlich und zuerst als Schöpfung für die Götter gedacht wird (z.B. in *Mutterschaf und Getreide*, vgl. 6.3.), ist diese Teleologie stets ein Teilgebiet der Theologie.

Schöpfung hört nie auf. Neues, das sich in der Welt zeigt, gehört dem Schöpfungsgeschehen zu und führt es weiter. Der erfinderische Mensch gilt als Mittel, durch das der Gott noch immer erschafft. Ist aber ein Ding als Geschaffenes vorhanden, wie etwa der Pflug oder der Wagen, so begnügt sich der mesopotamische Mensch nicht damit, dass es in seiner Welt ist, sondern er sieht es zugleich in seinem Entstehen, im kosmischen Geschehen. Zumal die Dinge, die von Bedeutung sind für das Leben und das Wohlergehen des Kosmos beziehungsweise im Kosmos, werden so in ihrer Entstehung zurückverfolgt oder extrapoliert. Dabei kommt es zu keinen abstrakten Theorien wie später bei den Griechen, die sich in Urbild-Abbildtheorien und Ideen und Ideenzahlen ergehen. Mesopotamische Texte sind sinnenhaft, anschaulich. Beim Pflug oder bei der Hacke, den bedeutsamsten Werkzeugen des Zweistromlandes, wird das besonders deutlich. In beiden erschaut der Mensch die Werkzeuge, mit denen die Götter am Anfang Himmel und Erde trennten (vgl. *Loblied auf die Hacke*). Und da der Himmel und die Erde göttlich gedacht sind, so liegt nahe, dass dieses zwei göttliche Numina trennende Gerät kein bloßes technisches Hilfsmittel sein kann. Es ist deshalb nicht erstaunlich, wenn im *Harab-Mythos* der Pflug als uranfängliche Gottheit verehrt wird (vgl. 2.5.). Ähnlich wie für die Werkzeuge der Bodenbearbeitung lassen sich auch für die Instrumente der Weltdeutung (Omina) und der wirkmächtigen Kommunikation mit den Göttern (Rituale) Urheber und autorisierende Persönlichkeiten benennen. Ein aus dem beginnenden 1. Jahrtausend v. Chr. erhaltener Katalog nennt verschiedene Texte – vor allem Omina, Löserituale aber auch erzählende Werke wie das *Epos von Gilgameš* oder das *Epos von Erra* – mit ihren Autoren oder Kompilatoren. Hier findet sich zuallererst der Gott Ea als Schöpfer von Omen- und Ritualsammlungen, dann folgen mythische »Weise«, dannach eine Reihe legendärer Personen und schließlich historische Persönlichkeiten (Lambert 1962).

3.2. Teilziele: Anliegen verschiedener Schöpfungstexte

Wenn Texte die Ursprünge von Welt und Menschen thematisieren, haben sie nicht nur eine weit entfernte Vergangenheit im Blick – das betonen sie zum Teil schon durch die Anfänge »in jenen fernen Tagen/Nächten/Jahren« –, sondern lenken durch diese Anfänge den Blick auf ihre je eigene Gegenwart und Zukunft. Es geht darum, welchen Platz, welche Aufgaben, welche Rechte und Pflichten wichtige Teile des Kosmos inklusive des Menschen haben. Die Klärung solcher Fragen hat praktische Konsequenzen für das eigene Handeln und Erleben, das Werten und Erwarten. Und so kann umgekehrt in einer Krisensituation auf mythische Beispiele verwiesen werden wie im Fall einer Dürre in spät-assyrischer Zeit, während welcher ein Ritualspezialist den König auf den Mythos von *Atramhasis* verweist. Ein Beispiel für die praktischen Auswirkungen eines Schöpfungsmythos bietet ein Ritual gegen Zahnschmerzen, die so genannte »Beschwörung gegen den Zahnwurm«, die mit einer Kosmogonie einsetzt, welche die Schöpfung der Welt bis zum Wurm hinführt: Der

Himmelsgott Anu erschafft den Himmel, der Himmel die Erde, die Erde die Flüsse, die Flüsse die Kanäle, die Kanäle den Matsch, der Matsch den Wurm. Dieser Wurm fragt beim Weisheitsgott an, was ihm als Nahrung bestimmt sei. Feigen, Aprikosen und Äpfel ist die Antwort. Der Wurm beschwert sich, weil er lieber am menschlichen Zahnfleisch nagen will. Das ist im Kontext des Rituals alles andere als spaßig gemeint. »Das mythische Wissen über den kosmischen Ursprung von Gerstenkorn bzw. Zahnwurm bedeutet magische Verfügungsgewalt über sie« (Krebernik 2005). Diese Verfügungsgewalt lässt sich noch weiter bestimmen: Der Mythos zu Beginn des Rituals hat die Funktion, die Rechtslage zu klären: Der geschädigte Mensch ist gegenüber dem Zahnzerstörer im Recht. Denn die göttliche Entscheidung über die Befugnisse des Zahnwurms ist vor Urzeiten schon ergangen. Sie liegt vor. Der Mensch als Opfer des Täters Zahnwurm kann sich auf sie berufen und im Anschluss an das Ritual den betroffenen Zahn mitsamt dem Zahnwurm ziehen lassen. Diese Handlung wird so legitimiert. Da das Recht Grundlage für mesopotamische Lebensgestaltung und Lebensempfinden ist (Wilcke 2007b), kann das Ritual durchgeführt werden mit guter Hoffnung auf Erfolg. Der Mensch kann dank dieser Rechtssituation darauf bauen, dass ihm zu helfen ist, was als psychologische Rückkoppelung keine schlechte Grundlage für eine Heilung darstellt.

Rituale, in deren Verlauf Schöpfungstexte rezitiert werden, können viele Ziele haben, und Schöpfungstexte können innerhalb dieser Rituale verschiedenen Funktionen dienen. Ein paar Bemerkungen zu einem weitaus komplexeren Ritual und Ritualtext sollen dies andeuten. Das *Enūma eliš* stellt den Kerntext des Babylonischen Neujahrsfestes im 1. Jahrtausend v. Chr. dar, welches elf Tage lang gefeiert wurde und in sich ein Zusammenspiel verschiedener Rituale bildet. Zahlreiche Anliegen dieser Rituale lassen sich als kosmisch, politisch und theologisch begreifen (daneben auch agrarisch und transitorisch; insgesamt dazu Zgoll 2006). Diese Anliegen finden im Text des *Enūma eliš* ihr Fundament, d.h. Herleitung, Begründung und Ausdeutung: der Sieg des Marduk über Tiāmtu, der durch die Rezitation des Textes und durch den rituellen Kultlauf des Königs ins Hier und Jetzt geholt und »aktiviert« wird, die

Stellung Marduks über den anderen Göttern wie auch über dem irdischen König – als Schirmherr seiner Stadt –, die Positionierung dieser Stadt Babylon im Zentrum der Welt. Insgesamt sollen das Fest wie sein Grundtext im Blick auf das neue Jahr ein gutes Schicksal für Stadt, König und Land bewirken. Allgemein lässt sich festhalten, dass Personen, Dinge und Vorgänge desto eher in einem Schöpfungskontext zu finden sind, je wichtiger ihre Funktionen und ihr Funktionieren für die mesopotamische Gesellschaft waren.

4. Schöpfung des Menschen im Dienst der Götter und Teilhabe am Göttlichen

4.1. Schöpfer und Schöpfung von Menschen: Eine Übersicht

Von der Erschaffung des Menschen berichten die altorientalischen Mythen als Geburt oder als Produkt handwerklichen Schaffens, selten wird sie auch analog zum Pflanzenwachstum geschildert. Zwei Gottheiten oder Göttergruppen sind für die Menschenschöpfung wichtig, Muttergöttinnen und der Gott des Süßwassers (und zugleich Spermas, sumerisch a = »Wasser« und »Samen, Sperma«), Enki/Ea. Statt seiner tritt auch Marduk als Menschenschöpfer auf. Menschenschöpfung kann als einmaliger göttlicher Schöpfungsakt (z.B. *Enūma eliš*) oder als Tat plus Folgehandlung zur »Nachbesserung«, also als Schöpfung in zwei Phasen beschrieben werden (z.B. *Atramhasis, Mutterschaf und Getreide*).

Die Muttergöttinnen werden unter verschiedenen Namen genannt, z.B. als Mami, »Mama«, als Nintur, was vielleicht soviel wie »Herrin Geburtshütte« bedeutet, als Ninhursaĝa »Herrin des Gebirges«. Wo von den Muttergöttinnen berichtet wird, geht es besonders um die Zeit der Schwangerschaft und um die Geburt selbst. Die neun Monate werden teils als neun Tage geschildert; für die Geburt schenkt die Muttergöttin den Geburtsziegel. Aruru erschafft (gemeinsam mit Marduk) den Samen der Menschheit. Sie ist es auch, die im *Gilgameš-Epos* den Enkidu ins Leben ruft, indem sie Lehm nimmt und ihn in die Steppe wirft. Auch im Mythos von der Erschaffung des Menschen und des Königs hat die Muttergöttin – wie sonst Enki/Ea – mit Lehm zu tun. Sie bildet eine Lehmfigur (*ṣalam ṭiṭṭi*).

Vorbild für das Schaffen des Wassergottes Enki/Ea ist die handwerkliche Produktion von Töpferwaren. Wie für ein Gefäß aus Ton braucht es auch zur Schaffung des Menschen Lehm und eine Flüssigkeit. Diese Flüssigkeit allerdings hat es in sich. In mehreren Mythen nimmt Enki/Ea das Blut einer geschlachteten Gottheit, um die »Rohmasse« für den Menschen zu formen (*Atramhasis*, *Enūma eliš*, KAR 4–Mythos). In *Enki und Ninmah* bedarf es zur Gewinnung des göttlichen Blutes keiner Schlachtung, vielmehr bedient sich die Muttergöttin ihres Blutes, wobei es sich mit Wilcke 2007 und 2010 um Monatsblut der Muttergöttin oder um Blut von Nabelschnüren handeln kann. Hinzukommen kann auch noch Speichel der Götter (*Atramhasis*). Ein anderer Text, dem es um den Tempelbau geht, schildert, wie Menschen, aber auch Götter und wesentliche Rohstoffe durch Ea im Süßwasserozean und Tempel Apsû aus Lehm erschaffen werden: Hier scheint Lehm und Wasser zu genügen (TUAT 605). In einem Text über Marduk als Schöpfer bindet dieser auf dem Wasser ein Floß zusammen und stellt darauf Staub als Anfang der Erde her, woraufhin er die Menschheit erschafft (aus demselben Lehm? TUAT 608). In jedem Fall ist sein Tun wie auch in anderen Mythen mit der Entstehung durch Geburt verbunden. Denn direkt im Anschluss heißt es, dass Aruru, eine Muttergöttin, mit Marduk zusammen den »Samen der Menschheit« erschaffen habe.

In einem sumerischen Text, dem *Loblied auf die Hacke*, heißt es, dass die Menschen wie Pflanzen aus der Erde wachsen: Hier trennt der oberste Gott Enlil Himmel und Erde. Am »Ort, wo das Fleisch hervorwächst« bricht dann der »Same des Landes«, den Enlil offenbar gesät hat, aus der Erde, und die ersten Menschen sprießen wie Pflanzen durch die Erdschollen. Enlil freut sich an ihnen, und die anderen Götter beten zu ihm und wünschen sich die Menschen – sie werden für die Versorgung der Götter tätig sein. Die Göttin Ninmena, »Herrin der Krone«, gebiert dann Herrscher und König. Ein Lied über die Entstehung und das Schicksal von Enkis Tempel E-engura in Eridu schildert ebenfalls, dass die Menschen wie

Pflanzen durch die Erde stoßen (modern bezeichnet als »Enkis Fahrt nach Nippur«).

Im Unterschied zum biblischen Befund in Genesis erscheint in den mesopotamischen Texten der Mensch eher in einer größeren anonymen Gruppe als »Menschheit« und nicht als (wenngleich generisch gemeinter) Einzelmensch (Adam) oder Menschenpaar (Adam und Eva). Die Erschaffung des Menschen ist nicht der Ziel- und Höhepunkt eines kosmologischen Mythos wie Gen 1. Auch wenn z.B. in *Enūma eliš* die Menschen erst relativ spät erschaffen werden, so geht es dem Text nicht primär um die Menschen, sondern um Marduk, seine Stadt und seinen Tempel (vgl. 2.2.).

4.2. Die Erschaffung der Menschheit im *Atramhasis*-Mythos

Der *Atramhasis*-Mythos ist neben einer sumerischen Erzählung als frühestes Zeugnis des Sintflutgeschehens bekannt, bei welchem die Menschheit, abgesehen von *Atramhasis*, seiner Familie und Vertretern von Handwerk und Gelehrsamkeit, den Tod findet. Die Erschaffung des Menschen erfolgt hier, als die Schöpfung schon länger im Gang ist. So die Erfahrung seit alters bis auf unsere Tage, wo der Mensch selbst in der Geschichte der Evolution der Lebewesen gleichsam erst fünf Minuten vor zwölf auftritt. Die Götter sind bereits da. Sie wohnen auf Erden. Wir sehen sie in ihren Städten, sehen Leute bei Kanalarbeiten, auf Feldern, in Häusern; wir sehen Götter bei ihren Toren, wobei wir zuerst nicht wissen, ob wir es mit Tempeltoren oder Stadttoren zu tun haben, von denen die obersten Götter jeweils eines bewachen; wir unterscheiden endlich zwei Klassen: eine Oberschicht, die Anunna-Götter, und eine Unterschicht, die Igigi, die Diener- und Fronarbeiten zu verrichten haben; so plagen sie sich z.B. beim Ausheben des Flussbettes für den Tigris und den Euphrat. Nach einer gewissen Zeit kommt es zum Aufstand der göttlichen Arbeiter, doch nicht zum mörderischen Kampf. Enlil, der inzwischen selbst schon bedenklich schwach geworden ist, wird nun überzeugt, dass die Igigi unter unmöglichen Bedingungen leben. In einer Götterversammlung wird dann Bēlet-ilī, die Muttergöttin, aufgefordert, den Menschen zu erschaffen.

An und Enlil haben offenbar bereits präzise Vorstellungen, wie das Endprodukt auszusehen hat. Der Mensch, das ist ein Wesen wie die Götter. Wie auch könnte es anders sein, zumal er gerade alle Arbeiten der unteren Götter übernehmen soll. Der Mensch wird also um der von ihm geforderten Aufgabe willen – Ablösung der Igigi – gottähnlich geschaffen. Diese Ansicht und Beurteilung der Dinge scheint der Mythos zu suggerieren. Doch lässt die Aussage sich auch umgekehrt lesen: Der Mensch hat Teil an einer göttlichen Aufgabe, und es ist nicht weniger als ein Beitrag zur Vervollkommnung der Schöpfung, den er zu leisten hat. Und noch etwas: Die Menschenähnlichkeit der Götter beziehungsweise die Gottähnlichkeit des Menschen ist es, die gewährleistet, dass der Mensch überhaupt mit den Göttern kommunizieren kann. Götter können Menschen hören und verstehen, Menschen können göttliche Äußerungen wahrnehmen und verstehen (natürlich, nach mesopotamischer Vorstellung, durch die Hilfe der »Experten«, welche solche Botschaften in menschliche Sprache übersetzen können).

Die Menschenschöpfung zeigt sich aber als doch nicht so einfach. Enki muß hinzugezogen werden, der darauf hinweist, dass Leben nötig ist zur Erzeugung von Leben. Und es kommt zur Menschenschöpfung, indem ein Gott geschlachtet wird, um mit dessen Fleisch und Blut, zusammen mit Lehm und dem Speichel der Igigi, ein neues Ganzes zu bilden. Der Gott, dessen Substanz in den Menschen eingeht, ist genau der aufrührerische Gott, der voller Planungskraft (*ṭēmu*) einen Streik der arbeitenden Götter gegen die Hochgötter angeführt hat (Moran 1970: 51f.; Wilcke 1999: 77): »Den Gott-Mensch(-Gott) [*ila-we-e-i-la*], der Verstand [= Fähigkeit zu führen: *ṭēmu*] besaß, schlachteten sie in der Versammlung« (*Atramhasis* 1:223; Wilcke 1999: 78). Wie Wilcke 1999 nachweisen konnte, erhält der Mensch durch die Substanz des Blutes Anteil an diesem göttlichen Planungsvermögen, dem Verstand (*ṭēmu*), und empfängt einen unsterblichen Teil, den Geist (*eṭemmu*).

Auch die Muttergöttin Mami wird einbezogen; in ihrer Anrede als *attima šassūru bāni'at awilūti* (»Du bist der Mutterleib, die Schöpferin der Menschheit«) und der Aufforderung, sie solle den Urmenschen erschaffen, deutet sich eine andere Erzählvariante an, die im Selbstpreis der Mami und ihrer Erhöhung durch die anderen Götter zur »Herrin aller Götter« (1:247f.) kulminiert. Genauer zu verfolgen, wie die verschiedenen Zuständigkeiten für die Menschenschöpfung in diesem wie in anderen Texten sich verteilen und miteinander in Beziehung stehen, verspricht für die weitere Forschung interessante Einblicke.

Der Mythos erzählt dann, wie die Menschen sich vermehren. Und nun scheint sich die Geschichte ein Stück weit zu wiederholen, nimmt dann aber doch einen überraschend anderen Verlauf. »Die Menschen wurden mehr, und dabei brüllte das Land wie ein Stier.« (1:353f.). Genug, dass das Lärmen Enlil seine Laune und seinen Schlaf verdirbt. Wenn der Gott schläft, heißt das, dass alles in bester Ordnung ist oder für ihn doch zu sein scheint. Hier aber wird er aufgeweckt und aufgeschreckt. Nun beginnt die Vorbereitung auf die Vernichtung der Menschen, mit dem Ziel der Dezimierung oder zumindest der Konstanthaltung der Zahl: zuerst mit Plagen, welche die Unheil stiftenden Götter besänftigen, bis dann Enlil in einer Götterversammlung die Flut beschließt, als *top secret*. Wenn aber zuvor bereits Enki und Atramhasis, ein Beispiel für ein geglücktes Zusammengehen von Mensch und Gott, das Schlimmste zu verhindern verstanden haben, so ist nun Enkis Weisheit in besonderem Maße gefordert. Der Mythos erzählt uns, wie er seinen Schützling während eines Traumes in Kenntnis setzt, ohne ihm *direkt* etwas von der Flut zu verraten, und wie er ihn beauftragt, was er des Weiteren tun soll. Zumindest für Atramhasis und die Seinen läuft dann alles glimpflich ab. Und wie vom biblischen Bericht ebenfalls bekannt, kommen auch die Vertreter der Tierwelt mit in die Arche. Die mesopotamischen Texte allerdings gehen noch einen Schritt weiter: Auch die *mārī ummāni*, d.h. die Vertreter von Handwerk und Künsten bzw. die Gelehrten, kommen mit in das Schiff (*Atramhasis* III 2:35 Textzeuge DT 42 Z. 8', Lambert, Atra-Hasis 128 Text W, vgl. *Gilgameš-Epos* 11:86). Diese Arche birgt also nicht nur die natürliche Welt, sie nimmt die gesamten Grundlagen der Stadtkultur auf, rettet deren technisches *Knowhow*. Sie bildet eine Art schwimmende Stadt, welche das drohende Aus für die Menschheit übersteht. Die Arche ist überdies nach der Schilderung des *Gilgameš-Epos* ein schwimmender Tempel mit genauen Größen-Entsprechungen zum Tempelturm von Babylon. Daher lässt sich mit Glassner 2002 erkennen: »Ce cube [= die Arche] est une image du cosmos, l'arche formant [...] un microcosme, un univers condensé« (Glassner 2002 Nr. 32). Nach dem hier und im Abschnitt über die Stadt als Tempel Dargelegten lässt sich erkennen, dass die Arche den Kosmos retten kann, insofern sie *in nuce* Stadt und Tempel und damit der Kosmos selbst ist.

In der »zweiten Auflage« der Menschheit, nach der Sintflut, kommt es zu einer Revision. Der Mensch, so hatte die vorsintflutliche Geschichte gezeigt, war als Urmensch noch nicht fertig. Er befand sich noch in *statu nascendi*, war noch ein Experiment. Im Blick auf den geschichtlichen Menschen muß ihm noch die Sterblichkeit überantwortet werden. Was für eine Herausforderung des Menschen seit alters beim Versuch, im Rahmen eines Selbstbildes, den Tod zu verstehen! Vielleicht ist es eben dies, was die Bilder der Sintflut dem antiken Zuhörer näherzubringen versuchen: das unabdingbare Geschehnis des Todes? Ohne Tod läßt sich ja unmöglich an ein fortgesetztes Gebären denken (vgl. Wilcke 1999). Das war es wohl, was Enlil plötzlich aufgeweckt und aufgeschreckt hat und was der Mythos im Bild des anwachsenden Lärmes andeutet und worin sich umgekehrt das Nachdenken des Menschen über seine Sexualität zeigt (ähnlich scheint in der Genesis die Alternative durchzuschimmern: entweder unfruchtbares, ewiges Leben oder Fruchtbarkeit und Sterblichkeit). Und so wird der Tod, allgemein und mit einigen konkreten Formen, und die Begrenzung des Nachwuchses durch Kindersterblichkeit und Kinderlosigkeit aufgrund von Sterilität oder Zölibat als Preis für die Fruchtbarkeit des Menschen eingeführt und gedeutet. Die Erschaffung des Todes an der fragmentarisch erhaltenen Stelle des Textes zu ergänzen, hat Lambert 1980 vorgeschlagen und Wilcke 1999 weitergeführt:

»[Du, Mut]terleib, Schöpferin der Geschicke,
[setze fest den Tod] für die Menschheit!
L[ass die Menschen (im Grabe) ru]hen!«
(*Atramhasis* III 6:46–47 mit Lambert 1980; *Atramhasis* III 6:48 mit Wilcke 1999: 97)

In dieser Hinsicht – Tod als Preis für Fruchtbarkeit – ist das Pendant des *Atramhasis*-Mythos in den biblischen Texten nicht die Sintfluterzählung von Gen 6–8 (worin noch Spuren in Gen 6,1–4 auch auf dieses Thema verweisen mögen), sondern die Sündenfallerzählung von Gen 3. Mesopotamische Reflexion verknüpft das begrenzte Leben des Einzelnen kausal mit dem unbegrenzten Leben der Gattung. Der Einzelne muss sterben, während die Gattung Mensch als solche durch die Kraft der Fruchtbarkeit weiterhin existieren kann. Andere Texte zeigen, was mit dem unsterblichen »Geist«, dem *etemmu*, geschieht: Während er sich vor der Sintflut noch in menschlichen Leibern grenzenlos vermehrt hatte, durchschreitet nach der Sintflut jeder *etemmu* mit dem Tod die Grenze zum Totenreich, wo er ohne Leib und mithin ohne »Lärm«, d.h. ohne Fruchtbarkeit, weiterhin existiert.

4.3. Menschenschöpfung in *Enūma eliš*

Auch in *Enūma eliš* dient die Erschaffung des Menschen dem Ziel, die Götter von Arbeiten frei zu stellen. Marduk lässt Ea den Urmenschen (*lullû*) ähnlich, aber nicht gleich wie in *Atramhasis* erschaffen. Marduk will »Blut zusammenbringen, Knochen formen« (6:5); er agiert handwerklich sowie durch sein Wort und Namensnennung (6:6). Das Blut wird wiederum von einem rebellischen Gott genommen. Hier ist es Kingu, der Anführer des Kampfes der Urgötter und -monster gegen die jüngeren Götter. Die anderen Götter werden begnadigt und vom Dienst befreit (6:6–8; vgl. unten 5.2.3.).

4.4. *Enki und Ninmah*. Die Stadt als urbaner Lebensraum für alle. Das Problem von Krankheit, Schwäche, aber auch der besonderen Begabungen

Der Mythos von *Enki und Ninmah* stellt eine glückliche Ergänzung zum *Atramhasis*-Mythos und der dort berichteten Erschaffung der Menschen dar. Alles ist zu Beginn wie im *Atramhasis*-Mythos. Hier ist es Enki, der so zufrieden, ja ahnungslos ist, dass er es sich nicht nehmen lässt, sein Schlummerstündchen abzuhalten. Aber die Igigi sind bei ihrer Schwerarbeit nicht zufrieden. Man weckt den Gott Enki. Und wieder wird der Mensch erschaffen, auf dieselbe Weise mit Blut und Lehm, nur dass diesmal das Blut der Mutter Enkis, Monatsblut der Göttin Namma oder Blut von Nabelschnüren und Nachgeburten zum Einsatz kommt, bis wieder die Erstfassung des Menschen, hier wohl als eines geschlechtslosen »Arbeitstiers« vorliegt (Wilcke 2007: 30f.). Dem Lehm, der hier verwendet wird, kommt eine besondere, »numinos-schöpferische Qualität« zu, da er vom Abzu, dem Süßwasserozean unter der Erde und Hoheitsbereich Enkis und Nammas, stammt.

»Der Kenner von Weisheit, Erkenntnis und Erforschung erfand [wörtlich: brachte hervor] klug für Blut, Glieder und alles (Dazugehörige) den Mutterleib. / Enki legte Hand an, übte allumfassende Weisheit. / Während Enki über Blut und Gliedmaßen nachdachte, / Sprach er zu seiner Mutter Namma: / An das Blut, das du vergossen [wörtlich: hergelegt] hast und das es noch gibt, knüpf die Fron der Götter! / Rühr es bitte in den Lehm hinein (, der) über dem Süßwasser (liegt)! / Dann kneif bitte Mutterleiber ab und form bitte Gliedmaßen! / Ninmah soll als deine Partnerin handeln! / Nin-imma, Šuzi-ana, Nin-mada, Nin-bara, / Nin-mug, Mumudu und Ninguna / Sollen bei deinem Gebären dir beistehen! / Meine Mutter, wenn du ihnen das Schicksal bestimmt hast, soll Ninmah ihre Fron festzurren!«
(*Enki und Ninmah* 26–37; Wilcke 2007: 30f.)

Der weitere Fortgang der Erzählung scheint mir für das Selbstverständnis des mesopotamischen Menschen von großer Bedeutung. Enki und Ninmah sitzen fröhlich beim Bier und feiern ihr Werk. Da schlägt Ninmah dem Enki vor, das Geschick einzelner Menschen(gruppen) durch deren Gestalt zu bestimmen, und erschafft Menschen, die alle irgendeinen Mangel haben. Enki aber zeigt, dass er jedem von ihnen einen sinnvollen Platz in der Gesellschaft zuweisen kann. Was hier zur Sprache kommt, ist nichts Geringeres als die Brauchbarkeit und Verwendbarkeit eines jeden in der städtischen Gesellschaft, auch wenn er da und dort Mängel aufweisen oder an Gebrechen leiden mag. Das ist ein eminent kühner und humaner Gesichtspunkt, für den Vater Enki steht. Vermutlich kündigt sich hier darüber hinaus auch der Gedanke an, dass eine urbane Gesellschaft nur als spezialisierte zu leben und zu überleben vermag. Doch mögen auch Differenzierung und Spezialisierung der menschlichen Gesellschaft für das den Autoren vertraute, bereits relativ komplizierte, städtische Leben notwendig geworden sein, so liegt der Fokus der Erzählung eindeutig darauf, dass durch Enki jedem sein Schicksal bestimmt wird und er, wie es heißt, sein Brot erhalten kann. Mit anderen Worten: Jeder findet in der Stadt Enkis Beruf, Nahrung und Auskommen.

Mir scheint darüber hinaus, dass in der Erzählung eine Denkfigur zur Anwendung gelangt, die davon ausgeht, dass einem Vorteil ein Nachteil entspricht, einer besonderen Begabung ein Defekt, einer Stärke eine Schwäche, einem Guten etwas Schlimmes, so dass die Summe invariant und konstant bleibt. Denn die hier erschaffenen Menschen finden alle eine besondere Stellung: Drei der sechs Geschöpfe, in einem Textvertreter sogar vier, bekommen z.B. eine Position in der direkten Umgebung des Königs. Das bedeutet, dass diese Menschen Eigenschaften haben müssen, die sie aus allen anderen herausragend und damit als besonders geeignet für solche Schlüsselpositionen erscheinen lassen. Der Erste kann zwar mit seinen Händen nichts festhalten, wird aber »zu Häupten des Königs« gestellt, d.h. als hoher Beamter und Funktionär als Ratgeber für den König eingesetzt (vgl. den akkadischen Titel der Höflinge *ša rēši* [»der zu Häupten«]). Wir könnten vielleicht modern sagen, es handle sich hier um einen besonders herausragenden Theoretiker, dessen praktische Fähigkeiten zu vernachlässigen sind. Der Zweite ist blind und Sänger vor dem König (vgl. die Tradition der berühmten, als blind geltenden Sänger der griechischen Antike, Demodokos und Homer). Der Dritte, der wohl nicht stehen kann, hat möglicherweise etwas mit Silber zu schaffen und erhält (Enkis?) Aura (vgl. den griechischen Gott der Schmiedekunst Hephaistos, der als »Lahmbein« gilt). Dadurch dass erst das Gebrechen geschaffen wird, erscheint die Deutung etwas verschleiert und ist bisher noch nicht überzeugend formuliert worden. Der umgekehrte Ablauf, ein auf eine besonders gute Gabe folgender Ausgleich zum Negativen, hätte modernen Lesern das Anliegen leichter verstehbar gemacht, wäre erzähltechnisch aber weniger verträglich gewesen; dies hätte wie eine Art Strafe gewirkt. Diese ausgleichende Funktion scheint mir der Sinn des Spiels zwischen den beiden Gottheiten. Die Oberfläche der geschilderten Geschichte, dass Enki und Ninmah dabei waren, Bier zu trinken und dass sie dann fast frivol sich zu Spielchen böser Art hergaben, sollte uns nicht verleiten, hier ein warnendes Beispiel zu erblicken, wie schon in frühesten Göttertagen Alkoholexzesse Übles angerichtet haben. Bier ist hier das Getränk zum hohen Fest. Und das Epos endet mit den Worten: »Vater Enki, dich zu preisen tut wohl!« Schließlich ist es in unserer Welt leider ein Faktum, dass es Krankheiten und Schwächen gibt, was auf der Ebene des Mythos heißt, dass Enki und Ninmah gar nicht um dieses »Spiel« herumkommen.

Am Schluß der Geschichte tauschen Enki und Ninmah die Rollen, und Enki ersinnt ein defizitäres Wesen. Kilmer 1976 schlug vor, dass es sich hier um den Säugling handelt, alternativ wird auch eine Deutung als Frühgeburt erwogen. Dass der Säugling der Muttergöttin von außen gegeben wird und sie nichts mit ihm anzufangen weiß, ist natürlich eine Umkehr des sonst für selbstverständlich Erachteten. Der Punkt, auf den der Text zusteuert und an welchem hier die Lebenstauglichkeit des Menschen gemessen wird, ist die Fähigkeit, Brot zu essen und sich sein Brot selbst zu verdienen. Auch wenn der Säugling noch nicht vollkommen und alleine nicht lebensfähig ist, so ist er doch aus Enkis göttlichem Samen entstanden, wird von der Muttergöttin geboren und gibt daher dem »Mensch(en) Teil am Göttlichen« (Wilcke 2007: 33).

5. Wesen und Aufgaben des Menschen

5.1. Wesen des Menschen:
Die Nähe der Menschen zu den Göttern

Dem *Enūma eliš* zufolge sind Menschen *niklātu* (6:2; 7:112), geschickte, kluge »Kunstwerke« Marduks. In dieser Eigenart sind sie ebenso »wundervoll« wie das All aus Himmel und Erde, welches Marduk aus Tiāmtus Leib erschafft (4:136). Diese Menschen sind aus göttlicher und irdischer Substanz konzipiert. Gott und Mensch stellt das *Atramhasis-Epos* schon in seinen ersten drei Wörtern in direkte Nähe: *inūma ilū awīlu* (»Als die Götter Mensch [waren]«) – und dieser formalen Nähe entspricht ein semantisches Anliegen, das ungeheuerlich erscheint. Das Wort *ilum* (»Gott«) steckt in *awīlum* (»Mensch«), und der göttliche »Geist« oder »Verstand«

(*ṭēmum*) im Wort für den im Tode nicht sterbenden »Geist« (*eṭemmum*). Und – ein Schritt weiter – »im pulsierenden, trommelgleichen Herzschlag zeigt sich die ebenfalls göttliche, im Tod nicht untergehende Seele *uṭukkum*.« (Wilcke 2007: 8). Aus der Sprache erschließt sich, dass der Abstand zwischen Gott und Mensch relativ ist. Für *Gilgameš* steht nur die Unsterblichkeit dazwischen, woran er sich reibt und aufreibt. Und doch muß ja auch der Mensch, wenn er vom Unsterblichen eines Gottes in sich aufnimmt, etwas Unsterbliches in sich haben. Hier wird im Alten Orient bereits auf die Unsterblichkeit der menschlichen Seele des menschlichen Geistes hingewiesen (Wilcke 2006).

Als »irdische« Substanz des Menschen findet sich Lehm, der zum Menschen geformt, teils auch geboren wird. Als göttliche Substanz tritt eine Flüssigkeit hinzu, die fast immer als »Blut« angegeben wird; in *Atramhasis* findet sich zusätzlich noch »Speichel«, in *Enki und Ninmah* Wasser des unterirdischen Süßwasserozeans Abzu-Apsû. Einmal ist es Enkis göttlicher Same, von der Muttergöttin geboren, aus dem die Menschheit entsteht. Das göttliche Blut kann von der Muttergöttin kommen (*Enki und Ninmah*), meist gewinnt man es durch die Schächtung eines aufrührerischen, teils auch vorausschauend klugen Gottes. Götter und Menschen stehen sich also sehr nahe, Gott ist sogar im Menschen »inkorporiert«. Der Mensch hat ein Stück weit Anteil am unsterblichen Leben und an der Kraft, Pläne zu schmieden und vorausschauend zu handeln; zugleich wird ihm teils auch ein unruhiges, aufrührerisches Wesen zugesprochen.

Der Mythos *Enki und Ninmah* verweist außerdem darauf, dass der Gott der Weisheit jedem seinen Platz in der Gesellschaft bestimmt hat, dass jeder es wert ist, dass er sein Brot zum Leben verdienen kann; vermutlich auch, dass die arbeitsteilige städtische Gesellschaft sogar davon abhängig ist, dass jeder seinen speziellen Platz ausfüllt. Komplementär dazu wird aufgezeigt, dass alle Menschen durch ein Stadium, das Säuglingsalter, hindurch müssen, in welchem sie alleine völlig lebensunfähig sind und noch keinem Broterwerb nachgehen können.

5.2. Aufgaben des Menschen: Mitarbeit an der Schöpfung

Nicht-mehr verhindern, Bestand sichern. Kosmogonie und Anthropogonie werden ganz im Dienst und mit Blick auf die Götter vorgenommen. Die Erschaffung von Göttern, Rohstoffen, König und Menschen zielt auf das Funktionieren der Tempel. Schöpfung geschieht diesen Texten zufolge also primär für die Götter. Sekundär freilich lässt sich beides zusammenführen: Götter und Menschen sind wechselseitig aufeinander bezogen, sie bilden »einen einzigen, kosmischen Haushalt« (Krebernik 2005). Was den Göttern zugute kommt, nützt den Menschen. Im Städtebau, im Dienst am und im Tempel und im grundlegend nötigen Kanalbau, im Erfüllen ritueller und praktischer Pflichten etc. ist der Mensch aufgerufen, zum Gelingen der kosmischen Ordnung und damit der Lebensfähigkeit der Schöpfung beizutragen. Solches Dienen und Sich-Einbringen ist für den mesopotamischen Menschen eine unabweisbare Verpflichtung. Zeigt die Schöpfung als Prozess Wege vom Noch-nicht ins Sein, und zwar in ein Sein, das von mannigfachen Bedrohungen umgeben ist, so darf es nicht der Mensch sein, der durch Nachlässigkeit und Faulheit den Weg vom Sein ins Nicht-mehr einschlägt. Gen 11,1–9 hat hierfür Essentielles aus der mesopotamischen Eigenwahrnehmung eingefangen: Stadt und »Turm«, also Tempel, werden als Gewichte gegen zentrifugale Kräfte genannt, die das Gemeinwesen zusammenhalten:

נבנה־לנו עיר ומגדל ... ונעשׂה־לנו שׁם פ־נפוץ על־פני כל־הארץ *nibnæh-lanū ʿjir ūmigdāl* […] *wᵉnaʿᵃśæh-lanū šēm pæn-nāpūṣ ʿal-pᵉnē kål-haʾāræṣ* (»Bauen wir uns eine Stadt und einen Turm […] machen wir uns damit einen Namen, dann werden wir uns nicht über die ganze Erde zerstreuen!«; Gen 11,4).

Nicht nur die Menschen, sondern der ganze Kosmos muss befestigt werden. Kosmische Bänder halten ihn fest (*Enūma eliš* 5:59f.; Horowitz 1998: 125) – und solche Bänder sind die Tempel; das wird besonders deutlich in den Bezeichnungen mehrerer Tempel als E-duranki (»Haus, das das Band von Himmel und Erde ist«), was unter anderem Nippur als Zentrum des Universums meint. Eine unvorstellbare Katastrophe, wenn sie zerstört werden und ihre Aufgaben nicht mehr erfüllen können! Allein schon die vielen sumerischen Klagelieder, die auch prophylaktisch angestimmt wurden, auf dass es nicht zu einer Katastrophe der Zerstörung und des Chaos kommen sollte, können hier belehren. Auf die Frage, wie dieser Weg ins Nicht-mehr verhindert werden mag, hat der Alte Orient einige Antworten parat. Eine davon ist das genaue Aufmerken auf den mit der Schöpfung der Dinge jeweils gemeinten Sinn, ein Erfassen des Ziels, ein Hören und, wo es auf den Menschen ankommt, ein Sich-Einlassen auf den Willen und die Absicht des bzw. der Schöpfer, wie es exemplarisch etwa im hymnischen Tempelbaubericht des Gudea von Lagaš (21. Jahrhundert) oder in den Briefen der assyrischen Herrscher an die Götter deutlich wird. Der Tempel ist der eigentliche Ort, wo immer wieder der Schöpfung gedacht wird, ja von wo aus sie ihren Bestand überhaupt erst erhält. Die Tempelnamen – E-duranki (»Haus, das das Band von Himmel und Erde ist«), E-kur (»Haus, das ein Berg ist«), E-ana.k (»Himmelshaus«), E-sagil (»Haus, das das Haupt erhebt«) – wie auch das Studium der Lieder auf Tempel sind in dieser Hinsicht aufschlussreich. Zu nennen ist auch das Ritual des babylonischen Neujahrsfestes, an dem man im 1. Jahrtausend des Schöpfungsanfangs gedachte und an dem man dazu in Babylon wie auch in Assur *Enūma eliš* rezitierte, das »Buch« der Welt- und Menschheitsschöpfung und Rettung der Welt durch Marduk (vergleichbar der Osterliturgie). Gerade der mit der Lösung der Konflikte beginnende Siegeszug des Marduk hat dann am babylonischen Neujahrstag auch kultisch rituellen Ausdruck gefunden durch einen Schnelllauf des Königs als Marduk und seine Überwindung der Tiāmtu (Zgoll 2006). Entsprechendes zu diesen Riten lässt sich auch in Texten aus dem 3. Jahrtausend erkennen, wo z.B. für den Tempel von Keš die Schicksalsbestimmungen rituell verankert waren und jährlich beim Tempelweihfest mit Wallfahrtscharakter (wohl auch einem Neujahrs- und Welterschaffungsfest) aktualisiert wurden. Ein anderes Ritual kam im Enlil-Tempel von Nippur zur Aufführung und zwar am »Strahlend-heiligen Hügel«, einem Urhügel der Schöpfung, wo die Urgötter gelebt haben sollen, die man einmal im Jahr im Monat Duku zu einer Feier einlud. Außerdem sind Rituale zum Bau oder zur Restaurierung von Tempeln bekannt sowie Rituale der Mundwaschung, welche die Aufgabe haben, Götterstatuen zu beleben.

Gerade in den Ritualen also trägt der Mensch zum Erhalt der Schöpfung bei, und insbesondere König und Priester sind mit dieser wichtigen Aufgabe betraut.

Aufgaben des Herrschers. »In seinem Wirken als Bauherr [macht der König] das Königtum zum Teil dieser uranfänglichen Ordnung und seine Person zu deren Vollstrecker« (Maul 2004). Der König trägt außerdem durch seinen Kampf gegen die Feinde der Weltordnung dazu bei, dass die Schöpfung weiter bestehen kann. Im »Mythos von der Erschaffung von Mensch und König« werden die Aufgaben der »Normalsterblichen«, der *lullû*-Menschen – die Last der harten Arbeit (*tupšikku* [»Tragkorb«]) –, denjenigen des Königs als *māliku*-Menschen, also dem »überlegenden Menschen«, gegenübergestellt. Der König soll demnach das Land nach innen und außen sichern. Zu diesem Zweck werden ihm »Krone und [Thron]« einerseits, »Kampf« und »Waffen« andererseits übereignet. Die gewöhnlichen Menschen sind dem König gegenüber zu Loyalität verpflichtet, da er von den Göttern in dieser besonderen Weise ausgestattet und legitimiert ist. Aus der Vielzahl der Texte lassen sich vier Aufgabenfelder des Herrschers bestimmen, die allesamt für den Bestand des Kosmos bedeutsam sind: die Wohnstätten der Götter zu bauen, zu restaurieren und zu schmücken, die Mittel für den Lebensunterhalt zu verwalten, Gerechtigkeit zu etablieren und Ordnung aufrecht zu erhalten sowie die Sicherheit von Land und Ländern zu gewährleisten (Brüschweiler 1983). Angesichts der Fülle dieser Aufgaben verwundert es nicht, wenn Texte wie der sumerische Flutmythos oder das *Etana-Epos* das Königtum selbst als göttliche Gabe verstehen, das vom Himmel herabgekommen sei. Das Königtum erhält damit eine Funktion, wie sie auch Tempeln, die ebenfalls vom Himmel herabkommen können (z.B. in *Gilgameš und Akka*), zukommt: die Funktion, zwischen Himmel und Erde zu vermitteln (vgl. die analoge Funktion von Heiligen in der christlichen Vorstellung).

Aufgaben für die Götter. Die genannten Mythen bestimmen deutlich, dass der Mensch nicht die Krone der Schöpfung ist, sondern dass er dazu dient, der Krone der Schöpfung, den Göttern, zu helfen, indem er ihnen die Arbeit abnimmt und sie versorgt. Götter müssten diese Arbeit tun, doch werden sie vom Dienst befreit durch die Menschen (vgl. 4.). Prägend für das Menschenbild ist die Arbeit, ebenso wie in der biblischen Schöpfungserzählung des Jahwisten (Krebernik 2005). Die hart erscheinende Pflicht, die auf dem Menschen lastet und sich insbesondere in der Aufgabe des Kanalbaus äußert, ist allerdings nirgendwo als Strafe gekennzeichnet (anders in Gen 3). Und bei näherem Hinsehen entpuppt sie sich als doppelgesichtig, insofern es sich zugleich um eine wichtige Sinnstiftung für das menschliche Leben handelt. Müller spricht in diesem Zusammenhang von der »Daseinslegitimität« des Menschen, »die, mittels eines narrativ gestalteten Handlungsablaufs zu begründen, die wichtigste Funktion des babylonischen Mythos überhaupt« sei (Müller 1989: 81). Der Mensch wird erschaffen, um die Götter von der Arbeit zu befreien und um dafür zu sorgen, dass diese ruhen können (*Enūma eliš* 6:31, 6:129f.), insbesondere auch die zuvor bedrohlichen, aufständischen Götter, deren Begnadigung durch Marduk in der Erschaffung des Menschen ein stabilisierendes Pendant erhält (Gabriel 2011). Die Ruhe der Götter ist eine wichtige Aufgabe, für die der Götterkönig Marduk selbst Sorge trägt (*Enūma eliš* 6:109–111). Vor diesem Hintergrund des *Enūma eliš* ist deutlich, dass »Ruhe« im Gegensatz zu göttlichem Zorn und Krieg steht und dass göttliche Ruhe hier gleichbedeutend ist mit Frieden, Harmonie und Wohlergehen. Modern formuliert ist der Mensch also eine friedenstiftende Maßnahme für das Universum.

Weitere Aussagen in *Enūma eliš* bestätigen, dass der Kanalbau keine gering zu achtende Aufgabe ist, sondern dass ihm vielmehr der höchstmögliche »Patron« vorsteht. Marduk selbst wird unter dem Namen des Gottes Enbilulu als Kanalinspektor gezeigt (7:57–69), ihm selbst also untersteht die Macht über die Bewässerung, er hält Weide und Tränke in Ordnung, macht sie dauerhaft für das Land (7:58), öffnet die Wasserläufe, verteilt reichlich Wasser (7:59), ist der Kanalinspektor, der das Ackerland gedeihen lässt (7:62); als Inspektor der Wasserläufe der Götter soll man ihn preisen (7:63). Dieser Vorbildcharakter zieht sich weiter durch den Text. Wenn die Menschen für Bau und Erhalt der Tempel verantwortlich sind, so ist dies zunächst die Aufgabe Marduks und der Anunnaki. Zusammen mit diesen und wohl als deren Stellvertreter und ausführendes Organ ist es den Menschen aufgetragen, die Versorgung der Götter und ihrer

Tempel dauerhaft zu garantieren beziehungsweise zu übernehmen (*Enūma eliš* 6:109–118), was die Pflege der Bauwerke ebenso wie die verschiedenen Opfergaben und den Ruhm der Anlagen umfasst. Andere Texte bestätigen diesen Befund, dass der Mensch hier beim göttlichen Aufgabenfeld des Aufbaus und Erhalts der Schöpfung mitwirken darf (z.B. *Loblied auf die Hacke*, in dem Marduk als Arbeiter gezeigt wird; Marduk als Schöpfer, TUAT 608; von hier aus lässt sich das »Beherrschen« und »Behüten und Bewahren« in Genesis ebenfalls als Weiterführen der Schöpfung und stellvertretendes Tun für die Gottheit verstehen). Das reicht bis ins *Gilgameš-Epos*, welches *Gilgameš* als den Erfinder und Erbauer der Stadtmauern von Uruk zeigt, also als einen, der Stadt und Tempel auf ideale Weise schützt. Schon der uranfängliche Mensch, den diese Texte zeigen (anders etwa in *Mutterschaf und Getreide*, vgl. 6.3.), ist von Anfang an auf Kultur ausgerichtet, auf eine Kultur, die er mit den Göttern teilt und die ihn wesentlich von Tieren und Dämonen unterscheidet (vgl. 6.2.). Dort, wo die Fürsorge für Stadt und Tempel und die Kommunikation zwischen Mensch und Gott gelingt, wird die Gottheit auch für umfassendes Wohlergehen (silim) sorgen, so der sumerische Flutmythos (Segment A 10).

Letztlich geht es um das Funktionieren der göttlichen Wohnstätte Stadt und Tempel, wie schon im Abschnitt über Sinn und Zweck der Weltschöpfung gezeigt worden ist. Deutlich führt dies der Anfang des Streitgespräches zwischen Vogel und Fisch vor Augen, wo Enki schöpferisch tätig wird, um die »Wohnsitze zu gründen« (dur$_2$ ki--ĝar), was sich in einem Dreischritt vollzieht aus Bewässerung, Landwirtschaft (hier in Form von Herden) und schließlich »Städten und Siedlungen«, für die ein König Sorge trägt. Der Mensch als Kanalbauer oder Tempelbauer trägt durch sein Sein und Handeln dazu bei, dass der göttliche Kosmos, der die Gestalt einer Stadt mit Tempeln besitzt, funktioniert, so dass Frieden und Harmonie, ja sogar Freude der Götter herrscht. So beschreibt es der Schöpfungsmythos aus dem Mundwaschungsritual: Babylon und seinen Tempel E-sagil bezeichnen die Anunna-Götter als »reine Stadt, Wohnung der Herzensfreude«, und Marduk erschafft die Menschheit, um die Götter dort wohnen zu lassen in einer »Wohnung, die ihr Herz erfreut« (*šubat ṭūb libbi*).

Schöpfung weiterführen. Schöpfung hört nie auf. Der Urhügel ragt in die gegenwärtige Welt hinein als greifbarer Ort der Schöpfung, als »Nabel« der Urwelt. Genauso wie man diesen Urhügel als »edelmetallen, rein, heilig« verehrt und an verschiedenen Orten in verschiedenen Tempeln braucht, so ist es auch mit den alten Überlieferungen. Ältere Texte oder Textschichten werden nicht gelöscht, sondern ergänzt, indem man neue Erkenntnisse und Sichtweisen hinzufügt, »additive Interpretation« (Wilke 2006) betreibt. Mehr noch, wie der Urhügel real erfahrbarer Verbindungspunkt zur Urzeit ist, so können auch Handlungen real erfahrbare Verbindungsglieder zur urzeitlichen Schöpfung darstellen. Dies lässt sich beim Tempelbau erkennen. Wenn der Herrscher am Tempel baut, dann reicht sein Handeln – genauso wie der Urhügel – nach altorientalischem Verständnis realiter in die Urzeit zurück. Tempelbau oder Tempelrenovierung ist Schöpfungsakt. In vielen Texten sind es die Götter, welche Städte und Tempel bauen. Aber auch der Mensch kann Anteil daran haben. Deutlich wird dies im Tempelbaubericht des Gudea von Lagaš (21. Jahrhundert), dessen Baumaßnahmen in der Zeit des uranfänglichen Schicksalsspruches für Himmel und Erde verankert werden. In dieser Urzeit hat auch die Stadt Lagaš sich zum Himmel emporgereckt, und Enlil hat ihr bestimmt, dass für sie herrlich-ideale Dinge geschehen sollen. Was sich dahinter verbirgt, wird deutlich, wenn der »Staatsgott« Enlil kurz darauf die Sache an Ninĝirsu, den Stadtgott von Lagaš, übergibt, und dieser wiederum den Herrscher Gudea mit dem Bau beauftragt. Gemeint ist also, dass schon beim uranfänglichen Entstehen von Himmel und Erde, als die Schicksale entschieden wurden, der Tempelbau durch den Herrscher Gudea festgelegt wurde. Sein Tun greift in diese Urzeit zurück.

»An dem Tage, an dem er [= Enlil] für Himmel und Erde das Schicksal bestimmen sollte, erhob [die Stadt] Lagaš in großen göttlichen Kräften das Haupt zum Himmel. Enlil [= Staatsgott] richtete einen tatkräftigen Blick auf den Herrn Ninĝirsu [Stadtgott von Lagaš]: ›Für die Stadt [Lagaš], für [deren] göttliche Kräfte, wird das Uralte [= Ideale] strahlend hervorgekommen sein, daher [...]‹« (*Gudea Zylinder* 1:1–4) »Die göttlichen Kräfte des Eninnu wird er (Stadtfürst Gudea) in Himmel und Erde strahlend hervorkommen lassen. [...] Dem Ziegelbauwerk, dem das Schicksal bestimmt ist, wird das Haupt zu mir erhoben werden. Dass man das silberne Haus errichte, wird [ihm] der Nacken zu mir erhoben werden.« (*Gudea Zylinder* 1:11; 15f.)

Ein solcher Gedankengang lag nicht fern, wenn man in rituellem Kontext wie etwa beim vermutlich jährlich gefeierten Tempelweihfest in Keš durch Rezitation der urzeitlichen Schicksalsbestimmung (vgl. 2.3.) oder auch beim Neujahrsfest in Babylon durch die Rezitation des *Enūma eliš* sich die Verankerung von Tempel und Stadt in der Schöpfung bewusst machte und sie liturgisch *hic et nunc* aktualisierte. Wie Tempelbau konkret in die Urzeit hineingreift, zeigt sich dann auch anderthalb Jahrtausende nach Gudea, wenn der spätbabylonische Herrscher Nabonid (6. Jahrhundert) die Verbindung zur Schöpfung sozusagen mit dem Spaten sucht. Seinen Inschriften nach lässt er Ausgrabungen durchführen, um die Fundamente von früheren Tempeln zu finden und dann den uralten so getreu wie möglich folgend, neue Tempel errichten zu können. Literarisiert findet sich dasselbe Anliegen im *Gilgameš-Epos*, welches anhebt mit den Worten *ša nagba īmuru išdi māti* (»Der die Tiefe gesehen hat, das Fundament des Landes«) und dies aufgreift in Tafel 1:43f. »der die Kultstätten, welche die Sintflut zerstörte, wiedererrichtete an ihrem Ort, der die Riten festsetzte für die umnebelten Menschen« (Maul 2008). Die Schöpfung soll so getreu wie möglich erhalten bleiben. Es ist eine herausragende, eine königliche Aufgabe, an diesem »schöpferischen« Geschehen im Dialog mit den Göttern Anteil zu haben. Zu diesem Zweck kommt das Königtum vom Himmel. Diese Aufgabe macht zum Mitarbeiter an der Schöpfung. Und wie der im Dienst der Götter Tätige so ist auch der erfinderische Mensch gleichsam Mittel, durch welches der Gott noch immer erschafft. Was immer erstmals sich zeigt, ist göttlich, beziehungsweise göttlich-dämonisch, wozu auch der Krieg, Stadtmauern oder »literarische Werke« gehören (vgl. 3.1.).

6. Schöpfung als Weltentfaltung: Natur, Kultur und Geschichte

Schöpfung ist nach altorientalischen Vorstellungen ein Prozess der Entfaltung, der in der Entstehung von Welt, Göttern und Menschen seinen Ausgangspunkt nimmt. Viele weitere Elemente der Welt, naturhafte und kulturhafte, schildern die Texte eigens in ihrem Entstehen. Teils müssen sie kriegerisch den Mächten des Chaos abgetrotzt werden, teils kommen sie durch Zeugung und Geburt oder planvolles Handeln in die Welt (Wilcke 2007); teils auch ist es das göttliche Wort und die Kraft der Namengebung, welche etwas ins Leben ruft. Götter sind auch für die gegenwärtige Welt Garanten des Wirkens von Natur, von Institutionen und Künsten usw., inklusive Krieg.

6.1. Natur-Elemente

Unter den (moderner Perspektive nach) naturhaften Bestandteilen der Welt, deren Schöpfung eigens thematisiert und problematisiert wird, kommt besonders häufig das Wasser vor. Es muss aus dem Gebirge befreit werden, Flüsse sind zu erschaffen wie Tigris und Euphrat, Kanäle und Sümpfe, Wasser muss durch unterirdische Wasserläufe geführt werden und durch Quellen oder Regen auf die Erde gelangen. Licht erscheint in den Schöpfungstexten zweimal als eigenes Gut, einmal als Licht für den Tag und für die Nacht, einmal als Licht für die Erde und Licht für die Unterwelt. Tiere spielen eine Rolle, vor allem Kleinvieh, explizit Schafe, aber auch Kuh und Stier, Vogel und Fisch, die Tiere der Steppe oder der dem Menschen schädliche Zahnwurm. An Pflanzen werden genannt Getreide, Bäume und Schilfrohr, Pflanzen der Steppe, Heilpflanzen und »Wacholder, Schilf und Gurken«. Gebirge und Steine kommen vor, der Wechsel der Jahreszeiten wird als Voraussetzung für die der Schneeschmelze folgende Möglichkeit zur Bewässerung und damit für die Landwirtschaft hervorgebracht. Auch der Tod und die Krankheiten finden ihren Platz und Sinn in der Schöpfung; in *Atramhasis* dienen sie dazu, die unkontrollierte Vermehrung der Menschen einzudämmen.

6.2. Kultur-Elemente

Daneben geht es in den Texten um Elemente der Kultur. »Urmenschen« können beschrieben werden als nackte, grasfressende Wesen, die Wasser »aus Gartenbeeten« trinken, und noch im *Gilgameš-Epos* findet sich ein Reflex in Enkidu, dem »Wilden«, der mit den Gazellen durch die Steppe rennt und an Wasserstellen zur Tränke kommt. Der eigentliche Mensch zeichnet sich durch Kultur aus, was ihn von den Tieren unterscheidet. Bewässerung ist grundlegende Kulturtechnik. Ein ganzer Mythos erzählt vom Abenteuer, dass die Göttin einer Stadt sich mit den Mächten der Unterwelt verbinden muss, um die Gottheiten des Kanalbaus und der fruchtbaren Landwirtschaft hervorzubringen (Zgoll 2011). Ein anderer schildert, wie der Gott Ninurta das im Gebirge gefangene Wasser befreit und damit die Grundlage der Bewässerungskultur für Mesopotamien schafft, durch die Ackerbau erst möglich wird. Enki schafft die Grundlagen für die Bewässerung, indem er selbst Aufgaben wie die Reinigung von Kanälen übernimmt. Werkzeuge, welche man für die Bewässerung benötigt, sind einer eigenen Schöpfung wert, das Fehlen von Ziegeln und Ziegelform wird genannt. Der Mangel, dass es noch keine Kleidung gab, wird erwähnt, Öfen und Brot werden erschaffen. Anderen Texten geht es um den König oder um Priester (teils allgemein, teils um ganz bestimmte), um Opfergaben und Rituale wie die mächtigen, da ganz grundlegenden Reinigungsrituale, um Tempel und Städte. Auch der Krieg gehört zur Zivilisation und wird dem König unterstellt.

Aufbau und Erhalt der bekannten Welt unterstehen bestimmten Gottheiten, die auch für Gegenwart und Zukunft über wichtige Teile der Zivilisation schützend ihre Hand legen. Für den Ackerbau gibt der Gott Ninurta Anweisungen, die Viehzucht ist verkörpert im Hirtengott Dumuzi. Der Pflug wird eigens erschaffen oder steht sogar gemeinsam mit der Erde am Anfang der Welt. Ein Mythos schildert die Enstehung von Handwerkergottheiten (neben Materialien, die zum Bau von Tempeln wichtig sind) und von Gottheiten, die Patrone der Opfergaben am Tempel sind (Getreide, Schaf, Bier und Vegetation). Bierproduktion gehört zum Aufgabenbereich der Göttin Ninkasi, für mündliche und schriftliche Dichtung im

Sinne von Schicksalsentscheidung stehen Enlil und Nisaba Pate, während für Omina und Löserituale Enki-Ea zuständig ist. Die Traumdeutung fällt ins Ressort der Göttin Nanše. Die Verteilung der Machtbereiche als göttliche Zuständigkeiten auf die verschiedenen Götter schildert ein eigener Text (Enki und die Weltordnung).

6.3. Progress der Schöpfungsgeschichte – das Beispiel von *Mutterschaf und Getreide*

Am Beispiel des Textes *Mutterschaf und Getreide*, einem Vertreter der sumerischen »Streitgespräche«, lässt sich zeigen, wie man in Mesopotamien die Welt immer auch als Teil des Schöpfungsprozesses und uranfänglich miterlebt haben mag. Wir nehmen zugleich wahr, wie man aus dem Gesamt der Schöpfung Teile derselben einer besonderen Betrachtung zu unterziehen verstand. *Mutterschaf und Getreide* zeigt gleichsam ein Zwischenstadium auf dem Weg zur voll sich entfaltenden Schöpfung. Im mythisch gestalteten Anfang dieses Textes, der an das »Als noch nicht« von *Enūma eliš* erinnert, treffen wir auf die Menschen, als sie noch nichts zum Anziehen hatten, da noch keine Wolle für sie da war und die Zunft der Weber und Schneider noch unbekannt war. Sie hatten aber auch noch nichts Hochwertiges zu trinken, da es noch keine Schafsmilch gab und Brot kannten sie nicht, da noch kein Getreide für sie vorhanden war. Nur die Götter für sich, auf ihrem heiligen Hügel, genossen bereits von diesen Speisen. Es ist aber nicht so, dass es sich hier um Götter-Privilegien gehandelt hätte. Es war die Zeit der ersten Schafzucht und der ersten Getreidefelder, die auf dem Göttergelände erprobt wurden. Für Götter und Menschen hätten die Erträge des heiligen Hügels nun aber nicht ausgereicht. Der Mensch, den wir hier sehen, war wie das Tier, nackt und zum Überleben auf Gras zum Fressen und auf Wasser zum Saufen angewiesen. So sieht die Situation aus vor der entscheidenden Peripetie, wenn das Wort Enkis an Enlil ergeht, Mutterschaf und Getreide den heiligen Hügel hinabsteigen zu lassen und der nun beginnenden Landwirtschaft durch Pflug, Joch und Gespann aufzuhelfen, der Schafzucht aber durch Hirten und Pferche. Auf diese Weise wird die Nahrungs- und Bekleidungsfrage für alle gelöst.

Es ist hier gelungen, eine für das Verständnis des Gesamttextes wichtige Stelle der Exposition in ihrer Bedeutung zu erfassen und in korrekter Übersetzung wiederzugeben. Bislang wurde noch übersetzt, dass die Anunna-Götter des heiligen Hügels nicht satt geworden wären. Doch bleibt der Sinn dieser Aussage im Kontext dunkel. Denn für die Anunna-Götter waren Schaf und Getreide bereits da. Auch heißt es, dass die Götter vom Reichtum von Mutterschaf und Getreide aßen. Endlich hätte Enki, der später das Problem löst, es für die Götter schon früher lösen können. Der Sinn ist also wohl der, dass Götter und Menschen zusammen auf der Erde sind, dass aber vorerst nur die Götter sich mit Brot und Milch und Wollkleidung versorgen, da diese Dinge noch neu sind, wie es im Text heißt, und sie erst später in der Reihe der Schöpfungen entstanden und im Land, also den Menschen, noch überhaupt nicht bekannt waren. In neuer Übersetzung lautet die Stelle:

»Damals ließen sie [= Götter] – am Schöpfungsort der Götter war es – Mutterschaf und Getreide in ihrem Haus, [nämlich] im/am Heiligen Hügel leben.
Als man sie in das Speise-Heiligtum der Götter geführt hatte,
da waren die Anunna-Götter des Heiligen Hügels dabei, vom Reichtum von Mutterschaf und Getreide zu essen, [doch] sie [= die Menschen] konnten nicht satt werden,
da waren die Anunna-Götter des Heiligen Hügels dabei, die köstliche Milch ihres strahlenden Pferches zu trinken, [doch] sie [= die Menschen] konnten nicht satt werden.«
(*Mutterschaf und Getreide* 26–34)

Die Menschen sehen die Götter zwar essen und trinken, doch vom Sehen werden sie nicht satt. Stattdessen regt sich in ihnen das Bedürfnis: »Nach dem strahlenden Pferch mit Milch, deren [= der Götter] Köstlichkeit, ließ die Menschheit den Leben[sodem] vorhanden sein« (= *lechzte* die Menschheit, Wilcke 2007: 22)
(*Mutterschaf und Getreide* 35f.)

Das aber hört und sieht der menschenfreundliche Enki und schafft in seiner Weisheit Abhilfe, indem er für die Menschen Ackerbau und Viehzucht mit den nötigen Instrumenten wie Pflug, Joch und

Gespann ins Leben ruft. Der Schluß des Proömiums feiert das Schöpfungsziel, die Versorgung der Menschen mit Brot und Kleidung und mithin den Beginn des Menschen als eines Kulturwesens (ein Thema, das auch andere Texte mit menschlichem Mahlhalten in Zusammenhang bringen, vgl. *Gilgameš-Epos* Tafel II mit altbabylonischem Vorläufer; Wilcke 2006).

6.4. Weltschöpfung und Weltgeschichte in *Enūma eliš*

Mit der Entwicklung der mesopotamischen Stadtstaaten über den Städtebund um Kiš und Nippur und die Reichsgründung Sargons hinaus bis hin zum Aufstieg Babyloniens und Assyriens und der beherrschenden Stellung Babylons und Assurs in der damals bekannten Welt scheint sich immer deutlicher ein geschichtliches Bewusstsein geltend zu machen, welches nach einem Platz in der Schöpfung verlangte. Entsprach es in der Frühzeit Sumers dem Selbstverständnis und Selbstbewusstsein, Nippur in seiner Eigenschaft als Zentrum einer Amphiktyonie und Theokratie auch als Zentrum des Kosmos zu sehen, so wurde dieses Verständnis im Lauf der Zeit auch auf die anderen Städte und Reichsgründungen ausgedehnt, bis hin zu *Enūma eliš*, wo Babylon dann als Zielpunkt des Wünschens des höchsten Gottes Marduk und als Zentrum des Universums geschildert wird (in Assyrien adaptiert an Gott und Hauptstadt Assur).

Die Weltschöpfung erscheint in *Enūma eliš* nicht von Anfang an als das eigene und eigentliche Werk Marduks als eines Schöpfergottes, sondern als ein in mehreren Stufen und Metamorphosen ablaufendes und zur Vollendung kommendes Werk. Das ist ein Leitfaden, der sich schon von den ersten und frühesten uns erhaltenen Schöpfungstexten an Jahrhunderte lang durch den Alten Orient zieht, der aber mit dem Aufstieg von Babylon/Marduk zusätzlich eine geschichtsphilosophisch-theologische Bedeutung bekommt. Durch die Jahrhunderte hindurch bleibt das Konzept der Schöpfung als Schöpfung zum Leben bestehen, beginnend mit Vorformen des Lebens (Urmensch etc.); doch geht es in *Enūma eliš* nicht um die Erschaffung von Einzelnem, von Pflanzenarten oder Tierarten oder bestimmten Werkzeugen der Kultur, sondern vielmehr um die Bedeutung Babylons im Weltschöpfungsprozess. Die Ontogenese, ja selbst die Kosmogonie tritt zu Gunsten des an Babylon ergehenden beziehungsweise ergangenen Auftrags der Weltherrschaft zurück. An Stelle der Schöpfungsgeschichten begegnen wir einer Schöpfung der Geschichte, einer Metaphysik der Geschichte (vgl. Wilcke 2010). Schon die ersten Sätze mit den aufeinander folgenden Göttergenerationen, die immer besser und mächtiger werden (vgl. *Enūma eliš* 1:1–21; 81–104), verraten diese Tendenz. Im Übrigen aber wird die Theogonie und die Ontogenese überhaupt nur in allerkürzester Form geboten (Apsû und Tiāmtu stehen fast schon dafür). Erst mit dem Götterkampf, der Auseinandersetzung mit den uralten Gottheiten des Anfangs, dem Siegeszug Marduks und dem Beginn einer neuen Zeit wird es in *Enūma eliš* so recht lebendig. Mit dem Triumph Marduks im Pantheon findet eine Götterfiliation (Anu, Ea und Marduk) ihren krönenden Beschluss. Alles kulminiert im Aufstieg Babylons zur Weltmacht und im Bau seines Tempels. Doch wird hier nichts grundsätzlich Neues erfunden. Nur Gewichte werden verschoben. So wird in *Enūma eliš* die Schöpfungsgeschichte gemäß dem Fortgang der Weltgeschichte rekapituliert und den neuesten weltpolitischen Ereignissen und Erkenntnissen gemäß erzählt. Andere Quellen zeigen, wie diese Neuschreibung der Geschichte auch »alte Dokumente erschuf« die so genannte Weidner Chronik etwa, den fingierten Brief eines Herrschers an einen »Kollegen«, angeblich vom Anfang des 2. Jahrtausends, mit Ratschlägen, wie man das Land unter Kontrolle halten könnte: indem man fromm Marduk und Babylon diene. Akkade sei untergegangen, weil es Babylon habe kopieren wollen (Grayson 1975; al-Rawi 1990). Geschichte wird in *Enūma eliš* im Zusammenhang mit der Schöpfungsgeschichte diskutiert und als eigentliche Aufgabe und Ziel der Menschheit vorgestellt. Insbesondere, so die Aussage, das Ringen um eine stabile und beste Weltordnung schließt die Weltgeschichte in die Schöpfungsgeschichte der Menschheit mit ein. Der von seinem Gott (Reichsgott Marduk) legitimierte und befähigte Herrscher ist es denn auch, der Schöpfungsgeschichte zu studieren und zu reflektieren und mit Marduk zu vollenden hat (7:148–150). Denn Babylon ist das Zentrum der Welt und Marduk der Weltenherr.

7. Aspekte altorientalischer Schöpfungsentwürfe: Zusammenfassung und Ausblick

Wenn wir mit Blick auf das antike Mesopotamien vom Kosmos reden, so geschieht dies nicht so sehr wegen der bereits mathematisch in Zahlen und Proportionen erfassten Struktur der Welt wie bei den Pythagoreern, wiewohl das alte Mesopotamien schon beachtliche astronomische Forschungen betrieb und auch von kosmischen Analogien ausging, sondern insbesondere deswegen, weil man in Mesopotamien überall im All die Stadt sah, die als Gottesstadt voller Leben und Reichtum war. Zumal an Neujahrsfesten oder Tempelweihfesten, wenn sich die Stadt als Gottesstadt feierte und sich gute Omina einholte, wurde synonymisch zur Stadt die Weltentstehung und das All als Kosmos gefeiert. Je nach Perspektive konnte sich diese Stadt »historisch« als uranfängliche Stadt, funktional-zentral als Zentrum der Welt oder in vertikaler Sicht als Mittelpunkt von übereinander, in horizontaler Sicht von nebeneinander liegenden Städten offenbaren.

Der Mensch ist wesentlicher Teil, aber nicht Krone der Schöpfung (vgl. 4.). Dass er Anteil am Wesen der Götter hat (vgl. 5.), befähigt ihn zur Kommunikation mit ihnen und zur Übernahme ihrer Aufgaben. In dieser Eigenart hat der Mensch zum städtischen Kosmos beizutragen, insbesondere durch Sicherung der Lebensgrundlagen, Bewässerung und Tempelbau. Pointiert wird dies in den mesopotamischen Sintfluterzählungen, wo nicht nur ein Urmenschenpaar und Urtierpaare die kosmische Katastrophe überstehen, sondern wo die Arche wie eine schwimmende Stadt ausgestattet ist, in der die »Meister« (also Handwerk, Künste, Gelehrtentum, d.h. die Stadtkultur) überleben (vgl. 4.2.). Auch die Großtat, mit welcher das *Gilgameš-Epos* seinen Helden berühmt macht und ihm Unsterblichkeit zuschreibt, wird vor diesem Zusammenhang in ihrem Wert erst richtig verständlich: Indem *Gilgameš* die Stadtmauer von Uruk schafft, erfindet er einen Schutz der Stadt und trägt so zum lebensfördernden Schöpfungsgeschehen, d.h. der weiteren Vervollkommnung der Schöpfung bei (vgl. 5.2.3.). Allgemein gesprochen ist die gesamte Schöpfung teleologisch auf das Ziel »Leben« ausgerichtet (3.1.). In der mesopotamischen Kultur, die sich aus der Vergangenheit heraus definierte, ist der Rückgriff auf das Thema Schöpfung in ganz unterschiedlichen Kontexten zu finden und dient verschiedensten Anliegen (3.2.).

Die Schöpfungsgeschichte von Stadt und, in metonymischem Austausch dazu, vom Tempel reicht mit ihrer guten, uranfänglichen Schicksalsbestimmung (vgl. 2.3. Keš-Hymne) bis ins Entstehen der Welt zurück (vgl. auch Psalm 46, in dem das Wanken der Erde, Bild urzeitlichen Chaos, als Gegensatz zur Stadt Gottes evoziert wird). Die Stadt beziehungsweise metonymisch ihr Tempel als Ziel und Herzstück der Schöpfung, zumal in ihrer Verankerung und Ermöglichung des gesamten Universums, ist es denn auch, die immer wieder genannt und beschworen wird und an der die Menschen, zumal der König, mitarbeiten und gemessen werden. Und wenn es in Psalm 122,3 heißt, dass Jerusalem erbaut sei »wie eine Stadt« oder »wie *die* Stadt« (כעיר), so lässt sich das im Licht der mesopotamischen Quellen und der hier vorgestellten Ergebnisse verstehen in dem Sinn, dass Jerusalem erbaut ist als Zentrum des gesamten Universums. Die Erinnerung an eine solche, vollkommene Stadt ist im Alten Orient durchaus stets präsent, wenn freilich auch nicht immer beglaubigt durch konkrete historische Vergegenwärtigung. Im Kult aber darf die vollkommene Stadt erbeten werden. So wird Marduk als Schöpfer der Städte Eridu und Babylon gepriesen, deren Bestand im reinen Haus, im Tempel der Götter, wo Marduk sich seine Wohnung erschaffen hat, verbürgt ist (TUAT 608). Nur, dass das Ideal in der Weltgeschichte so schwer zu verwirklichen bzw. aufrechtzuerhalten ist! Gerade in diesem Wissen ist die mesopotamische Antike unvergleichlich korrekt und genau. Für romantische Träumerei ist da kein Platz. Königslisten erinnern seit alters daran, dass eine Herrschaft der anderen weichen muss. Klagelieder zeigen eindringlich, wie das gepriesene Zentrum der Welt untergehen kann, verlassen von den Göttern, die Menschen dahin. Wo aber die Welt- und Menschheitsgeschichte keinen Platz mehr für die ideale Stadt übrig lässt, bleibt immerhin die Hoffnung auf ein einstweilen noch verhülltes, zuallerletzt aber zu enthüllendes Gebilde der Eschatologie, das in der biblischen Apokalypse als »neues Jerusalem« inmitten eines »neuen Himmels« und einer »neuen Erde« bezeichnet wird (Offb 21,1f.).

Quellen- und Literaturverzeichnis

1. Quellen

Für sumerische Quellen vgl. mit weiterführender Literatur das »Electronic Text Corpus of Sumerian Literature«, http://etcsl.orinst.ox.ac.uk/(Jeremy Black u.a.), hier als »ETCSL« zitiert, und das »Digital Corpus of Cuneiform Lexical Texts«, http://oracc.museum.upenn.edu/dcclt/(Niek Veldhuis u.a.), hier als »DCCLT« zitiert; wichtige neue Lesungen, Interpretationen und Literaturhinweise finden sich in den angegebenen Beiträgen zum Thema Schöpfung von J. G. Westenholz und C. Wilcke.

Für akkadische Quellen vgl. mit weiterführender Literatur »Texte aus der Umwelt des Alten Testaments«, Bd. 3 (hier als »TUAT« zitiert), und Benjamin R. Foster: Before the Muses: An Anthology of Akkadian Literature, Bethesda 2005[3].

Wiggermann 1996: Wiggermann, Frans A.M.: Scenes from the Shadow Side, in: Vogelzang, Marianna E. / Vanstiphout, Herman L.J. (Hgg.): Mesopotamian Poetic Language: Sumerian and Akkadian. Proceedings of the Groningen Group for the Study of Mesopotamian Literature 2, CM 6 (1996), 207–230.

2. Sekundärliteratur

al-Rawi 1990: al-Rawi, Farouk N. H.: Tablets from the Sippar Library I. the »Weidner Chronicle«. A Supposititious Royal Letter Concerning a Vision, Iraq 52 (1990), 1–13.

Brüschweiler 1983: Brüschweiler, Françoise: La ville dans les textes littéraires sumériens, in: dies. (Hg.): La Ville dans le Proche-Orient Ancien. Actes du Colloque de Cartigny 1979 (Les Cahiers du CEPOA 1), Leuven 1983, 181–198.

van Dijk 1964: Dijk, Jan J. A. van: Le motif cosmique dans la pensée sumérienne, AcOr 28 (1964), 1–59.

Gabriel 2011: Gabriel, Gösta I.: Grenzen göttlicher Gewalt – eine altorientalische Kritik, in: ders. u.a. (Hgg.): Allmacht und Ohnmacht. Antike Schicksalskonzeptionen, ORA (in Vorbereitung).

George 1992: George, Andrew R.: Babylonian Topographical Texts (OLA 40), Leuven 1992.

Glassner 2002: Glassner, Jean-Jacques: L'Etemenanki, armature du cosmos, N.A.B.U. 2 (2002).
Grayson 1975: Grayson, A. Kirk: Assyrian and Babylonian Chronicles (TCS 5), New York 1975.
Heimpel 1993–1997: Heimpel, Wolfgang: Art. Mythologie (mythology), RLA 8, Berlin/New York 1993–1997, 537–564 (darin ad Schöpfung: 546f., 558–560).
Horowitz 1998: Horowitz, Wayne: Mesopotamian Cosmic Geography (MC 8), Winona Lake 1998.
Kilmer 1976: Kilmer, Anne D.: Speculations on Umul, the First Baby, in: Eichler, Barry u.a. (Hgg.): Kramer Anniversary Volume. Cuneiform Studies in Honor of Samuel Noah Kramer (AOAT 25), Neukirchen-Vluyn 1976, 265–270.
Krebernik 1998: Krebernik, Manfred: Die Texte aus Fāra und Tell Abū Ṣalābīh, in: Attinger, Pascal / Wäfler, Markus (Hgg.): Mesopotamien. Späturuk-Zeit und Frühdynastische Zeit. Annäherungen 1 (OBO 160/1), Freiburg i.Br./Göttingen 1998, 237–427.
Krebernik 2005: Krebernik, Manfred: Altoriental(ist)ische und biblische Schöpfungsmythen, in: Manger, Klaus (Hg.): Jenaer Universitätsreden. Philosophische Fakultät. Antrittsvorlesungen VII, Jena 2005, 143–169.
Lambert 1962: Lambert, Wilfred G.: A Catalogue of Texts and Authors, JCS 16 (1962), 59–77.
Lambert 1975: Lambert, Wilfred G.: The Cosmology of Sumer and Babylon, in: Blacker, Carmen / Loewe, Michael (Hgg.): Ancient Cosmologies, London 1975, 42–65.
Lambert 1980: Lambert, Wilfred G.: The Theology of Death, in: Alster, Bendt: Death in Mesopotamia, Kopenhagen 1980, 53–66.
Lambert 1995: Lambert, Wilfred G.: Myth and Mythmaking in Sumer and Akkad, in: Sasson, Jack Murad (Hg.): Civilizations of the Ancient Near East, New York 1995, 1825–1835.
Lambert 2007: Lambert, Wilfred G.: Mesopotamian Creation Stories, in: Geller, Markham / Schipper, Mineke (Hgg.): Imagining Creation, Leiden 2007, 15–60.
Maul 2004: Maul, Stefan M.: Altorientalische Schöpfungsmythen, in: Brandt, Reinhard / Schmidt, Steffen (Hgg.): Mythos und Mythologie, Berlin 2004, 43–53.
Maul 2008: Maul, Stefan M.: Das Gilgamesch-Epos, München 2008^4.
Moran 1970: Moran, William L.: The Creation of Man in Atrahasis I 192–248, BASOR 200 (1971), 48–55.
Müller 1989: Müller, Hans-Peter: Eine neue babylonische Menschenschöpfungserzählung im Licht keilschriftlicher und biblischer Parallelen – Zur Wirklichkeitsauffassung im Mythos, Or. 58 (1989), 61–85.

Tsukimoto 1985: Tsukimoto, Akio: Untersuchungen zur Totenpflege (*kispum*) im alten Mesopotamien (AOAT 216), Neukirchen-Vluyn 1985.
Westenholz 1998: Westenholz, Joan G.: The Theological Foundation of the City, the Capital City and Babylon, in: dies. (Hg.): Capital Cities. Urban Planning and Spiritual Dimensions. Symposium 27.–29.5.1996 (Bible Lands Museum Jerusalem Publications No. 2), Jerusalem 1998, 43–54.
Westenholz 2010: Westenholz, Joan G.: Heaven and Earth. Asexual Monad and Bisexual Dyad, in: Stackert, Jeffrey (Hgg.): Gazing on the Deep. Ancient Near Eastern, Biblical, and Jewish Studies in Honor of Tsvi Abusch, Bethesda 2010, 293–326.
Wiggermann 1992: Wiggermann, Frans: Mythological Foundations of Nature, in: Meijer, Diederik (Hg.): Natural Phenomena. Their Meaning, Depiction and Description in the Ancient Near East, Amsterdam 1992, 279–306.
Wiggermann 1996: Wiggermann, Frans: Scenes from the Shadow Side, in: Vogelzang, Marianna / Vanstiphout, Herman (Hgg.): Mesopotamian Poetic Language: Sumerian and Akkadian. Proceedings of the Groningen Group for the Study of Mesopotamian Literature 2 (CM 6), Groningen 1996, 207–230.
Wiggermann 1999: Wiggermann, Frans: Agriculture in the Northern Balikh Valley. The Case of Middle Assyrian Tell Sabi Abyad, in: Jas, Remko M. (Hg.): Rainfall and Agriculture in Northern Mesopotamia. Proceedings of the Third MOS Symposium, Leiden 1999, 171–231.
Wiggermann 2004: Wiggermann, Frans: Deities and Demons, in: Johnston, S. Iles (Hg.): Religions of the Ancient World, Cambridge u.a. 2004, 396–399.
Wilcke 1999: Wilcke, Claus: Weltuntergang als Anfang. Theologische, anthropologische, politisch-historische und ästhetische Ebenen der Interpretation der Sintflutgeschichte im babylonischen *Atram-hasīs*-Epos, in: Jones, Adam (Hg.): Weltende. Beiträge zur Kultur- und Religionswissenschaft, Wiesbaden 1999, 63–112.
Wilcke 2006: Wilcke, Claus: Vom Wesen des Menschen in altorientalischer Mythologie, in: Stagl, Justin / Reinhard, Wolfgang (Hg.): Grenzen des Menschseins. Probleme einer Definition des Menschlichen (Veröffentlichungen des Instituts für Historische Anthropologie e.V. 8), Wien 2006, 235–251.
Wilcke 2006b: Wilcke, Claus: Die Hymne auf das Heiligtum Keš. Zu Struktur und ›Gattung‹ einer altsumerischen Dichtung und zu ihrer Literaturtheorie, in: Michalowski, Piotr / Veldhuis, Niek (Hgg.): Approaches to Sumerian Literature. Studies in Honour of Stip (H. L. J. Vanstiphout), Leiden 2006, 201–237.

Wilcke 2007: Wilcke, Claus: Vom altorientalischen Blick zurück auf die Anfänge, in: Angehrn, Emil (Hg.): Anfang und Ursprung. Die Frage nach dem Ersten in Philosophie und Kulturwissenschaft (Colloquium Rauricum 10), Berlin u.a. 2007, 3–59.

Wilcke 2007b: Wilcke, Claus: Das Recht: Grundlage des sozialen und politischen Diskurses im Alten Orient, in: ders. (Hg.): Das geistige Erfassen der Welt im Alten Orient. Sprache, Religion, Kultur und Gesellschaft, Wiesbaden 2007, 209–244.

Wilcke 2010: Wilcke, Claus: Altmesopotamische Weltbilder. Die Welt mit altbabylonischen Augen gesehen, in: Gemeinhardt, Peter / Zgoll, Annette (Hgg.): Weltkonstruktionen. Religiöse Weltdeutung zwischen Chaos und Kosmos vom Alten Orient bis zum Islam (ORA 5), Tübingen 2010, 1–27.

Wilke 2006: Wilke, Alexa F.: Kronerben der Weisheit. Gott, König und Frommer in der didaktischen Literatur Ägyptens und Israels, Tübingen 2006.

Zgoll 2006: Zgoll, Annette: Königslauf und Götterrat. Struktur und Deutung des babylonischen Neujahrsfestes, in: Blum, Erhard / Lux, Rüdiger (Hgg.): Festtraditionen in Israel und im Alten Orient (VWGTh 28), Gütersloh 2006, 11–80.

Zgoll 2011: Zgoll, Annette: Enlil und Ninlil. Vom Schrecken des Kanalbaus durch Stadt und Unterwelt, in: L. Vácin (Hg.), U_4 du_{11}-ga-ni sá mu-ni-ib-du_{11}: Ancient Near Eastern Studies in Memory of Blahoslav Hruška, Dresden 2011, 287–298.

3. Literaturhinweise zum vertiefenden Studium

Krebernik 2005: Krebernik, Manfred: Altoriental(ist)ische und biblische Schöpfungsmythen, in: Manger, Klaus (Hg.): Jenaer Universitätsreden. Philosophische Fakultät. Antrittsvorlesungen VII, Jena 2005, 143–169.

Lambert 2007: Lambert, Wilfred G.: Mesopotamian Creation Stories, in: Geller, Markham / Schipper, Mineke (Hgg.): Imagining Creation, Leiden 2007, 15–60.

Maul 2004: Maul, Stefan M.: Altorientalische Schöpfungsmythen, in: Brandt, Reinhard / Schmidt, Steffen (Hgg.): Mythos und Mythologie, Berlin 2004, 43–53.

Westenholz 2010: Westenholz, Joan G.: Heaven and Earth. Asexual Monad and Bisexual Dyad, in: Stackert, Jeffrey (Hgg.): Gazing on the Deep. Ancient Near Eastern, Biblical, and Jewish Studies in Honor of Tsvi Abusch, Bethesda 2010, 293–326.

Wilcke 1999: Wilcke, Claus: Weltuntergang als Anfang. Theologische, anthropologische, politisch-historische und ästhetische Ebenen der Interpretation der Sintflutgeschichte im babylonischen *Atram-ḫasīs*-Epos, in: Jones, Adam (Hg.): Weltende. Beiträge zur Kultur- und Religionswissenschaft, Wiesbaden 1999, 63–112.

Wilcke 2007: Wilcke, Claus: Vom altorientalischen Blick zurück auf die Anfänge, in: Angehrn, Emil (Hg.): Anfang und Ursprung. Die Frage nach dem Ersten in Philosophie und Kulturwissenschaft (Colloquium Rauricum 10), Berlin u.a. 2007, 3–59.

Altes Testament

Konrad Schmid

Schöpfung im Alten Testament

1. Schöpfungsaussagen im Alten Testament

1.1. Überblick

Das Alte Testament ist schon allein durch den Umstand, dass es in seinem ersten Buch, in den ersten Kapiteln, mit der Darstellung der Schöpfung von Welt und Mensch durch Gott einsetzt, für die Schöpfungsthematik von zentraler Bedeutung. Natürlich ist diese Vorstellung selbst historisch von Vorgängern in der altorientalischen Literatur abhängig (vgl. das vorangehende Kapitel), doch sind diese Vorgänger mit dem Ausgang der Antike verloren gegangen und in Vergessenheit geraten und erst durch die archäologischen Entdeckungen vor allem des 19. Jahrhunderts wieder teilweise bekannt geworden, so dass die weitere Ausgestaltung der Schöpfungsidee in Judentum, Christentum und Islam im Wesentlichen vom Alten Testament her bestimmt wurde.

Das Einsetzen sowohl der jüdischen als auch der christlichen Bibel mit der Schöpfung ist insofern von fundamentaler theologischer Bedeutung, als dadurch deutlich wird, dass sowohl das Judentum als auch das Christentum ihre – historisch wie sachlich durchaus auch partikular geprägten – religiösen Überlieferungen von vornherein in einen universalen Horizont stellen. Der in der späteren jüdischen und christlichen Traditionsbildung ausgedeutete universale Anspruch dieser Religionen wird also bereits in der ihnen zugrunde liegenden biblischen Überlieferung elementar angezeigt und reflektiert (vgl. Gesundheit 2007). Die Großkomposition der christlichen Bibel unterstreicht diesen Anspruch an ihrem Ende mit der Schau auf einen neuen Himmel und eine neue Erde in Apk 21f.

Die Schöpfungsaussagen des Alten Testament lassen sich vergleichsweise gut in verschiedene Gruppen aufteilen, die den textlichen Belegschwerpunkten entsprechen und die nachfolgend in entsprechender kanonischer Reihenfolge besprochen werden sollen. Zunächst sind die großen Schöpfungserzählungen in Gen 1 und Gen 2f. zu nennen, dann diejenigen Psalmen, die unter die »Schöpfungspsalmen« gezählt werden (v.a. Ps 8; 19; 104), weiter die Bezugnahmen auf die Schöpfung im Bereich von Jes 40–66 sowie im weisheitlichen Schrifttum. Schließlich wird auch – nun im Bereich der deuterokanonischen bzw. apokryphen Literatur – auf die Behandlung der Schöpfungsthematik in der apokalyptischen Literatur einzugehen sein.

Bereits an dieser Stelle ist zu betonen, dass sich diese verschiedenen Thematisierungen von »Schöpfung« nicht zu einer »Schöpfungslehre« zusammenfügen. Das Alte Testament kennt narrative und hymnische Zugänge zur Schöpfungsthematik, systematisiert diese aber nicht und trägt damit der Unabgeschlossenheit als auch der Vielgestaltigkeit der als Schöpfung interpretierten Welt Rechnung.

1.2. Religions- und literaturgeschichtliche Voraussetzungen

Es gehört zu den anerkannten Ergebnissen der alttestamentlichen Wissenschaft, dass die Rede von der Schöpfung nicht zum literarischen oder religionsgeschichtlichen Urgestein des Alten Testaments gehört, wie schon aus einer ersten, historisch informierten Sichtung der Belegschwerpunkte deutlich wird: Weder die Urgeschichte noch Deuterojesaja, die genannten Psalmen oder die entsprechenden Weisheitstexte reichen, vorsichtig formuliert, in entstehungsgeschichtlicher Hinsicht weit in die vorexilische Zeit zurück (Jeremias 1990: 12).

Dies ist auch erwartbar, denn die Schöpfungsthematik setzt zum ersten kulturgeschichtlich eine agrarische Ökonomie voraus. Innerhalb von nomadischen Gesellschaften, die Weidewirtschaft betreiben, sind Reflexionen auf die Welt- und Naturordnung von nachgeordneter Bedeutung.

Zum zweiten zeigt namentlich Gen 1, dass jedenfalls die prominente Ausgestaltung des Schöpfungsthemas im kontinuierlichen Diskurs mit mesopotamischen Konzeptionen geschehen ist, also die entsprechenden Kulturkontakte voraussetzt. Die Reflexion über Weltentstehung und Weltordnung geschah im Alten Orient nicht aus dem Nichts, sondern wurde auf der Höhe der damaligen wissenschaftlichen Diskurse betrieben. In Israel war dies ohne Vertrautheit mit den Grundüberzeugungen der damaligen Leitkulturen aus dem Zweistromland nicht denkbar. Der kulturelle Austausch konnte aber erst von der Zeit an rezeptionsgeschichtlich wirksam werden, in der die Schriftgelehrsamkeit in Israel und Juda selbst einen gewissen Entwicklungsstand erreicht hatte.

Zum dritten ist schließlich zu berücksichtigen, dass wohl erst die Universalisierung der Religion des antiken Israel im Gefolge des Verlustes der souveränen Eigenstaatlichkeit zu einer hervorgehobenen Akzentuierung der Vorstellung Gottes als des Schöpfers der Welt geführt hat. Die Entwicklung dieser Vorstellung hängt sachlich mit der Ausprägung des biblischen Monotheismus in dieser Zeit zusammen (vgl. z.B. Jes 45,5–7; vgl. Zenger 2003; Oeming/Schmid 2003; Leuenberger 2010). Insofern ist die Schöpfungsvorstellung zwar wohl nicht erst im Exil entstanden, hat aber doch damals ihren wirkungsmächtigsten Ausbau erfahren.

Die älteste außerbiblische Bezeugung einer Schöpfungsaussage im antiken Israel findet sich auf einem in drei Zeilen beschriebenen Fragment eines Vorratskruges aus dem königszeitlichen Jerusalem (Avigad 1972: 195), die Schrift weist in das frühe 7. Jahrhundert v. Chr. In der zweiten Zeile ist noch der Name Michayahu (מכיהו *mkjhw*) zu lesen, in der dritten sind die Buchstaben קנארץ *qn'rṣ* erkennbar, die man zu [אל] קנארץ *['l] qn'rṣ* ergänzen kann, was entweder mit »Gott, der die Erde erschaffen hat« wiederzugeben ist, oder aber vielleicht (wegen des fehlenden Artikels vor קנה *qnh* sowie des fehlenden ה *h* am Auslaut von קנה *qnh*) einen sprechenden Eigennamen einer Gottheit Elqunirṣa meint, was aber in der Sache auf dasselbe hinausläuft (vgl. DDD, s.v. »El-Creator-of-the-Earth« [W. Röllig]). Diese Bezeichnung ist auch in einer phönizischen Inschrift aus dem 8. Jahrhundert v. Chr. bezeugt (KAI 256 A III,18 = TSSI III 15 A III,18).

Außerdem klingt der Ausdruck אל עליון קנה שמים וארץ *'el 'æljōn qonēh šāmajim wā'āræṣ* »der höchste Gott, der Himmel und Erde geschaffen hat« (Gen 14,19) daran an, der allerdings in einem schwer datierbaren Kontext steht, der insgesamt wohl ein nachexilisches Kunstprodukt darstellt.

Die Epigraphik kann somit bestätigen, was sich auch aus inneren Überlegungen zur Religionsgeschichte des antiken Israel nahe legt: Die Schöpfungsthematik wird zwar vor allem im Bereich exilischer und nachexilischer Texte des Alten Testaments breit ausgestaltet, kennt aber auch schon vereinzelt ältere Vorstufen (Janowski 2006: 361; vgl. Renz 2009).

Allerdings ist bezüglich des Alters und des Gehalts von Schöpfungsaussagen im Alten Testament grundsätzlich zu differenzieren. Es empfiehlt sich, an dieser Stelle eine Unterscheidung der christlichen Traditionsbildung einzuführen, die der Begrifflichkeit nach insofern natürlich anachronistisch, der Sache nach aber von Bedeutung ist: Es lassen sich die Vorstellungen einer *creatio continua* und einer *creatio prima* voneinander unterscheiden (Spieckermann 1989). Der Ausdruck *creatio continua* bezeichnet die fortwährende Erhaltung der Welt durch göttliche Aktivität, während mit *creatio prima* die erstmalige Erschaffung der Welt durch Gott gemeint ist. Beide Vorstellungen verhalten sich weder in der Dogmatik noch in ihren Vorstufen in der Bibel gleichberechtigt zueinander, vielmehr sind die Aussagen über die Erschaffung der Welt als Zuspitzungen der Vorstellung ihrer göttlichen Erhaltung und Lenkung zu verstehen.

Über die literarhistorische Einordnung von Gen 1 war und ist sich die alttestamentliche Wissenschaft in hohem Maß einig. Man rechnet den Text der so genannten Priesterschrift zu, einer im jetzt vorliegenden Pentateuch verarbeiteten, ursprünglich selbständigen literarischen Quelle, die vermutlich in der frühen Perserzeit entstanden ist (in den letzten Jahrzehnten des 6. Jahrhunderts v. Chr.), auch wenn über die Datierung nicht letzte Einigkeit herrscht (de Pury 2007/2010: 37–42). Deutlich ist aber für diese prominenteste Darstellung der *creatio prima*, dass sie nicht mehr in die Königszeit gehört.

Gleiches nimmt jedenfalls die neuere Forschung auch für Gen 2f. an. Dieser traditionell dem jahwistischen Geschichtswerk zugewiesene Text teilt, was seine Datierung betrifft, das Schicksal dieses Werks insgesamt, dessen frühe Ansetzung und literarische Erstreckung sehr kritisch diskutiert werden (vgl. Gertz u.a. 2002). Uneins ist die gegenwärtige Diskussion darüber, ob Gen 2f. vor- oder nachpriesterschriftlich anzusetzen sei, was bei der mancherorts geäußerten Annahme einer literarischen Schichtung auch differenziert beantwortet wird (Gertz 2007). Dass Gen 2f. aber um Jahrhunderte älter als Gen 1 sein soll, wie man noch vor fünfzig Jahren meinte, wird heute kaum mehr angenommen. Es ist nachgerade offenkundig, dass Gen 2f. mit seinem Konzept der Vertreibung der Menschen aus dem Garten Eden aufgrund des Verstoßes gegen ein göttliches Gebot die deuteronomistische Konzeption des Landverlustes aufgrund von Ungehorsam voraussetzt und universalisiert, also nicht älter als diese selbst sein kann. Außerdem weist das ambivalente Weisheitskonzept – der Erwerb der »Erkenntnis von Gut und Böse« wird gegen die Tradition (vgl. Ez 28,15f., vgl. Mettinger 2007: 85–98; Saur 2008) ursächlich mit dem Verlust des Paradieses verknüpft – auf ein fortgeschrittenes Stadium der theologiegeschichtlichen Entwicklung der Weisheit hin. Schließlich spricht auch das »Paradiesschweigen« des Alten Testaments nicht für eine frühe Ansetzung von Gen 2f. – die ersten expliziten Aufnahmen von Gen 2f. finden sich erst in den deuterokanonischen Texten Sir 25,24 und SapSal 2,24 (Schmid/Riedweg 2008).

Im Bereich der Psalmen ist die Sachlage schwieriger zu beurteilen, da sich hier die kontroverse Frage der literarischen Integrität der betreffenden Texte noch drängender stellt. Jedenfalls aber liegt von Hermann Spieckermann ein ausgearbeiteter Vorschlag zu verschiedenen Psalmen vor, in denen das Thema der *creatio prima* als literarische Ergänzung zu einem jeweiligen Grundbestand bestimmt wird (vgl. Spieckermann 1989). Wenn auch die literarkritischen Rekonstruktionen umstritten sind, so bleibt dies traditions- und theologiegeschichtlich grundsätzlich plausibel: Die religiösen Vergewisserungsszenarien des Jerusalemer Tempelkults sind ganz auf die Garantie gegenwärtig erfahrbarer Lebensgewährungen – also Elemente der *creatio continua* – ausgerichtet. Dass solche literarischen Äußerungen noch in die Zeit des ersten Tempels zurückreichen, ist ebenso denkbar und wahrscheinlich wie ihre spätere Ausgestaltung oder Ergänzung auf das Thema der Weltschöpfung am Anfang aller Geschichte hin.

Ganz ineinandergewoben sind *creatio prima* und *creatio continua* im Bereich der Gottesreden des Hiobbuches. In der Entgegnung auf Hiobs Klagen verweist Gott auf die von ihm regierte Schöpfung, wobei Ersterschaffung und fortwährende Gestaltung der Welt nicht deutlich voneinander geschieden werden. Bezüglich der historischen Ansetzung ist aufgrund der deutlichen monotheistischen Ausrichtung des Hiobbuches, der zahlreichen innerbiblischen Aufnahmen sowie des geistigen Gepräges im Rahmen der weisheitlichen Tradition des Alten Testaments immerhin soviel deutlich, dass dieser Text literarisch nicht vor die mittlere Perserzeit (5. Jahrhundert v. Chr.) zurückreichen kann – was ein höheres Alter mündlich überlieferten Traditionsgutes nicht ausschließt.

Eine ganz eigene Perspektive auf das Verhältnis von *creatio prima* und *creatio continua* findet sich schließlich in der apokalyptischen Literatur. Man kann namentlich die nach 70 n. Chr. entstandenen Konzeptionen (besonders 4Esr, syrBar) dadurch charakterisieren, dass sie mit einer fortlaufenden Zurücknahme des heilvollen Wirkens Gottes aus dem gegenwärtigen Weltgeschehen und mit dem Ende dieser Welt rechnen, dafür aber eine Zeitenwende und den Übertritt der Gerechten und Frommen in einen kommenden Äon, eine gewissermaßen raumzeitlich vorgestellte neue Schöpfung, in den Blick nehmen. Kein Zweifel wird aber daran gelassen, dass dieser zweite Äon von allem Anfang an bereits miterschaffen wurde (vgl. 4Esr 7,50: *Propter hoc non fecit Altissimus unum saeculum sed duo* [»Der Höchste hat deshalb nicht einen Äon geschaffen, sondern zwei«]). Der neue Äon ist also keine im Verlauf der Zeit nötig gewordene Korrekturmaßnahme, sondern göttlicher Schöpfungswille von allem Anfang an. Die *sub specie contrario* verborgene *creatio continua* im gegenwärtigen Äon wird also kompensiert durch die Vorstellung einer doppelten *creatio prima*: Zwar gibt Gott die erfahrbare Welt auf, doch den Gerechten ist von allem Anfang an das Leben im kommenden Äon bereitet. Auf ihre Weise macht so auch die Apokalyptik die Abhängigkeit des Konzepts einer *creatio prima* von dem der *creatio continua* deutlich.

Man sieht also: »Schöpfung« ist ein in sich differenziertes Konzept, das erst unter gewissen kultur- und geistesgeschichtlichen Bedingungen zu einer maßgeblichen Ausgestaltung in der Literatur des antiken Israel findet und sich in deren Verlauf in verschiedener Hinsicht transformiert. Den in den einzelnen Texten greifbaren Konzeptionen wendet sich nun das folgende Kapitel zu.

2. Die Erschaffung der Welt nach Gen 1

Gen 1,1–2,4a (im Folgenden: Gen 1) ist wohl einer der bekanntesten Texte nicht nur der Bibel, sondern der Weltliteratur überhaupt. Allerdings wird sein Verständnis oft durch zwei grundlegende Fehleinschätzungen behindert: Zum einen wird Gen 1 oft so ausgelegt, als handle es sich dabei um eine für sich stehende Größe. Tatsächlich aber war Gen 1 nie ein Text für sich, sondern immer Kopfstück eines größeren literarischen Zusammenhangs: ursprünglich der so genannten Priesterschrift (de Pury 2007/2010), jetzt des Pentateuch. Deshalb greift jede Auslegung von Gen 1 zu kurz, die die Kontextvernetzung von Gen 1 mit dem Nachfolgenden nicht berücksichtigt. Zum anderen wird Gen 1 mit seiner eigentümlichen Weltordnung – Tiere und Menschen ernähren sich vegetarisch und sind einander völlig konfliktfrei zugeordnet – mitunter gern als moralischer Appell verstanden. Tatsächlich scheint Gen 1 im Töten von Tieren und Menschen eines der elementarsten Probleme der Welt zu erblicken, doch bleibt zu beachten, dass Gen 1 ein erzählender Text ist. Er enthält keine Aufforderungen, sondern Erzählung. Diese beiden Gefahren sind im Folgenden zu berücksichtigen und zu vermeiden (vgl. Steck 1981).

Gen 1 berichtet davon, wie Gott innerhalb von sieben Tagen die Welt geschaffen hat. In der griechischsprachigen Tradition ist zwar oft vom »Sechstagewerk« die Rede. Dies hängt aber mit einer textkritischen Variante in Gen 2,2 zusammen. Der hebräische Text lautet: »Und Gott vollendete am *siebten* Tag sein Werk, das er gemacht hatte, und er ruhte am siebten Tag von all seinem Werk, das er gemacht hatte.« Die griechische Übersetzung der Septuaginta bietet dagegen: »Und Gott vollendete am *sechsten* Tag sein Werk, das er gemacht hatte, und er ruhte am siebten Tag von all seinem Werk, das er gemacht hatte.« Diese Fassung ist glatter und leichter verständlich – Gott arbeitet sechs Tage und ruht am siebten Tag –, gerade deshalb aber wahrscheinlich sekundär: Die Septuaginta hat sich dem Gedanken verschlossen, dass in der Logik des hebräischen Textes die Ruhe zum »Werk« integral hinzugehört und nicht etwa ein Ausruhen nach getaner Arbeit bezeichnet (anders Krüger 2009). Unbeschadet davon bleibt, dass der siebte Tag eine deutliche Sonderposition innehat. An ihm wird nichts geschaffen, auch nicht der Sabbat (das Substantiv wird nicht genannt, es wird lediglich das Verb וישבת *wajjišbot* [»und er ruhte«] verwendet), Gott formt aber durch seine Ruhe den späteren Sabbat urzeitlich vor.

In den ersten sechs Tagen erschafft Gott acht Werke. Die Anzahl der Werke ist deutlich an dem verwendeten Formelwerk zu erkennen – namentlich an den Benennungsvorgängen und an der Verteilung der Billigungsformel (»und Gott sah, dass es gut war«) –, es handelt sich um 1. die Scheidung von Licht und Finsternis, die zu »Tag« und »Nacht« führt, 2. die Erstellung der Feste, die dann als »Himmel« benannt wird, 3. das Sammeln des Wassers unter der Feste, das »Land« und »Meer« entstehen lässt, 4. die Erschaffung der Pflanzen, 5. die Erschaffung der Lichter an der Feste, nämlich Sonne, Mond und Sterne, 6. die Erschaffung der Wassertiere und der Vögel, 7. die Erschaffung der Landtiere und 8. die Erschaffung der Menschen. Nun hat schon die numerische Diskrepanz zwischen den sechs Tagen und den acht Werken manche Ausleger dazu verleitet, das Sechs-Tageschema gegenüber den Werken für literarkritisch oder überlieferungsgeschichtlich sekundär zu halten, da bei einer einheitlichen Verfasserschaft sechs Werke, verteilt auf sechs Tage, zu erwarten gewesen wären. Solche leichtgeschürzte Vermutungen lassen sich jedoch einfach falsifizieren. Dass Gen 1 auf vorgegebene Traditionen zurückgreift, ist schon aus allgemeinen kulturgeschichtlichen Überlegungen wahrscheinlich. Doch die Verteilung von acht Werken auf sechs Tage ist nicht einfach Resultat eines nur teilweise geglückten Ausgleichs von verarbeitetem Überlieferungsgut, sondern vielmehr zutiefst sinntragend. Zunächst fällt – wiederum rein numerisch gesehen – bereits auf, dass die acht Werke nicht zufällig, sondern in einer bestimmten Abfolge auf die sechs Tage verteilt sind:

1. Tag	1 Werk	Wechsel von Tag und Nacht
2. Tag	1 Werk	Himmelsfeste
3. Tag	2 Werke	Scheidung von Meer und Land
		Pflanzen
4. Tag	1 Werk	Himmelskörper
5. Tag	1 Werk	Wassertiere und Vögel
6. Tag	2 Werke	Landtiere
		Menschen
7. Tag	Ruhe	

Gen 1 ordnet die Werke also in einem zweimal durchlaufenen Rhythmus 1:1:2 an. Dass dies mehr als ästhetische Spielerei ist, zeigt sich bei einem Blick auf die Inhalte. Die so formal angezeigte Zäsur zwischen dem dritten und dem vierten Tag ist nämlich auch sachlich von entscheidender Bedeutung. Sofort deutlich wird, dass sich jeweils der zweite und der fünfte sowie der dritte und der sechste Tag inhaltlich entsprechen: Am zweiten Tag entsteht durch die Feste, den »Himmel«, die das Wasser oben und unten trennt und so einen Luftraum entstehen lässt, der Lebensraum für die Wassertiere und die Vögel, die am fünften Tag erschaffen werden, während am dritten Tag durch die Sammlung des Wassers das trockene Land sichtbar wird, das den Landtieren und den Menschen als Lebensraum dient, die am sechsten Tag erschaffen werden. In dieser Korrespondenz liegt auch begründet, weshalb am dritten Tag bereits die Pflanzen erschaffen werden: Sie sind damit gemäß Gen 1 weltgeschichtlich älter als die Gestirne, die erst einen Tag später entstehen, sie gehören aber elementar zur Erschaffung des trockenen Landes hinzu, denn ohne vegetativen Bewuchs bietet das Land keine Lebensmöglichkeit.

Sind also der zweite und der dritte Tag als Bereitstellung der Lebensräume auf den fünften und den sechsten Tag als den Zeitpunkt der Erschaffung der sie dann besiedelnden Lebewesen bezogen, so liegt auch die Korrespondenz zwischen dem ersten und dem vierten Tag auf der Hand: Am ersten Tag wird mit der Trennung von Licht und Finsternis allererst die Tagesstruktur geschaffen, die

die Abfolge der Zeit entstehen lässt. Um die Strukturierung eben der Zeit dreht sich das Werk des vierten Tages, die Erschaffung der Himmelskörper, die »Zeichen sein sollen für Festzeiten, für Tage und Jahre« (1,14).

Gen 1 beschreibt also die elementaren Zeit- und Lebensordnungen, wie sie sich aus der Erschaffung der Welt ergeben. Als Abschluss des sechsten Tages hält Gen 1,31 schließlich fest: »Und Gott sah alles an, was er gemacht hatte, und siehe, es war sehr gut.« »Gut« bezeichnet hier die Lebensdienlichkeit der Schöpfung. Wenn sie als »sehr gut« bezeichnet wird, bedeutet dies: Sie ist ganz auf gelingendes Leben hin ausgerichtet.

Nun ist aber zu bedenken, dass Gen 1 nicht auf die Erschaffung der – damals wie heute – *vorfindlichen* menschlichen und tierischen Lebenswelt hinausläuft. Die in Gen 1 beschriebene Welt ähnelt in vielem der Lebenswelt, ist aber nicht identisch mit ihr. Kosmologie und Biologie der Schöpfung entsprechen zwar der damaligen Welterfahrung, nicht aber die elementaren Ordnungen – namentlich das Zuweisen ausschließlich vegetarischer Nahrung an Mensch und Tier stimmt nicht mit den damaligen wie heutigen Gepflogenheiten überein. Gen 1 zeichnet in dieser Hinsicht also eine idealisierte Welt, gleichzeitig weiß der Folgekontext, dass dieser Idealzustand nicht von langem Bestand gewesen ist. Fünf Kapitel später konstatiert Gen 6,11–13, dass sich die Qualifikation von Gen 1,31 nun in ihr schieres Gegenteil verkehrt hat.

Gen 1,31:	Gen 6,11–13:
	Aber die Erde wurde verderbt vor Gott, und voll wurde die Erde von Gewalttat (חמס *ḥāmās*).
Und Gott sah alles an, was er gemacht hatte, und siehe, es war sehr gut.	Und Gott sah auf die Erde, und siehe, sie war verderbt; denn alles Fleisch hatte seinen Wandel verderbt auf der Erde. Da sprach Gott zu Noah: Das Ende allen Fleisches ist vor mich gekommen; denn die Erde ist voller Gewalttat (חמס *ḥāmās*) von ihnen her. So will ich sie denn von der Erde vertilgen.

Als Grund für die Kompromittierung der anfänglichen Schöpfung wird in Gen 6,11–13 die Verderbnis der Erde durch »Gewalttat« (חמס *ḥāmās*) genannt. Der Begriff חמס *ḥāmās* meint dabei vornehmlich »Gewalt gegen Leben«, im Besonderen Blutvergießen. Mit »alles Fleisch« sind Menschen und Tiere im Blick (Stipp 1999), nicht aber die Fische, die biblisch gesehen nicht als »Fleisch« gelten und deshalb – in nachvollziehbarer Weise – durch die Flut auch nicht bestraft werden. Es bleibt aber – gegenüber einer ebenso verbreiteten wie verkürzenden Interpretation dieses Abschnitts – festzuhalten, dass die Schuld an der Flut gemäß Gen 6,11–13 nicht bei den Menschen allein liegt, sondern bei »allem Fleisch«, also bei Mensch und Tier.

Eben auf dieses Problem der Gewalttat reagiert dann der Textpassus Gen 9,1–6.

Gen 1,28–30:	Gen 9,1–6:
Und Gott segnete sie und sprach zu ihnen: Seid fruchtbar und mehrt euch und füllt die Erde und nehmt sie in Besitz, und herrscht über die Fische im Meer und die Vögel des Himmels, über das Vieh und alle Tiere, die auf der Erde sich regen!	Und Gott segnete Noah und seine Söhne und sprach zu ihnen: Seid fruchtbar und mehrt euch und füllt die Erde! Furcht und Schrecken vor euch komme über alle Tiere der Erde, über alle Vögel des Himmels, über alles, was auf Erden kriecht, und über alle Fische im Meer: in eure Hand sind sie gegeben.
Und Gott sprach: Siehe, ich gebe euch alles Kraut, das Samen trägt, auf der ganzen Erde, und alle Bäume, an denen samenhaltige Früchte sind; das soll eure Speise sein. Aber allen Tieren der Erde und allen Vögeln des Himmels und allem, was sich regt auf der Erde, was Atem in sich hat, gebe ich alles Gras und Kraut zur Nahrung. Und es geschah so.	Alles, was sich regt und lebt, das soll eure Speise sein; wie das Kraut, das grüne, gebe ich euch alles. Nur Fleisch, das seine Seele – sein Blut – noch in sich hat, dürft ihr nicht essen. Euer eigenes [vergossenes] Blut aber will ich einfordern; von allen Tieren will ich es einfordern, und von den Menschen untereinander will ich das Leben des Menschen einfordern: Wer Menschenblut vergießt, dessen Blut soll auch um den Wert des Menschen vergossen werden; denn Gott hat den Menschen nach seinem Bild gemacht.

Die dort wiedergegebene Gottesrede nimmt die Nahrungszuweisung aus Gen 1,28–30 auf und modifiziert sie dahingehend, dass nun der Verzehr von Fleisch freigegeben wird. Menschen dürfen von nun an außer pflanzlicher Nahrung auch Landtiere, Vögel und Fische verspeisen. Die Ernährungsweise der Tiere wird nicht explizit geregelt, der Textduktus zeigt aber an, dass auch der Fleischverzehr von Tieren stillschweigend akzeptiert wird. Nur wenn sich Tiere gegen Menschen richten, oder auch wenn sich Menschen gegen Menschen wenden und es zum Vergießen von *menschlichem* Blut kommt, dann steht darauf die Todesstrafe.

Die Formulierung von Gen 9,6a lässt dabei zunächst nicht ganz deutlich erkennen, wer Subjekt des Vollzugs der Todesstrafe sein soll: »Wer Menschenblut vergießt, dessen Blut soll auch durch den Menschen/um den Wert des Menschen vergossen werden.« Die Antwort auf diese Frage entscheidet sich daran, wie בָּאָדָם *bā'ādām* wiedergegeben wird. Die hebräische Präposition ב *b* kann entweder als ein *b instrumentalis* aufgefasst werden, dann wäre zu übersetzen »durch den Menschen«. Sie ist aber auch als *b pretii* interpretierbar, dann würde sich die Übersetzung »um den Wert des Menschen« nahe legen. Für diese letztere Möglichkeit spricht der Aufbau von Gen 9,6a, in dem das vergossene Menschenblut aus der ersten Satzhälfte (C) dem Blut des Menschen aus der zweiten Satzhälfte entspricht (C'). Die passivische Formulierung »soll vergossen werden« wäre dann als *passivum divinum* zu deuten: Der Vollzug der Todesstrafe bleibt Gott vorbehalten. Möglicherweise lassen sich aber die beiden Bedeutungen nicht trennen (vgl. Zehnder 2010).

Wer vergießt	Blut	von Menschen:	um den Wert des Menschen	soll dessen Blut	vergossen werden.
A	B	C	C'	B'	A'
יִשָּׁפֵךְ	דָּמוֹ	בָּאָדָם	הָאָדָם	דַּם	שֹׁפֵךְ
jiššāfek	*dāmō*	*bā'ādām*	*hā'ādām*	*dam*	*šofek*
A'	B'	C'	C	B	A

Die Freigabe des Fleischverzehrs sowie die Einführung der Todesstrafe bilden die wichtigsten Elemente der gegenüber Gen 1 modifizierten Schöpfungsordnung von Gen 9. Erst mit der Weltordnung von Gen 9 ist die gegenwärtig erfahrbare Lebenswelt etabliert. Zugespitzt heißt das: Die biblische Schöpfungserzählung umfasst nicht Gen 1, auch nicht Gen 1–3, sondern Gen 1–9.

Dass Gen 1 ein offener Text ist und auf die Fortführung in Gen 6 und Gen 9 hin angelegt und angewiesen ist, lässt sich an einem kleinen Detail innerhalb von Gen 1 verifizieren: dem Segensmotiv (vgl. auch Wöhrle 2009). Es findet sich an zwei Stellen innerhalb von Gen 1, in V. 22 und V. 28, in Gen 2,3 ist weiter von der Segnung des siebten Tages die Rede. In Gen 1,22 richtet sich der Segen vom Kontext her auf die in Gen 1,21 erschaffenen Wassertiere: »Und Gott segnete sie und sprach: Seid fruchtbar und mehrt euch und füllt das Wasser im Meer, und die Vögel sollen sich mehren auf der Erde.« Auffälligerweise scheinen die Vögel nicht gesegnet zu werden. Die in Gen 1,22 wiedergegebene Gottesrede richtet sich in 2. Person nur an die Wassertiere, während sie für die Aussage über die Vögel (»die Vögel sollen sich mehren auf der Erde«) in die 3. Person umbricht. Erhalten die Vögel keinen Segen?

Das ist insofern nicht unwahrscheinlich, als auch beim zweiten Segensbeleg, im Rahmen des sechsten Tages, an dem Landtiere und Menschen erschaffen werden, eine vergleichbare Auffälligkeit zu konstatieren ist. Gesegnet werden in Gen 1,28 nur die Menschen, von deren Erschaffung Gen 1,26f. berichtet hatte: »Und Gott segnete sie, und Gott sprach zu ihnen: Seid fruchtbar und mehrt euch und füllt die Erde und nehmt sie in Besitz, und herrscht über die Fische im Meer und die Vögel des Himmels und alle Tiere, die auf der Erde sich regen!« Von einem Segen über die unmittelbar zuvor erschaffenen Landtiere sagt Gen 1 nichts. Werden auch sie nicht gesegnet?

In der Tat scheint Gen 1 die Vorstellung zu entwickeln, dass von den Lebewesen nur die Wassertiere und die Menschen einen Segen enthalten (Pflanzen gelten biblisch nicht als Lebewesen, sondern gemäß Gen 1 sind sie Ausstattung der Erde). Weshalb?

Der Grund scheint in der Struktur der Welt gemäß Gen 1 zu liegen: Am zweiten und am dritten Tag der Schöpfung entstehen die

Lebensräume Luft, Meer und vegetativ bewachsenes Land, offenbar im Blick auf die dann am fünften und sechsten Tag erschaffenen Lebewesen Vögel, Wassertiere, Landtiere und Menschen. Nun liegt auf der Hand, daß von diesen Lebewesen nur die Wassertiere über einen allein von ihnen beanspruchten Lebensraum verfügen können: das Meer. Die Vögel haben zwar den Luftraum für sich, aber – das weiß auch der Verfasser von Gen 1 – sie sind für Nahrungsaufnahme und Fortpflanzung auch auf den Lebensraum des Landes angewiesen. Das heißt: Vögel, Landtiere und Menschen müssen sich das Land als Lebensraum teilen. Gemäß dem Ordnungsdenken von Gen 1 ist damit eine Schwierigkeit gegeben: Wenn nicht jedes Lebewesen einen Lebensraum für sich hat, dann kann und wird das zu Konflikten führen. Obwohl also Gen 1,31 festhält, dass die Schöpfung »sehr gut« ist, so muss sie doch aufgrund dieser Konstellation als gefährdet angesehen werden. Das Ausbleiben eines Segens für Vögel und Landtiere zeigt dabei an, dass der Verfasser von Gen 1 sich dessen sehr wohl bewusst ist: Der Mensch erhält seinen Segen nur auf Kosten von Vögeln und Landtieren, die auf ihn – da sie denselben Lebensraum mitbenutzen – verzichten müssen. Erst von Gen 9 her wird dann erkennbar, worin die Kosten für die Vögel und Landtiere bestehen: Sie werden dem Menschen zum Verzehr preisgegeben.

Man erkennt nun auch aus Gen 1 selbst: Die Erzählung entwirft seine Schöpfungsordnung für eine utopische Gegenwelt, die allerdings eine gewisse Labilität aufweist – und so jene Entwicklung ermöglicht, an deren Ende die fortan stabile, je und je erfahrbare Lebenswelt steht. Deren Ordnungen sind in Gen 9 festgelegt. Gen 1–9 erzählt so von der Evolution der Schöpfung, von der Entwicklung hin zu ihrer vorfindlichen ambivalenten Gestalt. Im Blick auf heutige Debatten ist bemerkenswert, dass Evolution als Denkkategorie also auch bereits in antiken Versuchen der Weltdeutung eine wichtige Rolle gespielt zu haben scheint, was dort allerdings mit den Strukturen des mythischen Denkens selbst zusammenhängt.

In Gen 1 fällt eine Reihe von theologischen Grundentscheidungen. Zunächst einmal ist deutlich erkennbar, dass Gen 1 ein *monotheistischer* Text ist. Nach dieser Darstellung gibt es – trotz des etwas rätselhaften Plurals in 1,26 »Lasst uns Menschen machen

[…]« – nur eine Gottheit. Sie wirkt als alleinige Schöpfergottheit und setzt keine weiteren Gottheiten aus sich heraus. Zwar ist die sachliche Verbindung von Schöpfung und Monotheismus keineswegs zwingend, wie namentlich die altorientalischen Parallelen zeigen (s. das vorangehende Kapitel), gleichwohl aber liegt es auf der Hand, dass die konsequente Entwicklung des Gedankens eines Schöpfers auf die Ausformulierung eines strikten Monotheismus hindrängt.

Die monotheistische Argumentation von Gen 1 lässt sich vor allem aus der Erzählanlage, die den einen Schöpfer seiner Schöpfung gegenüberstellt, erkennen, weiter aber auch an der ihr eigentümlichen אלהים-Begrifflichkeit ablesen. אלהים *'ælohīm* ist ein hebräisches Nomen mit der Bedeutung »Gott« oder »Götter«. Undeterminiertes אלהים *'ælohīm* ohne Artikel wäre also grundsätzlich zu übersetzen mit »ein Gott« oder »Götter«. Diese Bedeutung hat אלהים *'ælohīm* in Gen 1 offenkundig nicht: אלהים *'ælohīm* heißt nicht »ein Gott«, schon gar nicht »Götter«, wie die singularischen Prädikate zeigen, sondern »Gott«, wobei es sich um einen so genannten Hoheitsplural zu handeln scheint. אלהים *'ælohīm* wird in der Priesterschrift also singularisch und, obwohl es keinen Artikel führt, wie ein determiniertes Nomen verwendet. Das aber heißt: Gen 1 gebraucht אלהים *'ælohīm* hinsichtlich der Determination wie einen Eigennamen, denn nur Eigennamen sind Nomen, die für sich genommen hinreichend determiniert sein und so auf den Artikel verzichten können, da es die mit ihnen bezeichneten Größen nur einmal gibt.

Macht man sich diesen artikellosen Gebrauch des Begriffs אלהים *'ælohīm*, der herkömmlich die Gattung »Gott« bezeichnet, nach der Art eines Eigennamens in Gen 1 in aller Schärfe klar, dann wird schnell deutlich, dass hier ein Vorgang von fundamentaler Bedeutsamkeit greifbar wird: Gen 1 lässt die Gattung אלהים *'ælohīm* und ihren einzigen Inhalt אלהים *'ælohīm* koinzidieren. Der einzige, der אלהים *'ælohīm* ist, kann deshalb gleichzeitig auch אלהים *'ælohīm* heißen (de Pury 2002; 2008; kritisch dazu Blum 2008).

Die Pointe der Koinzidenz von Gattung und einzigem Element lässt sich weiter profilieren, wenn man sie etwa gegen den Gebrauch von אלהים *'ælohīm* in nur wenig älteren Deuterojesaja-Texten hält.

In Jes 45,5 heißt es: »Ich bin Jhwh und keiner sonst, außer mir ist kein אלהים (אני יהוה ואין עוד זולתי אין אלהים '*a*nī jhwh w*e*'ējn 'ōd zūlātī 'ējn '*æ*lohīm)«. Hier ist אלהים '*æ*lohīm deutlich Gattungsbezeichnung, und ganz wie in Gen 1 hat diese Gattung auch bei Deuterojesaja nur ein einziges Element, dieses heißt aber nun יהוה jhwh und nicht gleicherweise אלהים '*æ*lohīm: Gattung und einziger Inhalt koinzidieren hier also nicht, sondern bleiben unterschieden. Der Unterschied, der daraus resultiert, ist kein geringer, sondern von fundamentaler Natur: Gen 1 entwickelt eine *inklusive* Theologie – hinter allen göttlichen Manifestationen steht der eine Gott schlechthin –, Deuterojesaja dagegen vertritt eine streng *exklusive* Theologie – es gibt keinen Gott außer Jhwh, alle anderen Götter sind Nichtse.

Der in Gen 1 propagierte Monotheismus bestimmt auch die im Folgekontext gebotene Darstellung des Wirkens Gottes in der Geschichte. Dazu zwei Beispiele. Das erste betrifft die im Rahmen der Priesterschrift in Ex 1,7 beschriebene Mehrung des Volkes, die in enger Relation zu zentralen Aussagen aus Gen 1 und 9 steht: »Die Israeliten aber waren fruchtbar und breiteten sich aus, mehrten sich und wurden über alle Maßen stark, so dass das Land (ארץ '*æræṣ*) von ihnen voll wurde« (Ex 1,7). Die Formulierung erinnert zunächst an den Schöpfungsauftrag Gottes in Gen 1,28: »Seid fruchtbar und mehrt euch und füllt die Erde (ארץ '*æræṣ*) […]«, der nach der Sintflut wörtlich noch einmal an Noah und seine Söhne ergeht: »Seid fruchtbar und mehrt euch und füllt die Erde (ארץ '*æræṣ*) […]« (Gen 9,1).

Die Mehrung der Israeliten in Ex 1 erscheint damit als Teileinlösung des an das erste Menschenpaar und nach der Sintflut an die Noahfamilie ergangenen Schöpfungsauftrags: Dass sich die Israeliten in Ägypten vermehren, ist ein gottgewollter Vorgang, es ist Schöpfungsgeschehen, ohne dass dies irgendwo explizit gesagt würde. Nur die eigentümliche Koppelung der stärkeren Unterdrückung der Israeliten mit ihrer gleichzeitigen Vermehrung legt auf der Textoberfläche eine Spur in dieselbe Richtung: »Aber je mehr sie das Volk bedrückten, um so mehr nahm es zu und breitete sich aus, so dass ihnen vor den Israeliten graute« (Ex 1,12). Dass sich die Zahl der Israeliten trotz der Oppression durch die Ägypter weiter vermehrt und nicht, wie von den Ägyptern intendiert und billigerweise auch zu erwarten, verringert, verdankt sich der Providenz des Schöpfergottes.

Nun spricht Ex 1,7 neben dem »Fruchtbarsein« und »Mehren« auch noch vom – wie deutsche Bibeln in der Regel übersetzen – »Sich-ausbreiten« der Israeliten. Damit liegt nicht einfach eine plerophorische Redeweise vor, sondern die verwendete Wurzel שרץ *šāraṣ* (»wimmeln«) hat in Ex 1,7 einen wohlabgewogenen Sinn: Sie findet sich im Alten Testament auf Menschen bezogen nur noch einmal, und zwar im unmittelbaren Folgekontext von Gen 9,1, in Gen 9,7, wo Gott wiederum zu Noah und seinen Söhnen spricht: »Ihr nun seid fruchtbar und mehrt euch, breitet euch aus (שרץ *šāraṣ*) auf der Erde […]!« Vergleicht man die Situation von Noahs Familie nach der Sintflut und diejenige der siebzigköpfigen Jakobsippe, die nach Ägypten gezogen war, so ist leicht erkennbar, dass beide Male der Erzählfluss einen rasanten Bevölkerungsanstieg fordert. Aus der Noahschar muss sich die ganze Erde bevölkern (Gen 10), und die kleine Jakobsippe muss binnen weniger Verse zu einem großen und starken Volk werden. Auch hier wird also aus dem textlichen Hintergrund deutlich: Die Mehrung der Israeliten in Ägypten ist ein Geschehen, das ebenso durch den Schöpfergott bestimmt ist, wie es die Wiederbevölkerung der Erde nach der Sintflut war.

Das zweite Beispiel findet sich bei der Darstellung des Durchzugs der Israeliten durch das Meer. Dort heißt es in Ex 14,22: »Und die Israeliten gingen inmitten des Meeres auf dem *Trockenen* (ביבשה *bajjabbāšāh*) und das Wasser war für sie eine Mauer zu ihrer Rechten und zu ihrer Linken.« Der Begriff יבשה *jabbāšāh* »Trockenes« begegnet vor Ex 14 nur an einer Stelle, nämlich ganz am Anfang der Bibel, in Gen 1,9: »Und Gott sprach: Es sammle sich das Wasser, das unter dem Himmel ist, an einem Ort und es werde sichtbar das *Trockene* (ביבשה *hajjabbāšāh*). Und es geschah so.« Dass beim Meerwunder bei der Spaltung des Meeres dasselbe geschieht wie bei der Schöpfung, dass nämlich »das Trockene« sichtbar wird, ist in der Priesterschrift offenbar mit Bedacht so dargestellt. Es zeigt sich so nämlich in der Tiefenstruktur des Textes, dass hinter dem Meerwunder Schöpfungshandeln steht, oder umgemünzt auf die Gottesvorstellung: Der Gott der Schöpfung und der rettende Gott beim Exodus sind ein und derselbe.

Diese Beispiele zeigen mithin die enge sachliche Verbindung von Schöpfung und Monotheismus: Wird Gott als »Schöpfer« interpretiert, so drängt diese Interpretation darauf, auch sein weiteres Handeln in der Welt als »Schöpfungshandeln« darzustellen.

Mit der monotheistischen Option hängt die theologisch höchst bedeutsame Entscheidung für die scharfe Unterscheidung von Schöpfer und Geschöpf in Gen 1 zusammen. Der Anfangssatz von Gen 1,1 »Im Anfang schuf Gott den Himmel und die Erde« ist so bekannt, dass seine theologische Grundpointe oft übersehen wird. Gerade in historischer Perspektive muss auffallen, dass mit der Objektstellung von Himmel und Erde – wohl zu Recht als Merismus zu interpretieren, der die Gesamtheit der Welt durch die Addition von Himmel und Erde ausdrückt – kein Zweifel daran gelassen wird, dass namentlich der Himmel, sonst dem numinosen Bereich zugehörig, hier zu einem Schöpfungswerk degradiert wird: »Und Gott sprach: Es werde eine Feste inmitten des Wassers, und sie scheide Wasser von Wasser. Und Gott machte die Feste und schied das Wasser unter der Feste vom Wasser über der Feste. Und so geschah es. Und Gott nannte die Feste Himmel« (Gen 1,6–8).

Der Himmel ist nicht mehr, aber auch nicht weniger als ein kosmologisches Bauwerk. Das ist insbesondere angesichts der in Gen 1 verarbeiteten babylonischen Tradition bemerkenswert. Wie schon lange gesehen, steht der Schöpfungsbericht von Gen 1 dem babylonischen Epos *Enūma eliš* (»Als oben«) (TUAT III/4: 565–602) nahe, das bisweilen – etwas irreführend – aufgrund seiner Berührungen mit Gen 1 als Weltschöpfungsepos bezeichnet worden ist. Tatsächlich geht es um die Begründung der Suprematie des babylonischen Gottes Marduk über die anderen Götter, die mit seiner Rolle im Schöpfungsgeschehen begründet wird. Von *Enūma eliš* her inspiriert zu sein scheint die Vorstellung der Welt als einer Luftblase inmitten von Wasser, außerdem klingt der in Gen 1,2 gebrauchte Begriff תהום *tᵉhōm* für »Urflut« an den Namen Tiāmtu in *Enūma eliš* an, wenngleich es unsicher ist, ob תהום *tᵉhōm* und Tiāmtu etymologisch unmittelbar miteinander verwandt sind.

Im Rahmen von *Enūma eliš* ist zu beobachten, dass der dreifach gestufte Himmel nach seiner Erschaffung dann von Gottheiten als Wohnstatt bezogen wird – entsprechend ihrer Hierarchie. Der Unterschied zu Gen 1 besteht nun eben nicht allein darin, dass Gen 1 – als monotheistischer Text – nur eine Gottheit kennt, sondern auch darin, dass der Himmel überhaupt nicht als Wohnstatt Gottes in Frage kommt. Vielmehr scheint Gott der Schöpfung gewissermaßen alokal gegenüberzustehen.

Deutlich wird daraus: Schöpfer und Schöpfung sind gemäß Gen 1 vollkommen getrennt voneinander. Gott hat keine weltliche Qualität und die Welt hat keine göttliche Qualität. In der späteren Traditionsbildung in Judentum und Christentum hat sich diese Position grundsätzlich als orthodox durchgesetzt, ist aber dennoch immer wieder diskutiert und auch relativiert worden. Namentlich gnostische oder mystische Konzeptionen finden im Bereich des Menschen einen »göttlichen Kern« oder »Funken«, der durch Techniken wie Meditation, Kontemplation oder Erleuchtung kultivierbar sei.

Die radikale Trennung von Gott und Welt, von Schöpfer und Schöpfung zieht nachgerade zwangsläufig die Vorstellung einer – anachronistisch mit Max Weber gesprochen – »Entzauberung der Welt« nach sich, die allerdings auch schon in der babylonischen Tradition angelegt ist (Gertz 2009). Am deutlichsten ist dies bei der Depotenzierung der Gestirne zu bloßen »Lampen« zu erkennen: Gen 1 verwendet offenbar bewusst nicht die hebräischen Begriffe für »Sonne« (שמש *šæmæš*) und »Mond« (ירח *jāreᵃḥ*), sondern spricht lediglich von der »größeren« und der »kleineren Lampe«, möglicherweise um Assoziationen an die jeweiligen Gottheiten zu vermeiden, wahrscheinlicher aber vor allem aus astronomischem Interesse heraus (Smith 2010: 97f). Noch drastischer könnte man – vom Lichtkonzept in Gen 1 her zu schließen – statt »Lampen« auch »Reflektoren« sagen, denn offenbar haben die Himmelskörper ja nicht ihr Licht aus sich selbst, sondern dieses Licht wurde in Gen 1,3 von Gott geschaffen und wird von den Gestirnen nur reflektiert.

Die sachliche Trennung von Schöpfer und Schöpfung dürfte auch für die Wahl des göttlichen Worts als Schöpfungsmedium in Gen 1 verantwortlich sein. Dass Gott durch sein Wort schafft, ist in den morgen- und abendländischen Kulturen durch die Wirkmächtigkeit der Bibel so bekannt, dass die Eigentümlichkeit dieser Vorstellung kaum mehr auffällt. Tatsächlich aber handelt es sich um ein äußerst revolutionäres Konzept, das die Bibel in ihrem Anfangskapitel entwickelt (vgl. die Aufnahmen in Ps 33,9 und Röm 4,16). Zum einen wird so deutlich, dass Gott kein »Demiurg«, kein »Werkmeister« der Schöpfung ist, der gewissermaßen physisch in Kontakt zu ihr treten könnte oder in und an ihr Arbeit verrichten würde. Gott als Schöpfer ist vielmehr so unterschieden von seiner Schöpfung, dass er ihr ganz gegenübersteht. Er kann aber über sein Wort – im Sinne einer tangentialen Berührung – in sie eingreifen, mit grundstürzenden Folgen. Durch sein Wort wird der Himmel geschaffen, ebenso Luft, Wasser und Erde als Lebensräume und die Lebewesen, die dann diese Lebensräume bewohnen werden. Gen 1 kennt zwar noch nicht die Vorstellung der Schöpfung aus dem Nichts (*creatio ex nihilo*), die erstmals in 2Makk 7,28 belegt ist, doch wird auch gleichsam deutlich, dass sich in Gen 1 die gesamte vorfindliche Lebenswelt einzig und allein dem göttlichen Wort verdankt. Ohne das göttliche Wort wäre die Welt, so wie Gen 1,2 ihren Zustand vor dem Einsetzen des göttlichen Sprechens darstellt, ein vollkommen sinn- und nutzloses »Tohuwabohu«.

Zum anderen weist die Erschaffung der Schöpfung durch das Wort darauf hin, dass deren Struktur als worthaft interpretiert wird. Die Schöpfung ist kein Konglomerat sinnloser Elemente, sondern sie ist Schritt für Schritt durch worthafte Verfügungen entstanden und mithin als »Text« lesbar – auch wenn natürlich ihre ursprüngliche Gestalt nicht mehr in ungebrochener Weise zugänglich ist. Besonders in der weisheitlichen Tradition ist dieses Motiv dann wirksam geworden, etwa in Prov 8,22–31 (s. dazu u. 6.1.).

Gen 1 ist aber nicht nur in kosmologischer, sondern auch in anthropologischer Hinsicht ein äußerst bemerkenswerter Text. Namentlich der Topos der Gottebenbildlichkeit in Gen 1,26–28 ist außerordentlich bekannt, obwohl er sonst im Alten Testament kaum mehr vorkommt (nur noch in Gen 5,1.3 und 9,6 [vgl. Groß 1999; Janowski 2004; Schüle 2006]). An der Selbstaufforderung Gottes in 1,26 נעשה אדם *na‘ăśæh’ādām* (»lasst uns Menschen machen«) hat die pluralische Formulierung נעשה *na‘ăśæh* (»lasst uns«)

die Exegese schon immer beschäftigt und beschäftigt sie immer noch. Man wird wohl sagen müssen, dass sich eine konsensfähige Lösung bislang nicht herausgestellt hat. Die kirchliche Auslegung auf die Trinität muss in historischer Hinsicht von vornherein ausscheiden. Manche haben an einen *pluralis maiestatis* gedacht, der ist so aber im Hebräischen nicht bekannt, der einzige biblische Beleg ist Esr 4,18 (»das Schreiben, das ihr an uns gesandt habt«), der sich aber auf den persischen König bezieht. Andere haben erwogen, ob hier der himmlische Hofstaat adressiert sei, der spielt aber sonst innerhalb der Priesterschrift, der Gen 1 gemeinhin zugerechnet wird, keine Rolle. Schließlich hat man an einen *pluralis deliberationis* gedacht, der die denkerische Abwägung Gottes bei seiner Beschlussfassung deutlich mache, doch passt dies ebenfalls nicht zur Gotteskonzeption von Gen 1. Vermutlich ist der Plural als betonte Selbstaufforderung zu interpretieren, doch sein Gebrauch bleibt rätselhaft.

Theologisch bahnbrechend an der anthropologischen Grundaussage der Gottebenbildlichkeit in Gen 1 ist, dass – bis auf die geschlechtliche Differenzierung – keine weitere Klassenbildung innerhalb der Species »Mensch« anvisiert wird. Die Menschen werden nicht als Freie oder Unfreie, als Inländer oder Ausländer, als Könige oder Untertanen, sondern »nur« als Mann und Frau geschaffen. Namentlich bezüglich der vorletzten Differenzierung bietet Gen 1 eine revolutionäre Konzeption: In der gesamten Welt des Alten Orients galt ursprünglich nur der König als Mensch im Vollsinn des Wortes. Gen 1 differenziert nicht zwischen der Erschaffung des Menschen und der Erschaffung des Königs, sondern zieht beides zusammen, wie besonders aus dem Motiv der Gottebenbildlichkeit erkennbar wird: »Gottes Bild« ist im Alten Orient traditionellerweise der König, wobei »Bild« hier wörtlich als »Statue« zu übersetzen wäre und die funktional vollgültige Präsenz des Abgebildeten meint. So wie eine Statue einer Gottheit deren Präsenz – etwa im Tempel – versinnbildlicht, so ist der Mensch nach Gen 1 nichts weniger als der Stellvertreter Gottes auf Erden – wie dies üblicherweise dem König zugedacht war. Die Gottebenbildlichkeit des Menschen besteht also darin, dass er die königliche Funktion Gottes auf Erden übernimmt, dass er Sachwalter der Schöpfung ist, wie dies auch im Motiv des *dominium terrae* sogleich im Folgekontext expliziert wird (Weippert 1998; Wöhrle 2009).

Historisch gesehen lässt sich das Fehlen einer irdischen Königsfigur mit der nachkönigszeitlichen Entstehung von Gen 1 erklären – zur Zeit der Abfassung dieses Textes gab es kein Königtum mehr in Israel und Juda –, doch ist damit nur ein geschichtliches Akzidens genannt, zumal gleichzeitig andere Texte des Alten Testaments durchaus auch Hoffnungen auf das Wiedererstehen des Königtums äußern konnten. Die Anthropologie von Gen 1 scheint demgegenüber die Vorstellung des Königtums bewusst verabschiedet, oder – genauer gesagt – »demotisiert« zu haben: Jeder Mensch hat königliche Qualität.

3. Die Paradieserzählung Gen 2f.

Seit den Anfängen der historischen Bibelkritik ist bemerkt worden, dass nach Gen 1 in Gen 2f. eine zweite Schöpfungserzählung folgt, die mit der ersten nicht in organischer Verbindung steht, sondern erst sekundär mit ihr verbunden worden ist. Sie gehört ebenfalls zu den bekanntesten und meistausgelegten Texten der Bibel und hat eine vielfältige Rezeptionsgeschichte aus sich heraus gesetzt, die in ihrem gewachsenen Recht zu würdigen ist (vgl. Schmid/Riedweg 2008), gleichzeitig aber auch die ursprüngliche Aussage der biblischen Erzählung mitunter verdeckt hat. Man kann sich dies anschaulich vor Augen führen: Aus Gen 2f. haben sich dem wirkungsgeschichtlichen Gedächtnis vor allem das Paradies, Adam, Eva, der Apfel und der Sündenfall eingeprägt. Blickt man in den biblischen Text, so wird man feststellen, dass von all diesen Elementen in der hebräischen Erzählung allein Eva vorkommt. Der Begriff παράδεισος (»Paradies«) entstammt der griechischen Übersetzung des Alten Testaments, die damit den »Garten Eden« wiedergibt, der Begriff selbst ist ein persisches Lehnwort. Adam wird das erste Mal namentlich in Gen 4,1 genannt, in Gen 2f. ist allein vom »Menschen« (האדם *hāʾādām*) die Rede. Im Hebräischen ist diese Differenz durch die Verwendung des Artikels ה *hā* vor dem Nomen אדם *ʾādām* unzweifelhaft klar, das deshalb kein Eigenname sein kann, da Eigennamen nicht zusätzlich durch einen Artikel determiniert werden können. Die verbotene Frucht wird in der Bibel in botanischer Hinsicht nicht identifiziert. Die geläufige Bestimmung als Apfel hängt mit der lateinischen Wirkungsgeschichte von Gen 2f. zusammen, die mit dem Homonym *malum* (»Böses«/»Apfel«) spielte. Und schließlich fällt nirgendwo in Gen 2f. der Begriff »Sünde« oder »Fall«. Die Bibel spricht erst im Rahmen der Erzählung vom Brudermord Kains an Abel von »Sünde« (Gen 4,6f.).

Es wird also bei der Lektüre der Paradieserzählung darauf zu achten sein, ihren Aussagegehalt nicht mit ihren Wirkungen zu verwechseln. Was bewegt die Paradieserzählung? Sie ist keine Sammlung dogmatischer Loci, sondern ein narratives Gefüge, dessen Sinn sich nur im erzählerischen Ablauf aufschlüsselt. Entsprechend liegt es nahe, bei ihrer Besprechung ihrem Erzählfluss selbst nachzugehen (vgl. Spieckermann 2000; Schmid 2002a; Blum 2010).

Sie setzt ein mit der Pflanzung des Garten Edens durch Gott sowie der Erschaffung des Menschen, der in diesen Garten gesetzt wird. Dabei stellt die Beschreibung, dass der Mensch aus עפר *'āfār* (»Staub«; Gen 2,7) geformt wird, hinlänglich klar, dass er von vornherein sterblich geschaffen ist: »Staub« ist eine gängige Vergänglichkeitsmetapher im Alten Testament (vgl. z.B. Qoh 3,20). Dies verdient deshalb Hervorhebung, da oft die Auslegung vertreten wird, der Mensch sei gemäß Gen 2f. ursprünglich unsterblich gewesen, habe aber seine Unsterblichkeit im Gefolge des Falls verloren. Dass dies nicht zutrifft, zeigt sich weiter daran, dass die Strafandrohung in Gen 2,17 die konventionelle Form eines Rechtssatzes hat, der die Todesstrafe (und eben nicht die Strafe der Sterblichkeit) verhängt und dass in Gen 3,19b die Sterblichkeit nicht in einem der Strafsätze gegen den Menschen und seine Frau erscheint, sondern in einer Begründung dazu. Die spezifische Formulierung in Gen 2,17 מות תמות *mōt tamūt* statt מות יומת *mōt jūmat* hängt mit dem Umstand zusammen, dass Gott selbst als Vollstrecker der Todesstrafe im Blick ist (vgl. Gen 20,6f.; Num 26,65; Ri 3,22; Ez 3,18; anders Blum 2010: 15f.).

In der Mitte dieses Gartens stehen zwei Bäume, der Baum des Lebens und der Baum der Erkenntnis von Gut und Böse. Was es mit dem Baum des Lebens auf sich hat, enthüllt Gen 3,24: Wer von ihm isst, wird ewig leben. Was aber ist mit der »Erkenntnis von Gut und Böse« gemeint? Die bisweilen angeführte sexuelle Deutung, die sich vor allem aus der Erkenntnisterminologie sowie der Feigenblattszene mit dem Thema von Nacktheit und Scham speist, muss für den vorliegenden Text weitestgehend ausscheiden. Es geht eben nirgends nur um den im Hebräischen tatsächlich auch sexuell konnotierbaren Erkenntnisbegriff als solchen, sondern um die Erkenntnis von Gut und Böse. Eine minimale, indirekte Berechtigung hat die sexuelle Deutung darin, dass die Frage der menschlichen Fortpflanzung vor dem Fall in keiner Weise geregelt zu sein scheint. Der weitere Verlauf der Erzählung zeigt jedoch deutlich, dass die menschliche Fortpflanzung allenfalls als Folge der »Erkenntnis von Gut und Böse« in Frage kommen kann – insofern es nämlich »gut« ist, Nachwuchs zu haben –, keineswegs aber mit ihr in eins fällt. Die Gottesaussage in Gen 3,22, die davon spricht, dass der Mensch nun wie Gott geworden sei, indem er um Gut und Böse wisse, referiert mit keinem Wort auf die menschliche Sexualität, und auch die weiteren Belege für die Erkenntnis von Gut und Böse im Alten Testament und seiner Umwelt – zu beachten sind vor allem Dtn 1,39f.; 1QSa 1,10f.; 2Sam 19,36 – stehen dem entgegen. Diese Belege zeigen vielmehr: Mit der »Erkenntnis von Gut und Böse« ist die Unterscheidung zwischen lebensförderlich und lebensabträglich gemeint, die, wie Dtn 1,39f. und der Beleg aus Qumran 1QSa 1,10f. zeigen, ein besonderes Kennzeichen erwachsenen, und zwar jeden erwachsenen menschlichen Lebens ist. Kinder verfügen noch nicht über diese Erkenntnis und – wie 2Sam 19,36 nahe legt – greise Menschen nicht mehr. Zu betonen ist: Bei der Erkenntnis von Gut und Böse handelt es sich nicht um eine – wie auch immer – vermeidbare, sondern vielmehr um eine unabdingbare menschliche Fähigkeit, auf die jeder erwachsene Mensch tagtäglich angewiesen ist. Mit dem ersten Satz aus Gerhard von Rads Weisheitsbuch kann man auch festhalten: »Kein Mensch würde auch nur einen Tag leben können, ohne empfindlichen Schaden zu nehmen, wenn er sich nicht von einem ausgebreiteten Erfahrungswissen steuern lassen könnte« (von Rad 1971: 13). Darum geht es der Sache nach bei der Erkenntnis von Gut und Böse.

Bezüglich der Bäume des Gartens ergeht nun eine Anweisung von Seiten Gottes: Der Mensch darf von allen Bäumen essen, nur vom Baum der Erkenntnis von Gut und Böse nicht. Das aber heißt umgekehrt, dass der Genuss vom Baum des Lebens zu diesem Zeitpunkt noch erlaubt ist. Der Mensch dürfte vom Baum des Lebens essen und könnte so die Unsterblichkeit erlangen. Die Paradieserzählung handelt also nicht vom Verlust der ursprünglichen Unsterblichkeit, sondern vielmehr von der verpassten Chance, diese Unsterblichkeit zu erlangen (Barr 1993; Mettinger 2007: 99–122).

Der Mensch greift dann aber durch die Vermittlung der Schlange und der zuvor aus ihm erschaffenen Frau nach dem Baum der Erkenntnis. Das vorauf gehende Gespräch zwischen der Schlange und der Frau ist von großer Bedeutung für das Verständnis der Erzählung als ganzer. Die Frau antwortet auf die Provokation der Schlange: »Von den Früchten der Bäume des Gartens dürfen wir essen, aber von den Früchten des Baumes, *der in der Mitte des Gartens steht*, hat Gott gesagt: Esst nicht davon und *rührt sie nicht an*, damit ihr nicht sterbt« (Gen 3,2f.). Das ursprüngliche Verbot Gottes aus Gen 2,17 erscheint im Mund der Frau zum einen in verschärfter Form: Dass man die Früchte nicht *anrühren* dürfe, davon war nicht die Rede gewesen. Die Verbotsverschärfung deutet zunächst darauf hin, dass der Frau besondere Vorsicht zugeschrieben wird: Auf keinen Fall will sie das Verbot Gottes übertreten.

Zum anderen, und das ist hier der entscheidende Punkt, bezieht die Frau das Verbot nun nicht mehr, wie dies in Gen 2,17 noch explizit der Fall gewesen war, auf den Baum der Erkenntnis von Gut und Böse, sondern auf den Baum *in der Mitte des Gartens*. Dort aber stehen laut Gen 2,9 *zwei* Bäume, der Baum des Lebens *und* der Baum der Erkenntnis von Gut und Böse. Die Frau hat also nach der Logik der Erzählung – wie man aus der Verbotsverschärfung erschließen kann: wohl aus Vorsicht – den Baum des Lebens mit in das Verbot eingeschlossen. Aufgrund dessen haben die Menschen weder vom Baum des Lebens gegessen, obwohl es bislang grundsätzlich erlaubt war, noch würden sie in Zukunft davon essen. Die anfangs grundsätzlich noch bestehende Möglichkeit, dass der Mensch zwar nicht zur Erkenntnis von Gut und Böse, aber doch zum ewigen Leben gelangt, hat sich damit als bloße Scheinmöglichkeit erwiesen. Das unsterbliche Leben im Paradies hat als reale Alternative zum so genannten Sündenfall gar nicht bestanden. Aus lauter Vorsicht hätte das erste Menschenpaar gar nicht vom Baum des Lebens gegessen – das Experiment Menschheit wäre mit dem kindlich und deshalb auch ohne Fortpflanzung gebliebenen ersten Paar nach dessen Ableben beendet gewesen.

Doch die Menschen essen vom Baum der Erkenntnis und erlangen die Fähigkeit, zwischen »Gut und Böse« unterscheiden zu können. Terminologisch wird die Verbotsübertretung dabei nicht mit der Sündenbegrifflichkeit in Verbindung gebracht; der hebräische Begriff für Sünde fällt erst in Gen 4,6f., in Zusammenhang mit dem Brudermord. Mit dem so genannten »Sündenfall« kommt – biblisch gesehen – die Sünde also noch nicht in die Welt, vielmehr erst die Voraussetzung dazu – die Fähigkeit, Gut und Böse zu erkennen und, damit gegeben, die Verantwortlichkeit. Erst der Brudermord an Abel ist so der eigentliche »Sündenfall«, der auch terminologisch entsprechend fixiert wird.

Bemerkenswert ist in Gen 3,1–6 weiter die erzählerische Präsentation der Motivation der Frau, als sie nach der Frucht greift: In Gen 3,6 erscheint dasjenige, was die Schlange einen Vers zuvor in Aussicht gestellt hatte, nämlich dass die Menschen wie Gott werden, mit keinem Wort wieder. Es ist lediglich davon die Rede, dass die Frau »klug werden« will (השׂכיל *hiśkīl*) – ein klassischer Weisheitsbegriff. Die oft vertretene Hybris-Deutung von Gen 2f. hat hier jedenfalls keinen Anhalt am Text: Das Essen vom Baum der Erkenntnis geschieht nicht mit dem Ziel einer hybriden Erhebung des Menschen über Gott. Die Frau will nicht an Gottes Stelle treten, sondern sie will Wissen erlangen.

So gesehen dreht sich die Paradieserzählung also um den ursprünglichen Entzug und den dann doch erfolgten Erwerb von notwendigem, lebenspraktischem Wissen durch den Menschen. Natürlich wird dieser Erwerb als Folge einer Gebotsübertretung dargestellt, doch der theologische Skopos dieses Erzählzugs liegt nicht darauf, dass Gott dem Menschen die Erkenntnisfähigkeit vorenthalten will, sondern darauf, dass die Erkenntnisfähigkeit selbst als so ambivalent erfahren worden ist, dass die Verfasser von Gen 2f. sie mit der Notwendigkeit von Gottferne verbunden haben.

Am Ende der Erzählung besteht kein Zweifel: Der Mensch hat die Erkenntnis von Gut und Böse erlangt. Konstatiert wird dies in der – im Perfekt formulierten – Gottesrede in Gen 3,22: »Siehe, der Mensch *ist geworden* wie unsereiner, dass er Gut und Böse kennt!«

Diese Aussage hat den Auslegern immer wieder Kopfzerbrechen bereitet. Die ältere Forschung hatte sich entweder in die Annahme geflüchtet, dass in 3,22 wegen des Plurals »wie unsereiner« nur von der Engelsgleichheit, nicht aber der Gottgleichheit des Menschen die Rede sei, oder aber man versuchte, sich (im sachlichen Gefolge der Reformatoren, vgl. z.B. Luther: »Est sarcasmus et acerbissima irrisio« [Martin Luther, *Genesisvorlesung von 1535–1545*, WA 42, 166, 13]) mit einem ironischen Verständnis der Formulierung von Gen 3,22 zu behelfen, wenn sich das Problem nicht überhaupt schon durch die literarkritische Randständigkeit des Verses erledigte. Doch diese Lösungsvorschläge erscheinen wenig überzeugend und nähren sich vor allem aus dem Bestreben, die sachliche Sperrigkeit der Aussage zu umgehen. Der Text selbst ist klar: Der Mensch hat sich ein besonderes Wissen erworben, und er ist hinsichtlich diesen Wissens gottgleich geworden. Zu beachten ist: Gen 2f. erzählt nicht von einem wahnhaften, hybriden Sein-*wollen*-wie-Gott des Menschen, sondern vom *Gewordensein*-wie-Gott, das der Mensch in Bezug auf die Erkenntnis von Gut und Böse tatsächlich erreicht.

Eben dieser Erwerb von lebenspraktischem Wissen bringt es nun zwingend mit sich, dass der Mensch aus dem Paradies vertrieben werden muss. Denn würde er nun auch noch – wie noch immer erlaubt – vom Baum des Lebens essen, dann wäre er ganz wie Gott geworden, wissend *und* unsterblich. Deshalb wird der Mensch nun aus der Nähe Gottes ausgeschlossen und muss jenseits von Eden sein Dasein fristen.

Betrachtet man die Paradieserzählung nach diesem Durchgang noch einmal im Überblick, so wird schnell deutlich, dass hier nicht vom Verlust eines völlig positiv gezeichneten Urzustands zugunsten eines entsprechend negativen Jetztzustands erzählt wird, sondern dass der Weg von einer ambivalenten Situation in eine andere, ebenfalls ambivalente Situation führt. Es ist deshalb auch kein Zufall, dass auf eine Ausmalung des Lebens der ersten Menschen im Garten Eden völlig verzichtet wird. Der einzige Zustandssatz steht in Gen 2,25 – »und die beiden waren nackt, der Mensch und seine Frau, und sie schämten sich nicht voreinander« –, dieser Satz dient aber lediglich der Vorbereitung von Gen 3,7; dort erkennen die Menschen nach dem Fall ihre Nacktheit. Der *supralapsarische Mensch* war zwar gottnah, aber er verfügte über keine Erkenntnis von Gut und Böse – was immerhin so schwerwiegend ist, dass er (wie aus der Antwort der Frau auf die Provokation der Schlange zu erschließen ist) weder vom Baum des Lebens gegessen, noch die Sexualität als Fortpflanzungsmedium entdeckt hätte (Gen 2,25). Der *infralapsarische Mensch* muss nun in der Gottferne leben, dafür aber ist er zur Fortpflanzung (Gen 4,1.17.25 usw.) und zu Kulturleistungen wie Ackerbau, Handwerk, Musik, Kunst usw. (Gen 4,17–24) fähig.

Darauf läuft die Paradieserzählung also hinaus: Sie möchte erklären, weshalb es einen unauflöslichen Konnex zwischen einer eigenständigen menschlichen Lebensführung, die *de facto* jedem erwachsenen Menschen tagtäglich abverlangt wird, der beständig zwischen Gut und Böse unterscheiden muss, und einer substantiellen Gottesferne gibt. Ein Weg zurück zum Urzustand im Paradies öffnet sich nicht: Zum einen lässt sich erworbenes Wissen nicht einfach wieder vergessen, zum anderen – so setzt es Gen 2f. ins Bild – wacht der Engel mit dem Flammenschwert darüber, dass das Paradies für immer verschlossen bleibt.

Blickt man von Gen 2f. zurück auf Gen 1, so wird deutlich, dass diese Texte ganz unterschiedlichen Geistigkeiten zugehören. Gen 2f. ist zwar auch deutlich monotheistisch geprägt, doch Gott begegnet den Menschen im Garten Eden noch sehr viel unmittelbarer und wird in fast anstößiger Weise anthropomorph gezeichnet. Die Auseinandersetzung mit babylonischer Gelehrsamkeit fehlt in Gen 2f., in kosmologischer Hinsicht scheint Gen 2f. wohl eher von indigenen Traditionen, die sonst nicht mehr greifbar sind, beeinflusst zu sein. Gen 2f. fokussiert ganz auf die *conditio humana*, die sehr viel problematischer gesehen wird als in Gen 1: Menschliche Erkenntnisfähigkeit beruht auf einem Raub und führt nachgerade zwingend in die für menschliche Lebenserfahrung konstitutive Distanz zu Gott. In Gen 1 wird den Menschen dagegen die »Gottebenbildlichkeit« verliehen, sie gelten als Stellvertreter Gottes auf Erden.

4. Psalmen

Ein weiterer Belegschwerpunkt für Schöpfungsaussagen im Alten Testament findet sich im Psalter. Das Buch der Psalmen enthält Texte aus verschiedenen Epochen der biblischen Literatur, die nun zu einem literarischen Ganzen verbunden sind. Sie widerspiegeln allerdings im Einzelnen unterschiedliche Konzeptionen – auch im Blick auf die Schöpfungsthematik (Vosberg 1975; Spieckermann 1989: 21–86; Hartenstein 2009a; zu den Geschichtspsalmen Hartenstein 2009b).

Eine prominente Perspektive formuliert zunächst Ps 8. Dieser Psalm symbolisiert die Schöpfermacht Gottes nicht mittels dessen Überlegenheit gegenüber den Chaosmächten, sondern bringt sie über die Zuwendung Gottes zu seinen Geschöpfen zum Ausdruck – und zwar betont zu den schwächsten unter ihnen (Irsigler 1997; Neumann-Gorsolke 2004: 20–136; Schnieringer 2004, zur Sekundarität von V. 2b.3 vgl. 58–103, anders Irsigler 1997: 6–8; Neumann-Gorsolke 2004: 22–25): Ps 8,3 bezeichnet die »Kinder und Säuglinge« als »Macht« gegen Gottes Feinde. Die für das Verständnis dieser Aussage notwendige Begründung wird im Folgenden gegeben. Ps 8,4f. stellt zunächst angesichts von Himmeln und Gestirnen die rhetorische Frage: »Was ist der Mensch, dass du seiner gedenkst?« Gleichwohl korrigiert Ps 8,6 sogleich und hält fest: »Du hast ihn wenig geringer gemacht als Gott, mit Ehre und Hoheit hast du ihn gekrönt.« Jeder Mensch also hat königliche Qualität. Die Widersacher Gottes mögen über ohnmächtige und schwache Menschen spotten. Ps 8 hält dagegen: Das Vorhandensein der Species »Mensch« allein schon straft eine solche Position Lügen. Theologisch gesehen steht Ps 8 der Anthropologie von Gen 1,26-28 sehr nahe, setzt diese wahrscheinlich sogar voraus: Der Mensch wird als mit königlichen Zügen ausgestattet dargestellt, die aber eben nun der ganzen Species – und nicht nur dem König – zukommen.

Die Herrschaft des Menschen wird in Ps 8,7–9 als Herrschaft über alle Tiere expliziert, aber auffälligerweise nicht auf andere Menschen bezogen. Womöglich ist dies mit der kompositionellen Stellung von Ps 8 im Rahmen des Zusammenhangs von Ps 3–14 zu erklären, der vor allem Klagen und Bitten von »Armen« und »Elenden« enthält (Hartenstein 2010). Psalm 8 steht im Zentrum dieser Komposition und spricht die »Armen« auf ihre königliche Würde an, die ihnen *qua* ihres geschöpflichen Menschseins zukommt. »Herrschaft« ist in diesem Psalm offenbar kein politisches Konzept, sondern eine anthropologische Metapher.

Zu den Schöpfungspsalmen wird weiterhin Ps 19 gezählt (Oeming 2000; Grund 2004). Er verknüpft zwei Themen, »Schöpfung« (V. 1–7) und »Gesetz« (V. 8–15). In der Exegese ist traditionell das Trennende zwischen den beiden Psalmteilen betont worden, so dass man in der Regel sogar davon ausging, es handle sich um zwei ursprünglich eigenständige Psalmen. Dagegen versucht die neuere Psalmenforschung stärker, die Gesamtkomposition des Psalms zu würdigen und den inneren Zusammenhang der beiden Teile zu verstehen. Tatsächlich liegt es nahe, das Thema des Psalms in der Beschreibung des Zusammenspiels und der Zuordnung von himmlischen und irdischen Ordnungen zu sehen. Hinzu kommt, dass die Sonnenmetaphorik von Ps 19 entsprechend ihrem altorientalischen Hintergrund ohne Weiteres auf das Thema von Recht und Gerechtigkeit hin transparent ist; die Sonnengottheit ist traditionell für Recht und Gerechtigkeit zuständig. Der babylonische König Hammurapi erhält etwa seine Gesetze von Schamasch, dem Sonnengott, wie dies auf der Stele, die den Codex Hammurapi enthält, auch bildlich dargestellt ist. Auch Ps 19 ist kompositionell im Rahmen der Psalmengruppe Ps 15–24 durch seine Mittelstellung deutlich hervorgehoben. Die aufeinanderfolgenden Kompositionen Ps 3–14 und Ps 15–24 akzentuieren also jeweils einen Schöpfungspsalm in der Mitte der jeweiligen Ringkomposition, was die Bedeutung dieses Themas für die Psalmentheologie anzeigt.

Schliesslich gehört Ps 104 zu den herausragenden Schöpfungspsalmen (T. Krüger 1993/1997; Köckert 2000; A. Krüger 2010; zur sachlichen Nähe zum *Großen Sonnenhymnus* des Echnaton vgl. T. Krüger 1993/1997: 108–110; Köckert 2000: 272–274; A. Krüger

2010: 403–422). Der Psalm ist ein ebenso umfangreicher wie komplexer Text, der offenbar versucht, die Welt insgesamt im Sinne eines »Tempels« Gottes zu denken und dabei einige bemerkenswerte Interpretationen an geläufigen Schöpfungstheologien vornimmt. V. 1b–4 beschreiben zunächst die himmlische Wohnstatt Gottes sowie die als seine »Diener« interpretierten Wetterphänomene. Dann wendet sich in V. 5–9 der Blick der Erde zu. Bemerkenswerterweise erscheint in V. 6 die auch in Gen 1,2 erwähnte »Urflut« nicht als eine Gegebenheit vor der Schöpfung, sondern als Schöpfungswerk Gottes selbst. Ps 104 scheint Gen 1 zu kennen und die dort formulierte Position eindeutiger zu fassen: Auch die »Urflut« ist Teil von Gottes Schöpfung (anders Köckert 2000: 260–262, der V. 5–9 als sekundär ansieht).

Ps 104 geht in seiner Neuinterpretation der »Urflut« sogar noch weiter: An V. 5–9 schließt sich in V. 10ff. ein Passus an, der von der Wasserversorgung der Erde spricht, und im Ablauf gelesen entsteht so der Eindruck, dass das Quellwasser, das Mensch und Tier versorgt, nichts anderes als die »Urflut« ist, die nach V. 8 eben dorthin versetzt worden ist, wo nun das Quellwasser herkommt. (Krüger 1993/1997: 96–99, kritisch Köckert 2000: 268).

Die von Ps 104 als Gottes Schöpfung beschriebene Welt ist jedoch keineswegs frei von Ambivalenzen. Zunächst einmal weisen V. 20–22 auf, dass der Schöpfung in der Nacht eine gewisse Eigendynamik eignet. Die Löwen – als Verkörperungen des Chaos – werden aktiv, sie fordern von Gott ihre Beute, der sie ihnen auch gibt. V. 27–30 dann zeigen deutlich, dass Gott seiner Schöpfung nicht nur gütig zugewandt ist, sondern dass er sein Angesicht auch verbergen kann, dass er Leben nicht nur erhält, sondern auch begrenzt und beendet. Seine Präsenz ist nicht nur lebensschaffend und -erhaltend, sondern sie kann auch bedrohlich und gefährlich sein (V. 32).

Das Schöpfungsthema findet sich so im Psalter einerseits in Einzelpsalmen wie Ps 8; 19; 104, andererseits führt aber auch der Gesamtduktus des Psalters im Bereich seines »fünften Buchs« (Ps 107–150, die Fünfteilung des Psalters wird durch die Doxologien am Ende der Ps 42; 72; 89 und 106 markiert) auf eine profilierte Schöpfungstheologie hin: Die Psalmen im Bereich der ersten »drei Bücher« (Ps 1–89) sind weitgehend im Rahmen einer politischen

Theologie konzipiert, die von der Herrschaft eines irdischen Königs ausgeht. In den letzten beiden »Büchern« verschiebt sich dieses Konzept jedoch zugunsten der Vorstellung einer ganz ungeteilten Weltherrschaft Gottes. Gottes Aufgabe besteht darin, die elementare Lebensversorgung mit Nahrung zu gewährleisten (Leuenberger 2004, vgl. z.B. Ps 145,13–16).

5. Deuterojesaja und Tritojesaja (Jes 40–66)

Es gehört zu den ältesten und bestgesicherten Erkenntnissen der Bibelwissenschaft, dass der zweite Teil des Jesajabuches (Jes 40–55) nicht mehr auf den namengebenden Propheten des 8. Jahrhunderts v. Chr. zurückgehen kann, sondern Texte aus der Zeit des späten babylonischen Exils und der darauffolgenden Jahrhunderte bis zum Abschluss des alttestamentlichen Kanons enthält (vgl. Höffken 2004).

In diesem zweiten Teil des Jesajabuches ändert sich nicht nur der Tenor der Texte und das zeitgeschichtliche Kolorit – es herrscht nun Heilsprophetie vor, Jesaja wird nicht mehr erwähnt, dafür der Perserkönig Kyros (Jes 45,1) –, es verändert sich die gesamte theologische Denkweise. Vor allem lässt sich beobachten, dass Jes 40–66 streng monotheistisch denkt – man findet hier die wohl deutlichsten Aussagen für eine universale Vorstellung des Gottes Israels; dieser Gott bedient sich der Weltherrschaft der Perser und regiert so die Welt (Leuenberger 2010).

Ist Gott nur einer und als dieser eine Schöpfer und Herrscher der Welt, so bringt dies mit sich, dass Gottes Handeln in der Welt anders gedacht werden muss, als dies in der älteren Literatur des Alten Testaments der Fall gewesen war. Bei Deuterojesaja ist alles Gotteshandeln grundsätzlich als Schöpfungshandeln qualifiziert. Besonders deutlich zu greifen ist dieses Moment in den das Deuterojesajabuch strukturierenden Hymnen, die an markanten Stellen im Buchablauf den Schöpfergott preisen und so klarstellen: Die göttlichen Geschichtstaten sind Schöpfungsakte (vgl. Jes 44,23; 45,8).

Noch stärker akzentuiert wird die Schöpfungstheologie im dritten Teil des Jesajabuches, den man traditionellerweise als Tritojesaja (Jes 56–66) bezeichnet. Entgegen der herkömmlichen Auffassung handelt es sich dabei nicht um ursprünglich mündliche Prophetie aus dem Schülerkreis »Deuterojesajas«, sondern durchwegs um schriftgelehrte Auslegung der Prophetentexte aus Jes 40–55 (Steck 1991). In Jes 40–55 wird zwar bereits das Handeln Gottes als Schöpfungshandeln qualifiziert, doch die deuterojesajanische Theologie steht – entsprechend ihrer historischen Ursprungssituation am Ende des so genannten »babylonischen Exils« und der erwarteten Heimkehr des Volkes Israel in sein Land – ganz im Zeichen eines neuen »Exodus«, der den heilsgeschichtlichen Auszug aus Ägypten weit übertreffen wird, wie dies Jes 43,16–21 in drastischen Formulierungen vor Augen führt (Macchi 2009; Schmid 2011: 188–193):

| Jes 43,16–21: So spricht Jhwh, der einen Weg bahnt im Meer und einen Pfad in mächtigen Wassern, der Wagen und Pferde ausziehen lässt, Heer und Starke, gemeinsam liegen sie da, nie mehr stehen sie auf, sind ausgelöscht, verloschen wie ein Docht. Denkt nicht an das, was früher war, und was vormals war – kümmert euch nicht darum. Seht, ich mache Neues, schon sprießt es, erkennt ihr es nicht? Ja, durch die Wüste lege ich einen Weg und Flüsse durch die Einöde. Die Tiere des Feldes werden mich ehren, die Schakale und die Strauße, denn in die Wüste bringe ich Wasser, in die Einöde Flüsse, um mein Volk, meine Erwählten, trinken zu lassen, das Volk, das ich für mich gebildet habe. Von meinem Ruhm werden sie erzählen. | Jes 65,17f.: Denn seht, ich schaffe einen neuen Himmel und eine neue Erde, und dessen, was früher war, wird nicht mehr gedacht werden, und man wird es nicht mehr bedenken. Vielmehr frohlockt und jubelt endlos über das, was ich schaffe! Denn seht, ich schaffe Jerusalem als Jubel und ihr Volk als Frohlocken. |

Für Jes 40–55 hat der »alte« Exodus aus Ägypten keine Heilsqualität mehr (Jes 43,18: »Denkt nicht an das, was früher war!«). Er hatte ja offenkundig eine Unheilsgeschichte aus sich herausgesetzt, die im Verlust des eigenen Landes gipfelte. Auf ihn als stiftendes Gründungsdatum lässt sich die Beziehung zwischen Israel und seinem Gott nicht mehr stützen. Jes 40–55 setzt dagegen: Es wird einen neuen Exodus, nun aus Babylon, geben, der den alten weit überbieten wird. Zunächst wird Jhwh selbst aus Babylon ausziehen, dem das Volk dann nachziehen wird. Und aufgrund dieses neuen Exodus, der ein neues Verhältnis zwischen Gott und Volk stiftet, kann der alte getrost vergessen werden. Bemerkenswert ist, dass auch der neue Exodus ein »Wasserwunder« kennen wird, nun aber kein die Feinde destruierendes wie in Ex 14, sondern Jhwh wird Wasser in die Wüste geben, damit sein Volk getränkt werde.

Dass der neue Exodus aus Babylon das neue Heilsdatum sein soll, auf das sich Israel verlassen können wird, erwies sich allerdings nicht als theologische Annahme von dauerhaftem Bestand. In einer struktrurell ganz ähnlichen Argumentationsweise wird in Jes 56–66 nun nicht nur der alte gegenüber dem neuen *Exodus* ersetzt, sondern vielmehr die alte *Schöpfung* durch eine neue überboten (Jes 65,17: »Dessen, was früher war, wird nicht mehr gedacht werden!«; vgl. Schmid 2011: 201f.).

Im Bereich von Jes 40–66 lassen sich so die unmittelbaren literatur- und theologiegeschichtlichen Vorstufen wie auch die Nachgeschichte zu Gen 1 beobachten. Namentlich die älteren Texte in Jes 40–55 stehen in starker Auseinandersetzung mit den Erwählungstraditionen Israels, etwa der Erzväter- und der Exodusüberlieferung, und die Schöpfungsthematik beginnt erst, sich als durchlaufender Tenor zu etablieren. Ausserdem propagiert Jes 40–55 ein stark exklusives Gotteskonzept, während Gen 1 stärker inklusiv denkt. Vor allem in Jes 65f. aber wird dann die Schöpfungstheologie von Gen 1 wieder überholt, indem nun der Erwartung einer neuen Schöpfung das Wort geredet wird: Gott wird seine Schöpfung noch einmal entscheidend umformen (Steck 1997; van Ruiten 1998).

6. Proverbia, Hiob und Qohelet

Neben der Urgeschichte, einigen Psalmen sowie dem Jesajabuch findet sich die Schöpfungsthematik im Alten Testament prominent vor allem auch in der weisheitlichen Literatur. Das ist nicht überraschend, wendet sich die Weisheit doch traditionell der Reflexion von umfassenden und elementaren Lebensphänomenen zu, wofür sich die Schöpfungsthematik als interpretatorischer Rahmen nachgerade anbietet. Dazu fügt sich der internationale Charakter der Weisheitsliteratur – sie fokussiert nicht spezifisch auf Israel, sondern auf die *conditio humana*.

Allerdings ist die Weisheitstradition in Israel älter als die Explizierung des Schöpfungsthemas. Entsprechend ist der Schöpfungsbezug im Ordnungsdenken der so genannten »älteren Weisheit« noch nicht sehr ausgeprägt, es sind vor allem jüngere, d.h. perserzeitliche und hellenistische Schriften oder Textanteile wie Prov 1–9, Hiob oder Qohelet, die die Schöpfung im Rahmen ihrer Problemstellungen thematisieren.

6.1. Prov 1–9

Weisheit ist in Prov 1–9 nicht mehr, wie in der Tradition vorgegeben, als ordnendes Strukturprinzip der Welt vorgestellt, das durch empirische Beobachtung erhoben werden kann, sondern sie ist eine personifizierte Größe, die sich in einer gewissen Distanz zur Welt bewegt. Die als Frau vorgestellte Weisheit hält Reden, sie muss für sich werben, ebenso wie ihr Gegenstück, Frau Torheit (vgl. Prov 8,32f.35; 9,17). Die Personifizierung der »Weisheit« deutet darauf hin, dass sie nicht mehr als selbstverständlich in der Welt vorhanden gedacht wird, sondern dass sie neben die Welt tritt. Weisheit ist kein selbstevidentes Prinzip der Schöpfung mehr, wie dies in der älteren Weisheitsliteratur noch stillschweigend vorausgesetzt gewesen war, sondern sie ist nurmehr durch Studium und Unterweisung erkennbar. Die Welt wird nach wie vor als sinnvoll strukturiert wahrgenommen, doch liegt diese Struktur nicht offen zutage.

Besonders deutlich ist dies in Prov 8,22–31 zu erkennen, einer Rede der als Person vorgestellten »Weisheit« (Baumann 1996; Fox 2000: 279–289). Die Weisheit nimmt eine Sonderstellung unter den Geschöpfen ein. Sie gehört zwar zur Schöpfung, ist aber vor allen anderen Werken entstanden. Deshalb war sie bei deren Erschaffung zugegen (zur weitverzweigten Diskussion um אָמוֹן *'āmōn* Prov 8,30, üblicherweise als »Werkmeister« wiedergegeben, vgl.

Fox 2000: 285–287), kennt also deren Entstehung und damit auch deren Funktion und Sinn. Die Schlussaussagen der Rede betonen dann die Nähe der Weisheit zu Gott, sie »spielte vor ihm«, der hebräische Begriff für »spielen« (צחק *ṣāḥaq*) hat auch eine erotische Konnotation (Keel/Schroer 2008: 220–224). In der altägyptischen *Erzählung vom Streit des Horus und des Seth* (TUAT III/5: 930–950) tritt in ähnlicher Weise wie die Weisheit in Prov 8,31 die Göttin Hathor vor den Schöpfergott Re, um ihn zu animieren. Die Schöpfung wird dadurch nicht auf ihre Zweckmäßigkeit oder technische Funktionstüchtigkeit reduziert, sondern als auf Liebe und Spiel gegründet dargestellt.

Die spätere christliche Theologie hat die in Prov 8,22 von der Weisheit ausgesagten »Präexistenz«-Aussagen dann auf Christus übertragen (vgl. Joh 1; Kol 1,15–17), um so die kosmische Relevanz der Christologie zum Ausdruck zu bringen (Leuenberger 2008).

6.2. Hiob

Das Hiobbuch gehört zu den theologisch interessantesten, aber auch schwierigsten Büchern der Bibel. Obwohl es szenisch in der Patriarchenzeit angesiedelt zu sein scheint – Hiob ist ähnlich wie Abraham gezeichnet –, dürfte es aufgrund seines entwickelten theologischen Problembewusstseins, aber auch aufgrund innerbiblischer Anspielungen nicht vor der mittleren Perserzeit (5. Jahrhundert v. Chr.) entstanden sein (Krüger u.a. 2007; Schmid 2010: 63–70). Auffälligerweise erscheinen unter den Katastrophen Hiobs die »Kasdim« (»Chaldäer«), d.h. die Neubabylonier, als Räuber und Mörder (Hi 1,17), womit eine Transparenz der Schläge, die Hiob treffen, auf den Untergang Judas und Jerusalems 587 v. Chr. geschaffen wird. Patriarchen- und Exilszeit werden also im Rahmen der erzählten Welt des Hiobbuches als zwei theologisch relevante Stiftungsepochen für seine Leserschaft zusammengesehen.

Die Handlung des Buches erweckt einen novellenartigen Eindruck (zur Rahmenerzählung vgl. Syring 2003), bei näherem Hinsehen erscheint es aber eher als ein theologischer Traktat, der sich um die Frage des Redens von Gott angesichts der Geschöpflichkeit des Menschen dreht. Welches Recht hat das Geschöpf vor seinem

Schöpfer, wieviel Einblick kann der Mensch in die Ordnungen der Schöpfung haben (Saur 2010)?

Im Hiobbuch ist der Rekurs auf die Schöpfung vor allem in den Gottesreden Hi 38–41 zentral (Keel 1978). Auf die an die Dialoge mit den Freunden anschließenden Herausforderungsreden Hiobs (Hi 29–31; Opel 2010), in denen der geschundene und geschlagene Hiob an seiner Unschuld festhält, antwortet Gott mit einem ausgreifenden Gefüge von rhetorischen Fragen an Hiob, in denen er ihm die Ordnungen der Schöpfung vor Augen führt. Hiobs Geschick, für ihn nicht mehr mit irgendeiner Vorstellung von Ordnung vermittelbar, wird darin in einen größeren Rahmen gestellt. Hiobs Welt ist nicht in Ordnung, aber die Welt ist mehr als Hiobs Welt, und von dieser umfassenderen Welt gilt, dass sie durchaus geordnet ist, allerdings nicht im Sinne einer statischen Fixierung eingerichteter Prozesse. Die Relation zwischen Schöpfer und Schöpfung ist nach dem Hiobbuch nicht durch eine totale Determination gekennzeichnet, vielmehr spielt sie sich in einem bestimmten Freiraum ab. Ja, Gott selbst sorgt dafür, dass auch »chaotische« Elemente im Rahmen seiner Schöpfung ihren Platz behalten können. Man vergleiche nur etwa das Motiv der Ernährung der Löwen – Repräsentanten des lebensfeindlichen Chaos *par excellence* – in Hi 38,39f. (Oeming 1996): »Erjagst du Beute für die Löwin, stillst du die Gier der jungen Löwen, wenn sie kauern in den Höhlen, im Dickicht auf der Lauer liegen?« Gottes Schaffen ist also keineswegs durchgängig als Ordnungsschaffen, als Bewahrung des Kosmos zu interpretieren, sondern Gott versteht sich als Schöpfer dergestalt, dass die Schöpfung über eine gewisse innere Freiheit verfügt, die zwar von Gott reguliert, aber nicht eliminiert wird (vgl. Bauks 2008). So erklären sich auch die vielfältigen Bezugnahmen auf die Tierwelt in Hi 38–41 (Keel 1978; Keel/Schroer 2008: 198–211): Gott wird mit einem in der altorientalischen Bildkunst weit verbreiteten Motiv als »Herr der Tiere« dargestellt, der die chaotischen, lebensfeindlichen Mächte der Natur dominiert und sie in ihre Schranken weist. (Abb. siehe Folgeseiten)

Neuassyrisches Rollsiegel (abgebildet in Keel 1978: 115 Abb. 57):
Der »Herr der Tiere« bändigt zwei Strauße und einen Steinbock

Auch die breite Behandlung von Behemot und Leviathan, dem Nilpferd und dem Krokodil, in Hi 40f. (vgl. 40,15.25) gehört in diesen Kontext: Sie gelten besonders im ägyptischen Bereich als Repräsentanten des Chaos, die gebändigt werden müssen:

Natürlich ließe sich auch an das Hiobbuch wieder die etwas naseweise Frage stellen, weshalb Gott denn die Welt nicht anders geschaffen habe, als sie nun vorfindlich ist. Darauf ist wiederum festzuhalten: Die biblischen Autoren lebten in keiner grundsätzlich anderen Welt als wir, und die Qualität ihrer Texte besteht nicht zuletzt darin, dass diese nicht utopisch, sondern realistisch perspektiviert sind. Das Hiobbuch denkt sich nicht in gnostischer Weise ein Paradies aus, sondern versucht, elementare Welterfahrung interpretatorisch zu erschließen. Deshalb degradiert es Gott nicht zum weltfernen Götzen, sondern lässt ihn Gott sein – in aller Ambivalenz, die dies für menschliches Leben und Denken bedeutet.

Tempelrelief aus Edfu (abgebildet in Keel 1978: 153 Abb. 93):
Achsensymmetrische Darstellung des Niederstechens
des Krokodils (links) bzw. des Nilpferds (rechts)
durch den König vor dem falkenköpfigen Gott Horus.

6.3. Qohelet

Das Qoheletbuch, vermutlich in der 2. Hälfte des 3. Jahrhunderts v. Chr. verfasst (T. Krüger 2000: 39; Schwienhorst-Schönberger 2004: 101–104), wird oft als in einer gewissen Nähe zum antiken Skeptizismus sowie den Lebenslehren aus Stoa und Epikureismus stehend angesehen. Zweifellos finden sich sachliche Berührungspunkte, die wohl auch auf entsprechende Kulturkontakte zurückgehen, doch ist die Position des Qoheletbuches in verschiedenen Punkten vom Skeptizismus im Bereich der griechischen Philosophie unterschieden: So ist für diesen konstitutiv, dass Erkenntnis an sich nicht möglich und deshalb Urteilsenthaltung geboten sei. Qohelet dagegen betont zwar die engen Grenzen menschlicher Erkenntnis, zieht daraus aber keineswegs die Folgerung der Urteilsenthaltung. Vielmehr kann Qohelet die Leistung und Begrenztheit menschlicher Erkenntnis zur elementaren Begründung seiner praktischen

Philosophie heranziehen: Der Mensch vermag zwar die Welt nicht zu erkennen, aber er kann Essen, Trinken und Lebensfreude als göttliche Gaben erfahren, die dem menschlichen Genuss zugänglich sind (vgl. Qoh 3,11–13). Qohelet argumentiert grundlegend schöpfungstheologisch (T. Krüger 1997): Der kreatürlich bedingte Mangel der Menschen an Erkenntnis lässt sich bis zu einem gewissen Grad kompensieren durch die Erfahrung der Funktionstüchtigkeit der Schöpfung in Bereichen wie der Nahrungsversorgung oder auch der Lebensfreude, die auf das – sonst den Menschen verschlossen bleibende – Wirken Gottes hin zumindest transparent ist (Schellenberg 2002).

Im Gespräch mit der zeitgenössischen alttestamentlichen Weisheitsliteratur, wie sie vor allem in Prov 1–9 bezeugt ist, betont Qohelet die Probleme und Grenzen menschlicher Weisheit: Sie kann eine Hilfe, nicht jedoch ein Garant für ein glückliches Leben sein. Vor allem aber sind angesichts des Todes alle gleich (vgl. Qoh 2,13–16), die Menschen unterscheiden sich darin insgesamt nicht von den Tieren (vgl. Qoh 3,19).

Ganz anders hatte Prov 3,16–18 festgestellt, dass den Gerechten ein langes und friedliches Leben zuteil werde. Wahrscheinlich rezipiert und aktiviert Qohelet in seiner skeptischen Sicht Potentiale aus der älteren Weisheit, die namentlich in ihren theologisierten Sprüchen ein durchaus kritisches Selbstverständnis zeigt (Prov 20,24; vgl. auch Prov 16,1.9; 19,21; 21,2.30; 24,21f.). Weil der Mensch sterblich ist, sind seine Fähigkeiten der Erkenntnis und des Handelns begrenzt. Qohelet verhält sich in der Folge sehr spröde gegenüber allen theologischen Positionen, die die Möglichkeiten des Menschen überschätzen. Auch weitreichenden Hoffnungen auf ein künftiges, eschatologisches Eingreifen Gottes in die Weltgeschichte erteilt das Qoheletbuch eine Absage. Gegenüber Erwartungen eines »neuen Himmels« und einer »neuen Erde« aus zeitgleichen Texten des Jesajabuches betont Qohelet, dass es »nichts Neues« gibt (vgl. T. Krüger 1996/1997; Schwienhorst-Schönberger 2004: 175f.; Schmid 2011: 199–201):

Qoh 1,9–11: Was gewesen ist, wird wieder sein, und was geschehen ist, wieder geschehen: es gibt nichts Neues unter der Sonne. Oder ist etwas, von dem man sagen möchte: Siehe, dies hier ist ein Neues –? Längst schon ist es dagewesen, in den Zeiten, die vor uns gewesen sind. Der Früheren gedenkt man nicht mehr und auch der Späteren, die kommen werden, auch ihrer wird nicht mehr gedacht werden bei denen, die nach ihnen kommen.	Jes 65,17: Denn siehe, ich schaffe einen neuen Himmel und eine neue Erde; man wird der früheren Dinge nicht mehr gedenken, und niemand wird sich ihrer mehr erinnern.

Deshalb sind die Menschen nach Qohelet auf die elementaren Lebensgewährungen und -ordnungen der Schöpfung gewiesen: Diese sind nicht optimal, aber auch nicht schlecht, sondern vielmehr ambivalent. Damit trifft sich Qohelet mit der theologischen Ausrichtung von Gen 1–11 (T. Krüger 1997), aber auch einigen Psalmenaussagen (vgl. Ps 104).

7. Apokalyptische Literatur

Die Schöpfungsthematik wird in der biblischen Literaturgeschichte besonders mit dem Aufkommen der so genannten »Apokalyptik« noch einmal neu bedacht und gewendet. »Apokalyptik« wird in der Regel als Sammelbegriff für eine geistige Strömung mitsamt der zugehörigen Offenbarungsliteratur verstanden, die im Zeitraum zwischen dem 3. Jahrhundert v. und dem 3. Jahrhundert n. Chr. entstanden ist (Koch 1996; Beyerle 1998; Hahn 1998; Collins 2000). Sie ist aber eine geschichtlich stark differenzierte Größe (Schmid 2002b: 196–201). Eine gewisse Zusammengehörigkeit einer Reihe herkömmlich der Apokalyptik zugerechneter Texte ergibt sich über das Motiv des himmlischen Geheimwissens, das eine entscheidende Rolle zu spielen scheint und von dem her sich auch die Sammelbezeichnung »Apokalyptik« partiell rechtfertigen lässt (besonders äthHen, Dan, 4Esr, syrBar).

Vielerorten wird die Vorstellung einer in sich zweigeteilten Schöpfung, oder in der Terminologie der apokalyptischen Literatur selbst: die Vorstellung von zwei Äonen, also von zwei in räumlicher wie in zeitlicher Hinsicht voneinander geschiedenen »Welten«, als grundlegendes Charakteristikum der Apokalyptik angesehen. Die gegenwärtige Weltzeit, der erste Äon, ist eine Zeit des Zerfalls, und sie steuert auf das endgültige Gericht zu. An sie wird eine zweite Weltzeit, ein neuer Äon, anschließen, in den die Gerechten hinübergerettet werden. Philipp Vielhauer etwa hat durchaus zutreffend festgehalten, dass die Vorstellung der Zwei-Äonen-Lehre »erst in der späteren Apokalyptik begrifflich explizit (4Esr, syrBar)« wird – nämlich in denjenigen Schriften, die nach 70 n. Chr. entstanden sind –, er setzt aber fälschlicherweise voraus, dass diese gleichwohl »faktisch schon in den ältesten Apokalypsen vorhanden« (Vielhauer 1997: 498) sei. Das ist eine Eisegese, die durch die Texte weder gestützt noch überhaupt nahe gelegt wird. Natürlich gibt es vorstellungsgeschichtliche Vorstufen zur Zwei-Äonen-Lehre, namentlich über die Verheißung eines neuen Himmels und einer neuen Erde (vgl. Jes 65f.; äthHen 91,16 innerhalb der Zehnwochenapokalypse); von einer ausgestalteten Konzeption einer doppelten Weltzeit, wie sie für die Zwei-Äonen-Lehre kennzeichnend ist (4Esr 7,50), kann in Schriften mit Entstehungsdatum vor 70 n. Chr. aber keine Rede sein.

Eine regelrechte Zwei-Äonen-Lehre lässt sich demgegenüber erst in Texten, die nach 70 n. Chr. verfasst worden sind, belegen (besonders 4Esr; syrBar). Offenkundig hat erst die Erfahrung der Zerstörung des Zweiten Tempels die Hoffnung auf die Perfektibilität der Welt vollends ausgelöscht und die Erwartung einer zweiten Schöpfung aus sich heraus gesetzt, die nun für Israel allein gedacht ist. Die im Alten Testament singuläre Verheißung eines neuen Himmels und einer neuen Erde in Jes 65 scheint sich vor allem einer Revozierung des theologischen Programmes der Tora samt ihren anthropologischen Schöpfungsordnungen zu verdanken; eine Zwei-Äonen-Lehre liegt hier aber noch nicht vor (die beiden Äonen hat Gott etwa nach 4Esr 7,50 von allem Anfang an geschaffen; in Jes 65 geht es um die zukünftige *Umgestaltung* von Himmel und Erde). Die Tempelzerstörung von 70 n. Chr. stellte im Blick auf die Frage der Präsenz Gottes in der Welt eine Grenzerfahrung von besonderem Ausmaß dar, und es muss von daher nicht wundernehmen, dass dieses Ereignis besondere Anstrengungen zur theologischen Bewältigung forderte. Unter den Antworten innerhalb der jüdischen Apokalyptik ist im Wesentlichen neben 4Esr die Konzeption des syrBar zu nennen; von nachgeordneter Bedeutung sind ApkAbr und PsPhilo. Allerdings haben auch 4Esr und syrBar im Judentum, das sich nach 70 n. Chr. in die rabbinische Richtung entwickelte, keine Wirkung entfalten können und sind nur durch ihre Rezeption und Tradierung im Christentum erhalten geblieben. Beide Schriften sind davon überzeugt, dass die Welt als ganze nicht in ihrer diesseitigen Gestalt aufgehen könne, sondern dass Gott von allem Anfang an nicht eine, sondern zwei Welt(zeit)en geschaffen haben müsse – die beiden Äonen. Der erste Äon ist gekennzeichnet nicht durch den kontinuierlichen Rückzug Gottes selbst aus der Weltgeschichte – wie manchmal pauschal bezüglich der apokalyptischen Geschichtsschau geurteilt wird –, sondern durch eine Rücknahme *des Heilswillens* Gottes aus der Geschichte. Selbstredend bleibt aber Gott auch in der Katastrophe die bestimmende Geschichtsmacht. Seine heilvolle Präsenz wird demgegenüber in den zweiten, kommenden Äon verlagert. Damit wird die klassische priesterliche Tempeltheologie, die sich bündig über die Formel einer »Schöpfung in der Schöpfung« (Blum 1990: 311) beschreiben lässt, transformiert in eine Theologie der »Schöpfung nach der Schöpfung«: Der kommende Äon bringt die Schöpfung Gottes zu ihrem Ziel (Kratz/Spieckermann 1999: 277–279).

Quellen- und Literaturverzeichnis

1. Quellen

syrBar / syrische Baruchapokalypse: Klijn, Albertus F. J.: Die syrische Baruch-Apokalypse (JSHRZ V/2), Gütersloh 1976, 103–191.
Der Große Sonnenhymnus: Bayer, Christian (Hg.): Echnaton. Sonnenhymnen. Ägyptisch/Deutsch, Leipzig 2007, 7–23.
Enūma eliš / Als oben: Lambert, Wilfred G.: Enuma Elisch (TUAT III/4), Gütersloh 1994, 565–602.
Die Erzählung vom Streit der Götter Horus und Seth um die Herrschaft: Junge, Friedrich: Die Erzählung vom Streit der Götter Horus und Seth um die Herrschaft (TUAT III/5), Gütersloh 1995, 930–950.
4Esr / 4. Esra: Schreiner, Josef: Das 4. Buch Esra (JSHRZ V/4), Gütersloh 1981.

äthHen/äthiopisches Henochbuch: Uhlig, Siegbert: Das äthiopische Henochbuch (JSHRZ V/6), Gütersloh 1984.
Luther, Martin: *Genesisvorlesung von 1535–45*: D. Martin Luthers Werke, Kritische Gesamtausgabe, 42.-44. Bd., Weimar 1911–1915.
1QSa/Gemeinderegel: Maier, Johann: Die Qumran-Essener: Die Texte vom Toten Meer. Bd. I (UTB 1862), München/Basel 1995, 240–244.
SapSal/Sapientia Salomonis/Die Weisheit Salomos: Georgi, Dieter: Weisheit Salomos (JSHRZ III/4), Gütersloh 1980.
Sir/Sirach: Sauer, Georg: Jesus Sirach (JSHRZ III/5), Gütersloh 1981.

2. Sekundärliteratur

Avigad 1972: Avigad, Nahman: Excavations in the Jewish Quarter of the Old City of Jerusalem, IEJ 22 (1972), 193–200.
Barr 1993: Barr, James: The Garden of Eden and the Hope of Immortality, Minneapolis 1993.
Bauks 2008: Bauks, Michaela: Der eine Schöpfer und die anderen. Die Motive von Schöpfung und Chaos als Hinweise für die Transformation des Gottesbilds im Hiobbuch, in: Bormann, Lukas (Hg.): Schöpfung, Monotheismus und fremde Religionen (BThSt 95), Neukirchen-Vluyn 2008, 99–124.
Baumann 1996: Baumann, Gerlinde: Die Weisheitsgestalt in Proverbien 1–9. Traditionsgeschichtliche und theologische Studien (FAT 16), Tübingen 1996.
Beyerle 1998: Beyerle, Stefan: Die Wiederentdeckung der Apokalyptik in den Schriften Altisraels und des Frühjudentums, VF 43 (1998), 34–59.
Blum 1990: Blum, Erhard: Studien zur Komposition des Pentateuch (BZAW 189), Berlin/New York 1990.
Blum 2008: Blum, Erhard: Der vermeintliche Gottesname »Elohim«, in: Dalferth, Ingolf U./Stoellger, Philipp (Hgg.): Gott Nennen. Gottes Namen und Gott als Name (RPT 35), Tübingen 2008, 97–119.
Blum 2010: Blum, Erhard: Von Gottesunmittelbarkeit zu Gottähnlichkeit. Überlegungen zur theologischen Anthropologie der Paradieserzählung, in: ders.: Textgestalt und Komposition. Exegetische Beiträge zu Tora und Vordere Propheten (FAT 69), Tübingen 2010, 1–19.
Collins 2000: Collins, John J.: From Prophecy to Apocalypticism: The Expectation of the End, in: ders. (Hg.): The Encyclopedia of Apocalypticism, Vol. 1: The Origins of Apocalypticism in Judaism and Christianity, New York/London 2000, 129–161.
Fox 2000: Fox, Michael V.: Proverbs 1–9. A New Translation with Introduction and Commentary (AncB 18A), New York u.a. 2000.

Gertz u.a 2002: Gertz, Jan Christian u.a. (Hgg.): Abschied vom Jahwisten. Die Komposition des Hexateuch in der jüngsten Diskussion (BZAW 315), Berlin/New York 2002.

Gertz 2007: Gertz, Jan Christian: Beobachtungen zum literarischen Charakter und zum geistesgeschichtlichen Ort der nichtpriesterschriftlichen Sintfluterzählung, in: Schorn, Ulrike / Beck, Martin (Hgg.): Auf dem Weg zur Endgestalt von Genesis bis II Regum. Festschrift Hans-Christoph Schmitt zum 65. Geburtstag (BZAW 370), Berlin/New York 2006, 41–57.

Gertz 2009: Gertz, Jan Christian: Antibabylonische Polemik im priesterlichen Schöpfungsbericht?, ZThK106 (2009), 137–155.

Gesundheit 2007: Gesundheit, Shimon: Der Anfang der Tora. Ansätze jüdischer Exegeten des Mittelalters zu einer theologischen Interpretation der Urgeschichte und mögliche Berührungspunkte zur modernen theologischen Forschung, ZAW 119 (2007), 602–610.

Groß 1999: Groß, Walter: Die Gottebenbildlichkeit des Menschen nach Gen 1,26.27 in der Diskussion des letzten Jahrzehnts, in: ders.: Studien zur Priesterschrift und zu alttestamentlichen Gottesbildern (SBAB 30), Stuttgart 1999, 37–54.

Grund 2004: Grund, Alexandra: »Die Himmel erzählen die Herrlichkeit Gottes«. Psalm 19 im Kontext der nachexilischen Toraweisheit (WMANT 103), Neukirchen-Vluyn 2004.

Hahn 1998: Hahn, Ferdinand: Frühjüdische und urchristliche Apokalyptik. Eine Einführung (BThSt 36), Neukirchen-Vluyn 1998.

Hartenstein 2009a: Hartenstein, Friedhelm: Wettergott – Schöpfergott – Einziger. Kosmologie und Monotheismus in den Psalmen, in: ders. / Rösel, Martin (Hg.): JHWH und die Götter der Völker. Symposium zum 80. Geburtstag von Klaus Koch, Neukirchen-Vluyn 2009, 77–97.

Hartenstein 2009b: Hartenstein, Friedhelm: Zur Bedeutung der Schöpfung in den Geschichtspsalmen, in: Achenbach, Reinhard / Arneth, Martin (Hgg.): »Gerechtigkeit und Recht zu üben« (Gen 18,19). Studien zur altorientalischen und biblischen Rechtsgeschichte, zur Religionsgeschichte Israels und zur Religionssoziologie (BZAR 13), Wiesbaden 2009, 335–349.

Hartenstein 2010: Hartenstein, Friedhelm: »Schaffe mir Recht, JHWH!« (Psalm 7,9): Zum theologischen und anthropologischen Profil der Teilkomposition Psalm 3–14, in: Zenger, Erich (Hg.): The Composition of the Book of Psalms (BETL 238), Leuven 2010, 229–258.

Höffken 2004: Höffken, Peter: Jesaja. Der Stand der theologischen Diskussion, Darmstadt 2004.

Irsigler 1997: Irsigler, Hubert: Die Frage nach dem Menschen in Psalm 8. Zu Bedeutung und Horizont eines kontroversen Menschenbildes im Alten Testament, in: ders.: Vom Adamssohn zum Immanuel. Gastvorträge Pretoria 1996 (ATSAT 58), St. Ottilien 1997, 1–48.

Janowski 2004: Janowski, Bernd: Die lebendige Statue Gottes. Zur Anthropologie der priesterlichen Urgeschichte, in: Witte, Markus (Hg.): Gott und Mensch im Dialog. Festschrift für Otto Kaiser zum 80. Geburtstag, Bd. 1 (BZAW 345/I), Berlin/New York 2004, 183–214 (= ders.: Die Welt als Schöpfung. Beiträge zur Theologie des Alten Testaments 4, Neukirchen-Vluyn 2008, 140–171).

Janowski 2006: Janowski, Bernd: Schöpfung, in: Berlejung, Angelika / Frevel, Christian (Hgg.): Handbuch theologischer Grundbegriffe zum Alten und Neuen Testament, Darmstadt 2006, 360–362.

Jeremias 1990: Jeremias, Jörg: Schöpfung in Poesie und Prosa des Alten Testaments. Gen 1–3 im Vergleich mit anderen Schöpfungstexten des Alten Testaments, JBTh 5 (1990), 11–36.

Keel 1978: Keel, Othmar: Jahwes Entgegnung an Ijob. Eine Deutung von Ijob 38–41 vor dem Hintergrund zeitgenössischer Bildkunst (FRLANT 121), Göttingen 1978.

Keel / Schroer 2008: Keel, Othmar / Schroer, Silvia: Schöpfung. Biblische Theologien im Kontext altorientalischer Religionen, Fribourg/Göttingen 2008².

Koch 1996: Koch, Klaus: Vor der Wende der Zeiten. Beiträge zur apokalyptischen Literatur. Gesammelte Aufsätze, Bd. 3, Neukirchen-Vluyn 1996.

Köckert 2000: Köckert, Matthias: Literaturgeschichtliche und religionsgeschichtliche Beobachtungen zu Ps 104, in: Kratz, Reinhard Gregor u.a. (Hgg.): Schriftauslegung in der Schrift. Festschrift für Odil Hannes Steck zu seinem 65. Geburtstag (BZAW 300), Berlin/New York 2000, 259–279.

Kratz, Reinhard Gregor / Spieckermann, Hermann: Art. Schöpfer/Schöpfung II., TRE 30, Berlin/New York 1999, 258–283.

Krüger 2010: Krüger, Annette: Das Lob des Schöpfers. Studien zur Sprache, Motivik und Theologie von Psalm 104 (WMANT 124), Neukirchen-Vluyn 2010.

Krüger 1993: Krüger, Thomas: »Kosmo-theologie« zwischen Mythos und Erfahrung. Psalm 104 im Horizont altorientalischer und alttestamentlicher »Schöpfungs«-Konzepte, BN 68 (1993), 49–74 (= ders.: Kritische Weisheit. Studien zur weisheitlichen Traditionskritik im Alten Testament, Zürich 1997, 91–120).

Krüger 1996/1997: Krüger, Thomas: Dekonstruktion und Rekonstruktion prophetischer Eschatologie im Qohelet-Buch, in: Diesel, Anja A. u.a. (Hgg.): »Jedes Ding hat seine Zeit …«. Studien zur israelitischen und altorientalischen Weisheit. Diethelm Michel zum 65. Geburtstag (BZAW 241), Berlin/New York 1996, 107–129 (= Krüger, Thomas: Kritische Weisheit. Studien zur weisheitlichen Traditionskritik im Alten Testament, Zürich 1997, 151–172).

Krüger 1997: Krüger, Thomas: Die Rezeption der Tora im Buch Kohelet, in: Schwienhorst-Schönberger, Ludger (Hg.): Das Buch Kohelet. Studien zur Struktur, Geschichte, Rezeption und Theologie (BZAW 254), Berlin/New

York 1997, 173–193 (= Krüger, Thomas: Kritische Weisheit. Studien zur weisheitlichen Traditionskritik im Alten Testament, Zürich 1997, 173–193).

Krüger 2000: Krüger, Thomas: Kohelet (Prediger; BK XIX), Neukirchen-Vluyn 2000.

Krüger u.a. 2007: Krüger, Thomas/Oeming, Manfred/Schmid, Konrad/Uehlinger, Christoph (Hgg.): Das Buch Hiob und seine Interpretationen. Beiträge des Hiob-Symposiums auf dem Monte Verità vom 14.–19. August 2005 (AThANT 88), Zürich 2007.

Krüger 2009: Krüger, Thomas: Schöpfung und Sabbat in Genesis 2,1–3, in: Karrer-Grube, Christiane u.a. (Hgg.): Sprachen – Bilder – Klänge. Dimensionen der Theologie im Alten Testament und in seinem Umfeld. Festschrift für Rüdiger Bartelmus zu seinem 65. Geburtstag, (AOAT 359), Münster 2009, 155–169.

Leuenberger 2004: Leuenberger, Martin: Konzeptionen des Königtums Gottes im Psalter. Untersuchungen zu Komposition und Redaktion der theokratischen Bücher IV–V im Psalter (AThANT 83), Zürich 2004.

Leuenberger 2008: Leuenberger, Martin: Die personifizierte Weisheit vorweltlichen Ursprungs von Hi 28 bis Joh 1. Ein traditionsgeschichtlicher Strang zwischen den Testamenten, ZAW 120 (2008), 366–386 (= ders.: Gott in Bewegung. Religions- und theologiegeschichtliche Beiträge zu Gottesvorstellungen im Alten Testament [FAT 76], Tübingen 2011, 279–312 [in erweiterter Fassung]).

Leuenberger 2010: Leuenberger, Martin: »Ich bin Jhwh und keiner sonst.« Der exklusive Monotheismus des Kyros-Orakels Jes 45,1–7 (SBS 224), Stuttgart 2010.

Macchi 2009: Macchi, Jean-Daniel: »Ne ressassez plus les choses d'autrefois«. Esaïe 43,16–21, un surprenant regard deutéro-ésaïen sur le passé, ZAW 121 (2009), 225–241.

Mettinger 2007: Mettinger, Tryggve N. D.: The Eden Narrative. A Literary and Religio-Historical Study of Genesis 2–3, Winona Lake 2007.

Neumann-Gorsolke 2004: Neumann-Gorsolke, Ute: Herrschen in den Grenzen der Schöpfung. Ein Beitrag zur alttestamentlichen Anthropologie am Beispiel von Psalm 8, Genesis 1 und verwandten Texten (WMANT 101), Neukirchen-Vluyn 2004.

Oeming 1996: Oeming, Manfred: »Kannst du der Löwin ihren Raub zu fressen geben?« (Hi 38,39). Das Motiv des »Herrn der Tiere« und seine Bedeutung für die Theologie der Gottesreden Hi 38–42, in: Augustin, Matthias/Schunck, Klaus-Dietrich (Hgg.): »Dort ziehen Schiffe dahin ...«. Collected Communications to the XIV. Congress of the International Organization for the Study of the Old Testament, Paris 1992 (BEAT 28), Frankfurt a.M. u.a. 1996, 147–163.

Oeming 2000: Oeming, Manfred: Auf der Suche nach Verbindungslinien. Ps 19 als Ganzheit betrachtet, in: Graupner, Axel (Hg.): Verbindungslinien.

Festschrift für Werner H. Schmidt zum 65. Geburtstag, Neukirchen-Vluyn 2000, 249–263.
Oeming / Schmid 2003: Oeming, Manfred / Schmid, Konrad (Hgg.): Der eine Gott und die Götter. Polytheismus und Monotheismus im antiken Israel (AThANT 82), Zürich 2003.
Opel 2010: Opel, Daniela: Hiobs Anspruch und Widerspruch. Die Herausforderungsreden Hiobs (Hi 29–31) im Kontext frühjüdischer Ethik (WMANT 127), Neukirchen-Vluyn 2010.
de Pury 2002: Pury, Albert de: Gottesname, Gottesbezeichnung und Gottesbegriff. Elohim als Indiz zur Entstehungsgeschichte des Pentateuch, in: Gertz u.a. 2002: 25–47 (= ders.: Die Patriarchen und die Priesterschrift. Les Patriarches et le document sacerdotal. Gesammelte Studien zu seinem 70. Geburtstag (AThANT 99), Zürich 2010, 173–194).
de Pury 2007: Pury, Albert de: P^g as the Absolute Beginning, in: Römer, Thomas / Schmid, Konrad (Hgg.): Les dernières rédactions du Pentateuque, de l'Hexateuque et de l'Ennéateuque (BEThL 203), Leuven 2007, 99–128 (= ders.: Die Patriarchen und die Priesterschrift. Les Patriarches et le document sacerdotal. Gesammelte Studien zu seinem 70. Geburtstag (AThANT 99), Zürich 2010, 13–42).
de Pury 2008: Pury, Albert de: Wie und wann wurde »der Gott« zu »Gott«? in: Dalferth, Ingolf U. / Stoellger, Philipp (Hgg.): Gott Nennen. Gottes Namen und Gott als Name (RPT 35), Tübingen 2008, 121–142 (= ders.: Die Patriarchen und die Priesterschrift. Les Patriarches et le document sacerdotal. Gesammelte Studien zu seinem 70. Geburtstag (AThANT 99), Zürich 2010, 195–216).
von Rad 1971: Rad, Gerhard von: Weisheit in Israel, Neukirchen-Vluyn 1971.
Renz 2009: Renz, Johannes: »Jahwe ist der Gott der ganzen Erde«. Der Beitrag der außerkanonischen altisraelitischen Texte zur Rekonstruktion der vorexilischen Religions- und Theologiegeschichte Palästinas, in: Pietsch, Michael / Hartenstein, Friedhelm (Hgg.): Israel zwischen den Mächten. Festschrift für Stefan Timm zum 65. Geburtstag (AOAT 364), Münster 2009, 289–377.
van Ruiten 1998: Ruiten, Jacques van: The Intertextual Relationship Between Isaiah 65:25 and Isaiah 11:6–9, in: García Martínez, Florentino (Hg.), The Scriptures and the Scrolls. Studies in Honour of A. S. van der Woude on the Occasion of his 65th Birthday (VT.S 49), Leiden u.a. 1998, 31–42.
Saur 2008: Saur, Markus: Der Tyroszyklus des Ezechielbuches (BZAW 386), Berlin/New York 2008.
Saur 2010: Saur, Markus: Das Hiobbuch als exegetische und theologische Herausforderung, ThZ 66 (2010) 1–21.
Schellenberg 2002: Schellenberg, Annette: Erkenntnis als Problem. Qohelet und die alttestamentliche Diskussion um das menschliche Erkennen (OBO 188), Fribourg/Göttingen 2002.

Schmid 2002a: Schmid, Konrad: Die Unteilbarkeit der Weisheit. Überlegungen zur sogenannten Paradieserzählung Gen 2f. und ihrer theologischen Tendenz, ZAW 114 (2002), 21–39.

Schmid 2002b: Schmid, Konrad: Die Zerstörung Jerusalems und seines Tempels als Heilsparadox. Zur Zusammenführung von Geschichtstheologie und Anthropologie im Vierten Esrabuch, in: Hahn, Johannes (Hg.),: Zerstörungen des Jerusalemer Tempels. Geschehen – Wahrnehmung – Bewältigung (WUNT 147), Tübingen 2002, 183–206.

Schmid 2010: Schmid, Konrad: Hiob als biblisches und antikes Buch. Historische und intellektuelle Kontexte seiner Theologie (SBS 219), Stuttgart 2010.

Schmid 2011: Schmid, Konrad: Neue Schöpfung als Überbietung des neuen Exodus. Die tritojesajanische Aktualisierung der deuterojesajanischen Theologie und der Tora, in: ders., Schriftgelehrte Traditionsliteratur. Fallstudien zur innerbiblischen Schriftauslegung im Alten Testament (FAT 77), Tübingen 2011, 185–205.

Schmid/Riedweg 2008: Schmid, Konrad/Riedweg, Christoph (Hgg.): Beyond Eden. The Biblical Story of Paradise and Its Reception History (FAT II/34), Tübingen 2008.

Schnieringer 2004: Schnieringer, Helmut: Psalm 8. Text, Gestalt, Bedeutung (ÄAT 59), Wiesbaden 2004.

Schüle 2006: Schüle, Andreas: Die Würde des Bildes. Eine Re-Lektüre der priesterlichen Urgeschichte, EvTh 66 (2006), 440–454.

Schwienhorst-Schönberger 2004: Schwienhorst-Schönberger, Ludger: Kohelet (HThK.AT), Freiburg i.Br. 2004.

Smith 2010: Smith, Mark: The Priestly Vision of Genesis 1, Minneapolis 2010.

Spieckermann 1989: Spieckermann, Hermann: Heilsgegenwart. Eine Theologie der Psalmen (FRLANT 148), Göttingen 1989.

Spieckermann 2000: Spieckermann, Hermann: Ambivalenzen. Ermöglichte und verwirklichte Schöpfung in Genesis 2f., in: Graupner, Axel (Hg.): Verbindungslinien. Festschrift für Werner H. Schmidt, Neukirchen-Vluyn 2000, 363–376.

Steck 1981: Steck, Odil Hannes: Der Schöpfungsbericht der Priesterschrift. Studien zur literarkritischen und überlieferungsgeschichtlichen Problematik von Genesis 1,1–2,4a (FRLANT 115), Göttingen 1981^2.

Steck 1991: Steck, Odil Hannes: Studien zu Tritojesaja (BZAW 203), Berlin/New York 1991.

Steck 1997: Steck, Odil Hannes: Der neue Himmel und die neue Erde. Beobachtungen zur Rezeption von Gen 1–3 in Jes 65,16b–25, in: Ruiten, Jacques van/Vervenne, Marc (Hgg.): Studies in the Book of Isaiah (BEThL 132), Leuven 1997, 349–365.

Stipp 1999: Stipp, Hermann-Josef: »Alles Fleisch hatte seinen Wandel auf der Erde verdorben« (Gen 6,12). Die Mitverantwortung der Tierwelt an der Sintflut nach der Priesterschrift, ZAW 111 (1999), 167–186.
Syring 2004: Syring, Wolf-Dieter: Hiob und sein Anwalt. Die Prosatexte des Hiobbuches und ihre Rolle in seiner Redaktions- und Rezeptionsgeschichte (BZAW 336), Berlin/New York 2004
Vielhauer 1997: Vielhauer, Philipp: Die Apokalyptik, in: Schneemelcher, Wilhelm (Hg.): Neutestamentliche Apokryphen in deutscher Übersetzung, Tübingen 1997⁶, 492–508.
Vosberg 1975: Vosberg, Lothar: Studien zum Reden vom Schöpfer in den Psalmen (BevTh 69), München 1975.
Weippert 1998: Weippert, Manfred: Tier und Mensch in einer menschenarmen Welt. Zum sog. dominium terrae in Genesis 1, in: Mathys, Hans-Peter (Hg.): Ebenbild Gottes – Herrscher über die Welt (BThSt 33), Neukirchen-Vluyn 1998, 35–55.
Wöhrle 2009: Wöhrle, Jakob: Dominium terrae. Exegetische und religionsgeschichtliche Überlegungen zum Herrschaftsauftrag in Gen 1,26–28, ZAW 121 (2009), 171–188.
Zehnder 2010: Zehnder, Markus: Cause or Value? Problems in the Understanding of Gen 9,6a, ZAW 122 (2010) 81–89.
Zenger 2003: Zenger, Erich: Der Monotheismus Israels. Entstehung – Profil – Relevanz, in: Söding, Thomas (Hg.): Ist der Glaube Feind der Freiheit? Die neue Debatte um den Monotheismus (QD 196), Freiburg i.Br. u.a. 2003, 9–52.

3. Literaturhinweise zum vertiefenden Studium

Bauks, Michaela: Die Welt am Anfang. Zum Verhältnis von Vorwelt und Weltentstehung in Gen 1 und in der altorientalischen Literatur (WMANT 74), Neukirchen-Vluyn 1997.
Janowski, Bernd: Die Welt als Schöpfung. Beiträge zur Theologie des Alten Testaments 4, Neukirchen-Vluyn 2008.
Kratz, Reinhard Gregor/Spieckermann, Hermann: Art. Schöpfer/Schöpfung II., TRE 30, Berlin/New York 1999, 258–283.
Schüle, Andreas: Der Prolog der Hebräischen Bibel. Der literar- und theologiegeschichtliche Diskurs der Urgeschichte (Genesis 1–11) (AThANT 86), Zürich 2006.
Schüle, Andreas: Die Urgeschichte (Genesis 1–11) (ZBK 1.1), Zürich 2009.
Westermann, Claus: Genesis. I. Teilbd., Genesis 1–11 (BK I/1), Neukirchen-Vluyn 1974.

Neues Testament

Matthias Konradt

Schöpfung und Neuschöpfung im Neuen Testament

1. Hinführung

Das Neue Testament steht in der Regel nicht im Zentrum, wenn es um eine biblisch-theologische Grundlegung zur Schöpfungsthematik geht. Dies hat seine Gründe. Der Glaube, dass der eine Gott der Schöpfer der Welt und die Welt Schöpfung Gottes ist, wird im Neuen Testament nirgends theologisch argumentativ eingehend und eigenständig reflektiert oder durch einen Schöpfungsmythos narrativ ausgemalt. Auch eine ausführliche poetische Entfaltung der Schönheit der Schöpfung sucht man im Neuen Testament vergebens. Schon gar nicht lässt sich ökologische Sensibilität als eine der zentralen Stärken neutestamentlicher Schriften ausweisen. Dieses Defizit schließt auch die Tierwelt ein, wenn Paulus lakonisch erklärt, Gott kümmere sich nicht um Ochsen (1Kor 9,9), wenn Dämonen nach der synoptischen Jesustradition eine ganze Schweineherde im See Genezareth ertränken (Mk 5,11–13 par) oder wenn nach 2Petr 2,12 die unvernünftigen Tiere einzig dazu geboren werden, um gefangen und geschlachtet zu werden. Nicht zuletzt ist anzumerken, dass das »Christentum« in seinen Anfängen ganz wesentlich durch den Glauben an das nahe Ende der Welt bestimmt war. Wenn aber das Wesen der Welt in naher Zeit vergeht (1Kor 7,29–31), bietet sich schon deshalb, vom grundlegend anders gelagerten kulturgeschichtlichen Kontext einmal abgesehen, die »Bewahrung der Schöpfung« nicht als theologisches Leitthema an (vgl. Becker 1995: 285–287).

Ist die Schöpfungsthematik also nicht im Zentrum dessen zu lokalisieren, was die neutestamentlichen Schriften theologisch zu bekennen und zu entfalten suchen, so ist der im antiken Israel entwickelte Glaube an den *einen* Gott als Schöpfer allen Lebens gleichwohl selbstverständliche Voraussetzung aller Rede von Gott und seinem Heilshandeln in Jesus Christus und als solche für diese mithin von im eigentlichen Wortsinn fundamentaler Bedeutung. Der Weite des Schöpfungshorizontes korrespondiert dabei die universale Dimension der Soteriologie: Das Heilshandeln Gottes in Jesus Christus ist als Handeln des einen einzigen Schöpfergottes kein bloß partikular relevantes Geschehen.

Für das neutestamentliche Wirklichkeitsverständnis gilt grundlegend, dass das entstehende Christentum die Wirklichkeit auf der Basis des Alten Testaments und des Frühjudentums nicht als in sich bestehendes Sein versteht, sondern als ein dynamisches Gefüge, dem Gott als Schöpfer nicht inhärent ist, sondern gegenübersteht (vgl. Feldmeier 2008: 289–293). Neben der fraglosen Verbindung von Monotheismus und Schöpfungsglauben als einem zentralen Moment des jüdischen Fundaments des entstehenden Christentums gehört zu den religionsgeschichtlichen Voraussetzungen ferner, dass das hellenistische Judentum den Schöpfungsglauben im Diskurs mit der Reflexion griechischer Philosophie über den Kosmos als Ort der Gotteserkenntnis entwickelte. Röm 1 und Apg 17 spiegeln dies in unterschiedlicher Weise. Das dynamisch-geschichtliche Moment wird im Neuen Testament vor allem eschatologisch entfaltet: Die (gefallene) Schöpfung ist noch nicht am Ziel.

Ein vollständiger Überblick über die Rede von der Schöpfung und Gott als Schöpfer im Neuen Testament ist im Rahmen dieses Beitrags nicht möglich. Die folgenden Ausführungen konzentrieren sich auf die Entfaltung einiger Bereiche, die die Pluralität der neutestamentlichen Theologien reflektieren und das breite Spektrum schöpfungstheologischer Aussagen im Neuen Testament exemplarisch vor Augen führen. Nach einem Überblick über die Schöpfung als Horizont der Gottesreichverkündigung Jesu bzw. in der synoptischen Jesustradition (2.) wird die Bedeutung der Schöpfungsthematik im (der synoptischen Jesustradition nahe stehenden) Jakobusbrief analysiert (3.). In Abschnitt 4. wird die Bedeutung der Schöpfungsthematik in den Missionsreden des Paulus vor »Heiden« in der Apostelgeschichte erörtert, bevor in Abschnitt 5. das relativ facettenreiche Panorama schöpfungstheologisch relevanter Aussagen bei Paulus selbst untersucht wird. Einer eigenständigen Thematisierung bedarf die im Neuen Testament mehrfach begegnende Vorstellung von der Schöpfungsmittlerschaft Christi (6.), die anhand des bekannten Kolosserhymnus exemplarisch beleuchtet wird. Den Abschluss bildet die große Vision eines neuen Himmels und einer neuen Erde in der Johannesoffenbarung (7.).

2. Die Verkündigung der Königsherrschaft Gottes im Horizont der Schöpfung in der (synoptischen) Jesustradition

2.1. Die Basileia des Schöpfers: Einführung

Angesichts des dichten Vorkommens der Rede vom Reich Gottes in der gesamten (synoptischen) Jesustradition und ihrer gleichzeitigen Marginalität in anderen Text- und Traditionsbereichen des entstehenden Christentums lässt sich kaum verneinen, dass die Verkündigung des Gottesreiches zum Kernbestand des Wirkens Jesu gehörte, ja seine charakteristische Grundlage darstellt. Dabei zeigen sich einige Spezifika, die dem Verständnis des Gottesreiches bei Jesus ein eigentümliches Gepräge verleihen, etwa das Ineinander von Gegenwart der Basileia im Wirken Jesu als ihres irdischen Repräsentanten (Q 11,20) und ihrem (als nahe geglaubten [Mk 1,15]) Kommen (Q 11,2) oder das Fehlen der Rede von Gott als »König« bei gleichzeitigem Hervortreten der Rede vom »Vater« als der zentralen theo-logischen Metapher. »Gott kommt in seiner Königsherrschaft nicht als ›König‹, sondern als ›Vater‹ zur Macht« (Theißen 2001: 51). Nicht zuletzt ist als Spezifikum zu nennen, dass das Kommen der Herrschaft Gottes bei Jesus nicht damit einhergeht, dass aufgrund des Vergangenen Heil (für Israel oder die Gerechten) und Unheil (für die Völker oder die Frevler) nach dem Maßstab des Gesetzes zugeteilt wird. Vielmehr sieht Jesus mit der andringenden Herrschaft Gottes eine neue Heilsinitiative, nämlich die eschatologische Heilszuwendung Gottes zu den Verlorenen, den Sündern, verbunden. Das mit dem Wirken Jesu ansetzende Kommen der Gottesherrschaft ist ein die Menschen neu zu Gott rufendes Geschehen.

Zur Charakteristik der Reich-Gottes-Erwartung Jesu gehört überdies ihr schöpfungstheologischer Horizont (vgl. Müller 1977: 445–447; Becker 1996: 155–168). Der Vater, als der Gott in seiner Basileia zur Macht kommt, ist der gütige Schöpfer, der für seine Geschöpfe Sorge trägt. Dieser Bezug tritt zum einen darin zutage, dass Menschen von Einschränkungen ihrer Lebensfülle befreit werden. Zu nennen ist hier allem voran Jesu heilendes Handeln. Ausweislich Q 11,20 hat Jesus seine Exorzismen so gedeutet, dass sich in diesen die Basileia Gottes bereits ereignet. Ist mit der von Jesus verkündigten und repräsentierten Königsherrschaft Gottes verbunden, dass der Satan im Himmel bereits entmachtet ist (Lk 10,18), so manifestiert sich dies auf Erden darin, dass die von Dämonen verursachte Minderung und Beschädigung von Leben überwunden wird. Analog dazu ist dem Reich Gottes in der auf Jesus zurückgehenden Makarismenreihe Q 6,20b.21 die Behebung der geschöpflichen Mangelsituation des Hungers zugeordnet. Im weiteren Sinn ist hier auch die Überwindung von Ausgrenzung durch Etablierung neuer sozialer Gemeinschaft zu nennen, wie sie in der Tischgemeinschaft mit Sündern (z.B. Mk 2,13–17) wie überhaupt in der Suche der »Verlorenen« (Lk 15) und der Vergebung von Schuld (Q 11,4; Mt 18,21–35) zum Ausdruck kommt.

2.2. Vertrauen in die Fürsorge des Schöpfers und die Suche der Basileia: Q 12,22–31

Der Konnex von Schöpfungsglauben und Reich-Gottes-Erwartung Jesu tritt ferner deutlich in Q 12,22–31 zutage. Der Passus ist durch eine fundamentale, imperativisch vorgebrachte Alternative bestimmt (vgl. Wischmeyer 1994: 1, 7), die die Unterweisung einrahmt: Sorgt euch nicht um euer Leben, was ihr essen sollt, und nicht um euren Leib, was ihr anziehen sollt, sondern sucht die Königsherrschaft Gottes (Q 12,22.31a). Der positive Part ist mit einer Verheißung verbunden: »und dies alles«, also die Stillung alltäglicher Lebensbedürfnisse wie Nahrung und Kleidung, »wird euch dazugegeben werden« (Q 12,31b). Diese Zusage wird im Voranstehenden durch den Verweis auf die Güte des Schöpfervaters vorbereitet, der »weiß, dass ihr das alles braucht« (Q 12,30). Zu lernen ist die Einsicht in die gütige Fürsorge des Schöpfers anhand der Natur, d.h. der Passus verweist auf die Schöpfung als Sehschule. Dem Imperativ, die Königsherrschaft zu suchen, gehen zwei positiv formulierte Imperative voran: »Beobachtet die Raben« (Q 12,24) und »lernt von den Lilien« (Q 12,27). Zu beobachten und lernen ist dann, dass Gott die Raben, obwohl sie weder säen noch ernten noch in Scheunen sammeln, ernährt (Q 12,24, vgl. Ps 147,9; Hi 38,41, s. auch Psalmen Salomos 5,9, zum Schöpfer als Ernährer s. ferner unten zu Apg 14,17) und die Lilien, obwohl sie sich nicht abmühen und nicht spinnen, wachsen lässt, ja so prächtig umkleidet, dass menschliche Kulturleistung sogar in so entwickelter Form wie bei Salomo (vgl. 1Kön 10,4f.) dagegen erblasst (Q 12,27). Der Text stellt, wie vielfach notiert wurde, eine in der Antike typisch männliche und eine typisch weibliche Arbeit zusammen und erzeugt so den Eindruck exemplarischer Ganzheit. Das an den beiden Beispielen zu lernende Vertrauen in die Fürsorge des Schöpfers wird durch ein *a minore ad maius*-Argument untermauert: Wenn Gott sich auf diese Weise schon um Raben und Lilien kümmert, um wie viel mehr dann um Menschen, die wesentlich kostbarer sind (12,24fin.28, vgl. Q 12,6f.).

Die Frage, welche Verhaltenskonsequenz aus dieser Unterweisung Jesu zu ziehen ist, ist mit der anderen Frage verknüpft, wer als (ursprünglicher) Adressat des Textes gedacht ist. Auf der Basis einer literarkritischen Dekomposition und Reduktion des Textes auf ein kurzes ursprüngliches Doppellogion von Raben und Lilien postuliert Martin Ebner als pragmatisches Ziel, dass die Zuhörer sich trauen sollen, ihre »bäuerlichen Tätigkeiten auf dem Feld und zu Hause aufzugeben«, da Gott auch sie, »wie die Raben und Lilien, nähren und bekleiden« wird (Ebner 1998: 270). Als situativen Kontext sieht er den Wanderradikalismus der Jesusbewegung (zuvor z.B. Theißen 1983: 85). Mehr als eine (vage) Option ist das aber nicht, denn im Text wird eine Ausrichtung der Unterweisung allein auf den mit Jesus umherwandernden engeren Jüngerkreis nirgends angezeigt. Zugleich ist es keineswegs zwingend oder auch nur naheliegend, den Text als Appell zu lesen, dass Menschen nicht mehr der Feldarbeit nachgehen oder Kleidung herstellen sollen, weil Raben und Lilien dies nicht tun. Menschen sind keine Raben oder Lilien. Fungieren diese hier nicht als Verhaltensmodelle, an denen Menschen sich orientieren sollen, folgt daraus, dass der Ton in den Beispielen jeweils auf dem zweiten Teil liegt, also auf der Aussage, dass Gott für seine Geschöpfe sorgt: Die Beispiele sollen zum Vertrauen in die »väterliche« (Q 12,30) Fürsorge des Schöpfers anleiten. Liest man so, steht der Annahme nichts im Weg, dass sich die Unterweisung an einen offenen Adressatenkreis wendet und keineswegs nur auf die mit Jesus umherziehenden Jünger zielt (Wischmeyer 1994: 14–16).

Verneint der Text also keineswegs, dass die Befriedigung der elementaren Lebensbedürfnisse im Falle des Menschen voraussetzt, dass den genannten Tätigkeiten nachgegangen wird, so bleibt umgekehrt aber der Mensch, egal wie er sich abmüht, in seinem Tätigsein vom fürsorgenden Walten Gottes abhängig. Der Mensch ist in seiner Geschöpflichkeit nicht Herr über sein Leben, sondern die Verfügungsgewalt über alles Leben liegt allein bei Gott. Q 12,25 bringt dies *ex negativo* mit dem gemeinantiken Motiv zum Ausdruck, dass der Mensch seiner Lebenszeit mit seiner Sorge nicht eine Spanne hinzuzufügen vermag. Seine Lebenszeit bestimmt sein Schöpfer (vgl. Lk 12,20). Entsprechend geht es darum, dass der Mensch seinen Existenz sichernden Tätigkeiten gelassen im Vertrauen auf den Schöpfer nachgeht, statt sich in ängstliche Sorge um sein Dasein zu verlieren. Solches »Zersorgtsein« ist Ausdruck mangelnden Vertrauens – entsprechend spricht Q 12,28 die Adressaten als »Kleingläubige« an – und hält zugleich von dem eigentlich Wichtigen, der Suche nach der Königsherrschaft Gottes, ab.

Nach Hans Dieter Betz ist in dem Verweis auf die Vögel in Mt 6,26f. (Q 12,24f.) deutliche Zivilisationskritik mitzuhören (Betz 1985: 95f.): Die aus dem Tierreich entstandene menschliche Zivilisation sei »degeneriert«, da sich der Mensch im Unterschied zu den Tieren »nicht mehr der ursprünglichen Ordnung« (95) gemäß verhalte, sondern »›künstliche‹ Bedürfnisse entwickelt [hat], die nicht durch die göttliche Schöpfungs- und Naturordnung gedeckt werden« (96). Daraus folgt: »Der Mensch braucht nur durch bewussten Verzicht auf ›unnatürliche‹ Bedürfnisse in die Ordnung der Natur zurückzukehren, und er ist die Sorge um die Nahrung los. Solange sich der Mensch auf die Grundbedürfnisse von Essen und Trinken beschränkt, ist er durch die Natur reichlich versorgt« (96). Stimmte dies, ließe sich an diesen Texten eine Reflexion über den Menschen als Natur- und Kulturwesen anstellen. Der Text enthält aber an keiner Stelle eine Kritik an der menschlichen Bedürfnisstruktur, sondern leitet zum Vertrauen in die Fürsorge des Schöpfers an. Man wird daher in der Zivilisationskritik jedenfalls nicht die Hauptstoßrichtung des Textes entdecken können.

Die Gegenüberstellung von Sorge um Nahrung und Kleidung und Suche nach der Königsherrschaft Gottes hat eine enge Entsprechung im *Aristeasbrief* 140f. Kontext ist hier die durch den Glauben an den einen Gott gegebene Sonderstellung des jüdischen Volkes: »Daher nennen uns die Oberpriester der Ägypter, die in vieles Einblick haben und vertraut sind mit [solchen] Dingen, ›Menschen Gottes‹. Diese [Bezeichnung] steht den übrigen nicht zu, es sei denn, jemand verehrt den wahren Gott; sie sind vielmehr Menschen der Speisen, Getränke und Kleidung, denn all ihr Streben richtet sich darauf. Bei uns aber hat dies gar keinen Wert; wir betrachten das ganze Leben lang Gottes Herrschaft.« Auch hier begegnet die Abgrenzung von den »Heiden« (vgl. Q 12,30a). Deren Streben ist allein auf Nahrung und Kleidung gerichtet. Menschsein ist damit aber unterbestimmt. Philo differenziert, dass der Mensch zum bloßen Leben (πρὸς τὸ ζῆν) Essen und Trinken braucht, zum guten Leben (πρὸς τὸ εὖ ζῆν) aber die Gebote (Philo, *De decalogo* 17, vgl. z.B. Seneca, *Epistulae morales* 90,1 [»Der unsterblichen Götter Gabe ist es, dass wir leben, der Philosophie, dass wir gut leben«] und dazu Philo, *De opificio mundi* 77). Menschliches Leben ist mehr als Vegetieren. Q 12,23 nimmt dieses Motiv auf: Das Leben ist mehr als die Nahrung, der Leib – oder die Person (das griechische Wort σῶμα ist an dieser Stelle ambivalent) – mehr als die Kleidung. Philo definiert dieses Mehr durch die Tora, *Aristeasbrief* 141 durch die (philosophische) Betrachtung der Herrschaft Gottes (ἡ τοῦ θεοῦ δυναστεία), während dieses »Mehr« in Q 12,22–31 inhaltlich durch die Suche nach der Königsherrschaft Gottes bestimmt ist.

Zielt die Entlastung von der Sorge darauf, dass sich die Menschen dem wirklich Wichtigen, dem Reich Gottes, zuwenden können, so geht es bei diesem Zielpunkt der Unterweisung freilich nicht nur darum, das menschliche Streben durch richtige Prioritätensetzung zu orientieren. Vielmehr gibt die Rede von der Königsherrschaft Gottes zugleich den Kontext an, in dem der Mensch seine alltägliche Sorge um sein Leben tatsächlich fallen lassen kann; bedeutet doch das Ereigniswerden der Basileia Gottes im Wirken Jesu und ihre nahe endgültige Aufrichtung, dass sich der gütige Schöpfergott heilvoll im umfassenden Sinn seinen Geschöpfen zuwendet. Es ist also das den Kleinglauben hinter sich lassende Vertrauen auf das heilvolle Andringen der im Wirken Jesu bereits Ereignis werdenden Königsherrschaft Gottes, das dazu befreit, das eigene Leben ganz auf die Basileia Gottes hin auszurichten. Denn wenn der Schöpfer sogar Raben ernährt und Lilien prächtig umkleidet, wird er erst recht für Menschen sorgen, die seine Königsherrschaft suchen (vgl. Wischmeyer 1994: 16). Kurzum: Der Freiraum, sich dem Gottesreich zuwenden zu können, wird durch das fürsorgende Handeln des Schöpfers eröffnet, und umgekehrt speist sich die Ermutigung, die alltägliche Sorge um die Existenz dem Schöpfer anzuvertrauen, aus Jesu Proklamation der Basileia Gottes.

Matthäus und Lukas haben den Text in den Zusammenhang besitzethischer Unterweisung eingestellt. Bei Matthäus geht in 6,19–24 eine aus einer Reihe von Jesusworten aus der Logienquelle gebildete besitzethische Komposition voran, die den Umgang mit dem Besitz als zentralen Ausweis der Lebensorientierung positioniert. Bei Lukas wird der Text zum einen durch das Gleichnis vom törichten Kornbauern (12,16–21) gerahmt, das im Kontext die die Warnung vor Habgier begründende Aussage illustriert, dass auch dem, der im Überfluss lebt, das Leben nicht aus seinem Besitz zuwächst (12,15), zum anderen durch eine Ermahnung zu Freigiebigkeit (12,33f.). Die Warnung vor ängstlicher Sorge um die Existenz und die Warnung vor Habgier bilden hier – wie positiv die Mahnung zur Suche nach der Basileia und die Mahnung zur Freigiebigkeit – die beiden Seiten derselben Medaille. Seine anthropologische Plausibilität gewinnt dieses paränetische Ensemble aus der Überzeugung, dass der Mensch als Geschöpf sein Leben – und sei er auch noch so sehr von Besitz umgeben – nicht selbst zu sichern vermag, und aus dem positiven Korrelat zu dieser Überzeugung, dass der Schöpfervater denen, die seine Königsherrschaft suchen, das zum Leben Nötige zukommen lässt.

2.3. Der schöpfungstheologische Horizont der ethischen Unterweisung Jesu

Neben Q 12,22–31 tritt der schöpfungstheologische Horizont der Reich-Gottes-Vorstellung auch im Spitzensatz der ethischen Unterweisung Jesu, dem Feindesliebegebot (Mt 5,44f.; Lk 6,27.35), zutage. Wie in Q 12,30 ist dabei auch hier von Gott als Vater die Rede (Mt 5,45; Lk 6,35). Mit der von Jesus geforderten prinzipiellen Entgrenzung der Liebe sind alle Optionen, den zu liebenden Nächsten (Lev 19,18) durch Zugehörigkeit zum Volk, zur eigenen religiösen Orientierung, zum Freundeskreis oder sonstwie zu qualifizieren, grundsätzlich verneint. Die Liebe in dem praktischen Sinn, für das Wohl des anderen so einzutreten, wie man sich um das eigene Wohlergehen kümmert, gilt allen Menschen, und zwar selbst, ja gerade dann, wenn der andere sich feindselig verhalten hat.

Das Feindesliebegebot wird in der Regel in den Zusammenhang des Erweises der grenzenlosen Güte Gottes *im Anbruch seines Reiches* eingestellt, und dies durchaus mit Recht, auch wenn in der dem Feindesliebegebot beigegebenen Begründung vom Reich Gottes nicht explizit die Rede ist. Denn die Forderung der Feindesliebe lässt sich im Gesamtzusammenhang des Wirkens Jesu als Entsprechung zur unbedingten liebenden Zuwendung Gottes zu den Menschen in der eine neue Zukunft eröffnenden Suche nach dem Verlorenen, in der Gewährung eines neuen Anfangs verstehen (vgl. Luz 2002: 405). Es geht also, kurz gesagt, darum, in die Bewegung der liebenden Zuwendung Gottes zu den Menschen einzustimmen. *Explizit* angeführt wird in der Begründung der Feindesliebe jedoch ein schöpfungstheologisches Argument, was dezidiert den schöpfungstheologischen Horizont der Reich-Gottes-Vorstellung Jesu unterstreicht. Jesus argumentiert mit der Schöpfergüte: Sonne (und Regen) lässt Gott unterschiedslos allen Menschen zukommen. In seiner *creatio continua* ist Gott selbst also *allen* Menschen heilvoll zugewandt (das bei Seneca angeführte Diktum »wenn du die Götter nachahmst, dann erweise auch undankbaren Menschen Wohltaten; denn auch Verbrechern geht die Sonne auf, auch Seeräubern stehen die Meere offen« [Seneca, *De Beneficiis* 4,26,1] klingt zwar ganz ähnlich wie Mt 5,44f., doch erläutert Seneca selbst dies so, dass den Schlechten die Wohltaten um der guten Menschen willen zuteil werden [4,26,3; 4,28,1–6]). Jesu Rekurs auf die Schöpfung stellt so eine universale Weite her, die jede partikulare Begrenzung des Handelns unterminiert. Die geschichtlich bzw. biographisch gewachsenen, ihrem Wesen nach kontingenten Grenzziehungen unter Menschen werden angesichts der Universalität der Schöpfergüte ihrer handlungsbestimmenden Relevanz entkleidet.

Das Moment der unterschiedslosen Zuwendung des Guten, die durch keine besondere Qualität oder Zugehörigkeit eines Menschen zu einer bestimmten Gruppe kanalisiert ist, sondern allgemein dem Menschen in seiner kreatürlichen Bedürftigkeit gilt, lässt sich durch das Gleichnis vom barmherzigen Samariter weiter illustrieren (Lk 10,29–37). Die theoretische, als sophistische Ausflucht vor dem unbedingten Anspruch des Gebotes entlarvte Definitionsfrage »wer ist mein Nächster?« (V. 29) wird zugunsten des dynamischen Prozesses des »Anderen-zum-Nächsten-Werden« (V. 36) überwunden. Der Blick wird damit ganz auf das Handlungssubjekt gelenkt, an das der unbedingte Anspruch ergeht, dem jeweils Notleidenden helfend nahe zu kommen. Qualifiziert ist der der Hilfe Bedürftige allein durch sein geschöpfliches Menschsein.

In anderer Weise tritt der schöpfungstheologische Horizont der Reich-Gottes-Vorstellung bei Jesus in seiner Äußerung zur Ehescheidung zutage (Mk 10,2–12, vgl. Q 16,18; 1Kor 7,10f.). Die in der Tora aus Dtn 24,1–4 hervorgehende Option der Ehescheidung sei nur eine Konzession aufgrund menschlicher Hartherzigkeit, entspreche aber nicht dem ursprünglichen Schöpferwillen, der, wie durch die Verbindung zweier Sätze aus Gen 1–2 begründet wird (Mk 10,6–8), auf unverbrüchliche Zusammengehörigkeit der Eheleute gerichtet ist: Die Erschaffung des Menschen in der Dualität von Mann und Frau (Gen 1,27) zielt darauf, dass ein Mann Vater und Mutter verlässt und Mann und Frau fortan unverbrüchlich

»*ein* Fleisch« sind (Gen 2,24). Die Einehe wird als Einzigehe verstanden (ebenso möglicherweise CD 4,20–5,1, dazu Lichtenberger 2008: 279–281, 287f.). Angesichts des im Wirken Jesu anhebenden Gottesreiches wird auf die ideale »schöpfungsgemäße Ordnung« rekurriert. Dass die *conditio humana* in dieser Welt durch Fragilität und zwischenmenschliches Scheitern geprägt ist, erhält in dieser Perspektive keinen Raum mehr, sondern wird eben als Hartherzigkeit disqualifiziert. In seiner Radikalität steht das strikte Ehescheidungsverbot damit schwerlich hinter den absoluten Forderungen der prinzipiellen Feindesliebe und des Vergeltungsverzichts zurück. Hier wie dort wird dabei von konkreten Konstellationen abstrahiert und über mögliche Folgeprobleme, wenn die Forderungen zum eisernen Prinzip erstarren, angesichts der tatsächlichen Situation unter Menschen nicht (weiter) reflektiert. Die hermeneutische Reflexion wird hier nicht umhin können, den – eben noch nicht im Letzten, sondern im Vorletzten lebenden – Menschen in seiner realen kreatürlichen Situation anzusprechen.

Geht das bei beiden Seitenreferenten fehlende Logion Mk 2,27 »Der Sabbat ist um des Menschen willen da und nicht der Mensch um des Sabbats willen« (vgl. *Mekhilta* zu Ex 31,13) auf den historischen Jesus zurück, so ist damit schließlich noch ein weiterer expliziter Beleg dafür gegeben, dass Jesus zur Begründung und Orientierung menschlichen Verhaltens auf den Schöpferwillen rekurriert. Man kann das Diktum als eine konkretisierende Applikation einer anthropozentrischen Deutung der Schöpfung lesen, wie sie in 4Esr 8,44; syrBar 14,18 zutage tritt: Gott hat alles um des (gottebenbildlichen) Menschen willen geschaffen (vgl. Müller 1977: 437f.). Ob Jesus die im Logion artikulierte Zuordnung von Mensch und Sabbat, wie verschiedentlich postuliert wurde, dabei aus der Abfolge von Erschaffung des Menschen (Gen 1,26–30) und Ruhe am Sabbat (2,1–3) ableitete, bleibt bestenfalls spekulativ. Deutlich ist aber, dass die Ruhe des siebten Tages (Gen 2,1–3, vgl. Ex 20,10f.) programmatisch als eine dem Menschen dienliche Schöpfungsordnung interpretiert wird. Gegenüber einer rigiden Sabbatpraxis, die Gefahr läuft, das Lebensförderliche des Sabbats zu verstellen, wird im Horizont des andringenden Gottesreiches der ursprüngliche Schöpferwille zur Geltung gebracht.

Überblickt man den Befund in der synoptischen Jesustradition, bleibt zwar festzuhalten, dass die Schöpfung bei Jesus nirgends zu einem eigenständigen Thema wird. Aber der Schöpfungsglaube bildet in vielfältiger Weise den Horizont der Entfaltung seiner Reich-Gottes-Botschaft und der von dieser bestimmten ethischen Unterweisung. Der eine Gott, der in seiner Königsherrschaft als Vater zur Macht kommt, ist der gütige Schöpfer, der seinen Geschöpfen zugewandt ist und sie zum Heil der Basileia einlädt. Könnte man a priori vermuten, dass sich zwischen schöpfungstheologischen und eschatologischen Bezügen in der Ethik eine Spannung aufbaut, da schöpfungstheologische Begründungen auf allgemein gültiges Verhalten zielen, während Jesu Reich-Gottes-Erwartung eine spezifische Handlungsperspektive aus sich heraussetzt, so ist dem entgegenzuhalten, dass es für Jesus gerade der ursprüngliche Schöpferwille ist, der angesichts des andringenden Gottesreiches zur Geltung kommen soll.

3. Die Schöpfungsthematik in der Theologie und Ethik des Jakobusbriefs

Auch wenn der Jakobusbrief als Ganzer schwerlich als Weisheitsschrift zu klassifizieren ist und nicht die Weisheit, sondern das Wort im Zentrum seiner theologischen Konzeption steht (Konradt 1998: 67–100, 249–265), ist zu konzedieren, dass er so stark wie keine andere Schrift des Neuen Testaments von weisheitlichen Traditionen und sapientialem Denken geprägt ist (von Lips 1990: 409–437). Dem korrespondiert die vergleichsweise große Bedeutung, die der Schöpfungsthematik sowohl in der Rede von Gott als auch in der Anthropologie zukommt. Und nicht zuletzt hat Jakobus Anteil an der in biblischen Schriften breit belegten Verknüpfung von Schöpfungs- und Heilsaussagen bzw. an der Verwendung von Schöpfungsterminologie in Heilsaussagen (s. z.B. Jes 51,9f.; Ps 136; 146,5–9; Neh 9,6–31).

In 1,17 prädiziert Jakobus Gott als den »Vater der Lichter«. Die Rede vom Schöpfergott als Vater ist in der paganen wie jüdischen hellenistischen Literatur fest verankert (s. z.B. Platon, *Timaios* 28C;

Philo, *De decalogo* 134). Die Ergänzung zu »Vater *der Lichter*« (vgl. ApkMos 36,3) dient dazu, die Güte des Schöpfers herauszustellen, von dem Jakobus zuvor gesagt hat, dass von ihm lauter gute und vollkommene Gaben kommen. Zur Illustration des Vorstellungshintergrunds ist Philo, *De opificio mundi* 73 instruktiv, wo Philo die Geschöpfe in drei Gruppen unterteilt: Neben den – sittlich indifferenten, da vernunftlosen – Pflanzen und Tieren zum einen und den sittlich ambivalenten Menschen zum anderen (Philo erklärt in diesem Zusammenhang den Plural »*lasst uns* Menschen machen« in Gen 1,26 damit, dass Gott als der rein Gute zur Erschaffung des ambivalenten Menschen »Mitarbeiter«, also seine Kräfte, hinzuzog [Philo, *De opificio mundi* 72–75]) nennt er die Gestirne als vernünftige und zugleich rein tugendhafte Lebewesen. Vor diesem Hintergrund betrachtet, hebt die Bezeichnung Gottes als »Vater der Lichter« in Jak 1,17 das Gutsein des Schöpfergottes hervor. Der abschließende Relativsatz »bei dem keine Veränderung ist noch eines Wechsels Schatten« konkretisiert, dass Gott in diesem Gutsein unveränderlich ist. Sagt V. 17a, dass Gutes von Gott kommt, so präzisiert V. 17b, dass von Gott *nur* Gutes kommt, ja dem Wesen des Schöpfergottes nach nur Gutes kommen kann. Die Nähe zur theologischen Reflexion zeitgenössischer Philosophie ist dabei kaum zu übersehen, wie Seneca, *Epistulae morales* 95,49 exemplarisch illustriert: »Was ist für die Götter die Ursache, Wohltaten zu erweisen? Ihr Wesen. Es irrt, wenn einer meint, sie wollten nicht schaden: sie *können* es nicht« (s. ferner z.B. Platon, *Politeia* 379B–C).

Im Duktus von Jak 1 wird die Aussage von V. 17 durch V. 18 dahingehend konkretisiert, dass Jakobus die für die Adressaten entscheidende gute Gabe Gottes anführt. Oder anders: V. 17 dient wesentlich der Vorbereitung von V. 18: »Nach seinem Willen hat er uns geboren durch das Wort der Wahrheit«. Die meisten Ausleger fassen Jak 1,18 als eine soteriologische Aussage auf. Eine Minderheit bezieht den Vers dagegen auf die Erschaffung des Menschen. »Nach seinem Willen« (βουληθείς) wird dann als Anknüpfung an die feierliche Selbstentschließung Gottes in Gen 1,26a verstanden: »Lasst uns Menschen machen«. Das »Wort der Wahrheit« soll das Schöpferwort meinen, und die Rede von den »Erstlingen seiner Geschöpfe« in 1,18b schließlich soll die mit der Gottebenbildlichkeit verbundene Sonderstellung des Menschen in der Schöpfung bezeichnen. Stichhaltig ist das nicht. Dass V. 17 von der Schöpfung redet, erzwingt nicht, dass für V. 18 dasselbe gelten muss. Vielmehr ist die Verbindung von Schöpfungs- und Heilsaussagen, wie oben angedeutet, in biblischen Texten geläufig, und zudem liegt schon in V. 17 der Ton nicht auf der Schöpfungsthematik selbst, sondern Jakobus benutzt diese nur, um das Gutsein Gottes darzustellen.

Ist die schöpfungstheologische Deutung der Geburtsaussage in V. 18 von V. 17 her also keineswegs zwingend, so sprechen andere Textindizien gegen diesen Ansatz. »Erstlingsgabe« (ἀπαρχή) ist nirgends als Bezeichnung der besonderen Stellung des Menschen in der Schöpfung (vgl. Gen 1,26–28; Ps 8,5–9; SapSal 9,2) belegt. Sodann wird die Rede vom Wort in V. 21 mit der Mahnung, das Wort anzunehmen, paränetisch weitergeführt, was bei einer Deutung auf das Schöpferwort keinen guten Sinn ergibt. Ferner hat Gott nach 1,18 »uns« geboren. Dem Kontext nach meint das nicht »uns Menschen«, sondern die zuletzt in 1,16 als geliebte Brüder angeredeten Adressaten plus den Verfasser, also »uns Christen«. Und nicht zuletzt ist schließlich der Kontrast zu 1,15 zu bedenken, wo es von der Sünde heißt, dass sie »Tod gebiert«. Auch dies ist eine soteriologische Aussage. Das gilt ebenso für 1,18. Die Sünde führt ins Verderben, Gott dagegen hat den Christen Heil geschenkt. Kurzum: In V. 18 ist nicht von der Erschaffung des Menschen, sondern von der Konversion zum christlichen Glauben die Rede, die Jakobus mit einer auch anderorts im entstehenden Christentum rezipierten frühjüdischen Tradition als Übergang aus der Todessphäre ins Leben (im qualifizierten Sinne) und also als eine Art *Neu*schöpfung versteht (vgl. frühjüdisch v.a. JosAs 8,9; [12,1f.]; 15,5; 27,10, ausführlich zum traditionsgeschichtlichen Hintergrund von Jak 1,18a Konradt 1998: 47–56). Indem Gott Menschen durch sein Wort aus dem Todeszustand ins Heil führt, realisiert sich sein auf das Leben zielender Schöpferwille. Absicht des Heilshandelns Gottes ist nach 1,18b, dass die von Gott Geborenen eine Art Erstlingsgabe seiner Geschöpfe sind. Jakobus nimmt hier eine bei Philo (Philo, *De specialibus legibus* 4,180), in Apk 14,4 und 1Clem 29,3 bezeugte metaphorische Verwendung von ἀπαρχή auf, mit der die von Gott Erwählten als sein besonderes Eigentum bezeichnet werden.

Die schöpfungstheologisch ausgerichtete Rede von Gott als Vater kehrt nach 1,17 in 1,27 und 3,9 wieder. In 3,9 kritisiert Jakobus im Rahmen seiner Ausführungen zum Übel der Zunge die Gespaltenheit menschlichen Sprechens: »Mit ihr loben wir den Herrn und Vater, und mit ihr fluchen wir die Menschen, die nach dem Bilde Gottes gemacht sind.« Im Unterschied zur christologischen Engführung des Gedankens der Gottebenbildlichkeit in 2Kor 4,4 (dazu unten) nimmt Jakobus diesen auf der Linie von Gen 1,26f. in einem universal-anthropologischen Horizont auf und arbeitet dessen ethische Konsequenz heraus. Es ist absurd, Gott zu loben und ihn zugleich in Gestalt seines Ebenbildes zu verfluchen. Gegen einen anderen Menschen gerichtetes Verhalten wird damit als Angriff gegen den Schöpfer selbst dechiffriert. Jakobus schreitet hier auf schöpfungstheologischen Pfaden, die im zeitgenössischen Judentum bereits ausgetreten wurden. Schon Prov 14,31 mahnt: »Wer den Geringen unterdrückt, verhöhnt den, der ihn gemacht hat; aber ihn ehrt, wer sich über den Armen erbarmt« (vgl. 17,5). Das *slavische Henochbuch* greift diesen Zusammenhang mit deutlicher Anbindung an das Motiv der Gottebenbildlichkeit des Menschen aus Gen 1,26f. auf: »Der Herr hat den Menschen mit seinen eigenen Händen gemacht zur Ähnlichkeit seines Angesichtes. Klein und groß hat der Herr ihn geschaffen. Und wer das Angesicht eines Menschen schmäht, schmäht das Angesicht eines Königs und verabscheut das Angesicht des Herrn. Wer das Angesicht eines Menschen verachtet, verachtet das Angesicht des Herrn« (slHen 44,1f., s. auch 52,1-6). Wie im Jakobusbrief dient hier das schöpfungstheologische Motiv der Gottebenbildlichkeit dazu, gegen ein Auseinandertreten von Gottesbeziehung und Sozialbeziehung zu protestieren. Schlechtes Verhalten gegenüber dem Geschöpf schlägt auf die Gottesbeziehung durch: Der Geschmähte ist letztlich der Schöpfer selbst. Positiv gewendet: Glaube an Gott als Schöpfer impliziert, den Mitmenschen als Geschöpf Gottes wahrzunehmen und entsprechend zu behandeln. Die Relation zum anderen wird durch die geglaubte Relation Gottes zu diesem bestimmt.

Die damit gegebene fundamentale geschöpfliche Würde eines jeden Menschen dürfte auch in Jak 1,27 die Basis der ethischen Unterweisung darstellen. Jakobus bestimmt hier den wahren Gottesdienst »bei dem Gott und Vater« (παρὰ τῷ θεῷ καὶ πατρί) als Sorge für Witwen und Waisen in ihrer Not. Man kann hier eine Anspielung auf die Rede von Gott als »Vater der Waisen« und »Anwalt der Witwen« in Ps 68,6 hören. Angesichts des schöpfungstheologischen Horizonts der anderen beiden Verwendungen von »Vater« (πατήρ) im Jakobusbrief liegt es jedoch nahe, auch 1,27 in diesem Sinne zu lesen, wobei dies eine Anspielung auf Ps 68,6 nicht streng ausschließt. Beides ließe sich vielmehr ohne Weiteres verbinden, denn Jakobus kann Ps 68,6 im Lichte der ihm in seinem hellenistisch geprägten Kontext vertrauten Rede vom Schöpfer als Vater gelesen haben. Jak 1,27 würde sich dann der konkreten Applikation des Schöpfungsglaubens auf den Umgang mit den Armen einfügen, wie er in dem eben zitierten Vers aus Prov 14,31 zutage tritt. Die geforderte Sorge für die Bedürftigen wird theo-logisch dadurch untermauert, dass der Schöpfergott ihr Vater ist, und eben dies wird durch die Anfügung von »und Vater« (καὶ πατρί) signalisiert. Oder anders: Aus dem Schöpfungsglauben folgt, dass derjenige Gott verehrt, der sich um dessen Geschöpfe sorgt.

Wird der andere Mensch im Jakobusbrief durch seinen Status als Geschöpf Gottes geadelt und unter Schutz gestellt, so partizipiert Jakobus zugleich an einem Strang frühjüdischer Anthropologie, der die Stellung des Menschen vor Gott als die der Demut und Niedrigkeit des Geschöpfs vor dem (majestätischen) Schöpfer bestimmt (vgl. z.B. Sir 3,17–23; 7,17; 1QH 15[7*],32). Jak 4,14f. lässt dies besonders deutlich hervortreten: Den eigenmächtig auf ein ganzes Jahr und sicheren Gewinn hin planenden Kaufleuten stellt Jakobus entgegen, dass sie Rauch seien, »der eine kleine Zeit sichtbar ist, dann aber verschwindet« (vgl. Ps 39,6; Hi 7,7; 4Esr 4,24; syrBar 14,10f.). Die angemessene Haltung des Geschöpfs gegenüber seinem Schöpfer ist daher, alles unter göttlichen Vorbehalt zu stellen: »Wenn der Herr will, werden wir leben und dieses oder das tun« (Jak 4,15).

Überblickt man das Ganze, zeigt sich im Nebeneinander von Hoheit und Niedrigkeit des gottebenbildlichen Menschen als Geschöpf Gottes ein klar strukturiertes Zusammenspiel. Im Blick auf ihre *Selbst*positionierung erinnert Jakobus die Adressaten gegenüber allen Versuchungen zu großspurigem, selbstmächtigem

Hochmut an ihre geschöpfliche Niedrigkeit vor Gott, und er kann daher in Jak 4,10 mahnen, sich vor dem Herrn zu demütigen, zu erniedrigen (ταπεινώθητε ἐνώπιον κυρίου). Der andere, insbesondere der sozial niedrige Mensch aber wird durch die ihm als Ebenbild zukommende Würde geadelt, so dass die Sorge um den bedürftigen Menschen als wahrer *Gottes*dienst definiert werden kann.

4. Der schöpfungstheologische Ansatz in den Missionspredigten vor »Heiden« in der Apostelgeschichte

4.1. Einleitung

Prominenter Ort der Rede von Gott als Schöpfer ist in der Apostelgeschichte die Missionspredigt des Paulus vor »Heiden«, wie sie sich in Apg 14,8–18; 17,16–34 skizziert findet. Inwiefern dies einen Durchblick auf ein frühes Schema der Missionspredigt unter »Heiden« erlaubt, kann hier offen bleiben. Dass mit dem Eintritt der Christusbotschaft in die Weite der Völkerwelt die universale Dimension der Schöpfungstheologie in den Vordergrund tritt, stellt in jedem Fall eine sachlich nahe liegende Verbindung dar: Im Diskurs mit Menschen, die nicht in der heilsgeschichtlichen Erzähltradition Israels beheimatet sind, wird die Deutung der Welt als Schöpfung Gottes und der Erhaltung des Lebens als Ausdruck der Fürsorge Gottes zum zentralen Anknüpfungspunkt. Schon im hellenistischen Judentum lässt sich beobachten, dass der Schöpfungstheologie in der Auseinandersetzung mit der nicht-jüdischen Umwelt eine bedeutende Rolle zukommt, wie in unterschiedlicher Weise z.B. die *Sapientia Salomonis* (SapSal 13,1–9), das dritte Buch der Sibyllinischen Orakel (*Sibyllinen* 3,8–35, s. auch *Sibyllinen* Fragm. 1; Fragm. 3), Philos Traktat *De opificio mundi* (als Auftakt eines größeren Torakommentars, seiner so genannten *Expositio legis*) oder Pseudo-Philos Homilie *De Jona* (§§ 10–14.105.120–134) deutlich machen (s. auch *Pseudo-Orpheus Rezension* C 6–46 [Walter 1983: 240–242]; *Pseudo-Sophokles* 1 1–3 [Walter 1983: 262f.]). Die monotheistische Predigt verkündet den einen Gott als Schöpfer und Herrn allen Lebens.

4.2. Die Lystra-Episode in Apg 14,8–18

In Apg 14,8–18 tritt die Mission von Barnabas und Paulus aus dem Umkreis der Synagoge heraus und wendet sich Nichtjuden ohne synagogal vermittelte Vorbildung zu. Die Missionare sind nun mit paganen Verstehenshorizonten konfrontiert. Vor diesem Hintergrund wird die Unterscheidung zwischen Gott und Mensch, zwischen Schöpfer und Geschöpf, angesichts der Apotheosierung von Barnabas und Paulus durch die Bewohner von Lystra (Apg 14,11–13) zum Thema (vgl. frühjüdisch z.B. das von Clemens von Alexandrien [*Stromata* V 131,1–3] überlieferte, gefälschte Aischylos-Zitat: »Unterscheide Gott von den Sterblichen, und meine nicht, du könntest einen Fleischgeborenen ermitteln, der ihm gleich wäre« [Walter 1983: 261]). Da die Predigt anders als zuvor im synagogalen Kontext die monotheistische Erkenntnis nicht voraussetzen kann, setzt sie nun bei der Aufforderung zur Bekehrung von den nichtigen Götzen hin zu dem einen lebendigen Gott ein (vgl. 1Thess 1,9; Hebr 6,1), der – analog zu Apg 4,24 – als der Schöpfer prädiziert wird, »der den Himmel und die Erde und das Meer und alles in ihnen« gemacht hat (speziell zur Verbindung der Rede vom *lebendigen* Gott mit der Prädikation Gottes als Schöpfer vgl. *Bel et Draco* 5 [Theod.]; gr1Hen 5,1 sowie auch 2Kön 19,15f.). Impliziert diese Prädikation in dem Jüngergebet in Apg 4,24 vor dem Hintergrund der Bedrängnis der Jünger durch den Hohen Rat den – durch die Anrede Gottes mit »Herrscher« (δέσποτα) noch verstärkten – machtkritischen Aspekt, dass Gott als Schöpfer die Macht zukommt, zugunsten der Jünger gegen die Gegner einzutreten (vgl. die sachlich analoge Konstellation im Kontext von Ps 146,6), so bringt Apg 14 angesichts des Ansinnens der Bevölkerung, die Missionare als Götter zu verehren, die kategoriale Differenz zwischen Schöpfer und Geschöpf zur Geltung. Die Schöpfungstheologie setzt vor die Anthropologie das entscheidende Vorzeichen (vgl. Hoppe 2001: 178). Die Missionare sind auch nur Menschen, ausgestattet mit den gleichen Empfindungen wie die, die ihnen huldigen wollen. Die in Apg 14 artikulierte klare duale Gegenüberstellung von Schöpfer und Geschöpf als basales Differenzmerkmal zur paganen Religiosität steht dabei deutlich auf dem Boden des hellenistischen Judentums, wie exemplarisch Philos Deutung des im Kontext der Verehrung des Goldenen Kalbes stehenden Moseswortes »Zu mir, wer für den Herrn ist!« (Ex 32,26) deutlich macht: »Ein kurzer Spruch, aber von großem Inhalt; sein Sinn ist etwa folgender: Wer keines von den Werken von Menschenhand *oder von den geschaffenen Wesen* für einen Gott hält, sondern nur den Einen, den Leiter des Alls, der trete zu mir!« (Philo, *De vita Mosis* 2,168).

Aus der dualen Gegenüberstellung von Schöpfer und Geschöpfen folgt aber nicht Beziehungslosigkeit. Denn auch wenn Gott die »Heiden« in den vergangenen Zeiten ihre eigenen Wege hat gehen lassen, das heißt, wie zu deuten sein dürfte, ihnen keine spezielle (Wort-)Offenbarung hat zuteil werden lassen, hat er sich ihnen dennoch bezeugt, nämlich durch sein Schöpfungswalten in Gestalt der *creatio continua*, genauer: durch die ganz unspektakulären Vorgänge der pflanzlichen Vegetation. Der Regen (vgl. Jer 5,24; Joel 2,23; Ps 104,13; 147,8), die daraus resultierenden Frucht bringenden Zeiten und die dem Menschen damit zuteil werdenden Nahrungsgüter sind Gaben des einen Schöpfergottes (Apg 14,16f.). Von Gott als Ernährer spricht nicht nur das Alte Testament (Ps 104,14f.27f.; 136,25; 145,15f.; 147,9, vgl. ferner z.B. Pseudo-Philo, *De Jona* §§ 120–123), sondern etwa auch Dio Chrysostomos in seiner olympischen Rede: »Sie hatten Nahrung im Überfluss, denn ihr Stammvater, Gott, schaffte sie reichlich herbei und bereitete sie vorsorglich zu« (Dio Chrysostomos, *Orationes* 12,29, vgl. ferner z.B. Cicero, *De natura Deorum* 2,86). Als Kontext von Apg 14,17 ist des Näheren zu beachten, dass Zeus in Zentralkleinasien als Wetter- und Vegetationsgott verehrt wurde und dabei unter anderem auch das Attribut »fruchtbringend« (καρποφόρος) (vgl. Apg 14,17) begegnet (vgl. Breytenbach 1993: 404–409, vgl. auch die Bezeichnung Gottes als »fruchtspendend« [ἐπικάρπιος] bei Dio Chrysostomos, *Orationes* 12,75–77; Plutarch, *Moralia* 1048C und Pseudo-Aristoteles, *De mundo* 401a 19). Begegnet der Verweis auf die Fürsorge des Schöpfers im Frühjudentum im Kontext antipaganer Kritik – die Menschen sind dem Schöpfer den ihm gebührenden Dank schuldig geblieben (Pseudo-Philo, *De Jona* §§ 12.120–124) –, so wird in Apg 14,16f. zumindest nicht explizit thematisiert, inwiefern das Nichterkennen dieser Selbstbezeugung Gottes in der *creatio continua* schuldhaft ist. Es geht zunächst positiv darum, das Naturgeschehen als gütiges Walten des einen Gottes zu erschließen und zu dessen Erkenntnis und Anerkenntnis anzuleiten.

4.3. Paulus auf dem Areopag in Athen (Apg 17,16–34)

Während Lukas Barnabas und Paulus in Lystra mit paganer Volksfrömmigkeit konfrontiert sein lässt und in diesem Zusammenhang auf den Schöpfungsglauben rekurriert, so ist der Aufenthalt in Athen (Apg 17,16–34) auf die Auseinandersetzung mit stoischen und epikuräischen Philosophen zugespitzt. Martin Dibelius hat die Areopagrede als »eine hellenistische Rede von der wahren Gotteserkenntnis« (Dibelius 1951: 54) aufgefasst und als »Fremdling im Neuen Testament« (ebd. 55) bezeichnet, doch ist demgegenüber festzuhalten, dass damit nicht nur allgemein deren biblisches Kolorit deutlich unterbestimmt bleibt (vgl. Schneider 1982/2002: 235), sondern insbesondere auch ihr christologischer Zielpunkt. Methodisch ist dabei grundlegend, die Rede nicht isoliert zu betrachten, sondern sie im Gesamtzusammenhang der lukanischen Darstellung des paulinischen Auftretens in Athen in Apg 17,16–34 zu lesen (vgl. Lindemann 1995: 245f.). So bildet die Rede nicht nur einen Dialog mit philosophisch reflektierter hellenistischer Gottesvorstellung, sondern sie zeigt sich zum einen im Zusammenhang mit der Notiz über Paulus' Zorn angesichts der vielen Götzenbilder in Athen (V. 16) zugleich auch als eine schöpfungstheologisch dimensionierte Kritik an paganer Religiosität mit ihren Heiligtümern (V. 23f.), Opferkulten (V. 25) und Götzenbildern (V. 29). Zum anderen wird schon mit dem in V. 18–20 genannten Anlass der Rede der christologische Fokus markiert, der dann in V. 30f. auch erreicht wird.

Zunächst zum Ersteren: Da Gott der Herr von allem ist, der Kosmos (die den Merismus »Himmel und Erde« aus Apg 4,24; 14,14 ersetzende Rede von der Erschaffung des *Kosmos* trägt griechisches Kolorit ein, vgl. SapSal 9,9; 2Makk 7,23) und alles in ihm von ihm erschaffen ist (ὁ *ποιήσας* τὸν κόσμον καὶ πάντα τὰ ἐν αὐτῷ, vgl. Jes 42,5^{LXX}) und er den Menschen *Wohn*raum bereitet hat (Apg 17,26: […] *κατοικεῖν* ἐπὶ παντὸς προσώπου τῆς γῆς), ist die Vorstellung, er wohne in von menschlichen Händen erschaffenen Tempeln (vgl. Mk 14,58; Apg 7,48; Hebr 9,11.24; Sibyllinen 14,62), als verfehlt zurückzuweisen (Apg 17,24: ὁ θεός [...] οὐκ ἐν χειροποιήτοις ναοῖς κατοικεῖ, vgl. Apg 7,48–50 [mit Jes 66,1f. als Schriftbeleg] sowie Sibyllinen 3,32f.; 4,6–17, aber auch Plutarch, *Moralia* 1034B). Ebenso wenig lässt Gott sich, so als bräuchte er irgendetwas, von Menschen bedienen; ist er doch umgekehrt derjenige, dem alle ihr Leben, ihren Atem (vgl. Gen 2,7, ferner Jes 42,5; 2Makk 7,23 sowie auch Pseudo-Aristoteles, *De mundo* 3997a 18f.) und überhaupt alles verdanken (Apg 17,25). Zum Gedanken der Bedürfnislosigkeit Gottes lassen sich in der griechisch-römischen Antike so zahlreiche Parallelen anführen, dass fast von einem Allgemeinplatz zu sprechen ist (s. z.B. Euripides, *Hercules furens* 1345f.; Seneca, *Epistulae morales* 95,47), der auch auf das hellenistische Judentum eingewirkt hat (frühjüdisch z.B. 2Makk 14,35; 3Makk 2,9; JosAnt 8,111; zur frühchristlichen Rezeption neben Apg 17,25 z.B. noch 1.Clem 52,1; Diog 3,4). Alttestamentlich kann man immerhin auf Ps 50,8f. verweisen. Schöpfungstheologisch wird in Apg 17,24f. also wiederum eine klare Gegenüberstellung geboten: Der selbst bedürfnislose Schöpfer ist der alles Gebende, die Geschöpfe sind die Empfangenden. Solche Gegenüberstellungen sind freilich alles andere als eine lukanische Erfindung. »Nicht braucht Gott Diener. Warum nicht? Selbst dient er dem Menschengeschlecht, überall und allen ist er gegenwärtig«, schreibt Seneca in den *Epistulae morales* (95,47). Philo führt aus, dass Gott von niemandem Nutzen gebracht wird, das göttliche Wesen aber allen Dingen beständig und unaufhaltsam Nutzen bringt (Philo, *Quod deterius potiori insidiari soleat* 55). Anders gesagt: Die Schöpfungstheologie des lukanischen Paulus knüpft an antike Topoi an.

V. 26f. entfaltet Gottes Schöpfungshandeln in anthropozentrischer Weise. Mit einem Rekurs auf Adam wird eingangs auf die Einheit der Menschheit angespielt, denn πᾶν ἔθνος ἀνθρώπων meint hier schwerlich diversifizierend jedes Geschlecht der Menschen, sondern das ganze Menschengeschlecht (vgl. Dibelius 1951: 30–38). Die Erschaffung des ganzen Menschengeschlechts aus dem einen (Menschen) wird dabei mit einem doppelten Zweck verbunden: Sie zielt zum einen darauf, dass die Menschen den gesamten

Erdboden bewohnen (V. 26). Die Erschaffung des Kosmos findet mit der Erschaffung des Menschengeschlechts also seine wesentliche Bestimmung darin, diesem als Lebensraum zu dienen. V. 26b erläutert in diesem Zusammenhang, wie Gott die Erde als Wohnort für die Menschen bereitet hat. Die Rede von den »festgesetzten Zeiten« ist nämlich schwerlich geschichtlich auf die Zeiten, d.h. auf Werden und Vergehen der Völker zu deuten, sondern dürfte als Anspielung auf Gen 1,14 zu lesen sein und blickt auf die Jahreszeiten (vgl. Eltester 1954: 204–209) und den damit verbundenen Vegetationszyklus (vgl. Apg 14,17). In eben diesem Sinn hat auch Philo in seinem Traktat über die Weltschöpfung εἰς καιρούς in Gen 1,14 gedeutet: »Ferner heißt es da: ›zu bestimmten Zeiten‹; damit meint er die Jahreszeiten, und wohl mit Recht; denn der Ausdruck καιρός bedeutet doch nichts anderes als die Zeit der glücklichen Ausführung. Die Jahreszeiten aber führen alles glücklich durch und bringen es zur Vollendung, das Aussäen und Pflanzen der Früchte, das Entstehen und Wachsen der Lebewesen« (Philo, *De opificio mundi* 59, vgl. die Rede von μεταβολαὶ καιρῶν im Sinne von »Änderungen der Jahreszeiten« in SapSal 7,18 sowie 1Clem 20,4.9; zu den Jahreszeiten als Teil der Schöpfung ferner z.B. Ps 74,17 sowie auch Gen 8,22, vgl. in der paganen Literatur z.B. Dio Chrysostomos, *Orationes* 12,32; Plutarch, *Moralia* 171A). Entsprechend ist in der in Apg 17,26 nachfolgenden Phrase (καὶ τὰς ὁροθεσίας τῆς κατοικίας αὐτῶν) nicht etwa an nationale Grenzen der Wohnsitze von Völkern zu denken, sondern daran, dass Gott für die Menschen bewohnbares Land abgegrenzt hat. Im Hintergrund steht wiederum der Schöpfungsmythos von Gen 1, nun V. 9f.: »Und Gott sprach: Es sammle sich das Wasser unter dem Himmel an einen Ort, dass das Trockene sichtbar werde. Und so geschah es. Und Gott nannte das Trockene Erde, und die Ansammlung des Wassers nannte er Meer. Und Gott sah, dass es gut war« (vgl. Ps 104,9: »Du hast eine Grenze gesetzt [Ps 103,9^{LXX}: ὅριον ἔθου], die überschreiten sie nicht. Sie werden nicht zurückkehren, die Erde zu bedecken.«). Gesagt ist also: Gott hat die Jahreszeiten und damit einen Vegetationszyklus geschaffen und – durch seine Macht über das Chaosmeer (vgl. Ps 89,9–11; 104,6–9; Hi 38,8–11; Prov 8,27–30) – den Menschen Wohnraum umgrenzt (vgl. Jes 45,18; Hommel 1984: 98f.). V. 26

nimmt demnach nicht Begebenheiten der politischen Geschichte in den Blick, sondern bewegt sich durchgehend im universalen Horizont von Grundbestimmungen des auf den Menschen bezogenen Schöpfungshandelns Gottes.

Die Erschaffung des Menschengeschlechts zielt nach V. 27 zum anderen darauf, dass die Menschen Gott suchen. Analog zu V. 26 gilt hier: Die Suche nach Gott wird nicht erwählungsgeschichtlich eingefärbt, sondern – den Diskussionspartnern auf dem Athener Areopag entsprechend – als schöpfungsmäßige Grundbestimmung des Menschen definiert. Entsprechend kann sich diese Suche nur darauf beziehen, angesichts der Beobachtung der Ordnung der Schöpfung und der Erfahrung, dass sie dem Menschen Wohnraum und Nahrung bereitstellt, nach dem zu fragen, der die Welt so lebensdienlich eingerichtet hat, also gewissermaßen die Spuren Gottes im Kosmos zu entziffern. »Gott zu suchen« meint hier entsprechend ganz wesentlich ein intellektuelles Unterfangen (vgl. SapSal 13,6; Philo, *De specialibus legibus* 1,36), auch wenn man die im Alten Testament begegnenden Aspekte der Bewegung der Umkehr zu Gott und der Ausrichtung auf seinen Willen nicht ausschließen muss (vgl. Dtn 4,29; Jes 55,6 u.ö.). Der hier vorausgesetzte Gedanke, dass von der Schöpfung auf den Schöpfer geschlossen werden kann, nimmt dabei einen hellenistisch-jüdischen Allgemeinplatz auf (SapSal 13,4f.; syrBar 52,17f.; Philo, *De specialibus legibus* 1,32–35; JosAnt 1,155f.; Pseudo-Philo, *De Jona* §§ 14.125–135), der wiederum in den weiteren Kontext hellenistischer Philosophie einzubetten ist (vgl. Cicero, *Tusculanae Disputationes* 1,68–70; *De Natura Deorum* 2,15f.; Dio Chrysostomos, *Orationes* 12,34.39).

Der Suche nach Gott als Grundbestimmung des Menschen korrespondiert in Apg 17,27 die Aussage, dass Gott nicht fern ist (vgl. Ps 139,1–18 sowie Seneca, *Epistulae morales* 41,1; Dio Chrysostomos, *Orationes* 12,28). Zum Moment der kategorialen Differenz zwischen Schöpfer und Geschöpf (Apg 14,11–18) tritt also komplementär der Aspekt der Nähe Gottes zum Menschen hinzu, der durch V. 28 näher erläutert wird. Die formelhafte Formulierung in V. 28a ist dabei doppeldeutig. Sie klingt stoisch und lässt sich im Sinne eines stoischen Verständnisses panentheistisch (vgl. dazu das Diktum von Marc Aurel, *Wege zu sich selbst* 7,9: »Es gibt nämlich

[…] *einen* Gott durch alles hindurch«) lesen: »*In* ihm leben, weben und sind wir.« Die griechische Präposition ἐν kann man aber (wie in V. 31) auch instrumental auffassen, so dass im Sinne biblischen Schöpfungsglaubens erneut auf die Erschaffung des Menschen angespielt würde: »*Durch* ihn leben, weben und sind wir.« Im Kontext von V. 25b–27 ist die zweite Option vorzuziehen. Erwägenswert ist darüber hinaus, die Trias »leben, bewegen, sein« in V. 28a als Korrelat zur Trias »Leben, Atem, alles« in V. 25b zu lesen (vgl. Pesch 1986: 139). So oder so ist festzuhalten: Gott ist den Menschen nahe, weil der Mensch sein Geschöpf ist. In einem entsprechend transformierten Sinn ist dann das in V. 28c folgende Aratoszitat »wir sind seines Geschlechts« (Phainomena 5, vgl. den Zeus-Hymnus des Kleanthes, Z. 4 [SVF 1: 537] sowie auch Vergil, *Aeneis* 1,250, frühjüdisch Aristobulos nach Eusebius, *Praeparatio Evangelica* 13,12,6 [Walter 1980: 275]) zu verstehen: Lukas zielt hier nicht im Sinne des Aratoszitats darauf, die natürliche Gottverwandtschaft des Menschen (vgl. ferner z.B. Dio Chrysostomos, *Orationes* 12,27.61) herauszustellen. Zumal im Licht von Lk 3,38 liegt vielmehr nahe, dass Lukas die Aussage im Sinne der Erschaffung des Menschen durch Gott verstanden wissen will (vgl. Schneider 1982/2002: 242). Ob des Näheren die Vorstellung der Ebenbildlichkeit des Menschen (Gen 1,26f.) mitgehört werden soll, lässt sich kaum mit hinreichender Sicherheit entscheiden. V. 29 bindet die schöpfungstheologischen Ausführungen an die Kritik am »heidnischen« Götzendienst zurück: Weil der Mensch ein Geschöpf Gottes ist, ist es Unsinn anzunehmen, dass Gott etwas vom Menschen Erschaffenem gleich sein könnte (vgl. Jer 10,3–16; SapSal 13,1–19; Sibyllinen 3,8–35; zur Polemik gegen Götzenbilder ferner z.B. Jes 40,18–20; 44,9–20; Ps 115,3–8; EpJer 3–72, s. aber auch die kritische Sicht bei Plutarch, *Moralia* 167D-E; Seneca, *Epistulae morales* 31,11). Die kategoriale Differenz zwischen dem Schöpfer und dem Geschöpf wird hier missachtet.

Mit V. 30f. strebt die Areopagrede ihrem durch V. 18–20 angebahnten christologischen Zielpunkt zu. V. 30f. ist kein nachklappender Epilog; vielmehr ist *cum grano salis* eher umgekehrt V. 22–29 als ein längerer Prolog zu V. 30f. zu lesen: Die Anknüpfung an die von Paulus in Athen (angeblich) gesehene Altarinschrift »einem unbekannten Gott« (bezeugt ist nur die pluralische Form, s. Pausanias, *Graecine Descriptio* I 1,4) und die sich daran anschließenden Ausführungen zu dem einen Schöpfergott, mit denen der in sokratischen Farben gezeichnete Apostel Paulus den Athenern erschließt, *was* sie bisher unwissend verehrt haben (Lukas lässt Paulus in V. 23b neutrisch von dem unwissentlich Verehrten reden, vgl. V. 29b), besitzen eine propädeutische Funktion im Hinblick auf die in V. 30f. laut werdende Christusbotschaft (mit Lindemann 1995: 250f.). Oder anders: Die christologisch bestimmte Eschatologie erfährt eine schöpfungstheologische Grundlegung. Protologie und Eschatologie werden zu einem Gesamtzusammenhang verbunden. Dies wird noch dadurch unterstrichen, dass die Wahl des Verbs in der Wendung »durch einen Mann, den er dazu *bestimmt* hat« (ἐν ἀνδρὶ ᾧ ὥρισεν) (V. 31) an V. 26 zurückdenken lässt: Wie der Schöpfer die Jahreszeiten und die Grenzen der Wohngebiete der Menschen festgesetzt/bestimmt hat (ὁρίσας), so hat er auch Christus als Richter bestimmt.

Die Verkündigung von Jesus (als dem kommenden Richter) und der Auferstehung bedeutet daher nicht die Einführung fremder Götter (vgl. V. 18, wo das Missverständnis von Jesus und Anastasis als Götterpaar auf Seiten der »heidnischen« Hörer impliziert sein dürfte), sondern gehört zur Verkündigung des einen Schöpfergottes, auf den hin der lukanische Paulus das von den Athenern unwissentlich verehrte Göttliche freilegt. Der Schöpfer des Kosmos (Apg 17,24) ist zugleich der, der den Erdkreis in Gerechtigkeit richten wird (zur Wendung vgl. z.B. Ps 9,9; 96,13; 98,9), der sein Gericht durch den von ihm aus den Toten Auferweckten vollziehen wird. Die Schöpfung läuft auf das Gericht zu, womit das zeitlich befristete Leben in der vergänglichen Schöpfung als Zeitraum der Bewährung im Blick auf das ewige Leben (vgl. Lk 10,25; 18,18.30; Apg 13,46.48) gedeutet wird. Die Schöpfungstheologie, über die der Diskurs mit dem philosophischen Denken gesucht wird, ist in den Dienst der christologisch orientierten Eschatologie gestellt. Kurzum: *Das* unwissentlich verehrte Göttliche wird den Athenern von Paulus als personales Gegenüber erschlossen, als der eine Schöpfergott, der in der Auferweckung Christi und seiner Einsetzung zum Richter gehandelt hat. Paulus' Vermittlungsversuch auf dem Areopag bleibt freilich ein schwieriger. Mag die Deutung des unwissentlich verehrten Göttlichen auf den einen personalen Schöpfergott hin noch diskutabel sein, so wird der Rede von der Auferstehung der Toten von einigen mit Spott begegnet. Paulus' Erfolg bleibt bescheiden (Apg 17,34), doch stellt dies Paulus' Botschaft nicht in Frage, wie dem Gebildeten schon das Schicksal des Sokrates deutlich macht, dem die Athener nach Xenophon (*Memorabilia* 1,1,1) ganz ähnlich zum Vorwurf machten, er würde neuartige göttliche Wesen einführen (zur Sokrates-Typologie exemplarisch Hoppe 2001: 181).

5. Schöpfung und Neuschöpfung bei Paulus

5.1. Einleitung

Wie bei anderen Themen bietet Paulus auch zur Schöpfungsthematik ein vergleichsweise facettenreiches Bild. Paulus geht fraglos von der Voraussetzung aus, dass der Gott, der in Christus zum Heil der Menschen handelt, der eine Schöpfergott ist. Der Bogen spannt sich des Näheren von der Frage der Gotteserkenntnis anhand der Schöpfung über die Adam-Christus-Typologie und die soteriologisch-anthropologisch zugespitzte Rezeption der Rede von der neuen Schöpfung bis hin zum Ausblick auf die Erlösung auch der außermenschlichen Kreatur. Diesen großen Themen steht anderes noch zur Seite. So kann Paulus etwa gegenüber Speisetabus mit einem Zitat von Ps 24,1 auf die Schöpfung verweisen: »Denn des Herrn ist die Erde und alles, was sie erfüllt« (1Kor 10,26, vgl. Röm 14,14.20f., deuteropaulinisch 1Tim 4,3f.). Auf anderes wie z.B. die Zitation von Gen 2,24 in 1Kor 6,16 gehe ich im Folgenden en passant ein. Charakteristisch ist für Paulus insgesamt der von der Eschatologie geprägte Blick auf die Schöpfung (vgl. Baumbach 1979: 204f.). Der Lichtkegel fällt vor allem darauf, dass diese Welt vergänglich und von den Folgen der Sünde Adams gezeichnet ist, dies aber zugleich nicht ihr finales Geschick ist.

5.2. Gotteserkenntnis anhand der Schöpfung

Dient der Rekurs auf den einen Schöpfergott in Apg 17 der Kritik am paganen Götzendienst, zugleich aber auch positiv als Anknüpfungspunkt für die Verkündigung Christi und der Auferstehung, so greift Paulus auf den Gedanken der natürlichen Gotteserkenntnis in Röm 1 nur zurück, um die Anklage der Gottlosigkeit der Menschen darauf zu gründen. Bevor Paulus die in 1,16f. eingeführte These der im Evangelium offenbarten, universal gültigen Glaubensgerechtigkeit in 3,21–5,21 positiv entfaltet, stellt er in 1,18–3,20 die Notsituation der Menschen dar, aus der das Evangelium den Ausweg weist. Der Verweis auf die universale Offenbarung des Zorns Gottes über alle Gottlosigkeit und Ungerechtigkeit der Menschen in 1,18 trägt dabei den Charakter einer Überschrift. 1,19–32 entfaltet die Anklage zunächst mit Blick auf die pagane Welt. Das Motiv der natürlichen Gotteserkenntnis hat hier seinen Ort und trägt damit den Charakter eines Hilfsarguments (vgl. Kertelge 1991: 154f.): Alle Menschen können bei der Schuld ihrer Gottlosigkeit behaftet werden, weil Gott sich nicht nur geschichtlich Israel offenbart hat, sondern schon anhand der Schöpfung Erkenntnis Gottes möglich ist (1,19f.). V. 19 spricht dabei des Näheren nicht davon, dass *Gott* unter den Menschen offenbar ist, sondern einschränkend von dem von Gott Erkennbaren. Aus den Schöpfungswerken ist demnach nur eine partielle Gotteserkenntnis möglich. V. 20 präzisiert, dass das Offenbarsein Gottes sich auf seine ewige Kraft (vgl. *Aristeasbrief* 132: Gottes »Kraft wird durch alle Dinge offenbar«) und Gottheit bezieht. Die Schöpfungswerke eröffnen damit noch keine vollgültige Erkenntnis des Wesens Gottes; der Ton liegt auf seiner Hoheit, die im Kontext von 1,18 zugleich die Majestät des Richters seiner Geschöpfe meint.

V. 19b unterstreicht, dass auch bei dieser Form der *revelatio generalis* Gott das eigentliche Subjekt der Offenbarung ist: »denn Gott hat es ihnen offenbart«. V. 20 erläutert dies. Das Paradoxon, dass das Unsichtbare (an seinen Wirkungen) gesehen werden kann (τὰ […] ἀόρατα αὐτοῦ […] καθορᾶται), ist kein paulinisches Proprium, sondern begegnet auch anderorts in der philosophischen Reflexion (vgl. Xenophon, *Memorabilia* IV 3,13f.; Pseudo-Aristoteles, *De mundo* 399b 14f.), die sich das hellenistische Judentum zu Eigen gemacht hat (s. z.B. Pseudo-Philo, *De Jona* §§ 125f.). Erläutert wird dieses Sehen durch die Partizipialwendung τοῖς ποιήμασιν νοούμενα: Das Sehorgan ist demnach die menschliche Vernunft, die bei verstehender Betrachtung der Schöpfungswerke die sich in ihnen manifestierende unsichtbare göttliche Wirklichkeit zu erkennen vermag. Wodurch genau sich solche – von Anbeginn der Schöpfung der Welt an (ἀπὸ κτίσεως κόσμου) mögliche – Erkenntnis einzustellen vermag, führt Paulus nicht aus und liegt offenbar außerhalb seines Interesses. Deutlich ist nur, dass solche Erkenntnis nicht eine intellektuelle Spitzenbegabung voraussetzt; nach der Argumentationslogik von Röm 1,18–20 ist sie jedem Menschen als Vernunftwesen von Natur aus zugänglich. Kurzum: Paulus betont nicht die dem Menschen gegebene kognitive Fähigkeit zur Erkenntnis Gottes, die sich in intellektueller Anstrengung Bahn brechen muss, um hinter dem Sichtbaren den unsichtbaren Gott zu erkennen (vgl. Philo, *De specialibus legibus* 1,32: »Den Vater und Lenker aller Dinge nun zu erkennen und zu erfassen ist gewiss schwierig«, vgl. dazu Platon, *Timaios* 28C), sondern er betont mit V. 19b die grundlegende Ermöglichung der Gotteserkenntnis durch Gott selbst, er stellt also Gottes Offenbarungshandeln voran: Gott hat die Welt so eingerichtet, dass seine ewige Kraft und Gottheit an den Schöpfungswerken für jeden Menschen ablesbar sind. Weil dies so ist, folgt, dass die Menschen keine Entschuldigung vorbringen können (vgl. SapSal 13,8f.), d.h. der den Menschen in V. 18 vorgeworfenen Gottlosigkeit kann nicht mit dem Hinweis begegnet werden, dass Gott sich nicht zu erkennen gegeben hat; sie ist vielmehr Ausdruck schuldhafter Abkehr. Gottes Zornesoffenbarung geschieht daher zu Recht. Allein darauf kommt es Paulus im Kontext an.

Mit V. 19f. ist der Grund für die nachfolgende Anklage gelegt. Das konzessiv aufzulösende Partizipialgefüge »obwohl sie Gott erkannten« (γνόντες τὸν θεόν) in V. 21 fasst diese Grundlegung pointiert zusammen. Geht es bei der hier konstatierten Gotteserkenntnis der Menschen dem Kontext nach, wie angedeutet, nicht um die reflektierte intellektuelle Durchdringung der Schöpfungswirklichkeit auf den dahinter stehenden Schöpfer und schon gar nicht um dessen Anerkenntnis (vgl. V. 28a), sondern im Sinne von V. 19f. darum, dass die Menschen Gott insofern kennen, als sie von den Erweisen seiner ewigen Kraft und Göttlichkeit in den Schöpfungswerken umgeben sind, so besteht hier kein grundsätzlicher Widerspruch zum an die »Heiden« adressierten Vorwurf der Gottes*unkenntnis* in 1Thess 4,5 (s. auch Gal 4,8) oder zu 1Kor 1,21. Dies gilt umso mehr, als das besagte Partizipialgefüge in Röm 1,21 eben nur Widerlager für die Anklage ist: Liegt in Röm 1 der Ton darauf, dass Gottes Gottheit allen Menschen anhand der Schöpfung zugänglich ist, so zielt 1Thess 4 darauf ab, dass die »Heiden« sich diesem Erweis Gottes gegenüber verschlossen haben.

Letzteres wird in Röm 1 in V. 21–25 entfaltet: Trotz des Offenbarseins Gottes in seinen Schöpfungswerken haben die Menschen »Gott nicht als Gott gepriesen und ihm gedankt« (1,21). Paulus' Anklage trifft sich hier mit der pseudo-philonischen Homilie *De Jona*, wo ebenfalls der fehlende Dank als gewichtiges Motiv der Anklage begegnet (§§ 12f.105.120–124, s. auch 4Esr 8,60; Philo, *Quaestiones in Genesim* 1,96). Die Homilie *De Jona* bringt in diesem Zusammenhang in § 14 ferner den Verstockungsgedanken ein: »Mit Augen, die zur Erkenntnis des Baumeisters der Welt [gegeben sind], sehen sie nicht, [und] ihre Ohren haben sie vor frommer Ermahnung verschlossen« (vgl. zur Sache SapSal 13,1–9). In Röm 1 kann man eine Entsprechung dazu in der Rede von der Verfinsterung des unverständigen Herzens sehen (V. 21), die sich in der Verfallenheit an das Nichtige (V. 21), d.h. im Götzendienst manifestiert (V. 22–25). Anstelle des Schöpfers wird das Geschöpf verehrt (V. 25); die fundamentale Differenz zwischen Schöpfer und Geschöpf wird missachtet. Die sich weise dünkenden Menschen haben sich damit als Toren erwiesen.

Den weisheitskritischen Akzent von Röm 1,22 hat Paulus, noch kreuzestheologisch geschärft, bereits in 1Kor 1,21 vorgetragen. Die Welt hat, an oder umgeben von Gottes Weisheit (ἐν τῇ σοφίᾳ τοῦ θεοῦ), durch die (= ihre, also der Welt) Weisheit Gott nicht erkannt. Unabhängig davon, welcher der beiden angegebenen Übersetzungen und damit Interpretationen von ἐν τῇ σοφίᾳ τοῦ θεοῦ der Vorzug gegeben wird, spielt Paulus hier auf die Tradition an, dass die Weisheit bei der Schöpfung beteiligt war, Gott also die Welt durch die Weisheit schuf (s. exemplarisch Prov 3,19f. [vgl. auch Prov 8,22–31]; SapSal 9,1f.9; slHen 30,8). Menschliche Weisheit aber hat sich als unfähig erwiesen, aufgrund der weisen Ordnung der Schöpfung zur Erkenntnis Gottes vorzustoßen. Vordergründig besteht hier ein Widerspruch zum Postulat der Kenntnis Gottes in Röm 1,20, aber – analog zu 1Thess 4,5 – nicht sachlich, denn »Erkenntnis« schließt in 1Kor 1,21 Anerkenntnis ein, also das, was in Röm 1,21 durch Preis und Danksagung zum Ausdruck kommt. 1Kor 1,21 spitzt nun zu: Da die Menschen sich in dieser Weise als unfähig erwiesen, gefiel es Gott, ihre Weisheit gänzlich zunichte zu machen (1,20b.27a) und durch die Torheit der Verkündigung jene zu retten, die glauben (1,21b). Die Weisheit der Welt wird also »durchkreuzt«, die Frage der potentiell möglichen Erkenntnis Gottes aufgrund seiner Schöpfungswerke als Geschichte des Scheiterns entziffert.

Als Konsequenz dieses Scheiterns führt Paulus in Röm 1 aus, dass Gott die so verirrten Menschen dahingegeben hat, nämlich in die Unreinheit (V. 24), in schändliche Leidenschaften (V. 26) und in verkehrten Sinn (V. 28). Diese Preisgabe ist schwerlich als die bereits präsentische Seite des Zorngerichts Gottes von 1,18 zu verstehen. Da Paulus Gott kaum zum eigentlichen Urheber »heidnischer« Lasterhaftigkeit machen wollte, dürfte die Formulierung eher so zu akzentuieren sein, dass Gott sich von den Menschen wegen ihrer Undankbarkeit abwandte und sie insofern ihrer Verirrung überließ, die sich daher in dem in V. 24–32 skizzierten lasterhaften Treiben entfalten konnte. Dass Gottesunkenntnis mit lasterhaftem Lebenswandel einhergeht, ist dabei wiederum ein auch im hellenistischen Judentum begegnendes Motiv (vgl. SapSal 14,27: »Die Verehrung der namenlosen Götzenbilder ist aller Übel Anfang, Ursache und Höhepunkt.«).

Paulus hebt dabei vorrangig auf Sexualethisches ab: Gott hat die Menschen »in den Begierden ihrer Herzen in ihre Unreinheit dahingegeben, dass ihre Leiber geschändet würden durch sie selbst« (Röm 1,24). Zumal im Lichte des expliziten Rekurses auf Gen 2,24 in den sexualethischen Ausführungen in 1Kor 6,12–20 (V. 16) dürfte es vom Kontext her nahe liegen, dass Paulus seine sexualethische Position an Gen 1–2 angebunden hat. Wird Gen 2,24 in Mk 10,6–8 par Mt 19,4–6 aufgenommen, um die Unauflöslichkeit ehelicher Gemeinschaft zu begründen, so leitet Paulus aus dem alttestamentlichen Text die Exklusivität ehelich gelebter Sexualität ab, die den Gang zur Prostituierten kategorisch ausschließt (vgl. noch Eph 5,28–31, wo Gen 2,24 die somatische Einheit von Mann und Frau belegt: »So sollen auch die Männer ihre Frauen lieben wie den eigenen Leib. Wer seine Frau liebt, liebt sich selbst.« [Eph 5,28]). Paulus' Argumentation gegen korinthische Männer, die den Verkehr mit Prostituierten mit ihrem Glauben vereinbaren zu können meinten, läuft darauf hinaus, dass Sexualität etwas kategorial anderes als Essen und Trinken ist (vgl. 1Kor 6,13), nämlich den Menschen in seiner gesamten Personalität und als kommunikatives Wesen, kurz: als σῶμα, affiziert. Diesem geschöpflichen Sachverhalt gerecht werdende Sexualität vollzieht sich für Paulus auf der Basis von Gen 1–2 in einer auf Dauer angelegten (in den sozialen Organisationsformen der Antike: ehelichen) Gemeinschaft von Frau und Mann. Nach 1Kor 6,19f. ist der Leib/das σῶμα eines Glaubenden nicht weniger als »Tempel des Heiligen Geistes«, mit dem Gott zu preisen ist (V. 19f.). Röm 1,21–25 nimmt den umgekehrten Vorgang in den Blick. Das Geschöpf, das seinen Schöpfer verkennt, schändet seinen eigenen Leib durch eine seinem geschöpflichen Sein nicht angemessene Form des Sexualverhaltens. Mit der Missachtung des Schöpfers missachtet das Geschöpf sich selbst.

Dass Paulus den lasterhaften Wandel dann des Näheren durch homoerotisches Sexualverhalten illustriert (V. 26f.), steht im Zusammenhang mit dem schöpfungstheologischen Horizont der Argumentation in Röm 1 (vgl. *Testament Naphtali* 3,3f.). Indem Paulus nicht substantivisch von Frauen und Männern spricht, sondern die entsprechenden substantivierten Adjektive (θήλειαι, ἄρσενες) verwendet, spielt er auf Gen 1,27 an. Dies bestätigt, dass Paulus aus dem Schöpfungsbericht der Genesis eine Ordnung ableitet, die die Zweiheit von Mann und Frau vorsieht. Die Klassifizierung des heterosexuellen Geschlechtsverkehrs als »des natürlichen Verkehrs« (ἡ φυσικὴ χρῆσις) und des gleichgeschlechtlichen Sexualverkehrs als »widernatürlich« (παρὰ φύσιν) nimmt dabei zugleich einen stoischen Topos auf, den das hellenistische Judentum rezipierte (vgl. Philo, *De Abrahamo* 135–137; *De specialibus legibus* 3,39), wie überhaupt die Inkriminierung homoerotischen Sexualverhaltens als Gegenpol zu dessen Verbreitung in der hellenistischen Kultur im hellenistischen Judentum von großem Gewicht ist (vgl. SapSal 14,26; *Pseudo-Phokylides* 3.213f.; Philo, *De specialibus legibus* 3,27–42 u.ö.).

Der Gedanke einer naturgegebenen Verhaltensordnung wird von Paulus in Röm 2,14f. aufgenommen und in den Bahnen hellenistisch-jüdischer Gesetzesinterpretation toratheologisch konturiert. Paulus zielt nun nicht auf den Erweis »heidnischer« Verirrung, sondern benutzt den Gedanken einer natürlichen Erkenntnis des göttlichen Willens und der im hellenistischen Judentum entwickelten Beziehungskonstruktion von Tora und Naturgesetz (dazu Martens 2003), um den jüdischen Anspruch zu untergraben, sich dank der göttlichen Gabe der Tora in einer privilegierten Stellung zu befinden: Auch »Heiden«, die das Gesetz nicht haben, ist es möglich, das in der Tora Geforderte zu tun. Paulus entfaltet den Gedanken von Röm 2,14f. aber nicht dahingehend, dass es auf »heidnischer« Seite tatsächlich aufgrund des Tuns der Forderungen der Tora zur *Gerechtigkeit* gekommen ist (vgl. 2,13). Ein »heidnisches« Pendant zu Philos Abraham, der nur von der Natur belehrt das göttliche Gesetz beachtet hat (Philo, *De Abrahamo* 5f.275f.), kennt Paulus nicht. Die Schöpfung ist für Paulus in solcher Weise eine gefallene, dass die adamitische Menschheit unter der Macht der Sünde steht. Dem korrespondiert, dass Paulus von »dem gegenwärtigen bösen Äon« (Gal 1,4) reden und den Teufel als »Gott dieses Äons« bezeichnen kann (2Kor 4,4). Darin ist zugleich impliziert, dass der gegenwärtige Zustand der Schöpfung nicht das letzte Wort ist. Die folgenden Abschnitte entfalten dies.

5.3. Christus als Ebenbild Gottes und letzter Adam

Abseits der androzentrischen Engführung der Gottebenbildlichkeit in 1Kor 11,7 spricht Paulus nicht von der Gottebenbildlichkeit des natürlichen Menschen; vielmehr konstatiert er in Röm 3,23, dass »alle gesündigt haben und der Herrlichkeit Gottes ermangeln«. In 2Kor 4,4 ist die Kategorie der Gottebenbildlichkeit auf Christus bezogen, doch erhalten die Christusgläubigen bereits gegenwärtig Anteil an seiner Herrlichkeit, wie die Rede von der schon gegenwärtigen Metamorphose in 2Kor 3,18 exemplarisch anzeigt: »Da wir alle mit aufgedecktem Angesicht die Herrlichkeit des Herrn wie in einem Spiegel schauen, werden wir in dasselbe Bild von Herrlichkeit zu Herrlichkeit verwandelt, als vom Herrn des Geistes her.«

Die *Eikon*-Vorstellung begegnet vor dem Zweiten Korintherbrief in anderer, aber verwandter Weise in 1Kor 15 im Rahmen der Adam-Christus-Typologie (vgl. zu dieser ferner Röm 5,12–21). Die genaue Signatur der von Paulus in 1Kor 15 verhandelten Problematik, also die Frage, ob einige der Korinther überhaupt postmortale Existenz leugneten, bloß Probleme mit der Vorstellung einer *leiblichen* Auferstehung bekundeten oder die *zukünftige* Auferstehung verneinten, kann hier offen bleiben. In V. 35 wendet Paulus sich jedenfalls der Frage zu, *wie* die Toten auferweckt werden, mit *welchem Leib* sie kommen. Paulus arbeitet dabei heraus, dass leibliche Auferstehung selbstredend nicht Rückkehr ins vorige Sein bedeuten kann, sondern eine fundamentale Verwandlung stattfindet, die er durch einen Naturvergleich illustriert. Die Saat hat einen anderen »Leib« als das später wachsende Korn (V. 36–38). Paulus verweist sodann auf die Vielzahl unterschiedlicher Leibgestalten in der Schöpfung (V. 39–41), und dabei werden nicht nur die Lebewesen auf Erden herangezogen, sondern auch die Himmelskörper. Zielpunkt dieser Ausführungen über die Pluriformität der Leiblichkeit in der Schöpfung in V. 35–41 ist, dass auch die Auferstehungsleiblichkeit eine eigene ist, eine somatische Existenzform sui generis. V. 42–44 bietet die entsprechende Anwendung auf die Auferstehung der Toten, indem Paulus die Auferstehungsleiblichkeit von der irdischen Leiblichkeit des Menschen zunächst durch eine Trias von Kontrastierungen (»verweslich – unverweslich«, »in Niedrigkeit – in Herrlichkeit«, »in Schwachheit – in Kraft«) abhebt, um die Differenz dann abschließend in der Gegenüberstellung von »natürlichem Leib« (σῶμα ψυχικόν) und »geistlichem Leib« (σῶμα πνευματικόν) auf den Punkt zu bringen. Deutlich wird damit, dass die Rede vom »Leib« (σῶμα) für Paulus nicht an die irdische Materialität gebunden ist. Der Mensch ist »Leib« (σῶμα) als ein kommunizierendes Wesen, und in solcher Wesenhaftigkeit denkt Paulus auch die postmortale Heilsexistenz. Aber es ist ein »Leib« (σῶμα), der ganz und gar durch das Wirken des Geistes bestimmt ist.

V. 44 wird in V. 45–47 christologisch entfaltet, indem Paulus den ersten Adam einerseits und Christus als den letzten Adam, als den Himmelsmenschen, andererseits einander gegenüberstellt. Paulus' Ausführungen weisen dabei eine auffallende Affinität zu einer Auslegungstradition der beiden Schöpfungsberichte von Gen 1–2 auf, wie sie von Philo vor allem in *Legum Allegoriae* 1,31f. bezeugt wird (dazu Sellin 1986: 90–175). Philo unterscheidet von Gen 2,7 und Gen 1,26f. aus zwei Arten von Menschen (ἀνθρώπων γένη), den himmlischen und den irdischen Menschen, die für »zwei gegensätzliche Existenzweisen« (Sellin 1986: 106) stehen. Der himmlische Mensch ist nach Gottes Ebenbild geschaffen (*Legum Allegoriae* 1,31) und hat Anteil am »Geist« (πνεῦμα; ebd. 1,42), nicht aber an »allem Vergänglichen und Erdhaften« (ebd. 1,31). Dem irdischen Menschen ist hingegen durch den »Hauch des Lebens« (πνοὴ ζωῆς) (Gen 2,7) lediglich die »*Fähigkeit* wahren Lebens« (δύναμις ἀληθινῆς ζωῆς) eingehaucht (*Legum Allegoriae* 1,32); er wird »zu einer lebenden Seele« (εἰς ψυχὴν ζῶσαν) (Gen 2,7; Philo, *Legum Allegoriae* 1,32). Damit er des »wahren Lebens« und damit der Unsterblichkeit tatsächlich teilhaftig wird, bedarf es der Inspiration durch (die Weisheit bzw.) das Pneuma, von dem der Lebenshauch, die πνοὴ ζωῆς, nur ein Abglanz ist. Philo gebraucht zwar »psychisch« (ψυχικός) nie wie Paulus *sensu malo*, doch ist in diesem anthropologischen Entwurf eine negative Tendenz im Verständnis der »Psyche« (ψυχή) anzutreffen (s. v.a. *Legum Allegoriae* 3,246f.). Zieht man Philo, *Quaestiones in Genesim* 1,8 hinzu, wo ebenfalls die Unterscheidung des nach Gottes Ebenbild geschaffenen Menschen zum einen und des aus dem Erdboden geformten zum anderen begegnet, wird deutlich, dass der an Gen 1,26f. und Gen 2,7 anknüpfende Gedanke zweier Urmenschen kein Proprium Philos ist, sondern von ihm nur aufgenommen (und möglicherweise eigenständig ausgebildet) wurde, denn Philo verweist hier auf andere Ausleger, deren Interpretationen aber leider nicht erhalten sind.

Paulus bietet nun in 1Kor 15,44–49, wie angedeutet, eine christologisch transformierte Rezeption der Vorstellung von den beiden Menschen(klassen). Die Adam-Christus-Typologie hat er bereits in

V. 21f. eingeführt, um deutlich zu machen, dass der Glaube an die Auferstehung Christi den Glauben an die Auferstehung der Toten folgerichtig nach sich zieht: »denn da ja durch einen Menschen der Tod kam, so auch durch einen Menschen die Auferstehung der Toten« (V. 21). In V. 45 nun identifiziert Paulus den ersten Menschen, Adam, mit dem Menschen von Gen 2,7, der zu einer lebendigen Seele wurde (εἰς ψυχὴν ζῶσαν), während dem zweiten Adam der lebendig machende Geist (vgl. Röm 8,11; 2Kor 3,6) zugeordnet ist. Das Psychische ist das bloß dieser Welt Zugehörige (vgl. 1Kor 2,14 sowie Jak 3,15; Jud 19), während mit dem Geist die Leben schaffende und erhaltende Wirklichkeit Gottes ins Spiel kommt.

Mit V. 46 stellt Paulus klar, dass nicht der erste, sondern der letzte Adam der pneumatische ist. Dass Paulus damit, wie vielfach postuliert wurde, auf eine anders gelagerte korinthische Rezeption der Vorstellung von den zwei Menschen reagiert, ist keineswegs sicher. Die explizite Feststellung der Abfolge von natürlichem und pneumatischem Menschen legt sich schon deshalb nahe, weil sie der Abfolge in Gen 1–2 nicht entspricht. V. 47 variiert den Kontrast »natürlich/psychisch – geistlich« zu »irdisch – himmlisch«. Im Lichte von V. 42f. ist »irdisch« mit »verweslich« und »schwach« konnotiert, wie ohnehin bereits in Gen 3,19 die Vergänglichkeit als Schicksal des von der Erde genommenen Menschen herausgestellt wird: Der Mensch kehrt zum Erdboden zurück, »denn von ihm bist du genommen. Denn Staub bist du, und zum Staub wirst du zurückkehren.« Oder mit Paulus' Worten: In Adam sterben alle (1Kor 15,22a). Der letzte Adam jedoch führt, da er lebendig machender Geist ist, ins Leben: In Christus werden alle lebendig gemacht (V. 22b).

Die Charakterisierung des letzten Adams als *lebendig machender* Geist überträgt dabei ein Prädikat des Schöpfers (vgl. Röm 4,17) auf Christus und weist damit Christus als den Mittler der neuen Schöpfung aus. Entsprechend entfaltet V. 48f. die repräsentative Bedeutung des ersten und letzten Adams: »Wie der Irdische, so sind auch die Irdischen; und wie der Himmlische, so sind auch die Himmlischen« (V. 48). Die Bezeichnung derer, die zu Christus gehören (vgl. V. 23), als Himmlische verweist dabei, sosehr die Christen den Geist schon empfangen haben, in die Zukunft, auf die Paulus in V. 24–28 bereits ausgeblickt hat und die er in V. 50–55 unter dem durch V. 42f. vorbereiteten Leitmotiv der Verwandlung erneut entfaltet wird.

V. 49 rekapituliert V. 48 unter Aufnahme der *Eikon*-Vorstellung: »Und wie wir das Bild des Irdischen getragen haben, so werden wir auch das Bild des Himmlischen tragen.« Die Rede vom Bild, als deren alttestamentlicher Referenzpunkt hier neben Gen 1,26f. auch Gen 5,3 in Frage kommt, basiert auf der Vorstellung, dass sich das Wesen im Bild verkörpert (Wolff 1996: 412). Wie die irdischen Menschen also wesenhaft durch die Vergänglichkeit Adams »gezeichnet« sind, so werden die, die zu Christus gehören, am Wesen des erhöhten Christus Anteil erhalten. Während 2Kor 3,18 präsentisch formuliert, blickt Paulus in 1Kor 15,49 wie zuvor auf die zukünftige Verwandlung (vgl. V. 51–55). Gegenüber den Enthusiasten in Korinth lässt Paulus die Gegenwart noch dadurch gekennzeichnet sein, dass wir das Bild des irdischen Menschen tragen (der Aorist ἐφορέσαμεν erklärt sich so, dass vom Standpunkt der zukünftigen Verwandlung aus geredet wird).

Mit der Adam-Christus-Typologie und der Zuordnung des lebendig machenden Geistes zu Christus leuchtet die Vorstellung der in Christus begründeten neuen Schöpfung auf. Schöpfungsaussagen und Heilsaussagen gehen hier eine enge Verbindung ein, die ihren dichtesten Ausdruck in der expliziten Rede von der neuen Schöpfung in 2Kor 5,17 und Gal 6,15 findet. Bevor auf Letztere näher eingegangen werden soll, sei zuvor noch kurz die Verknüpfung von Schöpfung und Heil an anderen Stellen exemplarisch beleuchtet.

5.4. Das Heilshandeln des Schöpfers

Zur Illustration der Verknüpfung von Schöpfung(sterminologie) und Soteriologie bei Paulus sei noch einmal Röm 1 aufgenommen. Geht man von Röm 1,19f. im Kontext zurück, zeigt sich, dass von der ewigen Kraft Gottes, die nach 1,19f. an den Schöpfungswerken wahrnehmbar ist, bereits in 1,16 die Rede war, wo das die Gerechtigkeit Gottes aus Glauben offenbarende Evangelium (1,17) als »Kraft Gottes zur Rettung für jeden, der glaubt« identifiziert wird (vgl. Woyke 2008: 171). Über die Rede von der Kraft Gottes deutet sich hier also eine Verknüpfung von Schöpfungs- und Heilsaussagen an. Weil Gott als Schöpfer von Himmel und Erde über allem »thront«, vermag er auch zum Heil zu führen.

Der Zusammenhang von Schöpfungs- und Heilshandeln Gottes wird durch die partizipiale Gottesprädikation in Röm 4,17 unterstrichen: Abrahams sich in seinem Vertrauen auf die Sohnesverheißung manifestierender, rechtfertigender Glaube bezog sich auf den einen Gott, »der die Toten lebendig macht [vgl. JosAs 20,7; Philo, *De migratione Abrahami* 122 sowie die 2. Benediktion des Schmone Esre] und das, was nicht ist, ins Dasein ruft«. Die alttestamentliche Vorstellung von der Schöpfung durch das Wort (Gen 1,3; Jes 48,13) ist hier im Sinne der *creatio ex nihilo* expliziert bzw. zugespitzt (vgl. 2Makk 7,28; syrBar 14,17; 48,8; Philo, *De opificio mundi* 81, vgl. Hebr 11,3). Das Vertrauen in die Verheißung Gottes, der das hohe Alter Saras und Abrahams und ihre »erstorbenen« Leiber mit erdrückender Selbstevidenz entgegenstehen, gründet, wie Röm 4,21 untermauert, in dem Glauben an die Mächtigkeit, die Gott als Schöpfer zukommt: Abraham lebte in der Gewissheit, dass Gott mächtig (δυνατός) ist, das von ihm Verheißene auch zu tun. Als Glaube an den Gott, der die Toten lebendig macht, wird Abrahams Glaube dabei in einer Weise formuliert, dass er im Kontext als Vorabbildung des Auferweckungsglaubens, speziell des Glaubens an die Auferweckung Jesu (4,24), dienen kann. Die Auferweckung Jesu von den Toten wird damit als Schöpfungshandeln Gottes entzifferbar. Und nicht zuletzt gleicht es der *creatio ex nihilo*, wenn Gott den Gottlosen rechtfertigt, also dort, wo nichts vorhanden und der Tod das Ende ist (vgl. Röm 1,32), ins Heil führt und (ewiges) Leben schafft.

Aufzunehmen ist hier ferner der hymnische Schlussakkord, mit dem Paulus den in Röm 1,16f. aufgespannten Bogen der Entfaltung seiner Rechtfertigungsbotschaft beendet, nachdem er in Röm 9–11 die Situation des nicht-christusgläubigen Israels beleuchtet hat, die er darauf zulaufen lässt, dass ganz Israel gerettet wird (11,25f.). Der in 11,33–36 angefügte Lobpreis wird mit den Worten, dass »alles aus ihm und durch ihn und auf ihn hin ist« (vgl. für eine verwandte Reihe z.B. Marc Aurel, *Wege zu sich selbst* 4,23), schöpfungstheologisch dimensioniert. Die Wirklichkeit ist umfassend dadurch bestimmt, Schöpfung Gottes zu sein. Im unmittelbaren Kontext begründet dieser Lobpreis des Schöpfergottes die mit Hi 41,3 zum Ausdruck gebrachte Souveränität und Überlegenheit Gottes (V. 35), dessen Wege, wie Paulus auf dem Boden frühjüdischer Weisheitstradition ausführt, unerforschlich sind (vgl. Hi 38–39; äthHen 42). Alles Leben ist nach der triadischen Formulierung auf Gott umfassend bezogen: Alles kommt von ihm her, wird durch ihn erhalten und ist zielhaft auf ihn gerichtet (vgl. Becker 1995: 295).

In der Doppelformel in 1Kor 8,6 sind die Aussagen »aus ihm« und »durch ihn« auf Gott und Christus verteilt, so dass Christus als Schöpfungsmittler erscheint (vgl. unten Abschnitt 6.) und damit die Funktion übernimmt, die in der sapientialen Tradition der Weisheit zugeschrieben werden konnte; zugleich ist das Moment des »zu ihm (Gott) hin« auf die Glaubenden fokussiert (»und *wir* zu ihm hin«). Eine eingehende eigenständige Entfaltung hat die christologische Interpretation der Schöpfungswirklichkeit bei Paulus nicht erfahren, auch wenn man darauf verweisen kann, dass 1Kor 15,24 die Herrschaftsstellung Christi über die Schöpfung anklingen lässt (vgl. Phil 2,9–11), deren widergöttliche Mächte er vernichtet (vgl. Wischmeyer 2004: 214). Anhand der Schöpfungswerke wird aber nicht Christus ansichtig, sondern *Gottes* Kraft und Gottheit (Röm 1,20). Der Gedanke der neuen Schöpfung hingegen ist zentral und elementar an Christus gebunden.

5.5. Paulus' Rede von der neuen Schöpfung

Das Syntagma »neue Schöpfung« (καινὴ κτίσις) kommt bei Paulus zweimal vor (2Kor 5,17; Gal 6,15), und zwar bezogen auf die Existenz der Christusgläubigen, auf das Leben derer, die in Christus sind. In beiden Fällen begegnet der Rekurs auf die »neue Schöpfung« im Zusammenhang der Auseinandersetzung des Paulus mit von ihm als Gegner betrachteten Fremdmissionaren, denen Paulus jeweils eine theologische Kriteriologie zuschreibt, die dem neuen Sein in Christus nicht entspricht, sondern sich der in Christus überholten »sarkischen« Sphäre (vgl. 2Kor 5,16; Gal 3,3; 5,16f.24) verdankt. In Galatien wendet Paulus sich mit dem Urteil »Denn weder Beschneidung ist etwas noch Vorhaut, sondern neue Schöpfung« gegen die Beschneidungsforderung der Fremdmissionare, indem er die Differenzierung der Menschheit in Beschnittene = Juden und Unbeschnittene = Nichtjuden als heilsgeschichtlich relevantes Datum nur bis zum Kommen Christi (Gal 3,23–25) reichen lässt. In Christus aber ist diese Differenzierung aufgehoben (vgl. 3,28; 5,6). Paulus betont im Galaterbrief insgesamt stark den äonenwendenden Charakter des Christusgeschehens (1,4; 3,23–25; 4,4). Die Rede von der »neuen Schöpfung« in Gal 6,15 ist dem als eine Art Kulminationspunkt zugeordnet. In Korinth wehrt Paulus die Selbstdarstellung von Fremdmissionaren, die mit ekstatischen Erfahrungen Eindruck zu machen versuchten (2Kor 5,13; 12,1–4), als falsches Rühmen ab (2Kor 5,12), das dem Alten angehört und das mit dem die neue Schöpfung begründenden und bestimmenden Versöhnungsgeschehen (5,18–21) rundweg inkompatibel ist. Denn die durch Christi Lebenshingabe gewirkte Versöhnung fundiert die heilvolle Existenz ganz in Gottes Handeln und setzt zugleich die dem Wohl des anderen zugewandte Liebe als Grundprinzip des neuen Seins aus sich heraus (5,14f.) – und eben nicht solipsistische Selbstinszenierung, die mit Äußerlichkeiten prahlt (5,12). Für den, der vom Christusgeschehen erfasst ist, haben sich die Kriterien fundamental verändert; er urteilt nicht mehr auf fleischliche Weise, nach bloß menschlichen Maßstäben (5,16). Als erstes Ergebnis ist daher festzuhalten: Paulus nimmt das Syntagma zweimal in einem polemischen Zusammenhang gegenüber theologischen Ansätzen anderer Christusverkündiger auf, bei denen er den radikalen Umbruch, der sich für ihn mit dem Christusgeschehen verbindet, unterbestimmt sieht. Der Rekurs auf Jes 43,18f.[LXX] (»Erinnert euch nicht an die Anfänge, und das Alte [τὰ ἀρχαῖα] bedenkt nicht! Siehe, ich mache Neues [καινά] […]«) in 2Kor 5,17b unterstreicht dabei die radikale Neuheit, den Bruch mit dem Vorangegangenen: »das Alte ist vergangen, siehe, Neues ist geworden« (τὰ ἀρχαῖα παρῆλθεν, ἰδοὺ γέγονεν καινά).

In 2Kor 5,17 wie in Gal 6,15 bezieht Paulus die Rede von der neuen Schöpfung auf die Christusgläubigen, so dass sich prima facie ein Verständnis des Syntagmas im Sinne einer individuell orientierten, anthropologisch – oder besser: »christianologisch« – fokussierten Neuschöpfung nahe legt (vgl. Mell 2009). Die deuteropaulinische Rede vom »neuen *Menschen*« (Kol 3,9f.; Eph 2,[10].15;

4,24) ließe sich dem zur Seite stellen. Nach Kol 3,9f. wird der neue Mensch in der Taufe angezogen, und er wird erneuert zur Erkenntnis nach dem Bild dessen, der ihn erschaffen hat, womit ein deutlicher Rückbezug auf Gen 1,26f. gesetzt ist: Zur Gottebenbildlichkeit gelangt der Mensch erst durch seine mit Christus verbundene Neuschöpfung.

Paulus' Rede von der neuen Schöpfung bliebe freilich dimensional unterbestimmt, wenn man sie darin aufgehen lassen würde, dass der, der in Christus ist, je individuell ein neues Geschöpf ist. Paulus' Rede von der neuen Schöpfung meint nicht bloß einzelne Individuen, sondern blickt auf einen überindividuellen Heilsraum, an dem der Einzelne durch sein Sein in Christus Anteil hat (καινὴ κτίσις sollte daher mit »neue Schöpfung« und nicht mit »neues Geschöpf« oder »neue Kreatur« übersetzt werden). Ob diesem Heilsraum der neuen Schöpfung für Paulus darüber hinaus eine kosmologische Dimension eignet, ist bei der gegebenen Quellenlage schwer zu entscheiden. Dafür kann man darauf hinweisen, dass sich »neue Schöpfung« bei Paulus als eine Art Gegenbegriff zum bestehenden, aber vergehenden Äon (Gal 1,4 u.ö.) auffassen lässt (Stuhlmacher 1967: 8). Zudem ist das Syntagma »neue Schöpfung« frühjüdisch in apokalyptischem Zusammenhang beheimatet (s. z.B. Jub 1,29; 4,26; äthHen 72,1) und greift auf keine geringere Dimension aus als die verwandte Rede vom neuen Himmel und von der neuen Erde (Jes 65,17; 66,22; äthHen 91,16; *Liber Antiquitatum Biblicarum* 3,10). Nimmt man diesen traditionsgeschichtlichen Befund ernst, liegt diese Dimension der Rede von der neuen Schöpfung auch für Paulus nahe, zumal ihm auch anderorts eine Nähe zu apokalyptischem Denken nicht abzusprechen ist. Schließlich gibt Paulus in Röm 8,19–22 einer die außermenschliche Schöpfung einbeziehenden eschatologischen Hoffnung Ausdruck, so dass man die auf die Christusgläubigen bezogene Rede von der neuen Schöpfung in 2Kor 5,17 (und Gal 6,15) im Sinne einer anthropologischen bzw. »christianologischen« Prolepse universaler Neuschöpfung verstehen könnte. Eine explizite Zusammenfügung der genannten Bausteine bietet Paulus selbst freilich nicht, so dass eine sichere Antwort auf die Frage einer kosmologischen Dimension der Rede von der neuen Schöpfung letztlich offen bleiben muss.

Davon ist unbenommen, dass Paulus die eschatologische Vorstellung von der neuen Schöpfung in einer eigentümlichen zeitlichen Struktur denkt, die für die paulinische Eschatologie insgesamt charakteristisch ist. Für Paulus ist die Erwartung der neuen Schöpfung anders als in der Apokalyptik eben keine rein zukünftige Vorstellung mehr. Das Augenmerk ist nicht allein auf den bevorstehenden Umbruch vom alten (bösen) Äon zur neuen Schöpfung gerichtet, sondern die neue Schöpfung ist in Christus bereits angebrochen. Sie wird aber in vollendeter Gestalt erst bei der Parusie Christi hervortreten. Wer in Christus ist (2Kor 5,17a), hat bereits jetzt Anteil daran. Zu beachten ist hier die in der neueren Paulusforschung mit Recht betonte partizipationistische Dimension paulinischer Theologie. Der Glaubende wird mit Christus verbunden, er ist in das Christusgeschehen von Tod und Auferstehung hineingenommen, und zwar dergestalt, dass der auf Christus Getaufte in seinen Tod getauft wird und damit dem alten, durch die Sünde gekennzeichneten Leben abstirbt, damit er, wie Christus von den Toten auferweckt wurde, in einem neuen Leben wandelt (vgl. Röm 6,3–11).

Dies gewinnt weiter an Kontur durch die pneumatologische Dimension dieses Geschehens: Durch die Gabe des Geistes hat der Glaubende Anteil am neuen Leben in Christus, mit dessen Auferweckung die neue Schöpfung angebrochen ist. Die »in Christus«-Formel ist dabei im räumlichen Sinn zu verstehen; im Blick ist die durch Christus begründete pneumatische Heilssphäre, in die die Christen durch die Taufe eingegliedert sind. Die Aussage in 2Kor 5,17a meint daher, wie angedeutet, nicht bloß, dass der, der in Christus ist, je individuell ein neues Geschöpf ist, sondern das »Sein in Christus« bedeutet Zugehörigkeit zur mit Christus anhebenden »neuen Schöpfung«.

Ein weiterer wichtiger Aspekt ergibt sich daraus, dass das Sein in Christus von Paulus nicht bloß als eine isolierte Mensch-Christus-Beziehung gedacht wird, sondern ein soziales Gefüge einschließt, nämlich das – durch das Christusgeschehen auch ethisch strukturierte – Miteinander im Raum der *ecclesia*, so dass sich eine ekklesiologische Dimension der paulinischen Rede von der neuen Schöpfung ergibt. Im Kontext von 2Kor 5,17 deutet sich durch V. 14 die christologisch begründete Agape als fundamentales Strukturprinzip des

Miteinanders in der *ecclesia* an: Die, die in Christus sind, leben von der liebenden Lebenshingabe Jesu her (vgl. Gal 2,20), und sie leben von daher verändert, nämlich »nicht mehr sich selbst, sondern dem, der für sie starb und auferweckt wurde« (2Kor 5,15).

Im Galaterbrief verbindet Paulus mit der neuen Schöpfung das durch keine sozialen Barrieren behinderte Miteinander von Juden und Nichtjuden (6,15), denn in Christus Jesus gilt weder Beschneidung noch Unbeschnittensein etwas, sondern der durch Liebe wirksame Glaube (Gal 5,6). Im ekklesiologischen Schlüsselsatz Gal 3,28 ist diese Aufhebung der Relevanz von Beschneidung und Unbeschnittensein mit weiteren Aspekten verbunden, die die Sozialstruktur des Seins in Christus näher beleuchten: »Da ist nicht Jude noch Grieche, da ist nicht Sklave noch Freier, da ist nicht männlich und weiblich; denn ihr alle seid einer in Christus Jesus.« Die drei Paare weisen jeweils ein in überkommener Sichtweise bestehendes hierarchisches Gefälle auf: Jude, Freier und Mann bezeichnen die privilegierte Position. Das »Sein in Christus« impliziert nun, dass Identitätsmerkmale, die das soziale Miteinander im »alten Äon« wesentlich prägen, für die, die in der Taufe »Christus angezogen haben« (3,27), keinerlei Rolle mehr spielen; ihre Identität ist nunmehr fundamental durch die Zugehörigkeit zu Christus definiert. Juden und Nichtjuden, Sklaven und Freie, Männer und Frauen begegnen sich in der Gemeinde gewissermaßen auf Augenhöhe; gesellschaftlich eingespielte, hierarchisch strukturierte Konventionen des Sozialverhaltens stellen keine in Christus gültigen Orientierungsmarken dar.

Der Zusammenhang des sich hier abzeichnenden Gemeinschaftsethos mit dem Gedanken der neuen Schöpfung (vgl. Dautzenberg 1983: 217; Vollenweider 2003: 247) ist dabei nicht nur über die »in Christus«-Formel gesichert, sondern wird zusätzlich noch durch das dritte Glied in Gal 3,28 unterstrichen. Paulus verwendet hier auffallenderweise nicht wie in den vorangehenden Gliedern Substantive, sondern Adjektive. Eine nahe liegende Erklärung findet dies darin, dass Paulus auf Gen 1,27^{LXX} anspielt: »Und Gott machte den Menschen. Nach dem Bild Gottes machte er ihn, *männlich und weiblich* machte er sie«. Anders gesagt: Die Aussage »hier ist nicht männlich und weiblich« zeigt sich in dieser intertextuellen Dimension als gezielte eschatologische Antithese zu Gen 1,27 (vgl. Thyen 1978: 109–111). Im Blick ist dabei freilich nicht die biologische Differenzierung an sich – schließlich bleibt diese bestehen –, sondern es geht um die sozialen Rollen (dazu Thyen 1978: 169–187), die mit dieser in der »(alten) Schöpfung« verbunden sind, aber in der »neuen Schöpfung« nicht mehr fortgeschrieben werden. Mit anderen Worten: Die untergeordnete Stellung der Frau ist hier ausweislich der Anspielung auf Gen 1,27 als in der Ordnung der Schöpfung begründet angesehen. Paulus verwechselt also gesellschaftlich kontingente Konvention mit schöpfungsmäßiger Konstitution, doch ist er hier einfach Kind seiner Zeit. Paulus' Verständnis von Gen 1,27 ist dabei im Gefolge der zeitgenössisch charakteristischen Lektüre von Gen 1–3 (s. für die Unterordnung der Frau z.B. Josephus, *Contra Apionem* 2,201) offenbar durch Gen 2–3 bestimmt, so dass die Eigenaussage von Gen 1,27 nicht zu ihrem Recht kommt. In den deuteropaulinischen Briefen begegnet dann mit 1Tim 2,13 ein expliziter Verweis auf Gen 2 zur Begründung der Unterordnung der Frau: »denn Adam wurde zuerst gebildet, danach Eva«.

Paulus selbst aber sieht diese (patriarchale) Schöpfungsordnung »in Christus« – analog zur heilsgeschichtlichen Differenzierung von Juden und Griechen – prinzipiell als überholt an, was in den frühen paulinischen Gemeinden eine für antike Verhältnisse erstaunliche Form aktiver Partizipation von Frauen aus sich heraussetzte. Dass Paulus andererseits die bestehende Schöpfung freilich nicht enthusiastisch überspringt, macht 1Kor 11,2–16 deutlich, wo er zwar das gottesdienstliche Beten und Prophezeien von Frauen ganz selbstverständlich voraussetzt und in keiner Weise in Frage stellt, gleichwohl aber im Rahmen seiner Forderung, die Frau solle dabei ihr Haupt bedecken, eine mit einem hierarchischen Moment versehene Geschlechterdifferenz festhält und sich dazu argumentativ auf Gen 2 bezieht: »Denn der Mann freilich soll sich das Haupt nicht verhüllen, da er Gottes Bild und Abglanz ist; die Frau aber ist des Mannes Abglanz. Denn der Mann ist nicht von der Frau, sondern die Frau vom Mann [vgl. Gen 2,21–23]; denn der Mann wurde auch nicht um der Frau willen geschaffen, sondern die Frau um des Mannes willen [vgl. Gen 2,18]« (1Kor 11,7–9). Nicht zufällig fehlt in der Parallele zu Gal 3,28 in 1Kor 12,13 das dritte Glied.

Paulus wollte offenbar »emanzipatorische« Bestrebungen korinthischer Frauen nicht weiter nähren. Seine Aussagen weisen an dieser Stelle eine Differenz auf, die in den größeren Zusammenhang der eschatologischen Spannung von »schon jetzt« und »noch nicht« einzustellen ist. Im nachpaulinischen Christentum, wie es durch die Pastoralbriefe repräsentiert wird (s. bes. 1Tim 2,9-15), ist der Impuls von Gal 3,28 schnell versandet (vgl. Merklein 1997). Gegenüber der paulinischen Vorstellung der in Christus bereits angebrochenen neuen Schöpfung und ihrer im Leben der *ecclesia* manifest werdenden Sozialstruktur bedeutet die patriarchale schöpfungstheologische Argumentation von 1Tim 2,9-15 eine Wiedergeltendmachung des nach 2Kor 5,17 vergangenen Alten.

Festzuhalten ist: Paulus' Aussage »ist jemand in Christus, neue Schöpfung« erklärt nicht bloß die Christusgläubigen je für sich zu neuen Geschöpfen, sondern es geht um die mit dem Sein in Christus verbundene Teilhabe an der mit Christi Auferweckung schon angebrochenen neuen Schöpfung, die mit der Parusie Christi vollendet werden wird. Festzuhalten ist ferner, dass sich die Zugehörigkeit zur neuen Schöpfung für Paulus mit einer neuen Sozialstruktur verbindet, die zum einen durch die christologisch begründete und zugleich in Christi Lebenshingabe ihr Modell findende Agape und zum anderen durch den Verzicht auf im alten Äon eingespielte Statuspositionen charakterisiert ist und sich in der ekklesialen Gemeinschaft manifestieren soll.

5.6. Die Erlösung der Schöpfung in Röm 8,19-23

In Röm 8,19-23 spannt Paulus den Bogen weiter und blickt über das Ergehen der Christusgläubigen hinaus. Nachdem er in Röm 6-8 die Existenzwende der Christusgläubigen dargestellt und in 8,14-17 nach dem Zuspruch der Gotteskindschaft das kommende Mitverherrlichtwerden der Kinder Gottes mit Christus angesprochen hat, entfaltet er von 8,18 an diese christologisch begründete, unter dem Leitgedanken der Analogie zum Weg Jesu stehende Hoffnung und damit die Gewissheit des kommenden Heils. Der Rekurs auf die Befreiung der ganzen Schöpfung von der Vergänglichkeit ist dieser Vergewisserung als Hilfsargument zugeordnet. Genauer: Paulus stellt in 8,18 thetisch die relative Marginalität der gegenwärtigen Leiden im Vergleich mit der zukünftigen Herrlichkeit heraus. Der Verweis auf das sehnsüchtige Harren der Schöpfung (κτίσις) dient im Kontext dazu, die Hoffnung der Christen auf zukünftige Herrlichkeit zu plausibilisieren: Das Harren der Schöpfung ist auf die Offenbarung der Söhne Gottes gerichtet. Zugleich wird mit 8,19–23 der Faden von Röm 1,19f. aufgenommen: Die Schöpfungswerke, an denen Gottes ewige Kraft und Gottheit mit der Vernunft ersehen werden kann, sind nicht der Vernichtung preisgegeben, sondern werden bei der Vollendung des Heils von der Vergänglichkeit befreit, also verwandelt werden (vgl. 1Kor 15,50–54).

Im Einzelnen: Dem gegenwärtigen Leiden der Christen korrespondiert, dass die Schöpfung der Nichtigkeit unterworfen ist (V. 20), sich im Status der »Knechtschaft der Vergänglichkeit« (V. 21) befindet. Die Frage, ob κτίσις hier die gesamte Schöpfung ohne die Christen (Vögtle 1970: 186f., 193, 199 für V. 22), die gesamte nicht-menschliche Schöpfung (Becker 1995: 306f.) oder die (»heidnische«) Menschheit (Walter 1997: 295–298) meint, ist im Sinne der mittleren Option aufzulösen, da sich das sehnsüchtige Harren auf das Offenbarwerden der Kinder Gottes (V. 19) ebenso wenig von Nichtchristen aussagen lässt wie die Befreiung zur Freiheit der Kinder Gottes in V. 21, denn die »Ungläubigen« gehen nach Paulus dem Zorngericht entgegen.

Die Korrespondenz im gegenwärtigen Zustand von Glaubenden und Schöpfung im dargelegten Sinn wird durch V. 22f. unterstrichen. Die Metaphorik, dass die Schöpfung seufzt und in Wehen liegt (V. 22), illustriert eindrücklich, dass die Schöpfung noch nicht an ihr Ziel gelangt ist. Die Situation der Glaubenden fügt sich hier ein: Auch sie seufzen jetzt (V. 23). Wird ihnen in V. 15–17 die Gotteskindschaft bereits präsentisch zugesprochen, so erscheint diese in V. 23 als Aspekt des noch ausstehenden Heils, das ferner als Erlösung des Leibes (nicht *vom* Leib) gekennzeichnet wird. Mit 1Kor 15,44–46 gesprochen: Es ist die Existenz in der vergänglichen Gestalt des natürlichen Leibes (σῶμα ψυχικόν), die analog zur vergänglichen Schöpfung durch Seufzen gekennzeichnet ist und mit der Parusie Christi durch die Umwandlung dieses Leibes in den geistlichen Leib (σῶμα πνευματικόν) abgelöst wird.

Die Unterwerfung der Schöpfung unter die Vergänglichkeit geschah nach V. 20b nicht freiwillig, sondern durch den oder um dessentwillen, der unterworfen hat. Einige Ausleger denken bei Letzterem Adam als Subjekt ein. Dagegen spricht, dass in der passivischen Formulierung in V. 20a Gott als Subjekt impliziert ist. Umgekehrt ergibt sich bei Gott als Subjekt in V. 20b eine Tautologie. Bezugspunkt der Aussage dürfte so oder so Gen 3 bzw. genauer das Urteil Gottes in Gen 3,14–19 sein. Erwägen kann man, ob es sich hier um eine unpräzise Formulierung handelt. Adam ist zwar nicht selbst der Unterwerfende, aber der Anlass dafür, dass Gott die Schöpfung der Vergänglichkeit unterworfen hat, so dass kontextuell ein Bogen zur Thematisierung der Sünde Adams in Röm 5,12–19 geschlagen wird, deren Folge hier über die Menschheit hinaus auch für die außermenschliche Schöpfung bedacht wird (vgl. 4Esr 7,11: »Als Adam meine Gebote übertrat, wurde das Geschaffene gerichtet«, vgl. Balz 1971: 41–45). Das Geschick der außermenschlichen Schöpfung wird aufs Engste mit dem der Menschen verknüpft. Der Zusammenhang, der hier in mythologischer Gestalt zur Erklärung des Zustands der Welt begegnet, gewinnt in anderer Weise angesichts der »anthropogene[n] Zerstörung der Welt« (Weder 1992: 251) eine bedrängende aktuelle Relevanz: Adams Überschreitung der ihm gesetzten Grenze, indem er auch noch von den ihm verbotenen Früchten in der Mitte des Gartens (Gen 3,3) isst, reißt die Schöpfung mit ins Verderben.

Diese Verknüpfung des Geschicks gilt aber auch für die zukünftige Befreiung (vgl. Wilckens 1987: 154f.), die am Ende von Röm 8,20 bereits durch die Anfügung von »auf Hoffnung hin« angedeutet und in V. 21 ausformuliert wird. Die Hoffnungsexistenz verbindet die Schöpfung wiederum mit den Glaubenden (V. 24). Und haben die Glaubenden bereits insofern Anteil am eschatologischen Heil erhalten, als sie durch das Gesetz des Geistes des Lebens in Christus befreit wurden vom Gesetz der Sünde und des Todes (8,2, vgl. Röm 6,18–23), so wird dieses Befreiungsgeschehen erst mit der Befreiung der Schöpfung von der Knechtschaft der Vergänglichkeit vollendet werden (8,21). Liest man die Befreiungsaussagen in V. 2 und V. 21 mit ihren unterschiedlichen Zeithorizonten zusammen, kann man von einer anthropologischen Prolepse der eschatologischen Befreiung der Kreatur reden. Mit Röm 8 wird dabei deutlich, dass Paulus die eschatologische Vollendung nicht bloß anthropozentrisch bzw. genauer: auf die Glaubenden fokussiert zu denken vermag, sondern die nicht-menschliche Schöpfung einbezieht. Ebenso ist freilich festzuhalten: Die Befreiung der Schöpfung wird in Röm 8 nicht als *eigenständiges* Motiv entfaltet, sondern dient, wie angedeutet, kontextuell der Vergewisserung der Glaubenden in ihrer Heilshoffnung.

Dieser kontextuellen Funktion korrespondiert, dass das Ziel des die Schöpfung umgreifenden Befreiungshandelns Gottes mit der Rede von der »Freiheit der Herrlichkeit der Kinder Gottes« in einer auf die Heilshoffnung der Glaubenden bezogenen Weise formuliert wird. »Herrlichkeit« fungiert hier als Oppositum zur »Vergänglichkeit«, impliziert also die Verwandlung nicht nur der Glaubenden (dazu 1Kor 15,42–49), sondern auch der nicht-menschlichen Schöpfung in eine neue Seinsform. Details liegen außerhalb des argumentativen Interesses von Paulus in Röm 8. Festzuhalten aber ist: Nach Röm 8 geht diese Schöpfung nicht der Vernichtung entgegen, um durch eine zweite Welt ersetzt zu werden, sondern es ist diese Schöpfung, die verwandelt werden wird.

6. Christus als Schöpfungsmittler

Wo, wie in Röm 8, das zukünftige Ergehen der Schöpfung mit dem Eingehen der Glaubenden in das durch Christus begründete und diesen beim Kommen des Parusiechristus zuteil werdende endzeitliche Heil verknüpft ist, liegt es nicht mehr fern, die gesamte geschöpfliche Wirklichkeit christologisch zu interpretieren. Eine solche Sicht begegnet im Neuen Testament pointiert in dem mehrfach belegten Motiv der Schöpfungsmittlerschaft Christi (Kol 1,15–20; Hebr 1,2f.; Joh 1,1–3). Als exemplarischer Leittext soll im Folgenden der Christushymnus in Kol 1,15–20 erörtert werden.

Der Hymnus Kol 1,15–20 ist strukturell durch das parallele Grundgerüst seiner beiden Teile V.15–18a und 18b–20 geprägt: Auf die einleitenden relativischen Anschlüsse (ὅς ἐστιν ...) folgt jeweils eine Prädikation Christi als Erstgeborener (der Schöpfung in

V. 15b, aus den Toten in V. 18c), die anschließend, mit ὅτι eingeleitet, begründet wird (V. 16a.19a, im zweiten Teil ist in 18d noch eine das Ziel der Auferweckung Jesu angebende Zwischenbemerkung eingeschoben); schließlich begegnet in beiden Teilen eine durch die präpositionalen Prädikationsreihen »in ihm«, »durch ihn« und »auf ihn hin« geprägte »All«-Aussage (V. 16a.e.20a), die durch den Merismus Himmel und Erde (V. 16b.20c) aufgefächert wird (vgl. Wolter 1993: 72). Inhaltlich werden durch den Hymnus die Schöpfung der Welt und das eschatologisch gefasste Heil zu einer strukturierten Einheit zusammengefügt.

Im Einzelnen: Dass Christus das »Bild des unsichtbaren Gottes« ist, impliziert als exklusive christologische Aussage (vgl. 2Kor 4,4), dass Christus Gott wesenhaft repräsentiert (vgl. Schweizer 1989: 57f.) und damit ganz auf der Seite Gottes zu stehen kommt. Ist damit der Sinn der Eikon-/εἰκών-Aussage gegenüber Gen 1,26f. sichtlich verschoben (das gilt analog aber etwa auch für Philo, *De opificio mundi* 69, wo die Ebenbildlichkeit auf die Vernunft, den νοῦς, enggeführt wird), so ist die Anspielung auf Gen 1 angesichts dessen, dass diese Aussage in V. 15b–18a *schöpfungs*theologisch entfaltet wird, gleichwohl evident. Vergleichen kann man, dass bei Philo der Logos, in dem Gott die sichtbare Welt, bevor er sie schuf, vorgebildet hat, als Ebenbild Gottes erscheint (Philo, *De confusione linguarum* 147: »Der ehrwürdige Logos ist das Ebenbild Gottes« [θεοῦ γὰρ εἰκὼν λόγος ὁ πρεσβύτατος], s. auch *Legum Allegoriae* 3,96 und *De somniis* 2,45: »Gott hat die formlose Substanz des Weltalls geformt, die unausgeprägte geprägt, die gestaltlose gestaltet, die ganze Welt vollendet und versiegelt durch ein Bild und eine Idee, nämlich durch seinen eigenen Logos«). Kol 1,15 setzt, wie zu V. 16a noch zu konkretisieren sein wird, diese Interpretationsgeschichte voraus und appliziert sie christologisch.

Da nach V. 16a.e *alles in* und *durch* (nicht bloß nach) Christus geschaffen wurde, kann seine in V. 15b folgende Bezeichnung als »Erstgeborener aller Schöpfung« Christus nicht im allein chronologischen Sinne als erstes der Geschöpfe ausweisen wollen; vielmehr ist er Erstgeborener *vor* aller Schöpfung, was die eben getroffene Aussage, dass V. 15a ihn ganz auf die Seite Gottes zieht (vgl. den Beginn des Hymnus in Phil 2,6–11 sowie Joh 1,1f.), untermauert (vgl. Hofius 2002: 224). Ebenso meint V. 17a, wonach Christus »vor allem ist«, nicht allein zeitliche Priorität, sondern herrscherliche Überordnung.

In religionsgeschichtlicher Perspektive wird Christus in dem Hymnus der Platz zugewiesen, auf dem in der frühjüdischen Weisheitsspekulation die präexistente Weisheit inthronisiert wurde (vgl. – neben den in Abschnitt 4.5.2 bereits genannten Stellen – z.B. noch Sir 1,4; 24,9; Philo, *De virtutibus* 62; *De ebrietate* 30f.). Des Näheren ist für den religionsgeschichtlichen Hintergrund des Hymnus auf die Transformation der frühjüdischen Weisheitsspekulation in der Logoskonzeption Philos zu verweisen (dazu Wolter 1993: 76). Nach Philo ist – in Anlehnung an Platons *Timaios* (28–34) – die sichtbare Welt »einem Urbild und einer geistigen Idee nachgebildet« (*De opificio mundi* 16), d.h. Gott hat zunächst die gedachte Welt, den κόσμος νοητός, gebildet (Philo bezieht Gen 1,3–5 auf die Bildung der gedachten Welt), »um dann mit Benutzung eines unkörperlichen und gottähnlichen Vorbildes die körperliche – das jüngere Abbild eines älteren – herzustellen« (*De opificio mundi* 16). Alleiniger Ort dieser Welt aber ist die göttliche Vernunft, der Logos (ebd. 20), »den Gott selbst ganz und gar mit seinen unkörperlichen Kräften ausgefüllt hat« (*De somniis* 1,62). Von dieser Vorstellung her erschließt sich das »in ihm« in Kol 1,16a. Christus ist der »Ort, in dem der gesamte Kosmos vorgebildet wurde« (Wolter 1993: 79; anders Stettler 2000: 146f.: »durch ihn«, also instrumentales ἐν).

Im Kontext des Kolosserbriefes dient der Gedanke der Schöpfungsmittlerschaft Christi dazu, seine Überordnung über alles Geschaffene zu untermauern und so – gegen die im Adressatenkreis virulente »Philosophie« (Kol 2,8) – herauszustellen, dass neben dem alle Wirklichkeit umgreifenden Christus nichts Verehrung beanspruchen kann, auch nicht Engelmächte (vgl. 2,19), die in der Entfaltung der »All«-Aussage in V.16b–d in der Rede von »Thronen oder Herrschaften oder Gewalten oder Mächten« (εἴτε θρόνοι εἴτε κυριότητες εἴτε ἀρχαὶ εἴτε ἐξουσίαι, vgl. zu den ἀρχαὶ und ἐξουσίαι Kol 2,10.15) gemeint sind (innerhalb der Aufzählung in V. 16b–d sind die zitierten Glieder der Explikation von »Himmel« bzw. von »dem Unsichtbaren« zugeordnet). Die Engelmächte sind also bloß Teil der Schöpfung, der der Schöpfungsmittler kategorial übergeordnet ist. Darin ist impliziert, dass auch die Befolgung temporaler Ordnungen wie des Neumondes oder des Sabbats (2,16) fehlgeleitet ist, denn diese gehören zum Geschaffenen. In doppelt transformierter Form wird hier die grundlegende Unterscheidung von Schöpfer und Geschöpf (vgl. Röm 1,22f.; Apg 14,8–18) zur Geltung gebracht, nämlich zum einen in christologisch modifizierter Weise und zum anderen in durch den Bezug auf die unsichtbare himmlische Welt erweiterter Ausrichtung.

Die präpositionale Prädikation »in ihm« wird in V. 16e, wie angedeutet, um »durch ihn« und »auf ihn hin« ergänzt. Findet sich die präpositionale Prädikation »durch ihn« schon in 1Kor 8,6 auf Christus übertragen, so wird Christus in Kol 1 also auch zum (eschatologischen) Zielpunkt des Schöpfungshandelns Gottes. Der auf den Schöpfungsakt des Anfangs blickende Aorist in V. 16a weicht dabei in V. 16e dem resultativen Perfekt, so dass die in der Gegenwart anhaltende Bedeutung des Schöpfungshandelns Gottes durch Christus und auf ihn hin betont ist. Gott hat in seinem Schöpfungshandeln alles auf Christus als den Auferweckten hin ausgerichtet. Konkretisiert wird dieser Gedanke durch die Vorstellung der Anteilhabe an Christus: Die Adressaten sind mit Christus durch die Taufe begraben worden (Kol 2,12), sie sind mit Christus den Mächten der Welt gestorben (2,20) und sie sind, als sie in ihren Sünden tot waren, mit ihm lebendig gemacht, sind mit ihm auferweckt worden (2,12f.). Schon im christologisch gefassten »auf ihn hin« des Schöpfungshandelns Gottes in V. 16e klingt also das soteriologische Thema an, das im zweiten Teil des Hymnus ausgeführt wird. Zugleich artikuliert sich die heilvolle Bedeutung des Schöpfungsmittlers darin, dass kein anderer als er es ist, in dem alles nach V. 17b Bestand hat, der die Welt gewissermaßen »zusammenhält«.

V. 18a bringt abschließend die Herrschaftsstellung Christi gegenüber der Schöpfung durch die Vorstellung vom kosmischen Leib (vgl. Platon, *Timaios* 31b u.ö.; Philo, *De plantatione* 7) zum Ausdruck, dem er als Haupt übergeordnet ist, wie Philo dies analog vom Logos aussagt (*De somniis* 1,128; *Quaestiones in Exodum* 2,117). Die in V. 18a angefügte Engführung des Leibes auf die Kirche wird mit Recht zumeist als ein Interpretament des pseudonymen Verfassers des Kolosserbriefes gewertet (anders Stettler

2000: 94, 231–234): Inmitten der von lasterhaftem Treiben gezeichneten irdischen Sphäre (Kol 3,2.5) ist die Kirche *der* »Herrschaftsraum« Christi, in dem seine Macht sich schon jetzt heilvoll manifestiert. Wird mit dem Motiv der Schöpfungsmittlerschaft Christi die kategoriale Überordnung Christi über die Mächte und Gewalten begründet, so ist dieses Moment durch die soteriologische Aussage zugespitzt, dass die Mächte und Gewalten durch den auferweckten Christus ihrer Macht entkleidet wurden (2,15). Wer in Christus ist, hat Teil an dieser Entmachtung.

Überblickt man den ersten Teil des Hymnus, so ist deutlich, dass nicht spekulative kosmogonische Theoriebildung im Vordergrund des Interesses steht, sondern adressatenbezogene Weltdeutung: Da Christus aller geschöpflicher Wirklichkeit übergeordnet ist, kann es keine Verehrung anderer Mächte außer und neben Christus geben. Der zweite Teil entfaltet auf dieser Basis die – ebenfalls die gesamte Welt umfassend betreffende – Bedeutung Christi, genauer: des (Gekreuzigten und) Auferweckten, als des Mittlers auch der neuen Schöpfung. Der Zusammenhang mit V. 15–18a lässt die Auferweckung Jesu dabei als ein Schöpfungshandeln Gottes begreifen (vgl. Burger 1975: 47), wie dies auch für Röm 4,17 bereits festzuhalten war.

Mit der Auferweckung von den Toten ist verbunden, dass es der *göttlichen* Fülle (so – und nicht im Sinne der Gesamtheit der Schöpfung – dürfte πᾶν τὸ πλήρωμα zu interpretieren sein, vgl. Kol 2,9) gefallen hat, in Christus Wohnung zu nehmen und durch ihn alles zu versöhnen. Letzteres meint schwerlich die Versöhnung von allem *mit Gott*, sondern die göttliche Fülle, d.h. Gott in seinen heilwirkenden Kräften, stiftet durch Christus der Welt Frieden ein (vgl. Hegermann 1961: 104f, 108, 126). Vorausgesetzt ist also die Vorstellung, dass die Welt in sich zerstritten und zerrissen ist und die Heraufführung der neuen Schöpfung durch die Auferweckung Jesu darauf zielt, diesen Riss zu heilen. Das sekundäre, wohl wiederum vom Verfasser des Kolosserbriefes eingefügte Interpretament in V. 20b »(indem er Frieden gemacht hat) *durch das Blut seines Kreuzes*« lenkt im Blick auf die Grundlage dieses Versöhnungsgeschehens von der Auferweckung zum Kreuzestod über. So oder so: Ist alles auf Erden wie im Himmel (V. 20c) durch Christus und auf ihn hin miteinander versöhnt und so dem Kosmos Frieden eingestiftet, ist jeder Versuch, sich vor bedrohlichen Wirkungen der kosmischen Disharmonie durch bestimmte rituelle oder asketische Akte zu schützen (vgl. 2,16–23), erledigt.

Im Blick auf das Verhältnis der beiden Teile des Hymnus zueinander ist vielfach als Problem diagnostiziert worden, wieso die Welt durch Unfrieden und Disharmonie gezeichnet ist, wenn Christus der Schöpfungsmittler ist. Den Verfasser des Kolosserbriefes dürfte diese Frage freilich kaum bedrängt haben. Der Ton liegt auf dem zweiten Teil des Hymnus. Der in ihm ausgesagten kosmischen Versöhnung korrespondiert im Blick auf die im Adressatenkreis virulente Frage der Engelverehrung in Kol 2,8–23, dass das nicht ergänzungsbedürftige Geschenk des Heils durch ein konsequentes *solo Christo* entwickelt wird und die Mächte und Gewalten ihrer Macht entkleidet sind (2,15). Es gibt keinen Teil der Wirklichkeit, der eine eigenständige Mächtigkeit abseits von Christus besitzen (und von daher um des Heils willen Verehrung einfordern) könnte. Der erste Teil des Hymnus sichert das soteriologische *solo Christo* ab, indem schon für die uranfängliche Schöpfungswirklichkeit geltend gemacht wird, dass alles, einschließlich der Mächte und Gewalten, von Gott allein in Christus geschaffen wurde und in ihm Bestand hat.

Indem die Interpretation der geschöpflichen Wirklichkeit über das Motiv der Schöpfungsmittlerschaft Christi ganz und gar christologisch bestimmt wird, wird die Schöpfung konsequent auf den im Christusgeschehen manifest gewordenen Heilswillen Gottes hingeordnet. Gott hat von Anfang an bei seiner Schöpfung nichts anderes als das durch Christus gewirkte Heil im Blick, und zugleich wird angesichts bedrohlicher, unheilvoller Seiten der Welterfahrung über die christologische Bestimmtheit aller Schöpfungswirklichkeit ein Grundvertrauen in die Schöpfung gelehrt. »[E]s gibt von Anfang an keinen anderen Schöpfer als den, dessen Liebeswille die Erlösung der Menschen will« (Becker 1995: 317). Zugleich bleibt als Impuls des Kolosserhymnus festzuhalten, dass die Relevanz des Christusgeschehens nicht auf die Schar der Glaubenden hin zu verengen, sondern in seinem die gesamte Schöpfung betreffenden Horizont auszulegen ist. Die in dem Motiv der Schöpfungsmittlerschaft sich artikulierende, den Präexistenzgedanken voraussetzende hohe Christologie mag einer »von unten«, also vom Menschen Jesus her argumentierenden Christologie suspekt sein (vgl. Schoberth 1997: 150f.), und sie mag mit ihren mythischen kosmologischen Vorstellungen als naiv gewertet werden. Zudem reibt sich die Rede von der kosmischen Versöhnung hart mit erfahrbarer Realität des Risses, der die Welt – nach wie vor – kennzeichnet (vgl. Wolter 1993: 90). Und schließlich ist auch dem mit der kosmologischen Christologie des Hymnus bekämpften Gegenüber, der Verehrung von Engelmächten, keine weltdeutende Relevanz mehr beizumessen. Die Aufgabe einer gesamttheologischen Konzeption, die die Interpretation der Wirklichkeit als Schöpfung zum einen und das Christusgeschehen zum anderen zusammenführt und die Schöpfergüte im Lichte der Zuwendung Gottes zu seinen Geschöpfen in Christus zu verstehen versucht, bleibt gleichwohl gestellt: Welche Lektüre der Wirklichkeit erschließt sich unter der Annahme, dass sie die Schöpfung des einen Gottes ist, der sich in Jesus Christus als liebender »Vater« offenbart hat?

7. Der neue Himmel und die neue Erde in Apk 21 (und 2Petr 3,13)

Während die Rede von der neuen Schöpfung bei Paulus auf das bereits gegenwärtige Heil der Glaubenden in Christus bezogen ist, lenkt die Johannesoffenbarung den Blick auf die Zukunft und dies in transpersonaler Weise und in kosmologischer Weite, wie es für die apokalyptische Tradition insgesamt charakteristisch ist. Der Seher sieht »einen neuen Himmel und eine Erde. Denn der erste Himmel und die erste Erde sind vergangen, und das Meer ist nicht mehr« (Apk 21,1). Dem steht neutestamentlich 2Petr 3,13 zur Seite: »Wir warten aufgrund seiner Verheißung auf einen neuen Himmel und eine neue Erde, in denen Gerechtigkeit wohnt.« Der folgende Abschnitt konzentriert sich auf die Vision der neuen Schöpfung in Apk 21; 2Petr 3 wird en passant aufgenommen werden.

Nach der Darstellung des Siegs Christi über die gottfeindlichen Mächte und des Endgerichts in Apk 19,11–20,15 eröffnet die Vision des neuen Himmels und der neuen Erde in Apk 21,1–8 das positive Finale der Abschlussvision des Buches in 19,11–22,5, auf das die Visionen in Apk 7 und 14 bereits vorausgeblickt haben. 21,1–8 gliedert sich in eine zweiteilige Vision in V. 1.2 (»und ich sah …« [V. 1.2]) und eine diese auslegende Audition in V. 3–8 (»und ich hörte …« [V. 3]), in der die Rede der Himmelsstimme (V. 3f.), die die Vision des neuen Jerusalems (V. 2) interpretativ aufnimmt, und die mit einem Rekurs auf V. 1 einsetzende Rede Gottes (V. 5–8) zu unterscheiden sind (Roloff 1987: 198). Im ersten Teil der Vision (V. 1) steht der auf Jes 65,17; 66,22 fußenden und in der frühjüdischen Tradition (vgl. oben in Abschnitt 4.5.5) reich rezipierten Rede vom neuen Himmel und der neuen Erde die ausdrückliche Erwähnung des Vergehens des ersten Himmels und der ersten Erde zur Seite. Auffallend ist, dass sich an diese in parallelen Gliedern gebaute Gegenüberstellung von neuer und erster Welt eine Erwähnung des Verschwindens des Meeres anschließt. Der Ton fällt damit darauf, dass vom ersten Himmel und der ersten Erde unter der Perspektive der die Schöpfung Gottes bedrohenden widergöttlichen Kräfte die Rede ist, denn in Anknüpfung an die alttestamentliche Vorstellung, dass Gott das Chaos(meer) nicht beseitigt, sondern eingeordnet hat (Gen 1,6–10; Hi 38,8–11; Ps 33,7; 104,6–9), erscheint das Meer hier als der Urgrund der sich gegen Gott erhebenden Mächte. Im Kontext der Johannesoffenbarung ist besonders an 13,1 zu erinnern: Dem Meer war das gottlästernde und die Heiligen bekämpfende Tier entstiegen. Die Bedrängnis der Heiligen durch die gottfeindlichen Mächte (kenn)zeichnet die Gegenwart. Bei der eschatologischen Vollendung des Heils aber werden die widergöttlichen Mächte bezwungen sein (vgl. 19,11–20,15); eine neue Bedrohung wird nicht entstehen, denn auch ihr Quellgrund wird nicht mehr existieren. Kurz gesagt: Das Hoffnungsbild des neuen Himmels und der neuen Erde leuchtet vor dem Kontrasthintergrund der als bedrängend erfahrenen, durch die Herrschaft der »Hure Babylon« (Apk 17) geprägten Gegenwart.

Der Befund, dass die erste Welt hier unter dem Aspekt des bedrohlichen Chaosmeeres in den Blick kommt, könnte darauf hinweisen, dass es in 21,1 um die Erneuerung der Welt durch die Beseitigung eben dieses Meeres geht. Die direkte Entgegensetzung von neuer und vergangener erster Welt aber lässt eher an einen totalen Abbruch der ersten Welt denken, an Diskontinuität statt Verwandlung. Zieht man noch das von Gott selbst gesprochene Wort in 21,5 »Siehe, ich mache alles neu!« hinzu, verstärkt sich dieser Eindruck. Einer solchen Vorstellung ließe sich zudem neutestamentlich 2Petr 3,10–13 zur Seite stellen, denn auch hier ist offenbar eine totale Neuschöpfung nach dem Abbruch des Alten im Blick (vgl. Paulsen 1992: 170f.), wie dies auch in der frühjüdischen Apokalyptik begegnet (vgl. 4Esr 7,50: »Der Höchste hat nicht eine Welt geschaffen, sondern zwei.«). Im Kontext der Johannesoffenbarung entsteht mit dieser Vorstellung freilich eine Spannung zur vorangehenden Darstellung, in der verschiedentlich auf Gottes Schöpferhandeln Bezug genommen wurde (Apk 4,11 [»du hast alles erschaffen, durch deinen Willen war es und ist es erschaffen worden«]; 10,6; 14,7) und der leitende Gedanke eher zu sein scheint, dass der Schöpfer seine Schöpfung von den widergöttlichen Mächten befreit und damit als Herr der Welt hervortritt (vgl. Roloff 1990: 123–125).

Es ist allerdings fraglich, wenn nicht unwahrscheinlich, dass der Seher Johannes sein Augenmerk auf die angesprochene kosmologische Frage gerichtet hat. Vielmehr erscheint die Aussage in Apk 21,1 im Textduktus »nur« als Rahmen für den zweiten Teil der Vision, der Vision des vom Himmel herabkommenden Jerusalems. Es ist jedenfalls dieser zweite Teil der Vision, der in 21,9–22,5 breit entfaltet wird. Der Seher ist dabei offenbar durch Jes 65,17–25 inspiriert, denn analog zur Sequenz in Apk 21,1–8; 21,9–22,5 ist die Rede von der Erschaffung eines neuen Himmels und einer neuen Erde schon bei Tritojesaja dem Jerusalem-Thema zugeordnet (Vögtle 1970: 117–119; Roloff 1990: 126f.): »Denn seht, ich schaffe Jerusalem als Jubel und ihr Volk als Frohlocken. Und über Jerusalem werde ich jubeln, und frohlocken werde ich über mein Volk. Und Weinen und Schreien wird in ihr nicht mehr zu hören sein« (Jes 65,18b–19). In der Johannesoffenbarung ist das Jerusalem-Thema durch die Rezeption der frühjüdischen Vorstellung der endzeitlichen Herabkunft des im Himmel präexistenten Jerusalems (4Esr 7,26; 13,36; syrBar 4,2–6 u.ö.) transformiert. Durch den in V. 1 vorgeschalteten

Kontrast von alter und neuer Welt sichert Johannes seine Rezeption des Jerusalemmotivs vor dem Missverständnis, die Erneuerung des irdischen Jerusalems aussagen zu wollen. Jenes wird vielmehr in 11,8 wie die für die Hauptstadt des römischen Imperiums transparente »Hure Babylon« als die »große Stadt« bezeichnet (vgl. Apk 16,19; 17,18; 18,16 u.ö.) und damit der sich gegen Gott erhebenden Welt zugeordnet. Im Gesamtkontext stellt diese gottlästernde, vom Blut der Heiligen trunkene und in ihrem ungerechten Wohlstand schwelgende, aber am Ende der Zeit von Gott vernichtete »*Hure* Babylon« das Kontrastbild zum himmlischen, wie eine *Braut* geschmückten Jerusalem dar (Roloff 1990: 131–133).

Der erste Teil der Audition in 21,3f. interpretiert die Jerusalemmetapher, indem die unmittelbare und ungestörte Präsenz Gottes bei den Menschen als das zentrale Charakteristikum der heiligen Stadt aufgewiesen wird. Die Rede vom Zelt Gottes (ἡ σκηνὴ τοῦ θεοῦ) erinnert an die Stiftshütte (vgl. Ex 27,21; Lev 1,1 u.ö.), doch wird das neue Jerusalem keinen Tempel mehr haben (Apk 21,22), da die Abgrenzung des Heiligen vom Profanen in der eschatologischen Heilszeit hinfällig geworden ist. Die gesamte Stadt ist der Ort der unmittelbaren Gegenwart Gottes. Das Wohnen Gottes wird von Johannes in Apk 21,3b bundestheologisch expliziert und verdeutlicht (vgl. auf den Einzelnen bezogen V. 7b). Gottes Schöpfungshandeln zielt auf die Gemeinschaft mit den Menschen. Wo diese ungebrochene Gemeinschaft realisiert ist, muss das mit Not und Bedrängnis verbundene Erste weichen. Dadurch, dass die eschatologische Freude in V. 4 in Anknüpfung an Jes 25,8 (vgl. Apk 7,17) durch das charakterisiert wird, was nicht mehr sein wird, knüpft der Seher an die Situation seiner bedrängten Adressaten an, wie auch die Futura in V. 3f. den erzählten Stand des geschauten Endgeschehens verlassend aus der Perspektive der Gemeinde gesprochen sind. Jetzt ist noch die Zeit der Tränen, der Realität des Todes und seiner Wirkungen, der Trauer, des Angstgeschreis und des Schmerzes. Aber die gegenwärtige Not ist eben nicht das Letzte. Die Rückkehr in den Zeitmodus der Vision am Ende von V. 4 bekräftigt die Gewissheit: Das Erste ist vergangen.

Im zweiten Teil der Audition (V. 5–8) ist es ausdrücklich Gott selbst, der das Wort ergreift. Die nach V. 5 betont *universale* Neuschöpfung (alles/πάντα) bedeutet die Erfüllung der Verheißung von Jes 43,19 und ist damit Ausweis der Treue Gottes, der als der Allmächtige (ὁ παντοκράτωρ, Apk 1,8; 4,8; 21,22 u.ö.) das A und O ist (1,8; 22,6) und sich als der Vergangenheit, Gegenwart und Zukunft umspannende geschichtsmächtige Gott (vgl. die Rede von Gott als dem, »der da ist und der da war und der da kommt« in 1,4.8 u.ö.) gegen die die alte Welt verderbenden Mächte durchsetzt. Das futurisch zu verstehende, feierliche »siehe, ich mache alles neu« in Apk 21,5 kann man »mit einem gewissen Recht [...] den zentralen Schlüsselsatz des ganzen Buches nennen: Die Akte der Selbstdurchsetzung Gottes gegenüber der alten Welt und ihrer Geschichte, von denen die vorangegangenen Visionen kündeten, dienen letztlich nur dazu, den letzten Erweis der Schöpfermacht und Geschichtshoheit Gottes vorzubereiten, nämlich die Schaffung einer neuen Welt, die ihm ganz gemäß ist, in der nur sein heilvoller Wille gilt« (Roloff 1987: 200).

Dominiert in der Johannesoffenbarung anders als bei Paulus die futurische und transpersonale Dimension der Neuschöpfung, so ist die personale Dimension der paulinischen Neuschöpfungsaussage dem Seher in Apk 21,1–8 gleichwohl nicht fremd, wird doch der universale Aspekt der Neuschöpfung in V. 7 im Blick auf das Heil des Einzelnen ausgelegt. Vor allem aber zeigt sich die Erwartung zukünftigen Heils im Gesamtzusammenhang des Werks als in dem bereits geschehenen Heilswerk Gottes in Jesus Christus begründet (5,9f.). Christus ist schon in die Herrschaft eingesetzt (5,1–14), ist bereits erhöht (12,1–5). Ähnlich wie Paulus ist also durchaus auch die Offenbarung von der Spannung zwischen dem Schon-jetzt und dem Noch-nicht des Eschatons bestimmt, wobei freilich die zukünftige Vollendung des Heils angesichts der gegenwärtigen Bedrängnis den Ton trägt.

Kurzum: Das Hoffnungsbild der neuen Welt, in der die Tränen abgewischt sind, empfängt seine Gewissheit aus dem Glauben an den österlichen Sieg Christi. Seine grundlegende Voraussetzung aber ist der Glaube an den Schöpfergott, der als solcher seinen Herrschaftsanspruch endzeitlich durchzusetzen vermag.

Quellen- und Literaturverzeichnis

1. Quellen

ApkMos/Apokalypse des Mose: Merk, Otto/Meiser, Martin (Hgg.): Das Leben Adams und Evas (JSHRZ II/5), Gütersloh 1998.

Aratos: *Phainomena/Sternbilder und Wetterzeichen*, hg. und übersetzt v. Manfred Erren, München 2009.

Aristeasbrief: Meisner, Norbert: Aristeasbrief (JSHRZ II/1), Gütersloh 1973, 35–87.

Aristobulos: Walter, Nikolaus: Fragmente jüdisch-hellenistischer Exegeten: Aristobulos, Demetrios, Aristeas (JSHRZ III/2), Gütersloh 1980², 257–299: 261–279.

syrBar/syrische Baruchapokalypse: Klijn, Albertus F. J.: Die syrische Baruch-Apokalypse (JSHRZ V/2), Gütersloh 1976, 103–191.

CD/Damaskusschrift: García Martínez, Florentino/Tigchelaar, Eibert J. C. (Hgg.): The Dead Sea Scrolls. Study Edition, 2 Bde., Leiden u.a. 2000, Bd. 1, 551–627.

Cicero, M. Tullius: *De natura Deorum/Vom Wesen der Götter*: Drei Bücher. Lateinisch – deutsch, hg., übersetzt und erläutert v. Wolfgang Gerlach und Karl Bayer (Tusculum), München 1978.

Cicero, M. Tullius: *Tusculanae Disputationes/Gespräche in Tusculum*: Lateinisch – deutsch, mit ausführlichen Anmerkungen neu hg. v. Olof Gigon (Tusculum), Düsseldorf/Zürich 1998⁷.

1Clem/1. Clemensbrief: Fischer, Joseph A.: Die Apostolischen Väter (SUC 1), Darmstadt 1986⁹, 1–107.

Dio Chrysostomos, *Orationes*: Dio Chrysostom, Discourses, with an English Translation by James W. Cohoon, 5 Bde. (LCL), Cambridge MA/London 1939–1951.

Diog/Diognetbrief: Wengst, Klaus: Didache (Apostellehre), Barnabasbrief, Zweiter Klemensbrief, Schrift an Diognet (SUC 2), Darmstadt 1984.

EpJer/Epistula Jeremiae/Brief Jeremias: Gunneweg, Antonius H. J.: Der Brief Jeremias (JSHRZ III/2), Gütersloh 1980², 183–192.

4Esr: Schreiner, Josef: Das 4. Buch Esra (JSHRZ V/4), Gütersloh 1981.

Euripides, *Hercules furens/Der wütende Herkules*: Kovacs, David: Euripides, Suppliant Women. Electra. Heracles (LCL), Cambridge MA/London 1998.

Eusebius, *Praeparatio Evangelica/Vorbereitung auf das Evangelium*: Eusebius Werke, Bd. 8,1.2, hg. v. Karl Mras (Die griechischen christlichen Schriftsteller der ersten Jahrhunderte 43,1.2), Leipzig 1954/1956.

äthHen/äthiopisches Henochbuch: Uhlig, Siegbert: Das äthiopische Henochbuch (JSHRZ V/6), Gütersloh 1984.

grHen/griechischer Henoch: Black, Matthew: Apocalypsis Henochi graece (PVTG 3), Leiden 1970, 1–44.
slavisches Henochbuch: Böttrich, Christfried: Das slavische Henochbuch (JSHRZ V/7), Gütersloh 1995.
1QH/Hodayot/Loblieder: García Martínez, Florentino/Tigchelaar, Eibert J. C. (Hgg.): The Dead Sea Scrolls. Study Edition, 2 Bde., Leiden u.a. 2000, Bd. 1, 147–205.
JosAs/Joseph und Aseneth: Burchard, Christoph: Joseph und Aseneth (JSHRZ II/4), Gütersloh 1983.
JosAnt/Josephus, Antiquitates/Altertümer: Josephus, Jewish Antiquities Books I–XX, with an English Translation by H[enry] St. J. Thackeray u.a., 9 Bde. (LCL), Cambridge MA/London 1930–1965.
Josephus, *Contra Apionem*: Thackeray, Henry St. J.: Josephus, The Life. Against Apion (LCL), Cambridge MA/London 1926, 161–411.
Jub/Jubiläenbuch: Berger, Klaus: Das Buch der Jubiläen (JSHRZ II/3), Gütersloh 1981.
Kleanthes, *Zeus-Hymnus*: Stoicorum veterum fragmenta collegit Joannes ab Arnim (SFV), 4 Bde., Leipzig 1903–1924.
Liber Antiquitatum Biblicarum/Buch der biblischen Altertümer: Dietzfelbinger, Christian: Pseudo-Philo, Antiquitates Biblicae (JSHRZ II/2), Gütersloh 1979².
Marc Aurel, *Wege zu sich selbst*, hg. und übersetzt v. Rainer Nickel (Tusculum), München/Zürich 1990.
Mekhilta zu Exodus: Mechilta. Ein tannaitischer Midrasch zu Exodus, erstmalig ins Deutsche übersetzt und erläutert v. Jakob Winter und August Wünsche, Hildesheim u.a. 1990.
Pausanias, *Graeciae Descriptio/Beschreibung Griechenlands*: Pausanias. Description of Greece, with an English Translation by William H. S. Jones, 5 Bde. (LCL), Cambridge MA/London 1918–1935.
Philo: Philo, with an English Translation by Francis H. Colson u.a., 10 Bde. (LCL), Cambridge MA/London 1929–1962.
Philo: Philo von Alexandria, Die Werke in deutscher Übersetzung, hg. v. Leopold Cohn u.a., 7 Bde., Berlin 1969² [Bde. 1–6]–1964 [Bd. 7].
Philo, *Quaestiones in Exodum/Fragen zu Exodus*: Philo, Questions on Exodus. With an English Translation by Ralph Marcus (LCL), Cambridge MA/London 1953.
Philo, *Quaestiones et Solutiones in Genesim/Fragen und Lösungen zu Genesis*: Philo, Questions on Genesis, with an English Translation by Ralph Marcus (LCL), Cambridge MA/London 1953.
Platon: Platon, *Werke in acht Bänden*, Griechisch und Deutsch, hg. v. Gunther Eigler, Darmstadt 1990.
Plutarch, *Moralia/Sitten*, with an English Translation by Frank Cole Babbitt u.a., 16 Bde. (LCL), Cambridge MA/London 1927–1969.

Pseudo-Aischylos: Walter, Nikolaus: Pseudepigraphische jüdisch-hellenistische Dichtung: Pseudo-Phokylides, Pseudo-Orpheus, Gefälschte Verse auf Namen griechischer Dichter (JSHRZ IV/3), Gütersloh 1983, 173–278: 261f.

Pseudo-Aristoteles, *De mundo*/Über die Welt: Aristoteles, De mundo, hg. v. William L. Lorimer, Paris 1933.

Pseudo-Aristoteles, *De mundo*/Über die Welt: Aristoteles, Meteorologie – Über die Welt, übersetzt v. Hans Strohm, in: Aristoteles, Werke in deutscher Übersetzung, hg. v. Ernst Grumach, Bd. 12, Berlin 1979.

Pseudo-Orpheus: Walter, Nikolaus: Pseudepigraphische jüdisch-hellenistische Dichtung: Pseudo-Phokylides, Pseudo-Orpheus, Gefälschte Verse auf Namen griechischer Dichter (JSHRZ IV/3), Gütersloh 1983, 173–276: 217–243.

Pseudo-Philo, *De Jona*/Über Jona: Drei hellenistisch-jüdische Predigten. Ps.-Philon, »Über Jona«, »Über Simson« und »Über die Gottesbezeichnung ›wohltätig verzehrendes Feuer‹«, Bd. 1: Übersetzung aus dem Armenischen und sprachliche Erläuterungen, hg. v. F. Siegert (WUNT 20), Tübingen 1980, 9–50.

Pseudo-Phokylides: Walter, Nikolaus: Pseudepigraphische jüdisch-hellenistische Dichtung: Pseudo-Phokylides, Pseudo-Orpheus, Gefälschte Verse auf Namen griechischer Dichter (JSHRZ IV/3), Gütersloh 1983, 173–276: 182–216.

Pseudo-Sophokles: Walter, Nikolaus: Pseudepigraphische jüdisch-hellenistische Dichtung: Pseudo-Phokylides, Pseudo-Orpheus, Gefälschte Verse auf Namen griechischer Dichter (JSHRZ IV/3), Gütersloh 1983, 173–276: 262f.

Q/Die Spruchquelle Q. Studienausgabe. Griechisch und Deutsch, hg. und eingeleitet. v. Paul Hoffmann/Christoph Heil, Darmstadt/Leuven 2002.

SapSal/Sapientia Salomonis/Die Weisheit Salomos: Georgi, Dieter: Weisheit Salomos (JSHRZ III/4), Gütersloh 1980.

Seneca, L. Annaeus, *Philosophische Schriften*. Lateinisch und Deutsch, hg. v. Manfred Rosenbach, 5 Bde., Darmstadt 1995.

Septuaginta Deutsch. Das griechische Alte Testament in deutscher Übersetzung, hg. v. Wolfgang Kraus/Martin Karrer, Stuttgart 2009.

Sibyllinen: Sibyllinische Weissagungen. Griechisch – deutsch, auf der Grundlage der Ausgabe von Alfons Kurfeß neu übersetzt und hg. v. Jörg-Dieter Gauger (Tusculum), Darmstadt 1998.

Sibyllinen: Merkel, Helmut: Sibyllinen (JSHRZ V/8), Gütersloh 1998.

Sir/Sirach: Sauer, Georg: Jesus Sirach (JSHRZ III/5), Gütersloh 1981.

Testament Naphtali s. *Testamente der zwölf Patriarchen*.

Testamente der zwölf Patriarchen: Becker, Jürgen: Die Testamente der zwölf Patriarchen (JSHRZ III/1), Gütersloh 1974.

Vergil, *Aeneis*, Lateinisch – deutsch, hg. und übersetzt v. Gerhard Fink (Tusculum), Düsseldorf/Zürich 2005.

Xenophon, *Erinnerungen an Sokrates*. Griechisch – deutsch, hg. v. Peter Jaerisch (Tusculum), München/Zürich 1987[4].

2. Sekundärliteratur

Balz 1971: Balz, Horst R.: Heilsvertrauen und Welterfahrung. Strukturen der paulinischen Eschatologie nach Römer 8,18–39 (BEvTh 59), München 1971.

Baumbach 1979: Baumbach, Günther: Die Schöpfung in der Theologie des Paulus, Kairos 24 (1979), 196–205.

Becker 1995: Becker, Jürgen: Geschöpfliche Wirklichkeit als Thema des Neuen Testaments, in: ders.: Annäherungen. Zur urchristlichen Theologiegeschichte und zum Umgang mit ihren Quellen. Ausgewählte Aufsätze zum 60. Geburtstag mit einer Bibliographie des Verfassers, hg. v. Ulrich Mell (BZNW 76), Berlin/New York 1995, 282–319.

Becker 1996: Becker, Jürgen: Jesus von Nazaret, Berlin/New York 1996.

Betz 1985: Betz, Hans Dieter: Kosmogonie und Ethik in der Bergpredigt, in: ders. (Hg.): Studien zur Bergpredigt, Tübingen 1985, 78–110.

Breytenbach 1993: Breytenbach, Cilliers: Zeus und der lebendige Gott: Anmerkungen zu Apostelgeschichte 14.11–17, NTS 39 (1993), 396–413.

Burger 1975: Burger, Christoph: Schöpfung und Versöhnung. Studien zum liturgischen Gut im Kolosser- und Epheserbrief (WMANT 46), Neukirchen-Vluyn 1975.

Dautzenberg 1983: Dautzenberg, Gerhard: Zur Stellung der Frauen in den paulinischen Gemeinden, in: ders. u.a. (Hgg.): Die Frau im Urchristentum (QD 95), Freiburg i.Br. u.a. 1983, 182–224.

Dibelius 1951: Dibelius, Martin: Paulus auf dem Areopag, in: ders.: Aufsätze zur Apostelgeschichte, hg. v. Heinrich Greeven, Berlin 1951, 29–70.

Ebner 1998: Ebner, Martin: Jesus – ein Weisheitslehrer? Synoptische Weisheitslogien im Traditionsprozess (HBS 15), Freiburg i.Br. u.a. 1998.

Eltester 1954: Eltester, Walther: Gott und die Natur in der Areopagrede, in: Neutestamentliche Studien für Rudolf Bultmann (BZNW 21), Berlin 1954, 202–227.

Feldmeier 2008: Feldmeier, Reinhard: Die Wirklichkeit als Schöpfung. Die Rezeption eines frühjüdischen Theologumenons bei Paulus, in: Doering, Lutz u.a. (Hgg.): Judaistik und neutestamentliche Wissenschaft. Standorte – Grenzen – Beziehungen (FRLANT 226), Göttingen 2008, 289–296.

Hegermann 1961: Hegermann, Harald: Die Vorstellung vom Schöpfungsmittler im hellenistischen Judentum und Urchristentum (TU 82), Berlin 1961.

Hofius 2002: Hofius, Otfried: »Erstgeborener vor aller Schöpfung« – »Erstgeborener aus den Toten«. Erwägungen zu Struktur und Aussage des Christushymnus Kol 1,15–20, in: ders.: Paulusstudien II (WUNT 143), Tübingen 2002, 215–233.

Hommel 1984: Hommel, Hildebrecht: Neue Forschungen zur Areopagrede Act. 17, in: ders.: Sebasmata II (WUNT 32), Tübingen 1984, 83–118.

Hoppe 2001: Hoppe, Rudolf: Schöpfungstheologie und Anthropologie. Überlegungen zu Apg 14,8–18 und 17,16–34, in: Frühwald-König, Johannes u.a. (Hgg.): Steht nicht geschrieben? Studien zur Bibel und ihrer Wirkungsgeschichte. Festschrift für Georg Schmuttermayr, Regensburg 2001, 173–186.

Kertelge 1991: Kertelge, Karl: »Natürliche Theologie« und Rechtfertigung aus dem Glauben bei Paulus, in: ders.: Grundthemen paulinischer Theologie, Freiburg i.Br. u.a. 1991, 148–160.

Konradt 1998: Konradt, Matthias: Christliche Existenz nach dem Jakobusbrief. Eine Studie zu seiner soteriologischen und ethischen Konzeption (StUNT 22), Göttingen 1998.

Lichtenberger 2008: Lichtenberger, Hermann: Schöpfung und Ehe in Texten aus Qumran sowie Essenerberichten und die Bedeutung für das Neue Testament, in: Doering, Lutz u.a. (Hgg.): Judaistik und neutestamentliche Wissenschaft. Standorte – Grenzen – Beziehungen (FRLANT 226), Göttingen 2008, 279–288.

Lindemann 1995: Lindemann, Andreas: Die Christuspredigt des Paulus in Athen, in: Fornberg, Tord / Hellholm, David (Hgg.): Texts and Contexts. Biblical Texts in Their Textual and Situational Contexts. Essay in Honor of Lars Hartman, Oslo u.a. 1995, 245–255.

von Lips 1990: Lips, Hermann von: Weisheitliche Traditionen im Neuen Testament (WMANT 64), Neukirchen-Vluyn 1990.

Luz 2002: Luz, Ulrich: Das Evangelium nach Matthäus, 1. Teilbd.: Mt 1–7 (EKK 1/1), Düsseldorf u.a. 2002^5.

Martens 2003: Martens, John W.: One God, One Law: Philo of Alexandria on the Mosaic and Greco-Roman Law (Studies in Philo of Alexandria and Mediterranean Antiquity 2), Boston/Leiden 2003.

Mell 2009: Mell, Ulrich: »Neue Schöpfung« als theologische Grundfigur paulinischer Anthropologie, in: ders.: Biblische Anschläge. Ausgewählte Aufsätze (Arbeiten zur Bibel und ihrer Geschichte 30), Leipzig 2009, 209–231.

Merklein 1997: Merklein, Helmut: Im Spannungsfeld von Protologie und Eschatologie. Zur kurzen Geschichte der aktiven Beteiligung von Frauen in paulinischen Gemeinden, in: Evang, Martin u.a. (Hgg.): Eschatologie und Schöpfung. Festschrift für Erich Gräßer zum siebzigsten Geburtstag (BZNW 89), Berlin/New York 1997, 231–259.

Müller 1977: Müller, Ulrich B.: Vision und Botschaft. Erwägungen zur prophetischen Struktur der Verkündigung Jesu, ZThK 74 (1977), 416–448.

Paulsen 1992: Paulsen, Henning: Der Zweite Petrusbrief und der Judasbrief (KEK 12/2), Göttingen 1992.

Pesch 1986: Pesch, Rudolf: Die Apostelgeschichte, 2. Teilbd.: Apg 13–28 (EKK 5/2), Zürich u.a. 1986.

Roloff 1987: Roloff, Jürgen: Die Offenbarung des Johannes (ZBK.NT 18), Zürich 1987².
Roloff 1990: Roloff, Jürgen: Neuschöpfung in der Offenbarung des Johannes, JBTh 5 (1990), 119–138.
Schneider 1982/2002: Schneider, Gerhard: Die Apostelgeschichte. Zweiter Teil (HThK Sonderausgabe), Freiburg i.Br. u.a. 2002 (1982¹).
Schoberth 1997: Schoberth, Wolfgang: »Es ist alles durch ihn und zu ihm geschaffen« (Kol 1,16). Zum Sinn der Lehre von der Schöpfungsmittlerschaft Christi, in: Stock, Konrad (Hg.): Zeit und Schöpfung (VWGTh 12), Gütersloh 1997, 143–170.
Schweizer 1989: Schweizer, Eduard: Der Brief an die Kolosser (EKK 12), Zürich u.a. 1989³.
Sellin 1986: Sellin, Gerhard: Der Streit um die Auferstehung der Toten. Eine religionsgeschichtliche und exegetische Untersuchung von 1 Korinther 15 (FRLANT 138), Göttingen 1986.
Stettler 2000: Stettler, Christian: Der Kolosserhymnus. Untersuchungen zu Form, traditionsgeschichtlichem Hintergrund und Aussage von Kol 1,15–20 (WUNT II/131), Tübingen 2000.
Stuhlmacher 1967: Stuhlmacher, Peter: Erwägungen zum ontologischen Charakter der καινὴ κτίσις bei Paulus, EvTh 27 (1967), 1–35.
Theißen 1983: Theißen, Gerd: Wanderradikalismus. Literatursoziologische Aspekte der Überlieferung von Worten Jesu im Urchristentum, in: ders.: Studien zur Soziologie des Urchristentums (WUNT 19), Tübingen 1983³, 79–105.
Theißen 2001: Theißen, Gerd: Die Religion der ersten Christen. Eine Theorie des Urchristentums, Gütersloh 2001².
Thyen 1978: Thyen, Hartwig: »... nicht mehr männlich und weiblich ...«. Eine Studie zu Galater 3,28, in: Crüsemann, Frank/ders. (Hgg.): Als Mann und Frau geschaffen, Gelnhausen/Berlin 1978, 107–201.
Vögtle 1970: Vögtle, Anton: Das Neue Testament und die Zukunft des Kosmos (KBANT), Düsseldorf 1970.
Vollenweider 2003: Vollenweider, Samuel: Wahrnehmungen der Schöpfung im Neuen Testament, Zeitschrift für Pädagogik und Theologie 55 (2003), 246–253.
Walter 1983: Walter, Nikolaus: Pseudepigraphische jüdisch-hellenistische Dichtung: Pseudo-Phokylides, Pseudo-Orpheus, Gefälschte Verse auf Namen griechischer Dichter (JSHRZ IV/3), Gütersloh 1983, 173–278.
Walter 1997: Walter, Nikolaus: Gottes Zorn und das »Harren der Kreatur«. Zur Korrespondenz zwischen Röm 1,18–32 und 8,19–22, in: ders.: Praeparatio Evangelica. Studien zur Umwelt, Exegese und Hermeneutik des Neuen Testaments, hg. v. Wolfgang Kraus/Florian Wilk (WUNT 98), Tübingen 1997, 293–302.
Weder 1992: Weder, Hans: Geistreiches Seufzen. Zum Verhältnis von Mensch und Schöpfung in Römer 8, in: ders.: Einblicke ins Evangelium.

Exegetische Beiträge zur neutestamentlichen Hermeneutik. Gesammelte Aufsätze aus den Jahren 1980–1991, Göttingen 1992, 247–262.
Wilckens 1987: Wilckens, Ulrich: Der Brief an die Römer, 2. Teilbd.: Röm 6–11 (EKK 6/2), Zürich u.a. 1987².
Wischmeyer 1994: Wischmeyer, Oda: Matthäus 6,25–34 par. Die Spruchreihe vom Sorgen, ZNW 85 (1994), 1–22.
Wischmeyer 2004: Wischmeyer, Oda: ΦΥΣΙΣ und ΚΤΙΣΙΣ bei Paulus. Die paulinische Rede von Schöpfung und Natur, in: dies.: Von Ben Sira zu Paulus. Gesammelte Aufsätze zu Texten, Theologie und Hermeneutik des Frühjudentums und des Neuen Testaments, hg. v. Eve-Marie Becker (WUNT 173), Tübingen 2004, 207–228.
Wolff 1996: Wolff, Christian: Der erste Brief des Paulus an die Korinther (ThHK 7), Leipzig 1996.
Wolter 1993: Wolter, Michael, Der Brief an die Kolosser – Der Brief an Philemon (ÖTBK 12), Gütersloh/Würzburg 1993.
Woyke 2008: Woyke, Johannes: »Sie vertauschten die Wahrheit über Gott mit der Lüge ...«. ›Anti-Kosmotheismus‹ im Römerbrief des Paulus?, in: Bormann, Lukas (Hg.): Schöpfung, Monotheismus und fremde Religionen. Studien zu Inklusion und Exklusion in den biblischen Schöpfungsvorstellungen (BThSt 95), Neukirchen-Vluyn 2008, 149–184.

3. Literaturhinweise zum vertiefenden Studium

Bindemann, Walther: Die Hoffnung der Schöpfung. Römer 8,18–27 und die Frage einer Theologie der Befreiung von Mensch und Natur (NStB 14), Neukirchen-Vluyn 1983.
Breytenbach, Cilliers: Glaube an den Schöpfer und Tierschutz. Randbemerkungen zu Albert Schweitzers Ethik angesichts urchristlicher Bekenntnissätze und Doxologien, EvTh 50 (1990), 343–356.
Hubbard, Moyer V.: New Creation in Paul's Letters and Thought (MSSNTS 119), Cambridge 2002.
Mell, Ulrich: Neue Schöpfung. Eine traditionsgeschichtliche und exegetische Studie zu einem soteriologischen Grundsatz paulinischer Theologie (BZNW 56), Berlin/New York 1989.
Vollenweider, Samuel: Freiheit als neue Schöpfung. Eine Untersuchung zur Eleutheria bei Paulus und in seiner Umwelt (FRLANT 147), Göttingen 1989.
Yates, John W.: The Spirit and Creation in Paul (WUNT II/251), Tübingen 2008.

Kirchengeschichte

Anselm Schubert

Schöpfung – Positionen der Theologie- und Kirchengeschichte

1. Einleitung

Das Nachdenken über die Schöpfung vollzieht sich in der Geschichte des Christentums stets zwischen den Polen der biblischen Überlieferung einerseits und den wechselnden philosophischen, wissenschaftlichen und kulturellen Herausforderungen, denen die christliche Theologie sich ausgesetzt sah, andererseits. Im Rahmen des vorliegenden Beitrages können unmöglich alle wichtigen Themen, Positionen und Auseinandersetzungen vorgestellt werden. Ziel der Darstellung ist es, in dem unüberschaubar umfangreichen Gebiet einige epochenspezifische Fragestellungen in der Geschichte der Schöpfungslehre erkennbar zu machen, die zum eigenen Weiterstudium anregen sollen. Dazu dient der Anhang weiterführender Literatur. Es wurde versucht, die vorgestellten theologischen Positionen so zu wählen, dass die Bandbreite der Positionen, aber auch eine Art Signatur der jeweiligen Epoche ersichtlich wird.

2. Die Alte Kirche: Die moralische Qualität des Kosmos

2.1. Einleitung

Die ersten Christen hatten mit dem Alten Testament auch seine Aussagen über die Schaffung der Welt und des Menschen durch den einen Gott übernommen, die die Grundlage aller weiteren Reflexionen über die Schöpfung bildeten (vgl. den Beitrag von K. Schmid zum Alten Testament). Dazu kamen schon früh auch die neutestamentlichen Überlieferungen, nach denen dem Heilswerk Christi kosmologische Bedeutung zukam (vgl. den Beitrag von M. Konradt zum Neuen Testament. Sie gründeten zunächst im Glauben an eine ewige Gottessohnschaft Christi, die im Anschluß an alttestamentliche Sophiaspekulationen zu der Überzeugung führte, Christus sei in irgendeiner Weise bereits an der Schöpfung beteiligt gewesen, sei es als göttlicher Logos, ohne den nichts geworden ist, was geworden ist (Joh 1,3), sei es als der Erstgeborene der Schöpfung, in dem oder durch den Himmel und Erde erschaffen wurden (1Kor 8,6; Kol 1,15). Die christlichen Denker der Folgezeit mussten diese unterschiedlichen Überlieferungen einerseits nach innen miteinander verbinden und sie andererseits gegenüber dem Judentum und kosmologischen Vorstellungen in der römisch-hellenistischen Umwelt verteidigen.

Gegenüber jüdischen Vorstellungen musste die Schöpfungsmittlerschaft Christi gedacht werden, ohne die Einzigartigkeit des Vaters anzutasten, ein Problem, mit dem sich die spätere Trinitätslehre abzeichnet. Gegenüber zeitgenössischen hellenistischen Kosmologien mussten die frühen Theologen die Frage beantworten, wie die Schöpfung moralisch zu bewerten sei.

2.2. Hellenistische Schöpfungsvorstellungen

Den altgriechischen Kosmologien hatte bereits *Platon* (ca. 427–347 v. Chr.) die Vorstellung entgegengesetzt, ein Demiurgos, ein »Weltenbildner«, habe aus dem ursprünglichen Chaos einen geordneten und darin schönen Kosmos geschaffen (*Timaios* 30a–39c). Der Demiurg schafft diese geordnete Welt insofern keineswegs mit einem

Schlag aus dem Nichts. Platon geht vielmehr davon aus, dass der göttliche Demiurg das sichtbare ›Bewegte‹, die Materie (ὕλη), in Raum und Sein bereits vorfand (ebd. 52c) und beschloss, aus ihm eine Welt zu schaffen, die *einzig, geordnet, lebendig* und nach festen Proportionen aus *Körper und Seele* zusammengesetzt ein Abbild seiner selbst sein sollte. Der Demiurg ist allerdings insofern kein allmächtiger Schöpfer, als sich die Schöpfung vielmehr zwischen seinem freien Willen einerseits und einer den vorhandenen Elementen innewohnenden mechanischen Notwendigkeit andererseits vollzieht. So schafft der Demiurg den Körper der Welt aus einer Verbindung der vier Elemente, während die Seele als eine Mischung aus dem Ewigen und dem Veränderlichen und somit als Mittelding zwischen Irdischem und Göttlichem anzusprechen ist.

Demgegenüber betonte die *Stoa* (seit dem 3. Jahrhundert v. Chr.) die Einheit von Göttlichem und Geschaffenen. Ihre wichtigsten Vertreter verstanden die vernünftige und ewige Gottheit als Feuer oder Pneuma, das – selbst als feinstoffliche Substanz gedacht – die Materie durchdringt und lebendig macht (SVF 2,439–443). Gott und Welt bilden im Endeffekt eine pantheistisch gedachte Einheit. Die Tatsache, dass die Gottheit selbst das Lebensprinzip der Welt darstellt, bedeutet umgekehrt allerdings auch, dass der Lauf der Welt und das Geschick des Menschen sich mit unabänderlicher Notwendigkeit vollziehen und vollständig determiniert sind (SVF 2,913). Da die Gottheit vernünftig und gut ist, stellt sich die Entwicklung der Welt als vernünftige und gute Teleologie dar (SVF 2,1115). Die menschliche Seele ist ein Abbild der Allseele, richtig zu leben heißt daher, entsprechend der Natur zu leben, d.h. alles als von Ewigkeit her verhängtes Geschick anzunehmen und zu bejahen (SVF 1,554). Die Welt selbst endet in einem Feuerbrand, aus dem sich eine neue Welt erhebt, die – da ebenfalls determiniert – der alten allerdings völlig gleich sein wird. Die Stoiker vertraten damit die Unendlichkeit einer zyklisch sich erneuernden und wiederholenden Welt, die selbst der vernünftige Leib der Gottheit ist (SVF 1,563).

In der Kaiserzeit traten die stoischen Strömungen, die erst in der Frühen Neuzeit wieder Wichtigkeit erlangen sollten, allerdings zunehmend hinter die Philosophie des Neuplatonismus zurück (seit dem 3. Jahrhundert). Dieser erklärte die Spannung zwischen göttlicher Ideenwelt und unvollkommener irdischer Welt weder als ewigen Antagonismus noch als materielle Verbindung, sondern als zwei Pole eines ontologischen Kontinuums: Sein wichtigster Vertreter *Plotin* (204–270 n. Chr.) nahm an, alles Geschaffene sei durch das ursprüngliche göttliche All-Eine selbst bewirkt, jedoch nicht in Form eines Schöpfungsaktes *geschaffen*, sondern in unbegreiflicher Weise aus der Fülle des Seins selbst *hervorgegangen* (πρόοδοι). Das Sein selbst, so die Vorstellung, teilt sich in Form immer weiterer, sich von ihrer Quelle entfernenden Emanationen mit, an deren Ende schließlich die Entstehung der materiellen Welt steht (V 2,1,9–11). Das Göttliche und die materielle Welt trennt deshalb kein qualitativer Bruch, sie verbindet vielmehr eine sukzessive Stufenfolge alles Seienden, die durch den in allem wirksamen Geist den Charakter eines ἕν-πολλά (»Viel-Einheit«) hat. Allerdings stehen im Endeffekt Göttliches und Irdisches einander so gegenüber, als ob die materielle Welt nicht indirekt auch aus dem Göttlichen hervorgegangen sei.

Gemeinsam war allen hellenistischen Schöpfungsvorstellungen eine tiefe Skepsis gegenüber der irdischen Welt. Für die Ausformung der christlichen Schöpfungslehre wurde vor allem die platonische Schöpfungsvorstellung zentral: Der *Timaios* stellte das philosophische Raster dar, vor dem auch die biblischen Schöpfungsaussagen bestehen und interpretiert werden mussten. Vor diesem Hintergrund hatte die frühe christliche Theologie dann aber auch die hier aufgeworfenen Fragen zu beantworten: War die materielle Welt gegenüber der vollkommenen Welt des Göttlichen tatsächlich defizitär? Wenn ja, konnte sie dann überhaupt von Gott geschaffen sein, und was sagte dies über das Wesen Gottes aus? Und was bedeuteten die hier möglichen Antworten für die Natur des Menschen? Wie ließ sich erklären, dass der Mensch einerseits Teil der von Gott geschaffenen, guten Schöpfung, andererseits aber erlösungsbedürftig sein sollte?

2.3. Die spätantike Gnosis

Ein Phänomen des Übergangs zwischen hellenistischen Kosmologien und christlichen Schöpfungsvorstellungen stellt die antike *Gnosis* dar. Obwohl der Begriff der Gnosis notorisch unscharf und umstritten ist und damit ein besonderes historiographisches Problem bildet, versteht man darunter landläufig eine religiös-philosophische Richtung, die die Erlösung des Menschen durch rationale Erkenntnis verheißt, die auf esoterischem Wissen basiert. Dieses Wissen betrifft zum einen den grundlegenden Dualismus zwischen dem Göttlichen und einer weitgehend als negativ konnotierten Welt, andererseits aber auch das Wissen um eine letzte Identität des Göttlichen mit dem Menschen. Der Mensch befindet sich in der geschöpflichen Welt in einem (nur temporären) Zustand der Entfremdung, der durch die esoterische Erkenntnis Gottes aufgehoben werden kann.

Religionswissenschaftlich gesehen, finden sich gnostische Aspekte in praktisch jeder Religion, vor allem den monotheistischen. Eine Reihe von Forschern hat gnostische Vorstellungen bereits im Neuen Testament erblicken wollen, sicher aber entwickelte sich die Gnosis seit Beginn des 2. Jahrhunderts. Die Gnosis steht dabei in teilweise nur schwer rekonstruierbaren Frontstellungen zwischen Christentum und Hellenismus und inkorporierte sich einerseits dem Christentum so sehr, dass einige Forscher sie gar als per se christliches Phänomen ansehen, stand andererseits aber auch in scharfer Konkurrenz zu ihm, wie die Abwehr (vermeintlicher oder wirklicher) gnostischer Häresien durch die Mehrheitskirche im 2./3. Jahrhundert zeigt (Irenäus, *Adversus Haereses* I,26,6).

In dieser äusserst vielgestaltigen spätantiken Gnosis wurde die in den philosophischen Schöpfungsmythen vorfindliche Abwertung der materiellen Welt zugunsten der göttlichen Welt der Ideen zu einem grundsätzlichen kosmologischen Dualismus weiterentwickelt, der zudem mit dem Neuplatonismus oft den Emanationsgedanken teilt: Demnach ist nur die geistige Welt durch Gott geschaffen, die materielle Welt dagegen von seinem bösen Gegenspieler, der jetzt ebenfalls Demiurg genannt wurde, wobei emanatorische Übergänge nicht ausgeschlossen waren. Die Seelen der Menschen, so die Vorstellung, stammen aus der göttlichen Welt, sind aber durch ein kosmisches Drama als eine Art göttlicher »Funke« in der materiellen Welt, d.h. in den Körpern, wie in einem Gefängnis eingeschlossen (vgl. etwa *Testimonium Veritatis* NHC IX,3 56,15–29). Die Erlösung des Menschen besteht folgerichtig in der Befreiung der göttlichen Seelen aus ihrer leiblichen Hülle und ihrer Rückkehr in die göttliche Welt. Diese Rückkehr wird aufgrund esoterischen Wissens primär durch die rationale Erkenntnis des Göttlichen bewirkt, oft aber auch durch asketische, magische oder allgemein religiöse Praktiken unterstützt.

2.4. Von den Apostolischen Vätern zu Origenes

Die frühesten Auseinandersetzungen mit den hellenistischen Schöpfungsvorstellungen finden sich andeutungsweise bereits im Neuen Testament und bei den so genannten Apostolischen Vätern. Die in den *Clemensbriefen* (ca. 95 n. Chr.), der *Didache* (um 100 n. Chr.), den Briefen des *Ignatius von Antiochien* (um 120 n. Chr.) oder dem so genannten *Hirt des Hermas* (um 140 n. Chr.) gemachten Aussagen zur Schöpfung haben jedoch vor allem paränetischen Charakter. Nur an wenigen Stellen zeigt sich schon, dass die biblische Vorstellung einer Schöpfung aus dem Nichts im hellenistischen Kontext nicht unproblematisch war: Der *erste Clemensbrief* betont, der allmächtige Schöpfergott und der Demiurg seien identisch (1Clem 19,2). Der *Hirt des Hermas* verteidigt die Vorstellung, dass Gott alles aus Nichts geschaffen hat und darin unfassbar ist (Mand I,1). Erstmals findet sich auch der Gedanke, dass die Schöpfung einen Zweck hat und sich im Laufe der Geschichte vollendet – sei es in der Verherrlichung Gottes (*Didache* [10,3]) oder der Schaffung einer heiligen Kirche (*Hirt des Hermas* [Vis I,1,6]).

Wie wenig selbstverständlich die Identifizierung des guten Gottes mit dem Schöpfer der materiellen Welt war, wird bereits in der Figur des *Markion* (um 85–165) deutlich, der sich u.a. aufgrund schöpfungstheologischer Überlegungen bereits um 144 von der allgemeinen Kirche lossagte und deshalb als Urbild des Häretikers galt. In Anknüpfung an gnostische Vorstellungen verkündete Markion zwei Götter, den höchsten und allein guten Gott, von dem das (allerdings verfälschte) Neue Testament zeugt, und den Gott des Alten Testaments, den Weltenschöpfer (Demiurg) und unbarmherzigen Richtergott (Tertullian, *Adversus Marcionem* 1,2–5). Der Demiurg schafft aus unvollkommener Materie die Welt und den Menschen, der aufgrund seiner Unvollkommenheit aber der Sünde und ihrer Strafe verfällt. Der gute Gott sendet dagegen aus reiner Gnade Christus, der sich selbst dem Demiurgen als Kaufpreis für die Menschen anbietet und die Menschen so erlöst (ebd. 3,2f.). Die Teilhabe an dieser Erlösung geschieht durch den Glauben und die bewusste Abkehr vom Demiurgen. Da Markion den Demiurgen mit dem Gott des Alten Testaments identifizierte, lehnte er das Alte Testament insgesamt und Teile des vermeintlich jüdisch-alttestamentlich verunreinigten Neuen Testaments als Grundlage der von ihm gegründeten markionitischen Kirche ab (ebd. 4,3). Demgegenüber hielt die Mehrheitskirche an der Einheit von Schöpfer- und Erlösergott fest, die sie durch die Festlegung des Kanons (ca. 180/200–350) der Heiligen Schriften dokumentierte, in die das Alte Testament vollständig aufgenommen wurde.

Mit jüdischen, hellenistischen und gnostisch-markionitischen Vorstellungen setzten sich ausführlicher die Apologeten auseinander. Gegen die jüdische Betonung der Alleinschöpferschaft Gottes versucht *Justin der Märtyrer* (gest. 165) die neutestamentliche Vorstellung zu verteidigen, Christus sei als Sohn Gottes auch Schöpfungsmittler. Im Anschluss an stoische Vorstellungen deutet Justin den Logos nicht nur als Inkarnation des Wortes Gottes, sondern als ewige Weltvernunft. Diese ist insofern an der Schöpfung beteiligt, als sie den vernünftig geschaffenen Kosmos von Ewigkeit an durchwaltet und (schon vor dem historischen Auftreten Christi) in alle Menschen den Samen der Vernunft gesät hat (*logos spermatikos* [*Apologiae pro Christianis* II,6]). Allerdings bleibt das genaue Verhältnis von Gott und Schöpfung bei Justin ungeklärt. So vertritt er die Vorstellung, Gott habe die Welt wie der platonische Demiurg aus bereits vorhandener Materie nur geformt (ebd. I,10), die demnach mit Gott gleich-ewig wäre. Auch in Bezug auf den Logos bleibt unklar, ob er als ewige Vernunft gleich-ewig mit Gott und also eine Art zweiter Gott ist. Oder ist er als Sohn nachträglich geworden und also nur eine Kreatur?

Irenäus von Lyon (um 135–200) schreibt sein Hauptwerk »Gegen die fälschlich so genannte Gnosis« (*Adersus Haereses*) und entwickelt als Antwort auf den gnostischen Dualismus die Vorstellung einer *Heilsgeschichte* – der »oikonomia« Gottes mit den Menschen, wie sie sich ansatzweise bereits im Neuen Testament und bei den Apostolischen Vätern zeigte. Gut und Böse sind anders als in der Gnosis keine statischen, kosmischen Positionen. Gott hat alles geschaffen (*Adversus Haereses* I,22,1), auch und gerade die Materie (ebd. V,36,1). Schöpfung, Fall und Wiederherstellung der Schöpfung (*recapitulatio*/ἀνακεφαλαίωσις [ebd. IV,20,4]) bilden vielmehr aufeinanderfolgende Schritte im Handeln Gottes (ebd. I,10,3; ebd. II,25,1). Demnach hat Gott die Welt frei aus Nichts und den Menschen als sein Ebenbild geschaffen. Dieses Ebenbild verliert der Mensch in Adam und Eva durch den Fall (ebd. V,16,2), es wird aber durch die Menschwerdung Christi wieder sichtbar: In seinem Geist wachsen die Menschen in Liebe und Glauben wieder zum ursprünglichen Ebenbild Gottes heran (ebd. IV,38,3; ebd. V,6,1–3). Die Menschwerdung Christi als von Gott initiierte Wiederherstellung bildet bei Irenäus das eigentliche Zentrum der *Heilsgeschichte*, in deren Verlauf sich die Schöpfung erst als gut erweist. Ihr Ziel ist die von Irenäus chiliastisch aufgefasste zweite Rückkunft Christi und die Durchsetzung seiner Herrschaft (ebd. V,32–35). Durch die dynamische Verzeitlichung gelingt es Irenäus, Fall und Sünde in einen einheitlichen Entwurf von guter Schöpfung zu integrieren. Unbeantwortet bleibt allerdings auch hier, woher das Böse ursprünglich kommen konnte, für das sich der Mensch in freiem Willen entscheidet (ebd. IV,37–39).

Den ausführlichsten, aber auch umstrittensten Entwurf einer Schöpfungstheologie entwickelt der alexandrinische Theologe *Origenes* (185–254) in seinem Werk *Peri Archon/De principiis*. Auch ihm liegt das Konzept einer Heilsgeschichte zugrunde, doch Origenes zeigt sich auch beeinflusst von mittel- bzw. neuplatonischen Vorstellungen. Demnach hat Gott, der völlige Transzendenz ist, zunächst den Logos aus sich heraus gesetzt, der wiederum, vor aller Zeit, eine Welt reiner Geistwesen (Hl. Geist und Engel) schafft, die mit Freiheit und Vernunft begabt sind (*De principiis* IV,4,9). Durch ein ›Erkalten‹ der Liebe (infolge von Trägheit und Erschlaffung;

vgl. ebd. II,8,3) wenden sich die Geistwesen jedoch von Gott ab, verdichten sich zu Seelen und erhalten schließlich – je nach Tiefe des Falles – einen mehr oder minder ausgeprägt materiellen Leib. Für sie schafft Gott durch den Sohn in der Zeit die sichtbare, materielle Welt, in der den Geistwesen je nach Grad ihrer Materialität ihre Orte zugewiesen sind. Die Entstehung dieser sichtbaren Welt ist somit die freie *Antwort* Gottes auf den Fall der Geistwesen, die materielle Schöpfung eine von Gott geschaffene Stätte der Läuterung und Bewährung, in der alle Wesen sich wieder ihrem Schöpfer zuwenden sollen. Der Mensch erlangt Erlösung durch die Erkenntnis Gottes. Sie ist möglich durch die in Christus geschehene vollkommene Einwohnung des Logos in der Seele eines Menschen (ebd. III,6,3). An ihr entzündet sich wieder die Liebe zu Gott, die den Menschen in einem mystischen Läuterungsprozess zur Vereinigung mit demselben Logos bringt (ebd. II,6). Die Heilsgeschichte als Ganze ist erst vollendet, wenn alle Wesen ihren ursprünglichen Zustand in Gott wiedererlangt haben (ebd. I,6,1). In letzter Konsequenz impliziert dies, dass alle Wesen, inklusive des Teufels und der Dämonen, erlöst werden müssen (Allversöhnung/ ἀποκατάστασις πάντων), damit der göttliche Heilsplan an sein Ziel gelangt (ebd. I,6,3–4). Eine Besonderheit von Origenes' Entwurf ist seine Vermutung, die sichtbare Welt sei nur eine unter vielen gleichartigen, die schon vorher waren und nachher kommen werden (ebd. III,5,3) – eine Vorstellung, die der stoischen Konzeption von der zyklischen Wiederkehr der Welten gleicht.

2.5. Die Begründung der abendländischen Anthropologie: Augustin und Pelagius

Die Synthese der verschiedenen schöpfungstheologischen Traditionen, wie sie für die gesamte weitere abendländische Theologie maßgeblich werden sollte, schuf der nordafrikanische Bischof von Hippo, *Augustinus* (354–430). Die besondere Form seiner Schöpfungslehre und Anthropologie erklärt sich vor allem aus den Entwürfen, mit denen er sich auseinandersetzte.

Vor seiner Konversion zum Christentum (386) dem Manichäismus zugeneigt, einer besonders strengen Form eines religiösen und kosmologischen Dualismus, legte er seiner Theologie zunächst ein neuplatonisches Modell der Schöpfung zugrunde, um ihre biblisch bezeugte Güte darzustellen. Gott hat in Entfaltung seiner immanenten Trinität alles aus dem Nichts geschaffen, demnach steht alles Seiende als Geschaffenes in einer Stufenfolge der Teilhabe an Gott als dem »summum bonum« (*De moribus ecclesiae* I,3,4). Auch Welt, Mensch, Körper und Sexualität sind als von Gott geschaffene als solche gut. Das Böse liegt nicht in der Seinsordnung der Schöpfung, sondern ist ein Mangel an Gutem. Im Menschen ist das Böse deshalb gleichbedeutend mit dem *Akt der Abkehr* von dieser Seinsordnung: Der Mensch wendet sich statt Gott der niedrigeren Ordnung der Geschöpfe zu und verfehlt darin die ihm vorgegebene Aufgabe (ebd. II,3,5–8). Der Ursprung des Bösen liegt damit nicht mehr in der Substanzialität des Seienden, sondern anthropologisch im verkehrten *Willen* des Menschen.

Vor diesem Hintergrund erklären sich Augustins scharfe Aussagen über Erbsünde, Willensfreiheit, Gnade und Erlösung des Menschen, die für die abendländische Theologie insgesamt maßgeblich geworden sind (vor allem *Ad Simplicianum* I,2). Die Abkehr von Gott ist für Augustin Manifestation und Folge des freien *Willens* des ersten Menschen, dessen Verkehrtheit durch Adam auf alle Nachkommen vererbt wird (Erbsünde). Die besondere Tragik eines verkehrten *Willens* besteht darin, dass der Mensch die Erlösung aus eigener Kraft nicht einmal mehr wollen kann. Gott muss deshalb nicht nur die Gnade, sondern sogar das Wollen der Gnade im Menschen erst bewirken (ebd. I,2,12). Das heisst in letzter Konsequenz, dass der Mensch der Gnade gegenüber unfrei, Gott mit seiner Gnade aber völlig frei und unbeschränkt ist. Nur der, dem Gott die Gnade schenken will, kann sie als solche erkennen, bejahen und wollen, um dann, unterstützt von der Gnade, auch selbst an seiner Rückwendung zu Gott und seiner Gerechtwerdung zu arbeiten (ebd. I,2,13).

Diese Gnadenlehre, die sowohl Schöpfung als auch Erlösung allein auf Gott zurückführt, entwickelte Augustinus vor allem als Antwort auf die Lehren seines Zeitgenossen *Pelagius* (um 350–

nach 418). In Abgrenzung vom Manichäismus hatte dieser darauf beharrt, dass die Schöpfung im Allgemeinen und der Mensch im Besonderen gut geschaffen seien (*Ad Demetriaden* 2). Nicht nur aus allgemein schöpfungstheologischen Gründen, sondern auch, weil sie einen ethischen Fatalismus fördere, lehnte Pelagius die Idee einer Erbsünde ab. Für ihn war es eine Frage der Würde des Menschen aber auch der Gerechtigkeit Gottes, dass der Mensch in der Lage sein musste, das von ihm geforderte Gesetz aus eigenen Kräften zu erfüllen und so zu seiner Rechtfertigung beizutragen (*Ad Demetriaden* 8). In Christus wird die wahre Natur des Menschen offenbart, gut und mit freiem Willen begabt zu sein. Es war vor allem Augustinus' Polemik, die den sittlichen Ernst von Pelagius' Theologie bleibend als sündhaften Versuch menschlicher Werkgerechtigkeit denunzierte.

2.6. »Dionyisus Areopagita«: Die himmlische Schöpfungsordnung

Einen der wirkmächtigsten Entwürfe einer christlichen Schöpfungslehre stellt das Werk des »*Dionysius Areopagita*« dar; da der um 500 lebende syrische Gelehrte in seinem Werk vorgibt, mit dem durch Paulus bekehrten Dionysius identisch zu sein, erfreuten sich seine Schriften im Mittelalter quasi kanonischen Ansehens.

In seinem Hauptwerk *De caelestia hierarchia* entwirft Pseudo-Dionysius eine triadische Schöpfungslehre auf Grundlage der neuplatonischen Ontologie des Proclos (412–485). Gott selbst wird als ›jenseits des Seins‹ aufgefasst: er ist nach Innen unveränderliches Selbstsein, nach außen jedoch auch ein schöpferisch aktives Anderssein. Sein Hervorgehen aus sich selbst geschieht nach Dionysius in Form von Triaden: Die erste, noch innere Triade ist die Trinität, die erste *äußere* Triade der Schöpfung ist der Engelchor von Cherubim, Seraphim und den Thronen (*De coelesti hierarchia* VII): Sie sind noch mit Gott selbst eins. Die zweite Triade von Herrschaften, Mächten und Gewalten (ebd. VIII) vermittelt das göttliche Sein schließlich an die untere Triade der gottartigen Prinzipen, Erzengel und Engel (ebd. IX). Die Kontemplation der Schönheiten und Geheimnisse dieser himmlischen Hierarchie, deren Konzeption für das gesamte westliche Mittelalter verbindlich wurde, bewirkt nach Dionysius den erlösenden Aufstieg des Menschen. Dionysius beschreibt den Schöpfungsvorgang ebenfalls mit der Emanationsmetapher, doch ist für ihn nicht (wie im Neuplatonismus) der Abstand zwischen der immateriellen guten Gottheit und der schlechten materiellen Welt entscheidend, sondern umgekehrt die direkte Bezogenheit der geschöpflichen Welt auf ihre göttliche Herkunft, die den anagogischen Verweischarakter erst möglich macht (*De divinis nominibus* VII,2,869B).

3. Das Mittelalter: Die Metaphysik der Schöpfung

3.1. Einleitung

Die mittelalterliche Theologie stand vor der Aufgabe, das spätantike Erbe unter gänzlich veränderten historischen Umständen zur Geltung zu bringen. Zentren der theologischen Bildung waren die monastischen Kathedralschulen, seit dem 12. Jahrhundert die entstehenden Universitäten wie Bologna, Paris und Oxford. Hier entstand das Ideal einer wissenschaftlichen Theologie: Theologische Aussagen mussten als logisch gebundenes Lehrsystem formuliert werden, das vermittelt, gelernt und weitergegeben werden konnte (Scholastik). Neben der scholastischen gab es aber weiterhin auch Formen der monastischen und spirituellen Theologie.

Die wichtigste intellektuelle Herausforderung für die scholastische Theologie bestand in der Integration der wiederentdeckten aristotelischen Philosophie. Formal galt es, die christliche Tradition auf dem logischen Niveau der aristotelischen Wissenschaftslehre zu formulieren, inhaltlich musste man sich u.a. mit den naturkundlichen Schriften des Aristoteles auseinandersetzen, die an zentralen Punkten der christlichen Schöpfungsüberlieferung widersprachen – etwa in seiner These von der Ewigkeit und Ungewordenheit der Welt.

3.2. Frühscholastik: Anselm von Canterbury

Noch vor der Aristoteles-Renaissance hatte sich u.a. *Anselm von Canterbury* (1033–1109) darum bemüht, nicht durch biblische Autorität, sondern »sola cogitatione« (*Monologion Prolog*) zu begründen, dass und wie Gott die stoffliche Welt aus dem Nichts geschaffen habe (vor allem *Monologion* 7–10). Die Schöpfung kann nicht aus Gott *selbst* stammen, da Gott sich im Seienden der Veränderlichkeit unterwerfen würde (ebd. 7) – ein neuplatonisches Konzept von Teilhabe kam daher nicht in Frage. Die Welt kann jedoch auch nicht durch sich selbst oder ein Drittes geworden sein, da nichts aus sich selbst entsteht und ein Drittes in Konkurrenz zur Vollkommenheit Gottes träte (ebd.). Also muss Gott sie aus dem Nichts geschaffen haben (ebd. 8). Dies bedeutet allerdings nicht, dass das Geschaffene ursprungslos wäre; nur die Materie ist neu geschaffen, die essentielle »Form der Dinge« ist hingegen bereits zuvor im Denken Gottes enthalten gewesen – sie wurde durch den Akt des Sich-Selbst-Aussprechens Gottes nur verwirklicht (ebd. 10–11). Auch die Erhaltung der Welt gründet auf diesem mit Gott gleichewigen Sprechen des Schöpfungswortes (ebd. 33–35). Die hier implizierte Ordnung der Welt ist auch der Ausgangspunkt von Anselms heilsgeschichtlicher Konzeption (*Cur deus homo* I,10–13). Die Weltordnung ist durch den Fall der Engel gestört, die auch den Menschen zum Ungehorsam bewogen haben. Die Erlösung des Menschengeschlechts durch die Tat des Gott-Menschen Christus dient dazu, die Ehre Gottes und die himmlische Ordnung wiederherzustellen, indem die Sünde des Menschen gesühnt wird und die gefallenen Engel durch gerecht gemachte Menschen ersetzt werden (ebd. I,16–18; II,20).

3.3. Hochscholastik: Thomas von Aquin

Die umfassendste Auseinandersetzung mit der aristotelischen Philosophie bietet die Theologie *Thomas von Aquins* (1225–1274). Da nach Aristoteles wahre Erkenntnis nur durch das Verstehen der Ursachen (*causae*) der Dinge durch Erfahrung und logischen Beweis zu erlangen ist, steht im Zentrum von Thomas' Schöpfungslehre der logische Rückschluss aus den Wirkungen in der Schöpfung auf den notwendig vorhandenen, unbewegten Beweger (Gott). Die Schaffung der Welt ist nach Thomas formal eine *emanatio totius entis a causa universali* (»Ausfließen alles Seienden aus einem Urgrund«) (*Summa Theologica* I^a q. 45a1). Die verschiedenen schöpfungstheologischen Themen sind insofern Aspekte der grundsätzlichen Frage, wie dieses Entstehen von *allem* Seienden aus einem vollkommenen *Einen* als Anfang widerspruchsfrei gedacht werden kann.

Gott ist das in sich selbst bestehende Sein, von dem alles Seiende das Sein bezieht; sonst müsste es etwas geben, das Gott selbst vorausliegt und ihn bewirkt (ebd. 44a1). Deshalb muss ausnahmslos alles Seiende von Gott geschaffen worden sein (ebd. 44a2). Da die Erschaffung des Seienden vorheriges Nicht-Sein voraussetzt, hat Gott das Seiende aus Nichts erschaffen (ebd. 45a2). Inhaltlich denkt sich Thomas die Schöpfung als ein Hervortreten Gottes aus sich selbst in den drei Personen (ebd. 45a6 und 46a3). Die quantitative Vielheit (*multitudo*) der Geschöpfe (ebd. 47a1) geht ebenso auf Gott zurück wie ihre qualitative Ungleichheit (*inaequalitas*): Die interne Abstufung des Gutseins in den Geschöpfen trägt dabei zur Vollkommenheit der Ordnung der Welt bei (ebd. 47a2 und 48a2). Auch das Böse, als niedrigste Stufe des Guten, geht auf Gott zurück, insofern es von der Ordnung des Weltalls erfordert wird – allerdings nicht als ein Mangel im Tun Gottes, sondern nur als akzidentelle Folge der Schöpfungsordnung (ebd. 49a2). Thomas räumt ein, dass die von Aristoteles behauptete Lehre von der Ewigkeit der Welt sich philosophisch nicht widerlegen lasse. Dass die Welt als Schöpfung einen zeitlichen Anfang gehabt habe, könne nur geglaubt werden (ebd. 46a2). Die Verurteilung dieser aristotelischen Lehre 1277 warf einen Schatten auch auf die Theologie des Aquinaten.

Die Gottebenbildlichkeit des Menschen besteht nach Thomas in seiner vernünftigen Verfasstheit, die Erbsünde bestimmt Thomas deshalb formal als Verlust der *übernatürlichen* Gnadengaben, so dass der Mensch jetzt nach dem Fall in *puris naturalibus* dasteht (ebd. 97): Die durch die Kirche vermittelten Gnadengaben heben die Natur des Menschen deshalb nicht auf, sondern vollenden sie, indem sie ihr die verlorene, übernatürliche Gerechtigkeit als »fides caritate formata« zurückgeben.

3.4. Spätscholastik:
Meister Eckhart und William von Ockham

Das Erbe der Hochscholastik wurde in der mystischen und der nominalistischen Tradition auf ganz unterschiedliche Weise weiterentwickelt. Die Theologie *Meister Eckharts* (um 1260–1327/28) basiert wie die des Pseudo-Dionysius auf einem neuplatonischen Teilhabemodell: Schöpfung ist Ausgang der Dinge aus Gott als dem Sein selbst durch Mitteilung von Sein. Eckhart versteht dabei allerdings die Seele des Menschen bzw. ihren »grunt« als jenen Ort, an dem Gott sich als er selbst, als Wort und als Mensch gebiert (*Deutsche Werke* 1,109f.). Der Ausgang aller Dinge aus Gott stellt deshalb zum einen ihre Einheit sicher, zum anderen aber ihre Trennung vom einen Sein dar. Sie wird aufgehoben, wenn der Mensch sich in mystische Abgeschiedenheit begibt und Gott sich der Seele wieder mitteilen lässt. In der Abgeschiedenheit und Gelassenheit der Seele erfährt der Mensch Gott als das Sein selbst. Diese dauernde Selbstmitteilung an das Seiende versteht Eckhart als *creatio continua* im Wort, in der letztlich auch Gott selbst erst zu sich kommt (*Lateinische Werke* II, 627,3). Solche Einheit von Schöpfungs- und Erlösungshandeln führte Eckhart unter anderem zur Annahme der Gleich-Ewigkeit von Gott und Welt und brachte ihm 1329 (fälschlicherweise) den Pantheismusvorwurf ein.

Gegenüber solcher notwendigen Bezogenheit von Gott und Schöpfung bei Eckhart betonte der nominalistische Theologe *William von Ockham* (1285–1347) die Allmacht und damit völlige Freiheit Gottes gegenüber Welt und Mensch. Ausgehend von der Überzeugung, dass Gott alles, was er in der Schöpfungsordnung durch Zweitursachen (»*potentia Dei ordinata*«) bewirke, auch (soweit logisch widerspruchsfrei) direkt bewirken könne (»*potentia Dei absoluta*«), behauptete Ockham, Gott könne im Menschen auch direkte Erkenntnis ohne Vermittlung des Gegenstandes wirken. Damit war ein direkter Rückschluss aus der Schöpfungsordnung auf das Wesen

Gottes schließlich unmöglich geworden. Der thomistische ordo-Gedanke weicht bei Ockham einem voluntaristischen Bild der Beziehung zwischen Gott und Schöpfung. So spielt Ockham nicht zuletzt auch die Möglichkeit mehrerer, anderer oder besserer Welten durch (*Quodlibeta* 6q1).

4. Frühe Neuzeit: Die Ordnung der Welt

4.1. Einleitung

Die Geschichte des Schöpfungsverständnisses in der Frühen Neuzeit ist gekennzeichnet durch zwei dynamische, gegenläufige Entwicklungen. Die traditionelle Schöpfungsvorstellung wurde von verschiedenen, neu entstehenden Wissenschaftszweigen grundsätzlich in Frage gestellt: Geographie, Geologie, Biologie, Astronomie konfrontierten die Theologie mit Entdeckungen, die mit der Heiligen Schrift nicht mehr sinnvoll in Übereinstimmung zu bringen waren (Koyré 1969). Einige Philosophen meldeten Zweifel an dem anthropomorphen Gottesbild an, das dem Schöpfungsbericht zugrunde lag, und im Rahmen der philologischen Bibelkritik wurde schließlich dieser selbst als historisches Zeugnis in Frage gestellt (Scholder 1966). Die Reaktion der Theologie auf die von außen kommende Kritik war jedoch keine vertiefte Auseinandersetzung mit den neuen Wissenschaften, sondern ein Paradigmenwechsel im Selbstverständnis: In der katholischen Kirche begann die Abkoppelung der wissenschaftlichen Theologie von den »säkularen« Wissenschaften; die protestantische Theologie überließ, zum Teil nach erbitterten Abwehrgefechten vor allem gegen die Philosophie, den gesamten Komplex der Schöpfungslehre zunehmend den nicht-theologischen Wissenschaften und konzentrierte sich auf die Kerngebiete Anthropologie und Soteriologie. Zu tragfähigen eigenen Entwürfen in der Schöpfungstheologie kam es in der Frühen Neuzeit weder im Katholizismus noch im Protestantismus.

4.2. Die theologischen Grundlagen

Die Anthropologie als Sondergebiet der Schöpfungslehre. Dass die Anthropologie im 17. und 18. Jahrhundert die Auseinandersetzung mit anderen schöpfungstheologischen Fragen in den Hintergrund drängte, hat seinen Grund in dem theologischen Dissens in der Gnadenlehre, über dem sich die Reformation und die konfessionelle Spaltung entzündet hatten (zum Folgenden vgl. vor allem Schubert 2002). Spätestens seit Thomas war die mittelalterliche Theologie davon ausgegangen, durch den Fall sei der Mensch bloß seiner *übernatürlichen* Gnadengaben wie Gerechtigkeit, Weisheit, Unsterblichkeit usw. beraubt worden, so dass er nun im Zustand seiner reinen Natürlichkeit (*in puris naturalibus*) dastehe (s.o. 3.3). Die mittelalterliche Theologie hatte (im Anschluss an Gen 1,31) zwischen der *imago Dei*, als der unverlierbaren natürlichen Gottebenbildlichkeit, und der *similitudo Dei*, als den darüber hinausgehenden Gnadengaben, unterschieden. Aufgrund der unverlierbaren *imago Dei* sei ein angemessenes eigenes Bemühen um Überwindung der Sündhaftigkeit möglich (*meritum de congruo*), das durch die Gnadengaben der Kirche unterstützt und vollendet werde. *Martin Luther* (1483–1546) sah darin nicht zu Unrecht die theologische Begründung einer synergistischen Gnadenlehre. Auch aufgrund besserer exegetischer Einsichten betonte er deshalb, die in Gen 1 genannten *similitudo* und *imago* seien identisch und die urständliche Gerechtigkeit, Weisheit, Unsterblichkeit dem Menschen daher *natürlich* gewesen (vgl. WA 42, 124). Insofern könne es ein angemessenes eigenes Bemühen um Überwindung der Sündhaftigkeit gar nicht geben. Gegenüber dieser Anthropologie und Soteriologie dekretierte die katholische Kirche auf dem *Konzil von Trient* 1547 ein Zusammenwirken von anregender Gnade und freier Zustimmung des Menschen, aus der auch die Notwendigkeit und Fähigkeit einer Mittätigkeit des Menschen an seiner Heiligung folge (vgl. DH 1520–1583).

Ein sich aus der lutherischen Position ergebendes Problem war allerdings, dass in der philosophischen Schultradition die Begriffe *natura* und *essentia* deckungsgleich waren; der Lutherschüler *Matthias Flacius* (1520–1575) folgerte deshalb, das Fehlen der *natür-*

lichen Urstandsgerechtigkeit nach dem Fall bedeute die faktische Zerrüttung des Wesens der menschlichen Natur als solcher und behauptete in polemischer Zuspitzung, nach dem Fall sei der Mensch also zu einer imago satanae geworden. Seit den 1570er Jahren betonte die lutherische Hochorthodoxie zunehmend schärfer die Natürlichkeit der verlorenen *imago Dei*, um gegen den Katholizismus eine echte Zerrüttung der menschlichen Natur behaupten zu können. Gegen den Flacianismus aber musste sie zugleich festhalten, diese natürliche Imago sei nicht essentiell gewesen, um nicht die Vernichtung der menschlichen Schöpfungssubstanz folgern zu müssen. Seit 1620 unterschied Balthasar Meisner (1587–1626) deshalb zwischen einer unverlorenen »*imago Dei generalis*« und einer ebenso natürlichen, aber verlorenen »*imago Dei specialis*« (Schubert 2002), womit er der katholischen Unterscheidung von *imago* und *similituao* sehr nahe kam.

Die theologischen Auseinandersetzungen führten im weiteren Verlauf des 17. Jahrhunderts, etwa im synkretistischen Streit, dann in der Tat teilweise zur Übernahme gegnerischer Positionen. Im Protestantismus wurde die Verbreitung der reformierten Föderaltheologie zu einem wichtigen Ferment der Entwicklung: Sie ging davon aus, die Heilsgeschichte sei die Geschichte aufeinanderfolgender Bundesschlüsse Gottes mit den Menschen, die dem Menschen bestimmte Verpflichtungen auferlegten. Dies aber setzte voraus, dass der Mensch zur Erfüllung der Verpflichtungen in der Lage und deshalb weder unfrei noch seiner Natur nach völlig verderbt sein konnte. Die sich daraus im Luthertum seit der zweiten Hälfte des 17. Jahrhunderts entwickelnde Lehre von der sukzessiven moralischen Perfektibilität des Menschen wandte sich schließlich bewusst von der augustinischen Gnadenlehre ab und verband sich seit Mitte des 18. Jahrhunderts problemlos mit den optimistischen anthropologischen und pädagogischen Konzepten der Aufklärungsphilosophie.

Die Schöpfungslehre der Reformatoren. Was die Schöpfungslehre im engeren Sinne betraf, etwa die Metaphysik des Schöpfungsaktes selbst, so übten sich die Reformatoren – allen voran Luther – und die nachfolgenden Theologen des konfessionellen Zeitalters in auffallender Zurückhaltung und schlossen sich eng an die kirchliche Lehrtradition an.

So verwarf Luther alle Spekulationen über Existenzform und Dauer der Materie sowie den eigentlichen Schöpfungsvorgang (*Genesisvorlesung* 1535; WA 42, 10b,3). Gleichwohl betonte er, dass Gott die Welt ex nihilo geschaffen habe und dies durch das Wort bewirkt sei. Dieses Wort wird nicht nur als das von Gott gesprochene, schöpferische »thettelwort« (*Vom Abendmahl Christi* 1528; WA 26, 282, 34) verstanden, mit dem Gott ins Sein ruft, was vorher nicht war. Das Schöpfungswort ist Christus selbst, so dass Luther den Schöpfungsakt streng trinitarisch denkt, ohne dies in Details auszuführen (WA 42, 13b, 30–32 und 15b, 19–21), da dies in Irrtum und Unglaube führe. Mit Teilen der scholastischen Tradition unterscheidet Luther nicht zwischen Schöpfung und Erhaltung (»idem est creare et conservare«; WA 43, 233, 24f.), sondern führt beide gleichermaßen auf das Wirken des von Gott gesprochenen Wortes zurück: »So wenig als Gottes Wesen auffhoeret, so wenig hoeret auch das sprechen auff, one das zeitlich die Creatur durch das selbige haben angefangen. […] Daruemb so lang ein creatur weret, so lang weret das wort auch […] so gehet ymmer das sprechen on auffhoeren« (WA 24, 27, 24f.). Schöpfung und Erhaltung durch das Wort kommen deshalb bei Luther in unmittelbarer Nähe zur Erlösung durch das Wort zu stehen.

Johannes Calvin (1509–1564) schließt sich ebenso an die kirchliche Tradition einer Schöpfungsmittlerschaft Christi an wie Luther. Der entscheidende Unterschied ist aber die Frage der Möglichkeit einer natürlichen Theologie. Nach Calvin dient die gesamte Schöpfung nicht nur allgemein der Verherrlichung Gottes (Schöpfung als »suae gloriae theatrum« [*De aeterna praedestinatione Dei*; CO 8,294]), aufgrund seiner pronocierten Lehre vom ewigen Ratschluss Gottes, der sich in der fürsorglichen Lenkung des Menschen offenbare, ging Calvin auch davon aus, die Ordnung der Schöpfung mache eine echte Erkenntnis Gottes aus seinen Werken möglich. Tatsächlich behauptete Calvin nicht nur, auch die Heiden könnten die Herrlichkeit Gottes ersehen (*Institutio* I, 3,2), sondern sogar, die Prinzipien der wissenschaftlichen Naturerkenntnis seien dem Menschen angeboren (ebd. II, 2,14). Andererseits mußte Calvin um des Heilswerkes Christi annehmen, die natürliche Gotteserkenntnis sei durch den Sündenfall so sehr verdunkelt, dass erst die (auf demselben ewigen Ratschluss Gottes beruhende) Erlösung es dem Menschen möglich mache, die Schöpfung tatsächlich als Manifestation der Herrlichkeit Gottes zu verstehen (ebd. I, 5,13).

Das konfessionelle Zeitalter. Was die Schöpfungslehre der protestantischen Theologen betraf, sah die katholische Kirche im *Trienter Konzil* (1545–1563) keinen Handlungsbedarf. In der Theologie des konfessionellen Zeitalters war die Schöpfungslehre als solche deshalb kaum Gegenstand der Kontroverstheologie. Ja, umgekehrt begann die protestantische Lehrbildung im 17. Jahrhundert sogar, verschiedene Formen der thomistischen Theologie positiv zu rezipieren. In Fragen der allgemeinen Schöpfungslehre etwa unterscheidet sich die weit verbreitete orthodoxe Schuldogmatik Johann Friedrich Königs (1664: 78–80) im Artikel »*de creatione*« in nichts von den zeitgenössischen Entwürfen der katholischen Theologie: Das Schöpfungswerk bezeichnet im eigentlich Sinne die Hervorbringung aus dem Nichts und aus der *prima materia*, im uneigentlichen Sinne die fortwährende Hervorbringung aus den Geschöpfen und deren Erhaltung. *Wirkursache* ist die Trinität »*ut una causa*«, ihre *Materie* wird unmittelbar geschaffen, ihre *Form* besteht in der uneingeschränkten Hervorbringung durch Gott, ihr *Zweck* ist unmittelbar die Ehre Gottes, mittelbar der Nutzen des Menschen, ihre *Wirkung* besteht im Sechstagewerk. Auch die Aufklärungstheologie blieb auf diesen Bahnen. Sie ließ den scholastischen Stil zwar nach und nach hinter sich, inhaltlich aber unterschied sich der Artikel »Von der Schöpfung« einhundert Jahre später (etwa Töllner 1760: 67–72) in nichts von seinen orthodoxen Vorgängern.

Als lutherische Sonderentwicklung in der Schöpfungslehre darf allein der Locus von der *annihilatio mundi* gelten, der zwar ursprünglich in der Eschatologie seinen Ort hat, sachliche Konsequenzen aber auch für die Schöpfungslehre hat. *Johann Gerhard* (1582–1637) war der erste der »altprotestantischen« Dogmatiker, der mit Blick auf die Gott allein zukommende Ewigkeit folgerte, konsequenterweise müsse dann die Dauer der von Gott geschaffenen Welt begrenzt gedacht werden (vgl. Stock 1971): Zur Wiederkunft Christi erwartete er daher nicht die bloße Erneuerung der Welt (die damit ewig würde), sondern ihre substantielle Vernichtung durch ein apokalyptisches Feuer und die Schaffung einer ganz neuen Welt (*Loci* XXIX,107).

4.3. Der Umbruch des Weltbildes

Die Herausforderung der Wissenschaften. Grundstürzend aber waren auf lange Sicht die Herausforderungen, die sich der Theologie durch die naturwissenschaftlichen Entdeckungen stellten. Ihre Bedeutung blieb der Theologie aufgrund ihrer ganz anderen Diskursform zunächst jedoch völlig verschlossen.

Die *geographische* Entdeckung von in der Bibel nicht erwähnten Kontinenten (Nord- und Südamerika, Australien) und Völkern seit dem 15. Jahrhundert wurde zunächst nicht als theologisches Problem wahrgenommen, sondern im Rahmen der traditionellen Deutungsschemata beantwortet: Fremde Völker wurden als Nachkommen Noahs oder der verlorenen Stämme Israels erklärt. Ein erster Versuch den Schöpfungsbericht zu korrigieren, war *Isaac de la Peyrères* (1596–1676) Präadamitentheorie, nach der die unbekannten Völker einem Schöpfungsakt vor Adam entstammen sollten (Popkin 1987).

Auf derselben Ebene begegnete man den Erkenntnissen der neu entstehenden *Geologie*: *Nicolaus Steno* (1638–1686) entdeckte, dass es sich bei Fossilien, bislang als Abnormitäten der Natur verstanden, um Versteinerungen älterer Lebensformen handelte. Die Theorie, dies seien Hinweise auf verschiedene, sukzessive Schöpfungsakte oder in der Sintflut umgekommene Lebewesen, ließ sich nicht mehr halten, nachdem die Stratigraphie gezeigt hatte, dass die Tiere aus den übereinandergelagerten Schichten voneinander abzustammen schienen (Bierbaum/Faller 1979). Zu ähnlichen Ergebnissen kam die entstehende *Biologie*: Frühe Systematisierungsversuche der Lebensformen (*Carl von Linné* 1707–1787) zeigten, dass alle Wirbeltiere ähnliche Merkmale aufwiesen, und legten die Vermutung einer Verwandtschaft oder eines gemeinsamen Ursprungs nahe (*Jean-Baptiste de Lamarck* 1744–1829).

Der direkte Konflikt mit der Theologie blieb allerdings bis zu Beginn des 19. Jahrhunderts aus, da die überwiegende Zahl der Naturwissenschaftler ihre Entdeckungen noch mit einem erweiterten Konzept von göttlicher Schöpfung zu erklären suchten – obwohl die zutage tretenden erdgeschichtlichen Zeiträume die biblische Zeitrechnung von 6000 Jahren zumindest fragwürdig werden ließen (Koyré 1969).

Die neuen Entdeckungen in der *Astronomie* stellten die traditionelle Schöpfungsordnung dagegen grundsätzlich in Frage: 1530 war von *Nikolaus Kopernikus* (1473–1543) das ptolemäische Weltbild ins Wanken gebracht und die These von der Bewegung der Erde um die Sonne als fixem Zentrum formuliert worden, die seit 1610 durch die Beobachtungen *Galileo Galileis* (1564–1642) empirisch bekräftigt wurde. Aufgrund der Vielzahl weiterer, sie bestätigender Erkenntnisse im 17. Jahrhundert (u.a. Newtons Gesetz der Planetenbewegung) konnte die Reaktion der christlichen Theologie nur entweder in einer klaren Abgrenzung (die römische Kurie führte gegen Galilei 1633 einen Ketzerprozess) oder einer prononcierten Indifferenz bestehen.

Kritik an der traditionellen Schöpfungslehre kam auch von der *Philosophie*: Cartesianismus und radikaler Deismus postulierten, dass natürliche Wirkungen ausschließlich natürliche Ursachen haben könnten. Damit entstand das Bild einer vollständig substanzialistischen und kausal determinierten Welt, in der kein Platz mehr für göttliches Einwirken war. Die Welt hatte nur eines allerersten Anstoßes durch ihren Schöpfer bedurft und sich dann, so die Vorstellung, wie ein Uhrwerk in vollständig unabhängiger Eigenbewegung ihrer Wirkungen entfaltet. Die weitverbreitete Theorie von Gott als einem Uhrmacher (prominent bei Leibniz) stellte nicht nur die Notwendigkeit, sondern viel weitergehender auch die Möglichkeit eines unmittelbaren Eingreifens Gottes in Frage (Schmidt-Biggemann 1988).

In der *Theologie* selbst weckte der enorme Stellenwert der theologischen Anthropologie (s.o. 5.1.) besonderes Interesse am Schöpfungsbericht (Olearius 1970). Bereits im 17. Jahrhundert kamen wegen seiner inneren logischen und literarischen Spannungen Zweifel an einem wörtlichen Verständnis auf. Die Entdeckung religionsgeschichtlicher Parallelen in der Antike ließ seit der Mitte des 17. Jahrhunderts eine Vielzahl gelehrter »Entschlüsselungen« entstehen (Velthuysen 1651), gleichzeitig gewann mit Theologen wie *Richard Simon* (Simon 1678) die historische Kritik Bedeutung, doch erst in der zweiten Hälfte des 18. Jahrhunderts setzte sich jene Interpretation durch, die den Schöpfungsbericht als Mythos einer wörtlichen Deutung und der daran geknüpften Kritik entzog (so bei *Johann Gottfried Herder*; vgl. Kessler 2007).

Entscheidend für die schöpfungstheologischen Konzepte der Frühen Neuzeit war, dass Kritikern wie Anhängern zunächst die Überzeugung gemeinsam blieb, die ewigen Gesetzmäßigkeiten und die innere Ordnung der Welt bewiesen letzten Endes ihren vernünftigen, d.h. göttlichen Ursprung. Einen göttlichen Ursprung und eine göttliche Schöpfungsordnung insgesamt zu bestreiten, blieb bis ins 19. Jahrhundert wenigen radikalen Atheisten vorbehalten (etwa *Julien Offray de La Mettrie* [1709–1751]).

Die theologischen Konzeptionen. Die Gründe dafür, dass eine Auseinandersetzung mit den naturwissenschaftlichen Anfragen im Ganzen unterblieb, sind komplex. Die katholische Kirche hatte den Kopernikanismus in Galileis Fassung bereits 1616 als schriftwidrig verurteilt und grenzte sich seitdem zunehmend von den »säkularen« Wissenschaften ab. In der protestantischen Theologie wurde das heliozentrische Weltbild nur von wenigen Theologen (darunter Luther!) explizit als schriftwidrig abgelehnt, einige bemühten sich um einen Ausgleich zwischen Theologie und Astronomie (Johannes Kepler; Isaac Newton), die Mehrzahl aber blieb auffallend indifferent: zum einen, weil Kopernikus' Thesen im Laufe des 17. Jahrhunderts immer weitere wissenschaftliche Bestätigung erfuhren, zum anderen, weil *natürliche* Phänomene bis ins 17. Jahrhundert weithin nicht als *theologisches* Problem wahrgenommen wurden. Sie galten als »Zeichen« (Brosseder 2004; Talkenberger 1990), wobei solche Prodigien üblicherweise moralisch, als Aufruf zu wahrer Buße und Erneuerung des Glaubens, gedeutet wurden (Kittsteiner 1991).

Gerade aus diesem traditionellen Deutungsmuster der Schöpfung als eines Buches der Natur (»*liber naturae*«) entwickelte sich im 17. Jahrhundert aber auch die so genannte »Physiko-Theologie«, die als genuin religiöse Antwort auf die veränderte Weltwahrnehmung gelten kann: Die Natur wurde nicht mehr primär als Zeichen der Allmacht und des Zornes Gottes, sondern als Zeichen seiner Güte interpretiert (Krolzik 1988): Die Vielfalt, Schönheit und Zweckmäßigkeit der in der Natur manifestierten Schöpfung wurde in vielfältigen literarischen Formen als intrinsischer Beweis für die Existenz eines allmächtigen, gütigen und weisen Schöpfers interpretiert (vgl. Brockes 1721), womit auf der Ebene der Schöpfungstheologie die Wende zum aufklärerischen Optimismus eingeleitet wurde, der sich auch in der Anthropologie abzeichnete (vgl. oben 4.2.)

5. Neuzeit: Die Veränderlichkeit der Natur

5.1. Einleitung

Bereits in den geologischen und biologischen Entdeckungen des 18. Jahrhunderts hatte sich angedeutet, dass auch die letzte Prämisse der Schöpfungstheologie, das Bild einer vernünftigen und vor allem *statischen* Schöpfungsordnung, in Frage gestellt werden würde. Die Theorien zur sukzessiven Evolution von *Lamarck* (seit 1809) und *Darwin* (1836/59) gingen ursprünglich noch von einer göttlichen Vorsehung aus, verwarfen diese schließlich jedoch ganz zugunsten einer apersonalen Sicht auf die Evolution als Prozess der Anpassung und gegenseitigen Verdrängung von Lebewesen. Damit war der entscheidende Schritt der Emanzipation von religiösen Deutungsmustern getan: Die Idee einer ewigen Schöpfungsordnung wurde durch die dynamische Konzeption einer sich evolutiv verändernden Natur ersetzt.

Die theologischen Auseinandersetzungen mit der Evolutionslehre halten bis heute an, ihre Bandbreite reicht von fundamentalistischer Kritik, die ihre Wissenschaftlichkeit anzweifelt, über Bemühungen, jenseits der Evolution bleibende moralische »Schöpfungsordnungen« zu definieren, bis zum Versuch, Evolutionstheorie und Theologie positiv miteinander zu verbinden. Allgemein überwiegt heute die Ansicht, dass theologische und naturwissenschaftliche Aussagen unterschiedliche Wirklichkeitsbereiche betreffen.

In der zweiten Hälfte des 20. Jahrhunderts ist die *Veränderlichkeit* der Natur unter zwei Aspekten erneut zu einem theologischen bzw. ethischen Problem geworden: als Bewusstsein für die menschengemachte Gefährdung der Schöpfung, d.h. als ökologische Herausforderung zur »Bewahrung der Schöpfung«, und als Bewusstsein für die Manipulierbarkeit der Natur (und des Menschen) durch die Entwicklung der modernen Genetik und Gentechnologie (vgl. dazu den Beitrag von R. Anselm in diesem Band).

5.2. Die Evolutionstheorie

Bereits Jean-Baptiste de Lamarck hatte in seiner *Philosophie zoologique* von 1809 angenommen, dass alle Arten unabhängig voneinander durch spontane Urzeugung entstanden seien und sich durch die Vererbung zielgerichteter Tätigkeiten verändert, entwickelt und diversifiziert hätten. Seit 1836 kam auch Charles Darwin (1809–1882) unter dem Eindruck seiner Forschungsreise immer mehr zu der Überzeugung, dass sich Tier- und Pflanzenpopulationen nach ihrer räumlichen Diversifizierung verschieden weiterentwickelten und führte dies auf eine Anpassung an die neuen Lebensräume zurück. Auch Darwin ging zunächst davon aus, zum Zweck dieser aktiven Anpassung würden erworbene Eigenschaften vererbt, erkannte jedoch bald, dass die Veränderung passiv durch natürliche Auslese geschah. Eine solche Auslese in Form von Aussterben oder Verdrängung durch besser angepasste Lebensformen erschien Darwin jedoch zunehmend weniger mit der Vorstellung eines gütigen Schöpfergottes vereinbar. Schon sein 1859 erschienenes Buch über die natürliche Auslese (*On the Origin of Species by Means of Natural Selection*) sorgte für heftigste Auseinandersetzungen mit der anglikanischen Kirche (Desmond/ Moore 1994).

Schon früh nahm Darwin an, die Entwicklung aller Arten könne auf einen gemeinsamen Ursprung zurückgehen (»tree of life«). Seine Untersuchung über die Abstammung des Menschen (*Descent of Man* 1871) ließ ihn weiten Teilen der Öffentlichkeit Europas endgültig als Feind von Religion und Moral erscheinen, da er nicht nur eine gemeinsame Herkunft von Menschen und Menschenaffen vertrat, sondern auch postulierte, Geist und Moral seien die Produkte evolutiver Höherentwicklung. Bereits früh übertrugen radikal vereinfachende politische und rassistische Lesarten die biologistische Lehre des Darwinismus auch auf soziale Ordnungen (Sozialdarwinismus). Ernst Haeckels (1834–1919) vielfach aufgelegtes, populärwissenschaftliches Werk *Die Welträthsel* von 1899 etwa verhalf einer eugenischen und rassistischen Interpretation des Darwinismus zum Durchbruch.

Für die zeitgenössische Theologie bestanden die von der Evolutionstheorie aufgeworfenen Probleme darin, dass sie erstens das Konzept einer festen Schöpfung durch eine eigendynamische Entwicklung ersetzte, zweitens den Menschen nicht auf Gott zurückführte, sondern von einer niedrigeren Lebensform abstammen ließ, und drittens das göttliche Wirken in Natur und Geschichte durch ein apersonales und amoralisches Gesetz der brutalen Verdrängung ersetzte.

5.3. Theologische Antworten

Der Umgang mit der (darwinistischen) Evolutionstheorie war, entsprechend der zunehmenden theologischen Ausdifferenzierung im 19. und 20. Jahrhundert äußerst vielfältig. Die katholische Kirche stand ihr von Anfang an skeptisch gegenüber, konnte sich angesichts der wissenschaftlichen Argumente zu einer lehramtlichen Verurteilung aber nie entschließen: 1950 wurde in der Enzyklika *Humani Generis* eine mögliche Vereinbarkeit von Evolutionstheorie und katholischer Lehre zumindest nicht ausgeschlossen (DH 3877–3883), andererseits wurde *Pierre Teilhard de Chardin* (1881–1955), der sich um eine Synthese von biologistischer Evolutionstheorie und Theologie bemühte, 1926 und erneut 1947 ein Publikationsverbot für theologische Schriften auferlegt (Daecke 2002).

Der Theologe, Geologe und Paläontologe Teilhard de Chardin sah es als entscheidende Aufgabe der Gegenwart, die Diastase zwischen naturwissenschaftlicher und theologischer Weltsicht durch ihre positive Vereinigung zu überwinden. Er behauptete die kosmische Weiterentwicklung der Evolution von der Ontogenese über die Noogenese zu einer Christogenese – nicht jedoch als lineare Fortsetzung der einen in der anderen, sondern als Konvergenz der beiden teleologischen Zielpunkte, der »Omegas« von Wissenschaft und Glaube (vgl. Teilhard 1970a: 219). Christus als treibender Geist auch der Evolution sei dabei in den geistlichen, intellektuellen und moralischen Anstrengungen der Menschen gegenwärtig (Teilhard 1970b: 283f.).

Im Bereich der protestantischen Theologie bemühte sich in der ersten Hälfte des 20. Jahrhunderts im Grunde nur *Karl Heim* (1874–1958) darum, die Unvereinbarkeit von naturwissenschaftlichem und religiösem Weltbild zu überwinden (und galt deshalb wie Teilhard de Chardin als theologischer Außenseiter). Er rezipierte früh die Einsteinsche Relativitätstheorie und die Ergebnisse der Quantenphysik und kritisierte von daher das herkömmliche szientistische Weltbild als statisch, materialistisch und auf unbeweisbaren Axiomen beruhend (Heim 1953: 29f.; ders. 1952: 32f.). Die der modernen Gesellschaft inhärente Spaltung zwischen Objektivismus und Subjektivismus suchte er durch den Entwurf einer relationalen Ontologie zu überwinden, die ihr Zentrum in einem (an Martın Buber angelehnten) existenzialen Personalismus besaß (Heim 1953: 35f.).

Insgesamt aber bemühte man sich auf evangelischer Seite kaum um eine solche Synthese von theologischer Tradition und naturwissenschaftlicher Erkenntnis, sondern ging explizit davon aus, beide Diskurse beträfen unterschiedliche Wirklichkeitsbereiche. Die Wissenschaft, so etwa *Karl Barth* (1886–1968), habe »freien Raum jenseits dessen, was die Theologie als das Werk des Schöpfers zu beschreiben hat« (Barth 1945: IV). Insofern wurde das naturwissenschaftliche, dynamische Modell von Natur nicht nur nicht rezipiert, sondern ganz im Gegenteil sehr lange bewusst an einem relativ stabilen, ja statischen Konzept von Schöpfung festgehalten.

Barth unterscheidet kategorial zwischen »Welt« und »Schöpfung«: Die »Welt« steht im grundsätzlichen Widerspruch zur Offenbarung. Ihr kommt somit keinerlei theologischer Erkenntnisstatus zu, naturwissenschaftliche Erkennntisse können damit aber auch nicht in Widerspruch zur Theologie geraten. Unter »Schöpfung« versteht Barth dagegen ausschließlich die im Wort Ereignis werdende neue Wirklichkeit Christi, das äußere Heilswirken Gottes in Christus. »Schöpfung« wird von Barth so konsequent von Bund und Erwählung her gedacht, dass er sagen kann, Absicht und Sinn der Schöpfung insgesamt seien nach dem biblischen Zeugnis allein »die Ermöglichung der Geschichte des Bundes Gottes mit dem Menschen, die in Jesus Christus ihren Anfang, ihre Mitte und ihr Ende hat« (Barth 1945: 44). Bei aller Verabschiedung von den Ansprüchen und Anforderungen der modernen Naturwissenschaft vermochte es die Dialektische Theologie immerhin auch, sich damit erfolgreich gegen Versuche zu immunisieren, politische Konzepte so genannter »Schöpfungsordnungen« in der evangelischen Theologie zu etablieren.

In Anknüpfung an Luthers Lehre von den zwei Regimenten hatten lutherische Theologen wie *Paul Althaus* (1888–1966) aber auch reformierte Theologen wie *Emil Brunner* (1898–1966) seit den 1920er Jahren bestimmte geschichtlich bedingte, politisch geformte Vorstellungen von Staat, Ehe, Wirtschaft usw. als von Gott gewollte, unveränderliche »Schöpfungsordnungen« postuliert. Solche Konzepte konnten unter Berufung auf Gottes Schöpfungswillen einerseits zur Abweisung totaler Ansprüche des modernen Staates an den Menschen führen (so etwa bei Brunner 1932: 159), andererseits aber auch auf fatale Weise eine Übereinstimmung der christlichen Theologie mit dem völkischen Rassismus des Nationalsozialismus suggerieren (Althaus 1935: 33f.), ja, sie öffneten sich gar selbst bereitwillig ihrer politischen Instrumentalisierung, etwa in *Werner Elerts* (1885–1954) Konzeption einer schöpfungsmäßigen Einheit von »Bekenntnis, Blut und Boden« (Elert 1934) oder in *Emanuel Hirschs* (1888–1972) Vorstellung vom Krieg als notwendigem und über die Völker richtenden Teil der Schöpfungsordnung (Hirsch 1925: 95, 102, 104).

Erst in der zweiten Hälfte des 20. Jahrhunderts wurde die ökologische Gefährdung der Schöpfung Teil des allgemeinen Bewusstseins und Gegenstand theologischer Reflexion. Auf der Vollversammlung des Ökumenischen Rates der Kirchen in Vancouver 1983 wurde die »Bewahrung der Schöpfung« neben Frieden und Gerechtigkeit zu einem Hauptziel des konziliaren Prozesses zwischen den christlichen Kirchen erklärt. Ein erstes theologisches Aufgreifen dieser Fragen bietet u.a. das Werk *Jürgen Moltmanns* (geboren 1926). Ihm ist es darum zu tun, das Verhältnis zwischen Gott und seiner Schöpfung nicht mehr als diastatisches Herrschaftsverhältnis, sondern (auf der Grundlage einer sozialen Trinitätslehre) als vielschichtiges Gemeinschaftsverhältnis aufzufassen. Eine enge Verbindung zwischen Schöpfer und Schöpfung sieht Moltmann nicht nur in der Verheißung eines messianischen Schöpfungssabbats angelegt (Moltmann 1985: 281), er rezipiert auch zustimmend die jüdisch-kabbalistische Lehre vom Zimzum, nach der Gott sich in sich selbst zurückgezogen und erst dadurch den Raum für die freie Schöpfung ermöglicht habe. Die Schöpfung ist also nicht von Gott getrennt zu betrachten, sondern hat ihr Leben und ihren Ermöglichungsgrund in ihm selbst (Moltmann 1985: 98).

Quellen- und Literaturverzeichnis

1. Quellen

Anselm von Canterbury: *Monologion*, hg. v. Franciscus Salesius Schmitt, Stuttgart-Bad Cannstatt 1964.

Anselm von Canterbury: *Cur Deus homo* / Warum Gott Mensch wurde, hg. v. Franciscus Salesius Schmitt, Darmstadt 1993[5].

Augustinus: *Logik des Schreckens*, in: Augustinus von Hippo: *De diversus quaestionibus ad Simplicianum* / Über verschiedene Fragen an Simplician, I,2, hg. u. erläutert v. Kurt Flasch, Mainz 1990.

Augustinus: *De moribus ecclesiae catholicae et de moribus manichaeorum* / Die Lebensführung der katholischen Kirche und die Lebensführung der Manichäer, eingeleitet, kommentiert u. hg. v. Elke Rutzenhöfer (Augustinus Opera / Werke 25), Paderborn u.a. 2004.

Beinert, Wolfgang (Hg.): *Texte zur Theologie. Schöpfungslehre* (Dogmatik 3), Graz u.a. 1992.

Bellarmin, Robert: *Disputationes de controversiis christianae fidei adversus huius temporis haereticos* / Disputationen zu den Kontroversen über den christlichen Glauben gegen die Häretiker dieser Zeit, Ingolstadt 1586–1593.

Brockes 1721: Brockes, Barthold Hinrich: *Irdisches Vergnügen in Gott*, Hamburg 1721.

Calvin, Johannes: *Institutio christianae religionis* / Unterricht in der christlichen Religion. Nach der letzten Ausgabe übersetzt u. bearbeitet v. Otto Weber, Neukirchen 1955.

Calvin, Johannes: *De aeterna Dei praedestinatione* / De la prédestination éternelle (= Ioannis Calvini opera omnia Ser. 3: Scripta ecclesiastica, Vol. 1), hg. v. Wilhelm Neuser, Genf 1998.

DH / Denzinger, Heinrich / Hünermann, Peter: *Enchiridion symbolorum definitionum et declarationum de rebus fidei et morum*. Kompendium der Glaubensbekenntnisse und kirchlichen Lehrentscheidungen, Freiburg i.Br. u.a., 1999[38].
Eckhart (Meister): *Die deutschen und lateinischen Werke. Die deutschen Werke, Bd. 1: Meister Eckharts Predigten*, hg. u. übersetzt v. Josef Quint, Stuttgart 1968.
Eckhart (Meister): *Die deutschen und lateinischen Werke. Die lateinischen Werke, Bd. 2: Magistri Echardi Expositio libri Exodi. Sermones et lectiones super Ecclesiastici cap. 24. Expositio libri Sapientiae. Expositio Cantici Canticorum cap. 1,6,* / Meister Eckharts Auslegung des Buches Exodus Kapitel eins. Predigten und Lesungen über das Buch Ecclesiastes Kapitel 24. Auslegung des Buches Weisheit / Auslegung des Hohenliedes, hg. u. übersetzt v. Heribert Fischer, Stuttgart 1992.
Eckhart (Meister): *Prologi in Opus tripartitum et Expositio Libri Genesis* / Vorreden zum Opus Tripartitum und Auslegung des Buches Genesis, hg. v. Loris Sturlese, Stuttgart 1987.
Gerhard, Johann: *Loci Communes Theologici cum pro adstruenda veritate, tum pro destruenda quorumvis contradicentium falsitate solide et copiose explicati inque novem tomos divisi* / Gemeinplätze der Theologie sowohl zum Aufbauen der Wahrheit als auch zum Niederreißen der Lüge gewisser Andersmeinender, gründlich und umfassend erklärt und in neun Bände eingeteilt, Jena 1610–1622, Bd. 9, hg. v. Eduard Preuß, Berlin 1875.
Hirt des Hermas, in: Whittaker, Molly (Hg.): Die griechischen christlichen Schriftsteller der ersten drei Jahrhunderte, Bd. 48/1, Berlin 1967[2].
Irenäus von Lyon: *Epideixis / Adversus haereses* / Gegen die Ketzer, 5 Bde., hg., eingeleitet u. übersetzt v. Norbert Brox (FChr 8/1), Freiburg i.Br. 1993.
Iustinus Martyr: *Iustini Martyris Apologiae pro Christianis* / Die Verteidigung für die Christen von Justin Martyr, hg. v. Miroslav Marcovich (PTS 38), Berlin 1994.
Iustinus Martyr: *Iustini Martyris Dialogus cum Tryphone* / Der Dialog von Justin Martyr mit Trypho, hg. v. Miroslav Marcovich (PTS 47), Berlin 1997.
König 1664: König, Johann Friedrich: *Theologia positiva acroamatica* / Lehrbuch der positiven acroamatischen [...] Theologie, hg. v. Andreas Stegmann, Tübingen 2006.
Lamarck, Jean-Baptiste de: *Philosophie zoologique ou exposition des considérations relatives à l'histoire naturelle des animaux* [...]. Présentation et notes par André Pichot, Paris 1994.
Lamarck, Jean-Baptiste de: *Zoologische Philosophie*, übersetzt v. Arnold Lang, 3 Bde., Leipzig 1991 (1809).
Luther, Martin: *Genesisvorlesung von 1535–45*: D. Martin Luthers Werke, Kritische Gesammtausgabe, 42.–44. Bd., Weimar 1911–1915.

Luther, Martin: *Vom Abendmahl Christi. Bekenntnis*: D. Martin Luthers Werke, Kritische Gesammtausgabe, 26. Bd., Weimar 1909, 261–509.
Origenes: *Peri Archon / De principiis* / Über die Prinzipien, hg. v. Paul Kötschau (GCS 22), Berlin 1913.
Origenes: *Vier Bücher von den Prinzipien*, hg., übersetzt und erläutert von Herwig Görgemanns / Heinrich Karpp, Darmstadt 1992³.
Pelagius: *Epistula ad Demetriaden* / Brief an Demetrias, in: Patrologia Latina 33, 1099–1120, Paris 1865.
Pelagius: *Expositiones XIII epistularum Pauli*. Pelagius' Expositions of Thirteen Epistles of St. Paul, hg. v. Alex Souter (TaS 9/2), London 1926.
Platonis opera / Platons Werke, hg. v. Ioannes Burnet, Oxford 1995.
Plotini Opera / Plotins Werke, hg. v. Paul Henry / Hans-Rudolf Schwyzer, editio maior: I–III, Paris 1951–1973; editio minor (I–III= IV–VI) 1964–1982.
Pseudo-Dionysius Areopagita: *De divinis nominibus* / Über die göttlichen Namen, hg. v. Beate Regina Suchla (Corpus Dionysiacum 1), Berlin/New York 1990.
Pseudo-Dionysius Areopagita: *Die Namen Gottes*, eingeleitet, übersetzt u. mit Anm. versehen v. Beate Regina Suchla (BGrL 26), Stuttgart 1988.
Pseudo-Dionysius Areopagita: *De coelesti hierarchia, de ecclesiastica hierarchia, de mystica theologia, epistulae* / Über die himmlische Hierarchie, über die kirchliche Hierarchie, über die mystische Theologie, Briefe, hg. v. Günter Heil (Corpus Dionysiacum 2), Berlin/New York 1991.
Pseudo-Dionysius Areopagita: *Über die himmlische Hierarchie*, übersetzt u. mit Anm. versehen v. Günter Heil (BGrL 22), Stuttgart 1986.
Simon 1678: Simon, Richard: *Histoire critique du Vieux Testament* / Historische Kritik des Alten Testaments, erläutert und übersetzt v. Pierre Gibe, Paris 2008.
SVF / Stoicorum veterum fragmenta / Fragmente der älteren Stoiker, hg. v. Hans von Arnim, Stuttgart 1903–1924.
Tertullian: *Adversus Marcionem* / Gegen Marcion, hg. u. übersetzt v. Ernest Evans, Oxford 1972.
Testimonium Veritatis / Zeugnis der Wahrheit, Nag Hammadi Codex (NHC) IX,3: *Testimonium Veritatis* / Zeugnis der Wahrheit (NHS 15), hg. v. Birger Albert Pearson / Søren Giversen, Leiden 1991, 101–203.
Thomas von Aquin: *Schöpfung und Engelwelt*, in: Die deutsche Thomas-Ausgabe. Vollständige, ungekürzte deutsch-lateinische Ausgabe der Summa Theologica Bd. 4, hg. v. Katholischen Akademikerverband, Salzburg 1936.
Thomas von Aquin: *Erschaffung und Urzustand des Menschen*, in: Die deutsche Thomas-Ausgabe. Vollständige, ungekürzte deutsch-lateinische Ausgabe der Summa Theologica Bd. 7, hg. v. Katholischen Akademikerverband, München 1941.
Töllner, Johann Gottlieb: *Grundriß der dogmatischen Theologie*, Frankfurt an der Oder 1760.

Velthuysen, Lambert van: *Epistolica Dissertatio de Principiis Ivsti et Decori, Continens Apologiam pro tractatis Clarissimi Hobbaei, De Cive* / Briefe über die Grundlagen des Gerechten und des Geziemenden mit einer Verteidigigung der Traktate des berühmten Hobbes über ›Den Bürger‹, Amsterdam 1651.
William von Ockham, *Guillelmi de Ockham Opera philosophica et theologica*, hg. v. Gedeon Gál, St. Bonaventure, New York 1967.
William von Ockham, *Guillelmi de Ockham Opera philosophica et theologica. Opera Theologica 9: Quodlibeta Septem*, St. Bonaventure/New York 1980.

2. Sekundärliteratur

Althaus 1935: Althaus, Paul: Die Theologie der Ordnungen, Gütersloh 1935².
Barth 1945: Barth, Karl: Die Kirchliche Dogmatik. Bd. III,1. Die Lehre von der Schöpfung, Zollikon 1945.
Bierbaum / Faller 1979: Bierbaum, Max / Faller, Adolf: Niels Stensen. Anatom, Geologe und Bischof (1638–1686), Münster 1979.
Brosseder 2004: Brosseder, Claudia: Im Bann der Sterne. Caspar Peucer, Philipp Melanchthon und andere Wittenberger, Berlin 2004.
Brunner 1932: Brunner, Emil: Das Gebot und die Ordnungen. Entwurf einer protestantisch-theologischen Ethik, Tübingen 1932.
Daecke 2002: Daecke, Sigurd Martin: Art. Teilhard de Chardin, Pierre, TRE 33, Berlin/New York 2002, 28–33.
Darwin, Charles: The Correspondance of Charles Darwin, hg. v. Frederick Burkhardt, Cambridge/New York 1985.
Darwin, Charles: Die Entstehung der Arten durch natürliche Zuchtwahl [1859], Stuttgart 1976.
Darwin, Charles: The Descent of Man and Selection in Relation to Sex, hg. v. Adrian Desmond / James Moore, London 2004.
Desmond / Moore 1994: Desmond, Adrian / Moore, James: Darwin, Reinbek bei Hamburg 1994.
Deutsche Bischofskonferenz und Kirchenamt der Evangelischen Kirche in Deutschland (Hgg.): Verantwortung wahrnehmen für die Schöpfung. Gemeinsame Erklärung des Rates der Evangelischen Kirche in Deutschland und der Deutschen Bischofskonferenz, Gütersloh 1985².
Elert 1934: Elert, Werner: Bekenntnis, Blut und Boden. 3 theologische Vorträge, Leipzig 1934.
Haeckel, Ernst: Die Welträthsel [1899], Leipzig 1909.
Heim 1952: Heim, Karl: Der evangelische Glaube und das Denken der Gegenwart. Bd. 6: Weltschöpfung und Weltende, Hamburg 1952.

Heim 1953: Heim, Karl: Der evangelische Glaube und das Denken der Gegenwart. Bd. 4: Der christliche Gottesglaube und die Naturwissenschaft, Hamburg 1953².

Hirsch 1925: Hirsch, Emanuel: Deutschlands Schicksal. Staat, Volk und Menschheit im Lichte einer ethischen Geschichtsansicht, Göttingen 1925.

Kessler 2007: Kessler, Martin: Johann Gottfried Herder – der Theologe unter den Klassikern (AKG 102/1–2), Berlin 2007.

Kittsteiner 1991: Kittsteiner, Heinz Dieter: Die Entstehung des modernen Gewissens (stw 1192), Frankfurt a.M. 1991.

Koyré 1969: Koyré, Alexandre: Von der geschlossenen Welt zum unendlichen Universum (stw 320), Frankfurt a.M. 1969.

Krolzik 1988: Krolzik, Udo: Säkularisierung der Natur. Providentia-Dei-Lehre und Naturverständnis der Frühaufklärung, Neukirchen-Vluyn 1988.

Moltmann 1985: Moltmann, Jürgen: Gott in der Schöpfung. Ökologische Schöpfungslehre, München 1985.

Olearius 1970: Olearius, Christian: Die Umbildung der altprotestantischen Urstandslehre durch die Aufklärungstheologie (Diss. masch.), München 1970.

Popkin 1987: Popkin, Richard: Isaac La Peyrère (1596–1676). His Life, Work and Influence (Brill's Studies in Intellectual History 1), Leiden 1987.

Schmidt-Biggemann 1988: Schmidt-Biggemann, Wilhelm: Theodizee und Tatsachen. Das philosophische Profil der deutschen Aufklärung (stw 722), Frankfurt a.M. 1988.

Scholder 1966: Scholder, Klaus: Ursprünge und Probleme der Bibelkritik im 17. Jahrhundert. Ein Beitrag zur Entstehung der historisch-kritischen Theologie (FGLP 10/XXXIII), München 1966.

Schubert 2002: Schubert, Anselm: Das Ende der Sünde. Anthropologie und Erbsünde zwischen Reformation und Aufklärung (FKDG 84), Göttingen 2002.

Stock 1971: Stock, Konrad: Annihilatio Mundi. Johann Gerhards Eschatologie der Welt (FGLP 42), München 1971.

Talkenberger 1990: Talkenberger, Heike: Sintflut. Prophetie und Zeitgeschehen in Texten und Holzschnitten astrologischer Flugschriften, 1488–1528 (Studien und Texte zur Sozialgeschichte der Literatur 26), Tübingen 1990.

Teilhard 1959: Teilhard de Chardin, Pierre: Der Mensch im Kosmos, München 1959³.

Teilhard 1970a: Teilhard de Chardin, Pierre: Super-Menschheit, Super-Christus, Super-Caritas, in: ders.: Werke, Bd. IX: Wissenschaft und Christus, übersetzt v. Karl Schmitz-Moormann, Olten 1970, 202–229.

Teilhard 1970b: Teilhard de Chardin, Pierre: Forschung, Anbetung und Arbeit, in: ders.: Werke, Bd. IX: Wissenschaft und Christus, übersetzt v. Karl Schmitz-Moormann, Olten 1970, 277–284.

3. Literaturhinweise zum vertiefenden Studium

3.1. Einleitung

Link, Christoph: Schöpfung. Schöpfungstheologie in reformatorischer Tradition (Teil 1); Schöpfungstheologie angesichts der Herausforderungen des 20. Jahrhunderts (Teil 2) (HST 7), Gütersloh 1991.

Lüpke, Johannes von: Art. Schöpfer / Schöpfung VII. Reformation bis Neuzeit, TRE 30, Berlin/New York 1999, 305–326.

Scheffczyk, Leo: Schöpfung und Vorsehung, in: Schmaus, Michael (Hg.): Der Trinitarische Gott, die Schöpfung, die Sünde (HDG II / 2a), Freiburg i.Br. 1963.

Scheffczyk, Leo: Einführung in die Schöpfungslehre, Darmstadt 1987³.

Scheffczyk, Leo: Art. Schöpfer / Schöpfung VI. Mittelalter, TRE 30, Berlin/New York 1999, 299–305.

3.2. Hellenistische Schöpfungsvorstellungen

Armstrong, Arthur Hilary (Hg.): The Cambridge History of Later Greek and Early Medieval Philosophy, Cambridge 1967.

Gerson, Lloyd P.: The Cambridge Companion to Plotinus, Cambridge 1996.

Halfwassen, Jens: Der Aufstieg zum Einen. Untersuchungen zu Platon und Plotin (BzA 9), Stuttgart 1992.

Halfwassen, Jens: Art. Plotin, TRE 6, Berlin/New York 1980, 1398–1400.

Leinkauf, Thomas / Steel, Carlos (Hgg.): Platos Timaios als Grundtext der Kosmologie in Spätantike, Mittelalter und Renaissance (Ancient and Medieval Philosophy I / 34), Leuven 2005.

3.3. Die spätantike Gnosis

Markschies, Christoph: Art. Gnosis / Gnostizismus II. Christentum, TRE 13, Berlin/New York 1984, 1045–1053.

Markschies, Christoph: Die Gnosis, München 2001.

3.4. Von den Apostolischen Väter zu Origenes

Andresen, Carl/Ritter, Adolf Martin: Die Anfänge christlicher Lehrentwicklung, in: dies. (Hgg.), Handbuch der Dogmen- und Theologiegeschichte, Bd. 1, Göttingen 1999², 1–98.

Köckert, Charlotte: Christliche Kosmologie und kaiserzeitliche Philosophie. Die Auslegung des Schöpfungsberichtes bei Origenes, Basilius und Gregor von Nyssa vor dem Hintergrund kaiserzeitlicher Timaeus-Interpretationen (STAC 56), Tübingen 2009.

May, Gerhard: Schöpfung aus dem Nichts. Die Entstehung der Lehre von der Creatio ex nihilo (AKG 48), Berlin 1978.

May, Gerhard: Art. Schöpfer/Schöpfung V. Alte Kirche, TRE 30, Berlin/New York 1999, 296–299.

Scheffczyk, Leo: Schöpfung und Vorsehung, in: Schmaus, Michael (Hg.): Der Trinitarische Gott, die Schöpfung, die Sünde (HDG II/2a), Freiburg i.Br. 1963.

Ziebritzki, Henning: Heiliger Geist und Weltseele. Das Problem der dritten Hypostase bei Origenes, Plotin und ihren Vorläufern (BHTh 84), Tübingen 1994.

3.5. Die Begründung der abendländischen Anthropologie: Augustin und Pelagius

Bonner, Gerald: Art. Pelagius/Pelagianischer Streit, TRE 26, Berlin/New York 1996, 176–185.

Drecoll, Volker Henning (Hg.): Augustin Handbuch, Tübingen 2007.

Meijering, Eginhard Peter: Augustin über Schöpfung, Ewigkeit und Zeit. Das elfte Buch der Bekenntnisse (PhP 4), Leiden 1979.

Mühlenberg, Ekkehard: Von Augustin bis Anselm von Canterbury, in: Andresen, Carl/Ritter, Adolf Martin (Hgg.): Handbuch der Dogmen- und Theologiegeschichte, Bd. 1, Göttingen 1999², 406–566.

Stüben, Joachim: Pelagius, in: Döpp, Siegmar/Geerlings, Wilhelm (Hgg.): Lexikon der antiken christlichen Literatur, Freiburg i.Br. 2002³, 560–563.

3.6. Pseudo-Dionysius Areopagita

McGinn, Bernhard: Die Mystik im Abendland. Bd. 1: Ursprünge, Freiburg i.Br. u.a. 1994.

O'Daly, Gerard: Art. Dionysius Areopagita, TRE 8, Berlin/New York 1981, 772–780.

3.7. Das Mittelalter: Die Metaphysik der Schöpfung

3.7.1. Einleitung

Grabmann, Martin: Die Geschichte der scholastischen Methode: nach den gedruckten und ungedruckten Quellen dargestellt, 2 Bde., Freiburg i.Br. 1909–1911.

Leinsle, Ulrich Gottfried: Einführung in die scholastische Theologie (UTB 1865), Paderborn/Zürich 1995.

Schmidt, Martin Anton: Scholastik, in: Schmidt, Kurt Dietrich / Wolf, Ernst (Hgg.): Die Kirche in ihrer Geschichte. Ein Handbuch (KiG 2), Göttingen 1969.

Schmidt, Martin Anton: Die Zeit der Scholastik, in: Andresen, Carl / Ritter, Adolf Martin (Hgg.): Handbuch der Dogmen- und Theologiegeschichte, Bd. 1, Göttingen 1999², 567–754.

3.7.2. Frühscholastik: Anselm von Canterbury

Evans, Gillian Rosemary: Anselm and Talking About God, Oxford 1978.

Mühlenberg, Ekkehard: Von Augustin bis Anselm von Canterbury, in: Andresen, Carl / Ritter, Adolf Martin (Hgg.): Handbuch der Dogmen- und Theologiegeschichte, Bd. 1, Göttingen 1999², 406–566.

Scheffczyk, Leo: Schöpfung und Vorsehung, in: Schmaus, Michael (Hg.): Der trinitarische Gott, die Schöpfung, die Sünde (HDG II/2a), Freiburg i.Br. 1963.

3.7.3. Hochscholastik: Thomas von Aquin

Chenu, Marie-Dominique: Das Werk des Hl. Thomas von Aquin, hg. v. Otto M. Pesch, Graz 1982².

Scheffczyk, Leo: Schöpfung und Vorsehung, in: Schmaus, Michael (Hg.): Der Trinitarische Gott, die Schöpfung, die Sünde (HDG II/2a), Freiburg i.Br. 1963.

Schmidt, Martin Anton: Scholastik, in: Schmidt, Kurt Dietrich / Wolf, Ernst (Hgg.): Die Kirche in ihrer Geschichte. Ein Handbuch (KiG 2), Göttingen 1969.

Schönberger, Rolf: Die Transformation des klassischen Seinsverständnisses: Studien zur Vorgeschichte des neuzeitlichen Seinsbegriffs im Mittelalter (Quellen und Studien zur Philosophie 21), Berlin 1986.

Wissink, Jozef (Hg.): The Eternity of the World in the Thought of Thomas Aquinas and his Contemporaries (STGMA 27), Leiden 1990.

3.7.4. Spätscholastik: Meister Eckhart und William von Ockham

Goris, Wouter: Einheit als Prinzip und Ziel: Versuch über die Einheitsmetaphysik des Opus tripartitum Meister Eckharts (STGMA 59), Leiden 1997.
Leppin, Volker: Wilhelm von Ockham. Gelehrter, Streiter, Bettelmönch, Darmstadt 2003.
Schmidt, Martin Anton: Die Zeit der Scholastik, in: Andresen, Carl/Ritter, Adolf Martin (Hgg.): Handbuch der Dogmen- und Theologiegeschichte, Bd. 2, Göttingen 1999², 567–754.
Schröcker, Hubert: Das Verhältnis der Allmacht Gottes zum Kontradiktionsprinzip nach Wilhelm von Ockham (VGI 49), Berlin 2003.
Steer, Georg/Sturlese, Loris (Hgg.): Lectura Eckhardi: Predigten Meister Eckharts von Fachgelehrten gelesen und gedeutet, Stuttgart 1998.

3.8. Frühe Neuzeit: Die Ordnung der Welt

3.8.1. Die theologischen Grundlagen

Köster, Heinrich: Urstand, Fall und Erbsünde. Von der Reformation bis zur Gegenwart, in: Schmaus, Michael (Hg.): Der trinitarische Gott, die Schöpfung, die Sünde (HDG II/3c), Freiburg i.Br. 1982.
Lohse, Bernhard: Dogma und Bekenntnis in der Reformation, in: Andresen, Carl/Ritter, Adolf Martin (Hgg.): Handbuch der Dogmen- und Theologiegeschichte, Bd. 2, Göttingen 1999², 1–166.
Lubac, Henri de: Die Freiheit der Gnade, Bd. 1: Das Erbe Augustins, Einsiedeln 1971.
Stock, Konrad: Annihilatio Mundi. Johann Gerhards Eschatologie der Welt (FGLP 42), München 1971.

3.8.2. Der Umbruch des Weltbildes

Beutel, Albrecht: Kirchengeschichte im Zeitalter der Aufklärung. Ein Kompendium (UTB 3180), Göttingen 2009.
Bierbaum, Max/Faller, Adolf: Niels Stensen. Anatom, Geologe und Bischof (1638–1686), Münster 1979.
Brosseder, Claudia: Im Bann der Sterne. Caspar Peucer, Philipp Melanchthon und andere Wittenberger, Berlin 2004
Fölsing, Albrecht: Galileo Galilei. Prozeß ohne Ende. Eine Biographie, Reinbek bei Hamburg 1996.
Force, James E./Popkin, Richard H. (Hgg.): Newton and Religion. Context, Nature, and Influence, Dordrecht 1999.
Hornig, Georg: Lehre und Bekenntnis im Protestantismus, in: Andresen, Carl/Ritter, Adolf Martin (Hgg.): Handbuch der Dogmen- und Theologiegeschichte, Bd. 3, Göttingen 1999², 71–146.

Hübner, Johannes: Die Theologie Johannes Keplers zwischen Orthodoxie und Naturwissenschaft (BHTh 50), Tübingen 1975.
Kessler, Martin: Johann Gottfried Herder – der Theologe unter den Klassikern (AKG 102/1–2), Berlin 2007.
Kittsteiner 1991: Kittsteiner, Heinz Dieter: Die Entstehung des modernen Gewissens (stw 1192), Frankfurt a.M. 1991.
Koyré 1969: Koyré, Alexandre: Von der geschlossenen Welt zum unendlichen Universum (stw 320), Frankfurt a.M. 1969.
Krolzik, Udo: Säkularisierung der Natur. Providentia-Dei-Lehre und Naturverständnis der Frühaufklärung, Neukirchen-Vluyn 1988.
Lefèvre, Wolfgang: Die Entstehung der biologischen Evolutionslehre (stw 1905), Frankfurt a.M. 2009.
Link, Christoph: Schöpfung. Schöpfungstheologie in reformatorischer Tradition (Teil 1) (HST 7), Gütersloh 1991.
Lüpke, Johannes von: Art. Schöpfer / Schöpfung VII. Reformation bis Neuzeit, TRE 30, Berlin/New York 1999, 305–326.
Olearius, Christian: Die Umbildung der altprotestantischen Urstandslehre durch die Aufklärungstheologie (Diss. masch.), München 1970.
Popkin, Richard: Isaac La Peyrère (1596–1676). His Life, Work and Influence (Brill's Studies in Intellectual History 1), Leiden 1987.
Schmidt-Biggemann 1988: Schmidt-Biggemann, Wilhelm: Theodizee und Tatsachen. Das philosophische Profil der deutschen Aufklärung (stw 722), Frankfurt a.M. 1988.
Scholder 1966: Scholder, Klaus: Ursprünge und Probleme der Bibelkritik im 17. Jahrhundert. Ein Beitrag zur Entstehung der historisch-kritischen Theologie (FGLP 10/XXXIII), München 1966.
Talkenberger, Heike: Sintflut. Prophetie und Zeitgeschehen in Texten und Holzschnitten astrologischer Flugschriften, 1488–1528 (Studien und Texte zur Sozialgeschichte der Literatur 26), Tübingen 1990.
Voigt, Christopher: Der englische Deismus in Deutschland (BHTh 121), Tübingen 2003.
Young, Brian W.: Religion and Enlightenment in Eighteenth-Century England: Theological Debate from Locke to Burke, Oxford 1998.

3.9. Die Evolutionstheorie

Desmond, Adrian / Moore, James: Darwin, Reinbek bei Hamburg 1994.
Lefèvre, Wolfgang: Die Entstehung der biologischen Evolutionstheorie (stw 1905), Frankfurt a.M. 2009.

3.10. Theologische Antworten

Altner, Günter: Zwischen Natur und Menschengeschichte: Anthropologische, biologische, ethische Perspektiven für eine neue Schöpfungstheologie, München 1975.

Daecke, Sigurd Martin: Art. Teilhard de Chardin, Pierre, TRE 33, Berlin/New York 2002, 28–33.

Gestrich, Christof: Neuzeitliches Denken und die Spaltung der dialektischen Theologie: zur Frage der natürlichen Theologie (BHTh 52), Tübingen 1977.

Gräb-Schmidt, Elisabeth: Erkenntnistheorie und Glaube. Karl Heims Theorie der Glaubensgewissheit (TBT 58), Berlin/New York 1994.

Hetzer, Tanja: »Deutsche Stunde«. Volksgemeinschaft und Antisemitismus in der politischen Theologie bei Paul Althaus (Beiträge zur Geschichtswissenschaft), München 2009.

Hübner, Johannes: Der Dialog zwischen Theologie und Naturwissenschaft. Ein bibliographischer Bericht, München 1987.

Kaufmann, Thomas / Oelke, Harry (Hgg.): Evangelische Kirchenhistoriker im »Dritten Reich« (VWGTh 21), Gütersloh 2002.

Lienemann, Wolfgang: Art. Konziliarer Prozess, RGG[4] 4, Tübingen 2001, 1664–1665.

Link, Christoph: Schöpfung. Schöpfungstheologie angesichts der Herausforderungen des 20. Jahrhunderts (Teil 2) (HST 7), Gütersloh 1991.

Moltmann, Jürgen: Gott in der Schöpfung. Ökologische Schöpfungslehre, München 1987[3].

Rosenau, Hartmut: Art. Schöpfungsordnung, TRE 30, Berlin/New York 1999, 356–358.

Systematische Theologie

Reiner Anselm

Schöpfung als Deutung der Lebenswirklichkeit

1. Einleitung

Mit dem Topos der Schöpfung unternimmt die Systematische Theologie den Versuch, die Welterfahrung des Menschen aus der Perspektive des christlichen Glaubens zu interpretieren. Zu dieser Welterfahrung gehören dabei sowohl die Aufforderung, die Wirklichkeit deuten und verstehen zu lernen, als auch die Notwendigkeit, im eigenen Handeln zu ihr Stellung zu nehmen und sie zu gestalten. Systematisch-theologisch lässt sich daher nur dann angemessen von Schöpfung sprechen, wenn sowohl die dogmatische als auch die ethische Dimension dieses Lehrstücks in den Blick genommen werden. In dieser Verbindung von dogmatischer Wirklichkeitsdeutung und ethischer Orientierung liegt zugleich die besondere Herausforderung einer verantworteten systematisch-theologischen Auseinandersetzung mit dem Thema Schöpfung: Deutung und Orientierungsvermittlung können nur geleistet werden, wenn es gelingt, die Wahrnehmung und die Nachzeichnung der erfahrenen Wirklichkeit mit einer diese Perspektive übersteigenden Interpretation zu verbinden. Im Interesse, die Wirklichkeitsdeutung des Glaubens für die Lebensführung fruchtbar zu machen, muss sich die Systematische Theologie darum in ihrer Behandlung des Themas »Schöpfung« auf die Weltwahrnehmung des Menschen einlassen und dazu besonders auch den Dialog mit den empirischen Wissenschaften suchen, ohne allerdings bei deren Perspektive stehen zu bleiben. Sich selbst und die Welt als von Gott geschaffen zu verstehen, bedeutet ein Deutemuster zu entwickeln, mit dessen Hilfe die einzelnen Elemente menschlicher Wirklichkeitswahrnehmung zu einem geordneten und vor allem sinnhaften Ganzen zusammengedacht werden können (vgl. Koch 1991: 48f.). Dabei müssen sodann auch die normativen Konzepte erarbeitet werden, die dem Wirken des Menschen in der Welt einen bestimmten Richtungssinn zu geben vermögen.

Die systematisch-theologische Rede von der Schöpfung kann also weder an die Stelle naturwissenschaftlich-empirischer Welterklärung treten, noch darf sie in einen Gegensatz zu ihr gebracht werden. Die Schöpfungslehre ist vielmehr an die naturwissenschaftliche Sicht der Welt und des Menschen verwiesen; hier wird das Wissen generiert, das die Erfahrungen von Menschen bestimmt, deren Deutung in der Schöpfungstheologie geleistet werden muss. Umgekehrt aber sind aus einer theologischen Perspektive auch alle Versuche zurückzuweisen, die aus der naturwissenschaftlich-empirischen Weltwahrnehmung bereits die Kategorien zu deren Deutung entnehmen möchten. Insofern sind weder eine triumphalistische Überlegenheitsrhetorik gegenüber der Naturwissenschaft, noch eine apologetisch-defensive Rückzugsstrategie sachgerecht (vgl. Evers 2000: 393–398). Während erstere lange Zeit von den Vertretern der ersten Fakultät gepflegt wurde und auch noch das Denken einiger Vertreter der Dialektischen Theologie bestimmte (vgl. Deuser 1993), begegnet letztere heute häufig in den an Friedrich Schleiermacher anknüpfenden Theoriemodellen, die Schöpfung strikt von jedem Anspruch der Welterklärung abheben und als einen innerlichen, fast spiritualistischen Akt der Selbstdeutung profilieren, ohne freilich deren Anschlussfähigkeit an das naturwissenschaftliche Denken noch als Herausforderung zu empfinden. Edmund Schlink hat hier durchaus zutreffend von einem »Doketismus in der Schöpfungslehre« gesprochen (Schlink 1983: 86). Eine solche Rückzugsstrategie liegt auch dort vor, wo Gott vorschnell als Urheber des Urknalls und als Prinzip der Evolutionsprozesse dargestellt wird. Denn hier wird im Grunde nur die alttestamentliche Schöpfungserzählung aktualisierend fortgeschrieben: An die Stelle der Wissenschaftskenntnisse der Babylonier treten nun Astrophysik und Evolutionstheorie, ohne dass es zu einer vertieften Auseinandersetzung zwischen theologischen und nicht-theologischen Zugängen zur Wirklichkeit kommt. Gerade als Deutung muss sich die Rede von der Schöpfung auf die gegenwärtig wahrgenommene Welt beziehen, und dazu gehört es, die naturwissenschaftlichen Theoriemodelle in ihrem Eigensinn und auch in ihrer Abweichung zu traditionellen christlichen Vorstellungen ernst zu nehmen.

Die beiden Bezugspunkte der theologischen Rede von Schöpfung, die Anschlussfähigkeit an die Wirklichkeitssicht der empirischen und gleichzeitig deren deutend-interpretierende Strukturierung durch transempirische, nicht mit den Sinnen vermittelte Kategorien, bedingen es, dass die theologische Lehrbildung zum Topos der Schöpfung in demselben Maße sensibel auf modernitätsspezifische Veränderungsprozesse reagieren muss, wie sie gleichzeitig auch ein Widerlager gegen eben diese Veränderungen aufzubieten hat. Denn so sehr auf der einen Seite eine beständige Anpassung der Lehrbildung an die sich verändernde Gegenwartswahrnehmung zu leisten ist, so sehr verlangen auf der anderen Seite Deutung und Orientierungsbildung nach einer Konstanz der Interpretationskategorien. Das Bemühen, Veränderung und Konstanz zusammenzudenken, stellt daher einen wichtigen hermeneutischen Schlüssel zum Verständnis der Schöpfungstheologie dar. Sowohl die dogmatischen als auch die ethischen Traditionsbestände der Schöpfungslehre sind durch diese Komplementarität bestimmt: Im Gegenüber von *creatio ex nihilo* und *creatio continua* kommen Veränderung und Konstanz ebenso zum Ausdruck wie, im Blick auf die Ethik, in der Komplementarität der Rede von der dem Menschen als Geschöpf Gottes eignenden Würde, die seinen Auftrag und seine Fähigkeit zur Weltveränderung und zur Weltgestaltung begründet, und den Schöpfungsordnungen, die zugleich Grenzen dieses an den Menschen ergangenen Gestaltungsauftrags definieren.

2. Schöpfung als freier Akt Gottes: *creatio ex nihilo* und *creatio continua*

Die erfahrene Wirklichkeit aus der Perspektive des christlichen Glaubens zu deuten hat zunächst Auswirkungen auf das Gottesverständnis. Denn insofern Gott in der christlichen Tradition als die alles *bestimmende* Wirklichkeit verstanden wird, ist dieser zunächst als das unterschiedene *Gegenüber* zu der von Menschen erfahrenen Weltwirklichkeit zu denken. Die Welt als Schöpfung und den Menschen als Geschöpf zu beschreiben bedeutet somit, an einer unhintergehbaren Differenz zwischen Gott und Welt festzuhalten. In diesem Zuschnitt nimmt die systematisch-theologische Ausarbeitung der Schöpfungslehre Kernelemente des biblischen Schöpfungsglaubens auf. Denn die besondere Stoßrichtung der biblischen Rede von der Schöpfung liegt im Vergleich zu anderen altorientalischen, aber auch zu den pantheistisch-romantisierenden Vorstellungen in der Moderne darin, Gott als Gegenüber, nicht als Bestandteil der Welt aufzufassen. Eine monistische Sichtweise, die von einem einzigen, alles umfassenden Zusammenhang von Gott, Welt und Mensch ausgeht und in jedem Leben zugleich die Präsenz Gottes erblicken möchte, ist dem biblischen Zeugnis und dem christlichen Glauben fremd. Allerdings bedeutet diese Unterscheidung zwischen Schöpfer und Geschöpf nicht die strikte Trennung, vielmehr steht Gott als Gegenüber zugleich in einer besonderen *Beziehung* zur Weltwirklichkeit: Deren Entstehung und deren fortdauernde Existenz verdanken sich allein der freien Tat Gottes. Aus dieser Grundbestimmung resultieren drei weitere wichtige Aussagen der Schöpfungstheologie: Weder geht nach christlicher Überzeugung die Schöpfung notwendig aus dem Wesen Gottes hervor, noch hat das Geschaffene selbst göttliche Qualität; schließlich stößt Gott das Schöpfungswerk nicht bloß einmal an und überlässt es dann sich selbst, sondern begleitet es fortwährend. Alle drei Überlegungen sind notwendig, wenn Gott konsequent als die alles bestimmende Wirklichkeit gedacht werden soll. Sie bilden daher auch den weitgehend unbestrittenen Konsens in der theologischen Lehrbildung. In der dogmatischen Tradition bringen die beiden

Lehrstücke von der *creatio ex nihilo* und der *creatio continua* eben diese Komplementarität der genannten drei Grundelemente zum Ausdruck.

Wie ihrer Anlage nach die ganze Schöpfungslehre so sind auch diese Aussagen zunächst Aussagen über den Schöpfer. Daher ist es auch konsequent, dass die klassische Dogmatik die Schöpfungslehre der Gotteslehre zuordnete. Doch trotz dieser Verortung der Schöpfungslehre im Gesamtkontext der Dogmatik zielen ihre Grundbestimmungen immer auch auf ein bestimmtes Selbstverständnis des Menschen. Gerade bei dem Topos der *creatio ex nihilo* ist dies deutlich erkennbar (vgl. May 1978): Der Betonung der unbedingten Souveränität Gottes korrespondiert der Gedanke von der Abhängigkeit des Menschen; er ist in seinem Werden und seinem Bestehen von Gottes freiem Handeln abhängig. Gott schafft die Welt und auch den Menschen am Anfang der Zeit aus dem Nichts, er, so lautet dann die Fortschreibung dieser Lehre in der Reformationszeit, schafft auch über einen freien Akt der gnädigen Zuwendung den einzelnen Menschen als eine Person, die vor Gott bestehen kann: Die Rechtfertigung des Sünders korrespondiert der Schöpfung aus dem Nichts, sie geschieht ohne irgendeine Vorbedingung. Diese von Martin Luther in seiner Auslegung des ersten Glaubensartikels in den Katechismen vorgebildete Analogie nahm Karl Barth in seiner Ausarbeitung der Schöpfungslehre zum Anlass, das Nichts in Parallele zum Sündigen als dasjenige zu bezeichnen, das sich Gott entgegenstellt (Barth 1950: 402–425). Damit wird freilich bei Barth trotz aller anderslautenden Programmatik ebenso wie bei Luther ein Grundelement neuzeitlicher Theologie sichtbar, nämlich das Bestreben, aus der Selbstdeutung des Menschen heraus Grundzüge der Schöpfungslehre zu thematisieren.

Obwohl diese neuzeitliche Konzentration auf die anthropologische und soteriologische Dimension der Schöpfungslehre bereits in der biblischen Überlieferung und in der frühchristlichen Lehrbildung angelegt war (vgl. Roth 2002: 151f.), hatte die Figur der *creatio ex nihilo*, die seit den Kirchenvätern zum Kernbestand christlichen Schöpfungsdenkens gehört, zunächst eine andere, nämlich auf das Verhältnis Gottes zur Welt zielende Stoßrichtung. Im Gegenüber zu platonischen Vorstellungen und in beständiger Auseinandersetzung mit der Philosophie bestand und besteht die Pointe dieser Formel darin, die bereits angesprochene, vollständige Souveränität Gottes im Gegenüber zur Schöpfung zum Ausdruck zu bringen. Die griechische Philosophie hingegen dachte von ihren Anfängen in der Suche nach der *arche* bei den Vorsokratikern Gott gerade als ein innerweltliches Prinzip, und der Gedanke aus Platons *Timaios*, dass der Demiurg nach abstrakten Formeln und Figuren die Welt ordne, dass also die Genese des Kosmos auch die Folge gesetzmäßig zu beschreibender Ordnungsprozesse ist, widerspricht ebenso dem Konzept eines der Welt gegenüberstehenden, in vollständiger Freiheit handelnden, personalen Gottes. Die Schöpfung ist nicht die Formung eines zuvor bereits vorhandenen Materials, sondern ein vollkommen freier Akt Gottes. Daher gehört die Aussage, dass die Schöpfung nicht in der Zeit erfolgte, sondern die Zeit mit der Schöpfung erschaffen worden sei, ebenfalls seit Augustin zum festen Bestand der Lehre von der Schöpfung (vgl. Manzke 1992: 259–355). Das Nichts, so bringen es dann die klassischen Dogmatiker des Protestantismus in der Barockzeit zum Ausdruck, ist *pure negativum*, kein negatives Etwas. Spekulationen wie das von Jürgen Moltmann aus der jüdischen Kabbala-Tradition entlehnte Bild, dass Gott sich vor der Schöpfung erst zusammenziehen musste, um Platz für die Schöpfung zu machen (Moltmann 1987: 100f.), aber auch der jüngst von Catherine Keller vorgelegte Versuch, im Anschluss an die Chaostheorie von einer durch die *ruach elohim* gewirkten Fluktuation zu sprechen, die die Bestimmungslosigkeit der Urmaterie zur Ordnung werden lässt (Keller 2003), verkennen in ihrem auf das raumzeitliche Denken des Menschen bezogenen Charakter gerade diese Zielrichtung. Die Rede von der Schöpfung aus dem Nichts möchte die Analogielosigkeit von Gottes Schöpfungshandeln zum Ausdruck bringen und auf einen absoluten Anfang hinweisen, der vor allen der menschlichen Sprache verfügbaren Bildern und vor aller menschlichen Logik liegt. Dietrich Bonhoeffer hat zu Recht darauf hingewiesen, dass der Topos der *creatio ex nihilo* das Unwiederholbare, Einmalige beschreibt und darin ebenso die unbedingte Freiheit des göttlichen Handelns deutlich werden lässt, wie er auch das Dasein der Welt auf den Willen Gottes zurückführen hilft (Bonhoeffer 1955: 15).

Auch wenn sich die christliche Theologie mit dem Gedanken der *creatio ex nihilo* von dem Denken der griechischen Tradition absetzen wollte, bleiben deren Konzepte trotz ihrer Distanz zum biblischen Zeugnis bis in die Gegenwart hinein virulent: Die Vorstellung des platonischen Demiurgen, dessen Aufgabe in der Vervollkommnung der präkosmischen Materie anhand von Zahlen und Formen und somit in der Schaffung des Kosmos bestand, beeinflusst über die Rezeption bei Philo durchaus die Lehrbildung im Christentum, insbesondere da, wo auch die Gottesvorstellung nach platonischen Denkweisen konzipiert wurde. Doch ist nicht zu übersehen, dass diese Lehre von der Genese des Kosmos gerade der Pointe des biblisch-christlichen Schöpfungsdenkens entgegenläuft. Da allerdings die Vorstellung vom Demiurgen sich nicht nur in mystischen Gedankenwelten mit der Überlieferung der schöpferischen Kraft des *logos* aus dem Johannesevangelium verbinden ließ, sondern sich auch als anschlussfähig für moderne, auf der Gleichförmigkeit und Rationalität der Naturgesetze basierende Theorien zur Entstehung des Kosmos erwies, ist es auch im 20. Jahrhundert zu einer intensiveren Rezeption dieser Konzeption von Schöpfung gekommen. In der durch die Prozessphilosophie Alfred N. Whiteheads beeinflussten Prozesstheologie, die vornehmlich in den USA ausgearbeitet und rezipiert wurde, dient der Gedanke, Gott sei nicht das allmächtige, fremde Gegenüber, sondern die gestaltende, formative Kraft des Universums, dezidiert dem Versuch, eine Kompatibilität zwischen christlicher Tradition und naturwissenschaftlichem Weltbild, aber auch zwischen der Schöpfungsvorstellung und dem modernen Gottesbild herzustellen. Denn das schöpferische Handeln erfolgt hier lediglich durch die Vorgabe des idealen Ziels und durch den Versuch, die Geschöpfe unter Wahrung und Anerkennung ihrer Selbstständigkeit durch Überredung zu einer bestimmten Handlungsweise zu bewegen (vgl. Cobb u.a. 1979: 51).

Es liegt auf der Hand, dass diese Interpretation der christlichen Schöpfungslehre in deutlicher Spannung steht zum biblischen Zeugnis und auch zu klassischen dogmatischen Bestimmungen. Dennoch kommt dieser Umformung des dogmatischen Lehrbestands eine besondere Bedeutung zu, gerade vor dem Hintergrund der besonderen Kontextsensibilität der Schöpfungslehre. Denn der unbestreitbare Vorzug der prozesstheologischen Sicht von Schöpfung besteht in deren Anschlussfähigkeit an eine Anzahl von Fragestellungen, die sich im Umfeld moderner Ausbreitungs- und Transformationsprozesse des Christentums gebildet haben. Drei Bereiche sind hier besonders hervorzuheben: die Rezeption des modernen, auf der grundsätzlichen Gleichberechtigung aller Menschen gegründeten Gesellschaftsideals, die Auseinandersetzung mit den ökologischen und gesellschaftlichen Folgen von Industrialisierung und Globalisierung sowie der Umgang mit der Theodizeefrage, die unter dem Eindruck der Ereignisse des 20. Jahrhunderts große Brisanz bekommen hat. Indem Gottes Handeln unter Verzicht auf die Allmachtsvorstellung nur ein begrenzter Einfluss auf die Weltgestaltung zugemessen wird, können in prozesstheologisch konzipierten Entwürfen zur Schöpfungslehre die Schwierigkeiten der Theodizeefrage, die ja hauptsächlich aus dem Zusammendenken der Kategorien der Allmacht und der Güte Gottes bestehen, weitestgehend vermieden werden.

In Aufnahme und Weiterführung der Anstöße aus der Prozesstheologie haben neuere Entwürfe zur Schöpfungslehre den Akzent nicht nur auf die theologische Verarbeitung des Leides in der Welt über die Neubestimmung der Lehre von der Souveränität und der Allmacht Gottes gelegt, sondern die Umformung der Schöpfungslehre selbst zur Bedingung für die Bekämpfung von sozialer und ökologischer Ausbeutung und Unterdrückung gemacht. So postulierte etwa die neuere feministische Theologie eine Abwendung von einer nach patriarchalem Vorbild gestrickten, auf Allmacht und Souveränität gegründeten Schöpfervorstellung, bei der ein machtvoller Gott der Welt gegenübersteht und darin die innerweltlichen Macht- und Herrschaftsverhältnisse präfiguriere. Dieses Denken sei, so der Vorwurf, ebenso für die Unterdrückung von Frauen verantwortlich zu machen wie für die Dominanz von gewaltorientierten Mechanismen zur Konfliktbewältigung. Zudem – so wird hier die Kritik von Lynn White und besonders auch Carl Amery aufgenommen – habe es die weltanschaulichen und mentalitätsgeschichtlichen Grundlagen gelegt, aus denen die Ausbeutung und Zerstörung der natürlichen Umwelt erwachsen konnten (White 1967, Amery 1972). Die nach dem Vorbild des hierarchisch konstruierten platonischen Dualismus konzipierte Trennung von Schöpfer und Geschöpf habe, so argumentiert etwa Dorothee Sölle, ihr Abbild in den patriarchalen Vorstellungen von Über- und Unterordnung, Herrschaft und Gewalt gefunden. An die Stelle einer solchen, von Hierarchie, Abhängigkeit und Macht geprägten Vorstellung von Schöpfung müsse aber, wolle man dem für das Christentum zentralen Gedanken der Liebe folgen, der Gedanke gegenseitiger Beziehungen treten (Sölle 1985) – ein Gedanke, der sich ebenfalls in Jürgen Moltmanns ökologischer Schöpfungslehre findet (Moltmann 1987).

Gedanken der alttestamentlichen Bundesvorstellung, des kosmischen Christus aus dem Kolosserhymnus und indigener Naturreligionen werden hier zu einem Verständnis von Schöpfung kombiniert, das anschlussfähig ist für das nicht zuletzt unter dem Eindruck wachsender globaler Interdependenzen wichtig gewordene ökologische Bewusstsein, das gilt ebenso aber auch für eine Vielzahl von emanzipatorischen Bewegungen. Der Dynamik der zumindest als ambivalent, häufig aber auch als destruktiv erfahrenen Moderne, deren Globalisierungsdruck zur Entwurzelung Einzelner und zum Abschleifen kultureller Differenzen führt, deren Ökonomisierungsprozesse als Ausbeutung einer Mehrheit der Menschen und vor allem der Natur empfunden werden, soll über das Schöpfungsmotiv ein Alternativentwurf entgegengehalten werden. Die Verfechter dieser Lesart der Schöpfungslehre vertreten dabei, entgegen dem ersten Anschein, gerade kein Gegenprogramm zur Moderne, sondern führen deren Grundeinsichten konsequent fort. Das gilt zum einen hinsichtlich ihrer Ausrichtung auf Emanzipationsprozesse, zum anderen in der konsequenten Ethisierung des dogmatischen Topos der Schöpfungslehre: Schöpfung ist hier weniger eine Aussage über Gott und sein Wirken, sondern vielmehr dient dieses Lehrstück zur Begründung eines vom Menschen geforderten Verhaltens.

Dieser spezifisch moderne Referenzrahmen ist gleichermaßen für die notwendige und sachgerechte Transformationsleistung dieser Theologie – kein anderes Lehrstück der christlichen Dogmatik hat sich einen so wichtigen Platz in der Alltagssprache erobert wie die ökologisch-emanzipatorisch umgestaltete Schöpfungslehre –

wie für die Distanz zu den klassischen Bestimmungen dieses Topos verantwortlich. Lassen sich die Konzentration auf das Selbstverständnis des Menschen und auch das Denken in Beziehungen noch problemlos mit Elementen der reformatorischen Theologie und der biblischen Überlieferung verbinden – auch Luther versteht etwa in der berühmten Formel zur Auslegung des ersten Artikels des Credos im *Kleinen Katechismus*: »Ich glaube, dass Gott *mich* geschaffen hat«, den Schöpfungsgedanken als Ausdruck der relationalen Ontologie, die sein Bild des Menschen bestimmt –, so zeigt sich bei dem zugrunde gelegten Gottesverständnis doch ein deutlicher Unterschied: Hier wird die Kategorie der Beziehung nicht mehr für das Verhältnis von Gott und Mensch verwendet, sondern das komplexe Netz gegenseitiger Beziehungen und Wechselverhältnisse, das die den Menschen umgebende und tragende Natur konstituiert, bildet selbst die leben-schaffende und -erhaltende Kraft, die traditionell mit dem Wirken und dem Geist Gottes verbunden wurde. Indem dabei diese Kraft Gottes in den wechselseitigen Vernetzungen und Verflechtungen des Ökosystems Erde gesucht wird und nicht eine von außen kommende und wirkende Größe darstellt, unterscheidet sich dieses Denken zugleich von der Figur der *creatio continua*, mit der traditionell in der christlichen Dogmatik die bleibende Angewiesenheit der Schöpfung auf die sie erhaltende Kraft des Schöpfers ausgedrückt werden sollte.

Dennoch gibt es – wie bereits angedeutet – durchaus Gründe, die skizzierte Fassung der Schöpfungslehre in der Prozesstheologie und ihre Rezeption in den Ökologie- und Emanzipationsbewegungen der Moderne als eine legitime Fortbildung der überkommenen Lehrbildung zu sehen. Denn hinsichtlich der Zielrichtung der Argumentation lässt sich eine klare Parallele zwischen der traditionellen Ausformung der *creatio continua* und ihrer prozesstheologischen Transformationsgestalt feststellen. Dies gilt sowohl im Blick auf die Weltdeutung, als auch auf die daraus abgeleiteten Konsequenzen für das menschliche Handeln: Die auf der Naturbeobachtung und der vormodernen Kosmologie fußende Feststellung, dass alles Seiende der permanenten Energiezufuhr bedarf, soll es nicht in das Nichts zurückfallen, wird dazu in der prozesstheologischen Umformung der *creatio continua* mit dem lebenserhaltenden, aber nicht determinierenden Willen Gottes verbunden. Mit ihren Anklängen an die zeitgenössische Naturfrömmigkeit, an das Ökologie-Paradigma und auch an das Konzept der Autopoiesis (vgl. Körtner 1997) leistet die Prozesstheologie Äquivalentes wie die klassische Form der *creatio continua*, die vornehmlich die aus der griechischen Antike übernommene Kosmologie in christlich-theologischen Kategorien deuten wollte. Gleiches gilt auch für die Ethik. Das Bild vom Netz gegenseitiger Beziehungen, das die prozesstheologische Schöpfungslehre prägt, dient ebenso der Einhegung und Begrenzung menschlicher Handlungsmöglichkeiten, wie dies auch in der Ausarbeitung des Lehrstücks von der *creatio continua* in der protestantischen Theologie der frühen Neuzeit der Fall war: Auch dort trat, in Reaktion auf die seit der Renaissance und dann besonders in der frühen Neuzeit sich beständig ausweitenden Möglichkeiten des Menschen, neben die dogmatische Funktion des Topos immer stärker eine Bedeutung, die diese zum Ausgangspunkt für eine Normierung menschlichen Verhaltens und zur Etablierung einer alternativen Weltsicht zur sich abzeichnenden Moderne werden ließ. Dabei darf aber nicht übersehen werden, dass im Unterschied zu den prozesstheologischen Entwürfen die klassische Dogmatik die lebenserhaltenden und normierenden Kräfte im Gegenüber zur Welt verortete und gerade dadurch deren besondere Autorität festhalten konnte. Ihren dogmatischen Begriff fanden diese Bestrebungen in der Lehre vom *concursus divinus*, die das Verhältnis zwischen göttlichen und menschlichen Wirkkräften bei den Tätigkeiten der Geschöpfe klären sollte – angesichts der von vielen, insbesondere Theologen artikulierten Erfahrung, dass die Handlungen des Menschen als des ersten Geschöpfes immer stärker zur Konkurrenz zum Handeln des Schöpfers zu werden drohten.

3. *Concursus divinus:* Die Souveränität Gottes und die Möglichkeiten des Menschen

Zunächst bestand die Intention der *Concursus*-Lehre darin, deutlich zu machen, dass trotz der unabdingbaren Notwendigkeit einer fortlaufenden Mitwirkung Gottes an der Existenz und damit an den Handlungsgrundlagen der Geschöpfe die Selbstständigkeit der Handlungen auf der Seite der Geschöpfe und damit deren alleinige Verantwortung für das sündhafte Handeln gewahrt bleibe. Dementsprechend galt das Augenmerk hier vorrangig der Differenzierung zwischen den göttlichen und menschlichen Komponenten beim Handeln. Dies erfolgte in dem Interesse, nicht auch die Sünde Gottes Wirken zuschreiben zu müssen. Mit der Beschleunigung des technischen und des wissenschaftlichen Fortschritts im Vorfeld der Moderne verschiebt sich der Akzent der Lehrbildung. Die dogmatischen Kategorien dienen nun immer weniger der Explikation des Wesens Gottes, sondern zielen auf das Selbstverständnis und das Wirken des Menschen: Als Reaktion auf die Erfahrung, dass erweiterte menschliche Handlungsmöglichkeiten auch zu immer problematischeren Handlungsfolgen führen können, bekommt das Lehrstück vom *concursus divinus* in immer stärkerem Maße eine ethische Dimension. Jetzt soll es dazu dienen, die Handlungsspielräume des Menschen zu begrenzen. Dazu wird nun der Akzent nicht mehr auf die *Unterscheidung* von menschlichem und göttlichem Handeln gelegt, sondern beide werden eng aneinander gebunden, interessanterweise auch unter Verweis auf die Sünde, die jetzt aber in ihrer Bedeutung für den Menschen, nicht für das Verständnis des Gottesgedankens thematisiert wird: Vor dem Hintergrund der aus der Anthropologie gewonnenen Einsicht in das destruktive Potenzial der Sünde möchte man mit dem *concursus divinus* sicherstellen, dass die Handlungen der Geschöpfe nicht ohne einen aktiven Einfluss Gottes auf das Handeln gedacht werden können, und zwar sowohl in deskriptiv-analytischer, als auch in normativer Hinsicht. Die lutherischen Dogmatiker in der Barockzeit wollten nämlich die Einwirkung Gottes auf die Handlungen des Menschen nicht auf den der aristotelisch-scholastischen Ontologie entstammenden Gedanken beschränken, dass jedem Tun der Geschöpfe eine von Gott gewirkte Erhaltung der Kraft zum Handeln vorausgehe. Sie behaupteten darüber hinaus auch die Mitwirkung Gottes an den konkreten Tätigkeiten. Mit dieser Figur sollte der Gottferne menschlicher Existenz schon in ihren ontologischen Grundlagen und damit im denkerischen Ansatz entgegengetreten werden. Zugleich diente dieser Gedanke in normativer Hinsicht auch der Begrenzung menschlicher Handlungsmöglichkeiten. Denn durch die *Concursus*-Lehre war das theoretische Rüstzeug gegeben, unerwünschtes menschliches Handeln als Auflehnung gegen den Willen Gottes zu brandmarken. Die reformierte Dogmatik lehnte zwar den Gedanken des simultanen Zusammenwirkens von Gott und Mensch aufgrund der ihr eigenen anderen Einschätzung von der Präsenz Gottes in der Welt ab. Stattdessen lehrte sie einen *concursus praevius*, demzufolge das menschliche Handeln nur der Reflex eines bereits vorausgehenden göttlichen Handelns sein konnte. Dennoch unterscheiden sich die beiden konfessionellen Lehrbildungen innerhalb des Protestantismus nicht in diesem gemeinsamen Ziel, den Spielraum des erlaubten menschlichen Handelns einzuschränken – ohne aber eben die Verantwortung der Geschöpfe für die aus der Sünde erwachsenden Tätigkeiten leugnen zu müssen.

Diese auf die Lebenspraxis abzielende Dimension der Schöpfungslehre blieb auch da bestehen, wo die fundamentale Umstellung der Ontologie zu Beginn der Neuzeit die der bisherigen Lehrbildung zugrunde gelegte Auffassung von der Welt zerbrechen ließ. Das nun in den Vordergrund tretende mechanistische Weltbild, das sich alsbald durch die unbestreitbaren Erfolge des technischen Fortschritts plausibilisierte, operierte nunmehr mit dem Gedanken gleichförmiger, aus sich selbst heraus stabiler Existenzformen. Um eine Sache in der Existenz zu halten, so wird das geltende Weltbild nun umgestellt, bedarf es nicht mehr von außen hinzutretender Krafteinwirkung, sondern das Gegenteil ist der Fall: Ein Ding bleibt aufgrund des Trägheitsprinzips so lange in demselben Zustand, bis eine externe Kraft zu einer Veränderung führt. Dieses Paradigma wird zur Grundlage der Formulierung der Naturgesetze in der klassischen Physik und damit zum Ausgangspunkt der naturwissenschaftlichen Welterklärung und deren Indienststellung für eine gezielte Veränderung der vorgefundenen Weltwirklichkeit. Es ist interessant zu sehen, wie in seinen Anfängen das mechanistische Weltbild noch vom Gedanken des *concursus divinus* beeinflusst und durchdrungen war. Während nämlich Descartes den Akzent auf die Unveränderlichkeit Gottes setzte und damit die Veränderungen in der Welt allein aus den Wechselwirkungen des Geschaffenen aufeinander erklären wollte, sah Newton in der Gravitationskraft das schöpferische Wirken Gottes und wollte damit der Entfremdung zwischen theologischem und naturwissenschaftlichem Weltbild entgegenwirken. Erst mit Spinoza tritt das Trägheitsprinzip als Modell der Selbsterhaltung an die Stelle des traditionellen Denkens, das von der Angewiesenheit allen Seins auf die wirkende Kraft Gottes ausging, sowohl in seiner Grundlage, als auch in seiner Gestaltwerdung und Erhaltung. Mit der Weiterentwicklung des physikalischen Weltbildes im 20. Jahrhundert hat – darauf hat Wolfhart Pannenberg immer wieder hingewiesen – der ursprüngliche Gedanke Newtons wieder an auch für die Naturwissenschaften explizierbarer Plausibilität gewonnen. Denn nun werden die Kräfte zwischen den Körpern nicht mehr als Ausdruck eines den einzelnen Dingen inhärenten Prinzips, sondern als Folge von kosmischen Gravitationsfeldern verstanden (vgl. Pannenberg 1991: 66–69).

Erneut erweist sich hier die Prozesstheologie als interessante Transformation der überkommenen Lehrbestände. Denn indem sie das christliche Verständnis von Schöpfung über Beziehungsverhältnisse deuten möchte, knüpft sie in gewisser Weise an solche Vorstellungen des modernen naturwissenschaftlichen Weltbildes an. Insbesondere gilt dies für den Gedanken, dass die wechselseitigen Einflussnahmen, wie sie besonders deutlich in den entsprechenden Naturgesetzen sichtbar werden, ein stabiles Netz gegenseitiger Relationen bilden. Die Symmetrie dieser Relationen, der Respekt vor den Wechselverhältnissen und die Vorstellung einer harmonischen und auch allgemein formulierbaren Ordnung treten nun an die Stelle des vormaligen, der Naturrechtslehre zugrunde liegenden Konzepts, das die gottgewollte Ordnung des Kosmos zum Leitbild für die Lebensgestaltung erhoben hatte. Denn die Pointe der Schöpfungstheologie auf der Grundlage prozesstheologischer Überlegungen liegt wie bei der traditionellen Lehre vom *concursus divinus* darin, dass hier Grundstrukturen einer Welt- und Lebensordnung formuliert werden können, die ohne die Gefährdung des Ganzen infrage gestellt oder zerstört werden dürfen. Menschliches Handeln bleibt darum gebunden an die vorgegebenen Ordnungsverhältnisse, auch wenn diese sich nicht als hierarchisch-autoritativ gesetzte, sondern aus der gegenseitigen Verwobenheit, gewissermaßen also nicht aus vertikalen Setzungen, sondern aus horizontalen Kooperationen ergeben.

4. Trinitarische Schöpfungslehre: Die Kontingenz der Schöpfung und die Solidarität Gottes

Gerade wegen ihrer Anschlussfähigkeit an ein modernes Weltbild und an ein modernes Selbstverständnis des Menschen laufen die von der Prozesstheologie inspirierten, neuzeitlichen Lesarten der Schöpfungslehre leicht Gefahr, diese Weltwahrnehmung nicht mehr adäquat deuten zu können. Denn so sehr ein schroff und mit den Insignien der Allmacht ausgestatteter, der Welt gegenüberstehender Gott zu einem Selbstverständnis des modernen Menschen inkompatibel zu sein scheint, das durch Emanzipation und horizontale, also zwischen prinzipiell Gleichberechtigten etablierte Beziehungsverhältnisse geprägt ist, so sehr ist ein solches souveränes Gegenüber auch notwendig für eben dieses Selbstverständnis: Nur so lässt sich die Kontingenz menschlichen Daseins und damit Individualität und Personalität denken, nur so lässt sich aber auch diese Kontingenz aufheben in den Gedanken, nicht lediglich das Produkt eines Naturprozesses zu sein, sondern von dem ins Leben gerufen zu sein, der mit der ganzen Welt gerade auch diese individuelle, nämlich meine eigene Identität gewollt hat. So steht die Schöpfungsvorstellung der Prozesstheologie schließlich in der Gefahr, das fromme Bewusstsein zu verfehlen, das mit dem Gedanken der Geschöpflichkeit zugleich auch die Vorstellung von der Kontingenz des eigenen So-seins und deren Überwindung im Gedanken, von Gott so gewollt zu sein, festhalten wollte. Wenn jedoch die prozesstheologisch motivierten Entwürfe der Schöpfungslehre die Selbstständigkeit gerade des Menschen als eine gegebene respektieren und von einem Gott als dem sanften, durch das überredende Wort handelnden Gott sprechen, der auf den Erweis seiner Allmacht verzichtet, dann stellt sich unweigerlich die Frage, wie dieses Gottesbild, das unschwer als Blaupause moderner humanistisch-ethischer Vorstellungen zu identifizieren ist, noch als ein die eigene Wirklichkeitswahrnehmung in dem eingangs skizzierten Sinne *deutendes* Konzept verstanden werden kann. Denn dieses Gottesbild entstammt ja selbst der Wirklichkeit, die es eigentlich deuten sollte. Ein weiteres kommt hinzu: Diese Anpassung an moderne Vorstellungswelten, an die Selbstständigkeit des Menschen und die Überzeugung, Gott könne nur ein sanfter, sich dem Menschen und auch dem ganzen Kosmos zuwendender Gott sein, ist nur um den Preis der Einführung eines zweiten Prinzips möglich, das dem Willen Gottes im Blick auf die Wohlgeformtheit und die lebensdienliche Ordnung entgegen wirkt und zugleich bereits als eine mit oder sogar noch vor dem überredend-gestaltenden Handeln Gottes entstandene Kraft gedacht werden muss. Damit aber kommt es zu einer Umbildung in der Schöpfungslehre, die sich möglicherweise zu weit von dem biblischen Zeugnis und der Lehrtradition des Christentums entfernt, die jeweils die Souveränität Gottes festgehalten und die Existenz eines zweiten Prinzips geleugnet wissen wollte. Zwar lässt sich so die Theodizeefrage entschärfen, aber schließlich ist der Preis für die Überwindung der Theodizeefrage gerade aus der Perspektive des Glaubens erheblich: Nun muss man nämlich annehmen, dass es auch nicht in der Macht Gottes steht, sich dem Bösen in der Welt entgegenzustellen.

Trotz aller Anschlussfähigkeit an das moderne Bewusstsein, trotz aller nachvollziehbaren und auch adäquaten Transformation klassischer Lehrbestände droht die prozesstheologische Interpretation damit in eine Sackgasse zu führen. Darum erscheint es gerade vor dem Hintergrund der neuzeitspezifischen Aufgabenbeschreibung der theologischen Rede von der Schöpfung, nämlich die Deutung von Selbst- und Welterfahrung im Horizont des Glaubens vorzunehmen und dabei weder die Anschlussfähigkeit an das Erfahrungswissen noch eine diese Ebene überschreitende Integrations- und Interpretationsperspektive zu verlieren, zielführender, stärker als in den klassischen Entwürfen der vorneuzeitlichen Theologie die Schöpfungslehre mit der Trinitätslehre zu verbinden. In den maßgeblichen Entwürfen der Theologie im 20. Jahrhundert haben insbesondere Karl Barth und Wolfhart Pannenberg diesen Weg eingeschlagen (Barth 1945: 103–257; Pannenberg 1991: 34–49). Hierbei wird die aus der klassischen Lehrbildung übernommene trinitarische Formel, derzufolge Gott durch den Sohn im Geist die Welt erschaffen habe, so präzisiert, dass sie die deutlich wahrnehmbare Fixierung auf den Vater verliert, die in der Theologie des 20. Jahrhunderts mit Recht kritisiert wurde. Die Grundlage dazu bildet die Ausarbeitung der Trinitätslehre in der neueren Theologie in Verbindung mit dem seit dem späten 19. Jahrhundert in der evangelischen Dogmatik entwickelten Gedanken, dass Gott für den Menschen nur aus seinem Handeln an der Welt erschlossen werden kann. Das bedeutet zugleich, dass eine Vorstellung, die Gott lediglich als eine Erstursache an den Anfang der Welt setzt, keine Erschließungskraft dafür entfalten kann, was es heißt, sich selbst und die umgebende Welt als geschaffen zu verstehen. Die Pointe der nachfolgenden dogmatischen Lehre von Gott ist es sodann, nicht von einer Spekulation über das Wesen Gottes auszugehen, sondern das Wesen Gottes aus seinem kontinuierlichen Handeln an der Welt zu erschließen. In den traditionellen Termini ausgedrückt, wird damit der Schwerpunkt auf die *creatio continua*, auf Gottes erhaltendes und lenkendes Wirken gelegt. Mithilfe der Trinitätslehre und ihren einzelnen Lehrstücken soll dabei die doppelte Aufgabenstellung der Schöpfungslehre, Weltbezug und Welttranszendenz, sicher gestellt werden. Dazu wird, in Anknüpfung an die Aussagen über die *creatio continua*, zunächst betont, dass die Welt sich allein der freien Tat Gottes verdankt. Gott bedarf der Welt nicht. Er ist in seinem Wesen nicht von ihrer Existenz abhängig, sie geht auch nicht notwendig aus seinem Wesen hervor, sondern sie ist von ihm gewollt – im Ganzen und in jedem ihrer Teile. Um dies jedoch behaupten zu können, ist es notwendig, das Handeln als Eigenschaft Gottes nicht an das Verhältnis Gottes zur Welt zu binden – und darin liegt die Aufgabe der immanenten

Trinitätslehre. Gott kann so als der bereits in sich Tätige gedacht werden, in den Wechselbeziehungen nämlich zwischen Vater, Sohn und Geist. Mit der Erschaffung der Welt als einer von ihm unterschiedenen, eigenständigen Wirklichkeit richtet sich das Handeln Gottes nach außen, ohne freilich eine gänzlich neue Qualität zu gewinnen, im Gegenteil: Das Handeln Gottes im Verhältnis zur Welt ist durch dieselben Maßstäbe bestimmt, die auch für die innergöttlichen Beziehungen zwischen Vater, Sohn und Geist gelten. Eben dies möchte die christliche Dogmatik über die Figur der ökonomischen Trinitätslehre zum Ausdruck bringen: Es ist derselbe, lebendige Gott, der mit der Schöpfung die Welt ins Dasein ruft. Darum wird auch gelehrt, dass die Schöpfung nicht nur das Werk Gottes des Vaters darstellt, sondern alle drei trinitarischen Personen an ihr mitbeteiligt sind.

Für das Verständnis der Schöpfung als Kategorie der Selbst- und Weltdeutung des Menschen ist nun die für die Theologie des 20. Jahrhunderts charakteristische Verschränkung von immanenter und ökonomischer Trinitätslehre von besonderer Bedeutung. Denn so können die biblischen Aussagen über die Schöpfungsmittlerschaft des Sohnes aufgenommen und interpretiert werden, als Gleichnis und Vermittlung nämlich von Gottes Handeln aus Liebe. In der Zeugung des Sohnes aus Liebe durch den Vater zeigt sich exemplarisch die schöpferische Liebe Gottes, die auch für sein Verhältnis zu allen weiteren Geschöpfen charakteristisch ist. Seine Macht ist zugleich Güte, er kann etwas anderes hervorbringen und ihm beistehen, ohne dessen Selbstständigkeit zu leugnen. Das so Entstandene ist nicht notwendig, sondern kontingent, nicht aber einfach zufällig, sondern gewollt. Ergänzend und in gewisser Weise gegenläufig zur Tätigkeit des Vaters bringt die Mitwirkung des Sohnes an der Schöpfung die grundlegende Handlungsform des Sohnes in den innergöttlichen Wechselbeziehungen zum Ausdruck: Der Zeugung des Sohnes korrespondiert die Selbstunterscheidung des Sohnes vom Vater, die zugleich das Vorbild für das Verhältnis der Geschöpfe zu ihrem Schöpfer darstellt. Durch den Zusammenhang von immanenter und ökonomischer Trinitätslehre, dadurch, dass Gott in Gestalt des Sohnes durch die Menschwerdung Christi selbst Anteil nimmt an der Schöpfung, soll zudem sichergestellt werden, dass dieses Vorbild für die Menschen auch erkennbar ist – ganz der oben rekonstruierten Maßgabe entsprechend, dass Gott nur in seinem Handeln an der Welt erkannt werden kann. Als der inkarnierte Gottessohn erweist sich Jesus als Inbegriff des Verhältnisses der Geschöpfe zu ihrem Schöpfer: Er nimmt seine Abhängigkeit und seine Selbstständigkeit vom Vater ebenso an, wie er sich von ihm selbst unterscheidet. Dass diese Unterscheidung keine Trennung bedeutet, sondern der Sohn trotz seiner Selbstunterscheidung mit dem Vater in enger Gemeinschaft zu denken ist, dafür steht – in Aufnahme eines Gedankens von Augustin – in einer von der Trinität her entworfenen Schöpfungslehre die dritte Person der Trinität, der Geist.

Mit der Beteiligung des Sohnes an der Schöpfung sind über die Vorstellung der gütigen Zuwendung des Vaters zum Sohn auf der einen, der Selbstunterscheidung und der Unterordnung des Sohnes im Gegenüber zum Vater auf der anderen Seite die Grundlagen gelegt für ein Selbstverständnis des Menschen und für eine normative Orientierung im Blick auf das Verhältnis zu den anderen Mitgeschöpfen: Die Lehrstücke von der Schöpfung und der Geschöpflichkeit erlauben es, jeden Menschen als ein endliches Wesen und als von Gott gewollt und angenommen zu verstehen. Darüber hinaus ist mit dem durch Christus vermittelten Gedanken der Selbstunterscheidung zum Ausdruck gebracht, dass die Abgrenzung zwischen Schöpfer und Geschöpf und damit auch die Selbstbegrenzung der Geschöpfe einen konstitutiven Bestandteil einer Sicht der Welt als Schöpfung darstellt. Vor allem aber erlaubt es die trinitätstheologisch konzipierte Schöpfungsmittlerschaft des Sohnes im Rahmen der dogmatischen Rede von der Schöpfung, die in Jesus Christus manifest gewordene Solidarität Gottes mit den Geschöpfen festzuhalten und dennoch von der Welt und der eigenen Existenz als Ergebnis der freien Tat Gottes im Gegenüber der Welt zu sprechen.

In dieser Gestalt leistet die von der Trinitätstheologie her entworfene Lehre von der Schöpfung in besonderem Maße das, was unter modernen Bedingungen von einer theologischen Deutung der Wirklichkeitswahrnehmung gefordert ist: Sie stellt einen Interpretationshorizont bereit, in dem Gott nicht einfach als das schroffe, allmächtige Gegenüber zur Welt verstanden wird, sondern der anregt, Gott als denjenigen zu denken, der die Welt aus freiem Entschluss geschaffen hat und ihre Eigenständigkeit respektiert, der aber zugleich mit der Welt solidarisch ist und über die Menschwerdung des Sohnes und dessen Wirken hat deutlich werden lassen, dass er die Welt nicht einfach ihrem Schicksal überlässt, sondern selbst teilhat an ihrer Entwicklung und ihrer Geschichte – so wie umgekehrt die Welt über den Geist teilhaben kann an der göttlichen Wirklichkeit. In der Gestalt Jesu Christi und seinem Verhältnis zum Vater scheint zudem auf, was es bedeuten kann, sich als Geschöpf zu verstehen: Sich getragen zu wissen von der Liebe des Vaters, aber gleichzeitig sich auch als von ihm unterschieden und damit als endlich zu verstehen. In Jesu Verhalten wird darüber hinaus exemplarisch sichtbar, wie sich ein aus dem Selbstverständnis als Geschöpf resultierendes Verhalten gegenüber den Mitmenschen gestalten kann. Indem die Geschöpfe über ihre Beziehung zu Jesus Christus als dem Sohn Gottes in die Gemeinschaft mit dem Schöpfer hineingenommen werden und Jesus als das exemplarische Geschöpf vorgestellt wird, verbinden sich hier auch die Gedanken der Schöpfungsmittlerschaft des Sohnes und der Gottebenbildlichkeit des Menschen: Gottebenbildlichkeit ist mit der Schöpfung angelegt, erfährt aber erst in Christus ihre Realisierung. Da die Selbstständigkeit der Geschöpfe ebenso festgehalten wird wie ihre über den Geist vermittelte Gemeinschaft mit Gott, werden die wichtigen Intentionen des prozesstheologisch beeinflussten Denkens über Schöpfung aufgenommen, ohne in die oben geschilderten Probleme dieser Sichtweise zu verfallen. Darüber hinaus trifft der von der Prozesstheologie inspirierte Vorwurf der öko-feministischen Schöpfungstheologien gegenüber einer nur auf die Allmacht des Schöpfergottes konzentrierten Lehrbildung gerade auf die trinitätstheologisch konzipierte Schöpfungslehre nicht zu. Denn hier ist Allmacht immer verbunden mit dem Mitleiden, verbindet sich göttliche Souveränität mit der Geschichtlichkeit menschlicher Existenz. Über den Gedanken der Schöpfungsmittlerschaft des Sohnes und dessen Selbstunterscheidung kann weiterhin eine Sichtweise etabliert werden, die die gebotene Diskontinuität zwischen Schöpfer und Schöpfung zum Ausdruck bringt.

So können die Freiheitsspielräume begründet werden, ohne die ein Umgang mit der Theodizeeproblematik, ohne die aber auch eine auf das verantwortliche Handeln zielende Ethik nicht möglich ist. Gleichzeitig sichert der Gedanke der Schöpfungsmittlerschaft des Sohnes auch, dass Gott der von ihm unterschiedenen Schöpfung und vor allem dem Menschen als seinem Geschöpf zwar die Freiheit zubilligt, ihm jedoch keinesfalls fern bleibt, sondern sich ihm trotz aller seiner Verfehlungen versöhnend zuwendet (vgl. Huber 1990; Roth 2002).

Die hier entwickelte Grundlegung gilt es nun in zwei Richtungen weiter zu entfalten, zunächst im Blick auf das Verhältnis der Selbstdeutung als Geschöpf zu den naturalen, naturwissenschaftlich beschreibbaren Grundlagen dieser Selbstdeutung; sodann soll danach gefragt werden, welche Konsequenzen diese Selbstdeutung für die Lebensführung des Einzelnen hat.

5. Schöpfung, Weltverständnis und Naturwissenschaft

Mit der trinitätstheologischen Einbettung der Lehre von der Schöpfung reagierte die dogmatische Lehrbildung auf die Transformationsprozesse des neuzeitlichen Denkens. Ihre Intention bestand darin, das für das moderne Denken schwierige Lehrstück von der Allmacht Gottes umzugestalten und der Selbstständigkeit des Menschen mehr Raum zu gewähren, ohne in die deistische Figur eines nur am Anfang der Welt handelnden Gottes zu verfallen, der die Welt sich selbst überlässt, nachdem sie einmal erschaffen ist. Die Leistungskraft der traditionellen Schöpfungslehre für die Interpretation der Selbst- und Welterfahrung des Menschen ist jedoch nicht allein durch die neuzeitliche Distanz gegenüber dem der überkommenen Lehrbildung zugrunde liegenden Gottesbild eingeschränkt worden. Maßgeblichen Anteil am Plausibilitätsverlust hatte auch, dass die Schöpfungslehre in zunehmendem Maße mit den naturwissenschaftlichen Welterklärungsmodellen in Konflikt geriet. In der evangelischen Dogmatik der frühen Neuzeit war dies vor allem deshalb der Fall, weil es über dem Bemühen, mit der Ausarbeitung der Schöpfungslehre die Handlungsspielräume des

Menschen zu begrenzen, auch im Protestantismus zu einer erneuten Übernahme der aristotelischen Metaphysik und Kosmologie kam (vgl. Weber 1908). In dieser Struktur liegt eine gewisse Paradoxie, denn die Adaption der aristotelischen Schulphilosophie erfolgte gerade in dem Interesse, die Plausibilität der evangelischen Lehre von der Schöpfung und ihre Einbettung in die zentrale Lehre von der Rechtfertigung im Rahmen des zeitgenössischen Wissenschaftsparadigmas herauszustellen. Obwohl sie letztlich das Ziel teilten, entfernten sich die frühneuzeitlichen Theologen damit faktisch von der Konzeption der Schöpfungslehre bei Luther, der die Schöpfung von der Rechtfertigungsbotschaft her ausgelegt hatte und dementsprechend unter Schöpfung die voraussetzungslose Zuwendung Gottes zum Einzelnen verstand. Berühmt geworden ist hier vor allem die Auslegung des ersten Glaubensartikels im kleinen Katechismus, in dem Luther das »Ich glaube an Gott den Schöpfer« mit der Formel auslegt »Ich glaube, dass mich Gott geschaffen hat [...] aus lauter väterlicher, göttlicher Güte und Barmherzigkeit, ohn all mein Verdienst und Würdigkeit« (BSLK 647). In ihrem Bemühen, die eigene Lehre von der unbedingten Souveränität Gottes und den begrenzten Möglichkeiten des Menschen als kompatibel mit den zeitgenössischen Wissenschaften darzulegen, nehmen nun die Dogmatiker der Barockzeit die schon bei Thomas von Aquin begegnende Kombination von aristotelischer *Causa-Lehre* und christlicher Schöpfungslehre wieder auf: Gott ist die *causa materialis*, indem er in der *creatio immediata* die stoffliche Grundlage aller Dinge erschafft. Er ist die *causa formalis,* da er in der *creatio mediata* den Stoffen ihre Gestalt gibt; er ist die *causa efficiens,* die das Werden der Dinge bewirkt, entweder durch das Wort in der *creatio immediata* oder aber durch den *concursus divinus* in der *creatio mediata*. Schließlich ist Gott auch die *causa finalis*, indem das letzte Ziel der Schöpfung allein die *Gloria Dei* darstellt. Über diese Kategorien gelangt die klassische Dogmatik zu einer umfassenden Theorie der Wirklichkeit, die zur Grundlage der ethisch-normativen Ausrichtung ihrer Schöpfungstheologie werden sollte: Der Mensch soll sich nur im Rahmen dessen bewegen, was ihm durch den Schöpfer vorgegeben ist. Die theologische Legitimation der ständischen Gesellschaft ist die unmittelbare Konsequenz dieser Vorstellung. Abgesehen davon, dass eben dadurch die in der Neuzeit problematisch gewordene Vorstellung von der Allmacht Gottes nachhaltig befördert wurde, musste diese Zielrichtung in dem Augenblick zum nachhaltigen Problem für das theologische Schöpfungsdenken werden, in dem die zugrunde liegende Metaphysik nicht mehr akzeptiert wurde und sich zugleich auch das freiheitseinschränkende Moment dieser Lehrbildungen als inkompatibel mit dem modernen Bewusstsein darstellte. Mit unterschiedlicher Intensität und auch mit unterschiedlicher Inkubationszeit führen beide Entwicklungen in der Moderne zu einer maßgeblichen Distanz von der traditionellen Schöpfungslehre.

Die Wurzeln dieser Distanzierung reichen dabei in die Zeit vor der Übernahme der aristotelischen Kategorien in den Protestantismus zurück, nämlich zu Nikolaus Kopernikus' Berechnungen über die Bewegung der Himmelskörper. Während aber Kopernikus seine Überlegungen zum heliozentrischen Weltbild noch nicht wissenschaftlich belegen kann, gelingt dies gut zwei Generationen später Galileo Galilei. Dabei sind es nicht in erster Linie der Widerspruch zum biblischen, geozentrischen Weltbild und die daraus resultierende Distanz zum biblischen Schöpfungsbegriff, die eine grundlegende Inkompatibilität zwischen dem aufkommenden modernen Wissenschaftsverständnis und der überkommenen Schöpfungslehre markieren. Es ist vor allem die Tatsache, dass nunmehr die Empirie, die gezielt durch entsprechende Experimente herbeigeführte Erfahrung, zur Grundlage der maßgeblichen Theorien über die den Menschen umgebende Welt gemacht wird. Nicht mehr die Offenbarung, sondern die methodisch kontrollierte und kontrollierbare Sinneswahrnehmung stellt die entscheidende Quelle der Erkenntnis dar. Ein weiteres kommt hinzu: An die Stelle einer teleologischen Grundordnung der Natur tritt nun ein Denken, das von der gleichförmigen und gleichbleibenden Gesetzlichkeit der natürlichen Ordnung bestimmt ist. Nirgendwo kommt das deutlicher zum Ausdruck als in dem Bild der gleichförmig um die Sonne kreisenden Planeten.

Die Entfremdung zwischen dem Schöpfungsdenken und dem naturwissenschaftlichen Weltbild erfolgt dabei schleichend. Während der Deismus und die Physikotheologie der Frühaufklärung noch um das Herstellen einer Kompatibilität zwischen naturwissenschaftlichem und theologischem Weltbild bemüht sind, trennen sich die Wege am Ende des 18. Jahrhunderts: Beginnend mit Kants Erkenntniskritik, die auf der bereits dem empirischen Paradigma verpflichteten Einsicht basierte, dass eine Metaphysik auf der Grundlage empirischer Beobachtungen nicht möglich sei, und ausgearbeitet im deutschen Idealismus, der die Religion allein auf der Seite der Selbstverortung und Selbstdeutung des Subjekts ansiedelte, wird die Theologie und damit auch die Schöpfungslehre von der Aufgabe entbunden, auch eine Theorie des Kosmos und damit der Weltentstehung liefern zu müssen (Barth 1997). Friedrich Schleiermachers Umformung der Dogmatik wird stilbildend für diese neue Form der Schöpfungslehre, die den Wirklichkeitsbezug nun über die bestimmungslogischen Voraussetzungen eines sich selbst in mannigfaltigen Abhängigkeitsverhältnissen vorfindenden Subjekts sucht: Indem sich der Glaubende selbst als Teil der Welt versteht, wird er sich seiner schlechthinnigen Abhängigkeit und damit seines Gottesbezugs bewusst (Schleiermacher, *Der christliche Glaube nach den Grundsätzen der Evangelischen Kirche im Zusammenhange dargestellt*). Während bei Schleiermacher die Religion noch programmatisch als eigener Wissensbereich angesiedelt wurde, so zerbricht die von ihm angestrebte Allianz zwischen Glauben und modernem Denken rasch. Denn die Ausrichtung an der Selbstverortung des Einzelnen bietet eben auch die theoretische Grundlage, auf der die moderne Religionskritik entstehen kann. In zunehmendem Maße richten sich die sich ausdifferenzierenden modernen Wissenschaften nun gegen die Religion und greifen deren epistemische Voraussetzungen an. Religion gilt vielen Vertretern in der Philosophie und Soziologie als Projektion oder sogar als Suggestion. In Reaktion darauf verschärft sich auch auf der Seite der Theologie der Ton gegenüber den außertheologischen Wissenschaften, gerade im Bereich des konservativen Luthertums. Die Schöpfungslehre ist ein wichtiger Bereich, in dem der sich entwickelnde Streit um die Deutungshoheit der Moderne ausgetragen wird. Denn während die sich von der Religion emanzipierenden Wissenschaften zum Motor der Veränderungen werden, die mit der industriellen und technischen Revolution einhergehen, bemühen sich konservative Theologen, mit dem Verweis auf die Schöpfung, diese Veränderungen als problematisch zu brandmarken. Technikkritik, Kritik an den politisch-emanzipatorischen Bestrebungen und Kritik an der religionskritischen Haltung der Wissenschaften verbinden sich in der nun entstehenden Rede von den Schöpfungsordnungen, die von ihrer Entstehung an eine klar antimodern-antiliberale Stoßrichtung hat (Lange 1994). Die Nachwirkungen dieser Entwicklung sind bis heute in einer latenten Technikfeindlichkeit des Protestantismus spürbar; sie strahlt aus bis in die ökotheologischen Entwürfe der Schöpfungslehre hinein, von denen bereits die Rede war. Dass sich dabei die konservative Kritik mit einer romantischen Naturfrömmigkeit verbinden konnte, dürfte die Beharrungskraft dieser Position wesentlich mitbefördert haben.

Es dürfte diese aufgeladene Ausgangslage gewesen sein, die dazu führte, dass speziell in Deutschland die Rezeption der Arbeiten von Charles Darwin zum Kristallisations- und Ausgangspunkt eines manifesten Konflikts zwischen Schöpfungsglauben und Naturwissenschaft wurde. Darwin sah die Sonderstellung des Menschen nicht mehr in seiner Gottebenbildlichkeit begründet und leitete den Intellekt des Menschen auch nicht aus dem ihm inhärenten göttlichen Geist ab, sondern verstand den Menschen und seinen Intellekt als Ergebnis einer Sonderentwicklung innerhalb des Evolutionsprozesses: Das Fehlen anderer natürlicher Anlagen habe die Ausbildung des menschlichen Intellekts erfordert. Motor dieses Prozesses ist für Darwin nicht mehr der Wille des Schöpfers, sondern ein natürliches Prinzip. Während Darwin selbst jedoch den Gottesglauben gerade nicht evolutionär erklären und auch seine ganze Theorie darum eben nicht als irreligiös verstanden wissen wollte (Darwin 1872: 347f.), profilierten in Deutschland Ernst Haeckel und besonders Carl Vogt Darwins Theorie als eine die bisherigen religiösen Vorstellungen ausschließende Lehre. »Es gilt eine klare Alternative: Entweder lenkt Gott das Naturgeschehen oder die natürliche Zuchtwahl« (Hartung 2003: 55f.). Die Folgen dieser schroffen Frontstellung sind in der deutschen Diskussion bis heute deutlich spürbar. Sie zeigen sich zum einen in der reservierten Haltung, die vielfach seitens der Naturwissenschaften gegenüber der Theologie eingenommen wird, zum anderen aber auch in einer kritischen Distanz der Theologie gegenüber den Naturwissenschaften und den mit ihrem Aufstieg verbundenen Umwälzungen in Technik und Gesellschaft. Überlagert wird dieser Konflikt durch den Kampf um die Vorherrschaft zwischen Natur- und Geisteswissenschaften, einem letztlich unfruchtbaren Streit darüber, ob nun der Suche nach naturwissenschaftlich – und das heißt: empirisch – begründbaren Kausalitäten oder dem Bemühen um Sinn und Orientierung stiftende Deutekategorien höhere Bedeutung zukommen solle.

Im Blick auf die Rolle von Theologie und Religion enthält diese Auseinandersetzung einen weiteren Subtext, der zugleich zu einer Verstärkung des Entfremdungsprozesses führt: Schon seit der Aufklärung, spätestens aber mit dem Beginn der Industrialisierung wird die Wissenschaft insgesamt, besonders aber Naturwissenschaft und Technik als Katalysator für eine fortlaufende gesellschaftliche Pluralisierung wirksam und in dieser Funktion von den Vertretern der Kirche und Theologie kritisch beargwöhnt, wenn nicht sogar explizit angegriffen. Pluralisierung geht, so lautet die immer wieder vertretene These, einher mit einer Schwächung traditioneller, sinnvermittelnder Orientierungsmuster und damit der Religion. In dieser durch die klassische Säkularisierungsthese zu großer Breitenwirkung gekommenen Perspektive bedeutet Verwissenschaftlichung strukturell, nicht erst wegen ihres Zuges zur Rationalisierung und damit zur Entzauberung der Welt, immer auch die Schwächung der Religion. Akzentsetzungen auf der einen Seite führen unweigerlich zu Verlusten auf der anderen Seite. Wissenschaftlicher Fortschritt hat den Plausibilitätsverlust von Religion und Theologie notwendig zur Folge. Wo dieser Fortschritt nicht zurückgedrängt werden kann, da sollen wenigstens die Folgen bekämpft werden. Das energische Engagement für die Präsenz des Glaubens im Bildungssystem, auch die Vehemenz, mit der ein bloß auf Ausbildung und technische Fertigkeiten gerichtetes Bildungsverständnis bekämpft wird, sind in diesem Zusammenhang zu sehen und zu interpretieren. Die Erfahrung planmäßig organisierter und mit technischer Hilfe begangener Gräueltaten im 20. Jahrhundert und darüber hinaus bietet den tragischen Resonanzboden, der die zuvor im Wesentlichen in den aufklärungskritischen konservativen Kreisen erhobene Kritik vielfach verstärkt und ihr zu weitreichender Zustimmung verhilft. Vor diesem Hintergrund ist es auch nicht verwunderlich, dass diese Kritik sodann auch moralisierend aufgeladen werden kann, etwa in der Rede von der »Wissenschaft ohne Verantwortung«.

In diesem durchaus polemischen Zuschnitt, in dem der Verweis auf die Schöpfung sich in ganz unterschiedlichen Schattierungen findet – vom konservativen Luthertum und seiner Rede von den den westlich-modernen, individualistischen Tendenzen entgegengesetzten Schöpfungsordnungen (Lange 1994) bis hin zur Technikkritik im Kontext der Dialektischen Theologie (Trowitzsch 1988) –, hat die Theologie das Ihre zu einer unproduktiven Gegenüberstellung zwischen Natur(-wissenschaft) und Schöpfung(-slehre) beigetragen. Das gilt besonders auch für die Rezeption der Evolutionstheorie, wie u.a. die von M. Rothgangel in diesem Band angeführten Beobachtungen bei Schülern zeigen. Dabei wären die Arbeiten Darwins nämlich in der Tat interessant gewesen für eine konstruktive Bezugnahme seitens der Theologie (vgl. Altner 1965). Denn seine Feststellung, dass die Religion nicht evolutionär erklärt werden könne, dass die naturwissenschaftliche Methode mithin keine Antworten auf die Existenz der Religion und auch nicht auf die Gottesfrage geben könne, ließe sich als eine Entsprechung zu der von Schleiermacher herkommenden Linie neuzeitlicher Theologie, die Schöpfungslehre eben von ihrem kosmologischen Anspruch zu befreien (vgl. Barth 1997: 35f.), betrachten. Ein vermittelnder Anschluss an die Evolutionstheorie hätte diese gemeinsame Stoßrichtung zwischen dem naturwissenschaftlichen und dem theologischen Blick auf die erfahrene Weltwirklichkeit stärker herausarbeiten müssen, anstatt sich auf das Durchsetzen des jeweils eigenen Vormachtanspruches zu konzentrieren. Ebenso wie die naturwissenschaftliche Welterklärung sich nicht anmaßen sollte, *alle* Phänomene menschlicher Wirklichkeitserfahrung erklären zu können und zu wollen, sollte auch die Theologie sich des Gestus entledigen, die *eigentliche* Wirklichkeitswissenschaft zu sein – und sei es nur, weil sie die Kategorien vorgeben möchte, nach denen sich auch Naturwissenschaftler zu verhalten haben.

Ein zweiter Gesichtspunkt kommt hinzu: Anders als es die mitunter von beiden Seiten gepflegte polemische Rhetorik zum Ausdruck bringt, anders auch als es die eben genannte Parallele zu Schleiermacher und der ihm nachfolgenden Theoriebildung nahe legen könnte, lässt sich Darwin eben nicht nur für einen Burgfrieden zwischen Theologie und Naturwissenschaft verwenden. Die Evolutionstheorie ist keineswegs theologischen Vorstellungen einfach entgegengesetzt, sondern sie ist durchaus dazu geeignet, eine Brücke zwischen Theologie und Naturwissenschaft herzustellen. Denn während die klassischen Naturwissenschaften von der geschichtslosen Gleichförmigkeit gesetzlich ablaufender Prozesse ausgingen, eröffnet die Evolutionsbiologie die Möglichkeit, den Gedanken der Geschichte im Sinne einer gerichteten Zeit erneut in die Naturwissenschaften einzuführen und so das Paradigma allgemeiner, zeitunabhängiger Gesetze mit der Vorstellung einer Entwicklung zusammenzudenken. In diesem Zuschnitt wird in der Evolutionstheorie vorgebildet, was dann im 20. Jahrhundert in die naturwissenschaftlich-physikalische Welterklärung Einzug hält: Denn während die klassische Physik von der Zeit als einer gleichförmigen Konstante ausging und daher nicht nur die Zeitunabhängigkeit von Naturgesetzen, sondern auch die grundsätzliche Reversibilität von Naturprozessen postulierte, brachten die Relativitätstheorie und die Quantenphysik eine neue Sichtweise ein, die die Zeit selbst als abhängig vom Bezugssystem beschreibt und ihr grundsätzlich einen Anfang und auch eine Zielrichtung zuweist. Nun geht man nicht mehr davon aus, dass zeitliche Prozesse ebenso wie physikalische Gesetze reversibel sind, dass also die Transformationen, die durch physikalische Gleichungen beschrieben werden, gewissermaßen vorwärts wie rückwärts möglich sind, ohne dass sich ein physikalischer oder mathematischer Widerspruch einstellen würde. Mit der Quantentheorie und dem zweiten Hauptsatz der Thermodynamik ist diese Annahme widerlegt worden; der Zeit selbst wird jetzt ein Anfang im Urknall und ebenso auch ein Ende zugeschrieben. Naturgesetzlichkeit und Unwiederholbarkeit sind nun keine schroffen Gegensätze mehr – oder anders formuliert: Über die beiden großen naturwissenschaftlichen Theoriemodelle des 19. und 20. Jahrhunderts, die Evolutionstheorie und die Quantenphysik, hat die Vorstellung der Geschichte erneut Einzug gehalten in das Denken der Naturwissenschaften – und damit auch die Frage von Deutung und Sinnverstehen (Benz 2009; Cramer 1997; Wölfel 1997).

Für die Verhältnisbestimmung von Schöpfungslehre und Naturwissenschaft ist dies von erheblicher Bedeutung. Über das Zeitverständnis wird es nämlich möglich, einen gemeinsamen Verständigungsbereich zwischen Theologie und Naturwissenschaft zu definieren, ohne in unproduktive Apologetik, in ein beziehungsloses Nebeneinander oder aber auch in gegenseitige Grenzüberschreitungen zu verfallen. Denn weder lassen sich das biblische Schöpfungszeugnis und die naturwissenschaftlichen Modelle für die Entstehung des Universums und die Herausbildung des Lebens auf der Erde gegeneinander ausspielen, wie das in der positivistischen und dann etwa auch in der marxistisch-leninistischen Religionskritik der DDR der Fall war (vgl. Morche 2006). Noch ist es weiterführend, über eine vermeintlich wissenschaftliche Argumentation die Schöpfungsvorstellung gegen die naturwissenschaftliche Welterklärung zu profilieren, wie das etwa bei den Vertretern des modernen Kreationismus und des *intelligent design* geschieht (vgl. dazu Link 2008). Ebenso unbefriedigend ist jedoch auch eine Zuordnung von Schöpfungsglaube und Naturwissenschaft, die beide Logiken als inkommensurabel beschreibt und sich sodann auf die Entfaltung bloß der eigenen Perspektive beschränkt. In dieser Richtung haben, bei aller Unterschiedlichkeit der Herangehensweise, etwa Karl Barth, aber auch Paul Althaus argumentiert (Barth 1945; Althaus 1958). Gegenwärtig wird eine solche Position etwa von Ulrich Barth vertreten, der auf der Grundlage einer an Schleiermacher angelehnten Reformulierung der Schöpfungslehre die Abständigkeit von der Kosmologie als Befreiung der Theologie zu sich selbst bezeichnen kann (Barth 1997). Unbefriedigend für die Theologie sind diese Konzeptionen, weil sie bedeuten, dass sich die Theologie zwar gegen die naturwissenschaftliche Infragestellung immunisieren kann, gleichzeitig aber auch sich selbst als irrelevant für die Deutung der von Christinnen und Christen gegenwärtig erfahrenen Wirklichkeit darstellen muss, die ja zu einem Gutteil beeinflusst ist durch die Theorien und die Gestaltungskraft der naturwissenschaftlichen Weltsicht (vgl. Welker 2009). Vor allem aber droht der Religion nicht nur der Rückzug in die Innerlichkeit, sondern es bleibt auch unklar, wie es zu einer Orientierungsstiftung im Bereich der Ethik kommen soll. Schließlich sind aber auch Wege zu vermeiden, die versuchen, die Einsichten der gegenwärtigen Naturwissenschaft und Naturphilosophie lediglich als moderne Adaptionen traditioneller Schöpfungsterminologie darzustellen (so etwa Link 1991).

Gegenüber den drei hier idealtypisch als defizitär charakterisierten Versuchen der Zuordnung von Schöpfungsglauben und Naturwissenschaft bietet der über das Verständnis von Zeit und Geschichte entwickelte Verständigungsbereich zwischen beiden die Möglichkeit, Schnittstellen zum naturwissenschaftlichen Weltverständnis bereitzustellen, sich aber zugleich als eine Interpretationsperspektive zu präsentieren, die eine andere Sicht auf die hier erfahrene Wirklichkeit ermöglicht. Denn die von der modernen Naturwissenschaft beschriebene Doppelstruktur der Zeit, einmal als gleichförmig-rhythmisierend, einmal als linear-fortschreitend, findet ihre Entsprechung sowohl im menschlichen Selbsterleben als auch in der Praxis und der Lehre des Christentums: Das Erleben des Tag-Nacht-Rhythmus und des Jahreskreises, der rhythmisierte Herzschlag und die Stoffwechselprozesse des Körpers folgen einer Vorstellung von der Zeit als einer strukturierenden Konstante. Das Wissen um die eigene Geburtlichkeit und das Wissen um den Tod hingegen lassen die linear-fortschreitende Struktur der Zeit und auch die Unwiederholbarkeit von Geschichte deutlich werden. Die im Jahreskreislauf begangenen Feste sowie die schon in der priesterschriftlichen Schöpfungserzählung festgehaltene Strukturierung der Woche durch einen besonderen, auch rituell ausgestalteten Gedenktag lässt diese rhythmisierte Zeitstruktur im Bereich der christlichen Religionspraxis deutlich werden. Doch diese Bezugnahme auf die rhythmisch-zyklische Dimension der Zeit stellt nur einen Teil des Zeitverständnisses der biblisch-christlichen Überlieferung dar: Ihre Sonderstellung im Alten Orient gewinnt die biblische Tradition allerdings durch die theologische Rezeption des linearen Zeitverständnisses. Darin dürfte Gerhard von Rad Recht zu geben sein, der das entscheidend Neue des (zwar nicht historischen, aber) biblischen Gottesglaubens gegenüber den auf einem mythischen Kreislaufdenken basierenden Religionen des Alten Orients gerade in einer Vorstellung von einem geschichtlich einmaligen Heilshandeln Gottes gegeben sah (von Rad 1987: 108–121). Dem entspricht es, dass die neutestamentlichen Schriften die Einmaligkeit und die Individualität der Geschichte Jesu Christi sowie, besonders in der Geschichtstheologie des Lukas, die Vorstellung von der gerichteten Heilsgeschichte besonders hervorheben (Conzelmann 1993). Die Frömmigkeitspraxis korrespondiert dieser Ausrichtung zum einen in der Strukturierung des Kirchenjahres durch die Lebensgeschichte Jesu, zum anderen auch durch die hervorgehobene Bedeutung biographiebezogener Gottesdienste und Amtshandlungen. Von daher erscheint es auch als vollkommen sachgerecht, dass in der zweiten Hälfte des 20. Jahrhunderts die Verbindung zwischen Christentum und Geschichtsdenken wieder stärker hervorgehoben wurde, nachdem diese Verbindung nach der Krise des Historismus und der Geschichtsphilosophie seitens der Dialektischen Theologie und auch in den von der Existenzialphilosophie beeinflussten dogmatischen Entwürfen kritisiert worden war. Vor allem Ernst Troeltsch (vgl. Troeltsch 1981: 139) und nach ihm Gerhard Ebeling (Ebeling 1979: 280–295) haben für ihre Ausarbeitung der Schöpfungslehre den Zugang über den Geschichtsgedanken gewählt. Wolfhart Pannenberg hat zudem die sich daraus ergebenden Verbindungslinien zur Weltsicht der modernen Naturwissenschaften hervorgehoben (Pannenberg 1991: 86–96).

Die Pointe der theologischen Rede von der Schöpfung ist es somit, das Dasein der Welt und des Einzelnen nicht auf das stereotype, gleichförmige und darin auch der Frage nach dem Sinn und der Bedeutung dieser Vorgänge nicht zugängliche Abläufen von Gesetzmäßigkeiten zurückzuführen, sondern die Erfahrung solcher Gleichförmigkeit mit der Vorstellung zu verbinden, dass eben diese einzelne Entwicklung gewollt ist, einen bewussten Anfang und ein Ziel hat: Das Werden eines neuen Menschen lässt sich als Abfolge biochemischer und physikalischer Gesetze beschreiben; doch auf dieser Grundlage kann immer nur generell *ein* Mensch als Gattungswesen, nie ein konkretes Individuum, das gerade durch die Kontingenz seines Daseins gekennzeichnet ist, beschrieben werden. Schöpfung steht dabei nicht im Gegensatz zu solchen naturgesetzlichen Prozessen, auch nicht zu den zu Grunde liegenden Paradigmen: Schon die Integration der rhythmischen Zeiterfahrung, des Wechsels zwischen Sommer und Winter, Tag und Nacht in den Schöpfungserzählungen der Priesterschrift bringt dies zum Ausdruck. Aber mit der Rede von der Schöpfung soll doch eine diese Zugangsweise überschreitende Perspektive eingenommen werden, die, um noch einmal auf das Verständnis der Zeit zurückzukommen, zudem die durch das linear-fortschreitende Zeitverständnis aufgeworfenen Fragen nach dem Sinn und dem Ziel eines Einzelereignisses einer Antwort zuführt: Das Einmalige ist genau deswegen existent, weil es von Gott gewollt ist; das gilt für die ganze Erde ebenso wie für die individuelle Existenz. Als dieses Einmalige hat alles einen Ursprung, vor allem aber hat es ein Ziel vor sich: Die Integration in einen Zustand, in dem die Individualität geschichtlicher Existenz nicht mehr von der Bedrohung des Vergehens, sei es durch den individuellen Tod oder das Vergehen der Welt durch die Entropie, infrage gestellt wird. In der Sprache der christlichen Tradition ist dies durch den Gedanken der eschatologischen Neuschöpfung formuliert worden, der die individuelle, die irdische Existenzform transformierende Auferstehung von den Toten ebenso umfasst, wie die Vorstellung von einem Ende dieser Welt und dem Werden eines neuen Himmels und einer neuen Erde, wie es in der Johannesoffenbarung heißt.

So sehr der Evolutionsgedanke über die Re-Etablierung einer Vorstellung von Geschichte in den Naturwissenschaften geeignet schien und scheint, eine Brücke zwischen Naturwissenschaft und schöpfungstheologischer Weltsicht zu schlagen, so sehr wird über der zuletzt deutlich gewordenen Fokussierung des Schöpfungsdenkens auf das einzelne Ereignis und vor allem auf den einzelnen Menschen eine grundlegende Differenz zwischen der theologischen Entfaltung der Schöpfungslehre und der Evolutionstheorie deutlich: Die Evolutionstheorie zielt allein auf die Geschichte und die Entwicklung von Kollektiven, eben von Arten, und kann daher gerade dem Einzelnen keine eigenständige Bedeutung beimessen. Anders als in der Theoriebildung der modernen Physik, in der dem Einzelnen eine unersetzbare Funktion bei der Wahrnehmung und Interpretation eines Sachverhalts zukommt (vgl. Koch 1991: 33–37), ist die Vorstellung von einem besonderen Wert des einzelnen Individuums, ist die Vorstellung von Individualität und Subjektivität ein Fremdkörper in der Evolutionstheorie. Das resultiert aus ihrer methodischen Rückbindung an die klassische naturwissenschaftliche Methodik, deren Gesetzbildungen eben keine Einzelfälle zulassen (vgl. Engels 1982). Zugleich verbindet dieser Zugriff die Evolutionstheorie mit den im Umfeld des modernen Positivismus entwickelten Sozialtheorien von Auguste Comte über Karl Marx bis hin zu Niklas Luhmann, die ebenfalls im Grunde keine Vorstellung von Subjekten zulassen, sondern den Einzelnen immer nur als Erscheinungsform eines Kollektivs, einer Klasse oder eines Systems deuten. Demgegenüber verweist die theologische Redeweise von der Schöpfung darauf, dass gerade das Einzelne und Individuelle in seinem So-Sein kontingent, nicht aus Naturgesetzen ableitbar ist, aber genau in dieser Kontingenz sich als das von Gott Gewollte erweist (vgl. Koch 1991: 53–58). Diese Aussage ist in erster Linie eine Aussage über das Selbstverständnis des Einzelnen in der Welt, insofern sich jedes Geschöpf in seiner Individualität und seiner persönlichen Geschichte als Zweck von Gottes Schöpfungshandeln verstehen kann. Die Zumutung, gleichermaßen aber auch der Trost der Deutung der eigenen Wirklichkeitserfahrung als Geschöpf liegt darin, selbst in der Erfahrung des Leides darauf zu vertrauen, als Person mit diesem individuellen Schicksal angenommen zu sein – wenn auch die Überwindung des Leides erst im Eschaton mit der Vollendung der Welt zum Reich Gottes gegeben sein wird (vgl. Pannenberg 1991: 76). Der Topos von der Neuschöpfung ist hier ernst zu nehmen. Denn mit diesem aus der paulinischen Theologie entnommenen Begriff verweist die dogmatische Schöpfungslehre darauf, dass die Vollendung der Schöpfung und damit die Überwindung des Leides noch ausstehen. Das Ziel ist nicht nur verborgen und wird stellvertretend erkannt, wie das Karl Barth zu meinen schien (Barth 1950: 222–226), sondern es ist eine neue Wirklichkeit, deren Kontinuität zum Bestehenden nur über die Treue Gottes zu seiner Schöpfung und seinen Geschöpfen gewährleistet bleibt. Das Ziel von Gottes Schöpfungshandeln ist somit nicht bereits mit der erfahrenen Wirklichkeit erreicht, sondern liegt noch in der Zukunft (vgl. Troeltsch 1981: 245f.).

Die christliche Rede von Gott als dem Schöpfer sieht darum Gott als den, der das Bestehende und die Vollendung umgreift, in dem absoluter Anfang und die Zukunft der Welt ineinanderfallen. Eberhard Jüngel hat darum ganz zutreffend davon gesprochen, dass der Mehrwert der theologischen Rede von der Schöpfung gegenüber der Vorstellung der traditionellen Naturwissenschaften und der empirischen Wahrnehmung der Wirklichkeit darin bestehe, die Prävalenz des Möglichen vor dem Wirklichen zu behaupten (vgl. dazu auch Link 2010: 159f.). Denn nur von dieser Perspektive aus lassen sich sowohl die Individualität als eine Existenzform, die sich eben nicht bereits aus dem Wirklichen ergibt, als auch die Freiheit des Menschen gegenüber dem Vorfindlichen verstehen (Jüngel 1988: 226–231). Sich als Geschöpf zu verstehen ist gleichbedeutend damit, eine Zukunft zu denken, die nicht einfach die Extrapolation des Bestehenden darstellt und als eine solche, berechenbare Zukunft eben auch keine echte Zukunft mehr ist. Insofern diese Zukunft nicht bereits im Wirklichen beschlossen liegt, wird in dem Selbstverständnis als Geschöpf, in dem Wissen, von Gott angesprochen und angenommen zu sein, auch eine Haltung deutlich, die den Einzelnen nicht im Vorhandenen verharren lässt, sondern dazu drängt, eine dem Möglichen entsprechende Gestaltung der Wirklichkeit anzustreben. Insbesondere die Gleichniserzählungen der Evangelien können hier als Vorbild dienen. Zugleich ist die Akzentuierung der Zukünftigkeit des Ziels der Schöpfung ein wirksames Widerlager gegen die Ideologisierung bestimmter vorfindlicher Strukturen, wie sie in der ethischen Zuspitzung der Schöpfungslehre immer wieder vorgenommen wurde.

6. Schöpfung, Selbstverständnis und Weltgestaltung

Da der Glaube stets eine Stellungnahme zur erfahrenen Wirklichkeit impliziert, wirken sich die Aussagen des Glaubens immer auch auf das Handeln der Glaubenden aus, durch das sich der Einzelne ebenfalls in ein Verhältnis zur Wirklichkeit setzt. In der Neuzeit ist, wie bereits angedeutet, das Lehrstück von der Schöpfung in besonderem Maße der Ort innerhalb der Lehrbildung des evangelischen

Christentums gewesen, an dem die dogmatische Reflexion für die Lebensführung fruchtbar gemacht werden sollte. Hier lassen sich, wie im Rahmen der vorangegangenen problemgeschichtlichen Rekonstruktion bereits angedeutet, zwei grundsätzliche Perspektivierungen identifizieren: Zum einen kann der Schöpfungsgedanke als eine *Ermächtigung zum Handeln* aufgefasst werden, zum anderen, und das dürfte die dominante Form der ethischen Abzweckung der Rede von der Schöpfung sein, als Bemühen, den Handlungsspielraum des Menschen zu begrenzen. Dabei ist es interessant, dass am Aufbruch zur Moderne, in der italienischen Renaissancephilosophie bei Marsilio Ficino und vor allem bei Giovanni Pico della Mirandola, der Schöpfungsgedanke mit dem Auftrag des Menschen zur Kulturgestaltung, mit einem Handlungsauftrag also, verbunden wird (Pico della Mirandola, *Über die Würde des Menschen* 5–14). Schon bei Martin Luther dominiert allerdings die zweite Spielart der Verwendung der Schöpfungslehre für die Ethik. In Aufnahme von antiken Vorstellungen der sozialen Ordnung kann der Wittenberger Reformator davon sprechen, dass Gott gegen das Wirken des Teufels drei Stände eingesetzt habe, nämlich den *status oeconomicus*, den *status politicus* und den *status ecclesiasticus* (Luther, *Zirkulardisputation über Mt 19,21* 42). Zwar übernimmt Luther, im Unterschied zu antiken Vorbildern, nicht die hierarchisierende Variante der Drei-Stände-Lehre, sondern geht von der prinzipiellen Gleichheit aller Stände aus. Ebenso distanziert er sich von der Vorstellung, man könne immer nur einem Stand angehören, und bekämpft damit vor allem den Primat des Klerus als einer scharf abgegrenzten und hervorgehobenen Gruppe. Aber es sind gleichwohl die Stände und damit auch die von Gott vorgegebenen Ordnungsstrukturen, die die Handlungsspielräume des Einzelnen vorgeben und zugleich begrenzen. Melanchthon und im Anschluss die meisten lutherischen Dogmatiker sind Luther in dieser Ableitung gefolgt, zudem führen sie, im Zusammenhang der sich schon bald abzeichnenden Spannungen zwischen dem *status politicus* und dem *status oeconomicus*, auch die hierarchische Interpretation der Ständelehre wieder ein (Heckel 1968: 142–151). Die Sozaillehre des Protestantismus bleibt so bis weit in die Aufklärungszeit maßgeblich durch den Gedanken der von Gott als dem Schöpfer eingesetzten Ordnungen geprägt.

Es sind dann die bereits angesprochenen ersten Modernisierungserfahrungen im Umfeld der Aufklärung – die ihre motivationale Kraft durchaus aus einer heilsgeschichtlichen und damit auf Entwicklung und Fortschritt konzentrierten Deutung der Geschöpflichkeit bezogen (Pannenberg 1979) –, die den strukturkonservativen, antimodernen Zug der auf die Schöpfung gegründeten Ethik stark hervortreten lassen und darin die schon geschilderten antimodernen Tendenzen gegenwärtiger Thematisierung der Schöpfungslehre angesichts von ökologischer Krise und Globalisierungserfahrungen vorausnehmen. Es ist nicht ohne Ironie, dass sich hier in der Neuzeitkritik problemgeschichtlich eine Allianz entwickelt hat zwischen den konservativen Kräften des 19. und frühen 20. Jahrhunderts und den Protagonisten der Formel von der Bewahrung der Schöpfung am Ende des 20. und am Beginn des 21. Jahrhunderts, die eher dem linksprotestantischen Milieu entstammen. Doch der gemeinsame Fokus auf die in erster Linie als bedrohlich empfundenen Individualisierungs- und Pluralisierungserfahrungen verbindet die zunächst so unterschiedlich konzipierten theologischen Entwürfe und motiviert sowohl am Beginn der Neuzeit als auch in der unmittelbaren Gegenwart die Hinwendung zu einer auf der Schöpfungslehre und den ihr inhärenten Ordnungen basierten Ethik: Als Gegenkonzept zu dem vermeintlich in die gemeinschaftszersetzende Vereinzelung führenden liberalen Denken profilierte erstmalig Theodor Kliefoth den Begriff der Schöpfungsordnung als Grundlage der Gemeinschaftsordnung (Lange 1994). Der Sache nach knüpft Kliefoth dabei an traditionelle ethische Begründungsmodelle, namentlich an die Naturrechtslehre in ihrer spätestens seit Thomas von Aquin theologisch überformten Fassung an: Wie die Natur, so werden auch die verschiedenen Bereiche des gemeinschaftlichen Lebens von der Vorstellung einer grundlegenden und von Gott gewollten harmonischen Ordnung durchzogen, und wie sich die einzelnen Bestandteile der Natur nicht aus ihrer Bestimmung herauslösen können, sondern den vorgegebenen Gesetzen folgen müssen, so haben sich auch die einzelnen Glieder der verschiedenen gesellschaftlichen Ordnungen in die vorgegebene Ordnung zu fügen. Das Konzept der Schöpfungsordnungen wird sodann mit einem zweiten ethischen

Strukturmodell verbunden. Dieses hat seine Ursprünge ebenfalls in der Antike und gab immer wieder Anlass zu einer theologischen Überformung: das Organismuskonzept. In der Neuzeit entwickelt dieses Modell eine beträchtliche Ausstrahlung, von der Romantik und bestimmten Spielarten des hegelianisierenden Denkens bis in die gegenwärtige, ökologisch-feministische Diskussion hinein.

So vielfältig, auch so spannungsreich die Verwendungen der Organismus-Metapher und der Vorstellung der Schöpfungsordnungen in der theologisch-ethischen Theoriebildung der Neuzeit sind: Sie werden zusammengehalten durch einen gemeinsamen Impuls, nämlich die Freiheitsspielräume des Einzelnen einzuhegen. Dies gilt sowohl für die hierarchisierende als auch für die egalisierende Deutung des Ordnungs- und des Organismusmodells, die sich bekanntlich beide auf eine neutestamentliche Grundlage zurückführen lassen: Während sich die egalisierende Deutung auf 1Kor 12 berufen kann, wo die Gleichheit aller Glieder am Leib Christi herausgestellt wird, hat die hierarchisierende Deutung ihre Referenzstelle in Kol 3, in der die Differenz von Haupt und Gliedern betont wird. In beiden Fällen aber ist die Stoßrichtung dieselbe: Weder kann der Einzelne den Ort seines Wirkens und seine Position innerhalb der Gemeinschaft selbst bestimmen, noch steht es ihm zu, die Art seines Tuns frei zu wählen: Sein Handeln muss sich durch den ihm vorgegebenen Ort im Gefüge des Ganzen bestimmen lassen. Im Kern handelt es sich also um eine Umformulierung des naturrechtlichen Grundsatzes »agere sequitur esse«, wobei im Interesse der Autoritätssteigerung das Sein – und damit die vorfindliche empirische Ordnung in ihrem So-Sein – mit dem Willen Gottes verbunden und als Konsequenz seines schöpferischen Handelns verstanden wird.

Interessanterweise zeigt sich damit im Bereich der Ethik eine signifikant andere Tendenz in der Verwendung des Schöpfungsterminus als in der Dogmatik: Während in der Dogmatik ja die zunehmende Abgrenzung der mit dem Begriff der Schöpfung verbundenen Ansprüche der Welterklärung für die neuzeitliche Theologie charakteristisch war – bis dahin, dass es zu dem von Edmund Schlink so prägnant problematisierten Doketismus in der Schöpfungslehre kommen konnte –, steht der Schöpfungsbegriff in der

Ethik für den Versuch, die gegebenen Strukturen in immer stärkerem Maße mit dem Willen Gottes zu verbinden und damit die sozialen Ordnungen selbst mit der Legitimation göttlicher Anordnung zu versehen. Die Verschiebungsprozesse, die sich oben bereits bei der Rekonstruktion der mit dem Lehrstück vom *concursus divinus* verbundenen Fragestellung andeuteten, lassen sich darum aus einer ethikgeschichtlichen Perspektive hier noch einmal verdeutlichen. Zugleich deutet sich in diesem Bestreben, den Schöpfungsgedanken von der Dogmatik in die Ethik zu transponieren und ihn hier zum Ausgangspunkt für neue Bindungsstrukturen zu machen (vgl. Graf 1990: 216), nicht nur die für die gesamte moderne Theologie charakteristische Relevanzsteigerung der Ethik an, sondern zugleich werden hier auch zwei strukturelle Probleme der fundamentalethischen Zugangsweise des Protestantismus im 19. und 20. Jahrhundert deutlich: Zunächst nämlich zeigt sich hier die gerade für das Luthertum so folgenreiche Tendenz zur theologischen Überlegitimierung gesellschaftlicher Ordnungen als Anordnungen Gottes, als Ausdrucksformen seines Willens oder seines objektiven Geistes (vgl. Seeberg 1935: 10–15). Denn anders als es in der Theologiegeschichtsschreibung der Nachkriegszeit häufig dargestellt wurde, bestand die Problematik der lutherischen Soziallehre gerade nicht in der zu scharfen Unterscheidung zwischen religiöser Weltdeutung und gesellschaftlich-sozialer Entwicklung, in dem also, was in begrifflicher Abbreviatur als »lutherische Zwei-Reiche-Lehre« bezeichnet wurde. Vielmehr war es das Bestreben, im Angesicht eines drohenden Relevanzverlustes von Theologie und Kirche durch die modernisierungsbedingten Säkularisierungsprozesse der Ausdifferenzierung der Gesellschaft über das Konzept des Organismus, der Schöpfungsordnungen oder eben der Rede von den beiden Reichen und Regierweisen Gottes entgegenzuwirken. Es sollte gerade keine Verselbständigung einer weltlichen Sphäre, keine gottferne Eigengesetzlichkeit behauptet werden können (vgl. Nowak 1981). Dieses Einheitsdenken dürfte maßgeblich die Anfälligkeit insbesondere des lutherischen Protestantismus für die totalitären Ideologien des 20. Jahrhunderts begünstigt haben. Auf die damit verbundenen Folgen und die Struktur dieser Argumentation wird im nächsten Abschnitt noch einmal zurückzukommen sein.

Die zweite problematische Tendenz wiegt vielleicht noch schwerer: Denn in dem Interesse, den Primat theologischer Welterklärung für den Bereich der Handlungsorientierung festzuhalten und zugleich an der als Schöpfung begriffenen Welt die normativen Vorgaben ablesen zu wollen, bereitet die dergestalt schöpfungstheologisch orientierte Ethik selbst den Boden für eine Naturalisierung der Ethik, die ihrerseits den Naturwissenschaften die Rolle der Leitwissenschaft auch für die Fragen der Normierung menschlichen Verhaltens zuschreibt. Wenn nämlich die Schöpfung mit dem Bild der als harmonisch erfahrenen Natur gleichgesetzt wird, dann ist es nur noch ein kleiner Schritt dahin, akzeptieren zu müssen, dass die Disziplinen, welche die Ordnung dieser Natur analysieren, nun auch für sich die Kompetenz reklamieren, die maßgeblichen Aussagen über die Norm – und damit die Gesetzmäßigkeiten – des Verhaltens zu formulieren. Was René Descartes und Francis Bacon bereits vorgespurt hatten, indem sie forderten, die Natur zu erkennen, um dann die gewonnenen Erkenntnisse für die Gestaltung der Geschichte und der Gesellschaft anwenden zu können, erfährt im 19. und 20. Jahrhundert breite Rezeption. Die Paradigmen des Sozialdarwinismus, der Völkerpsychologie, der Rasse- und der Soziobiologie lassen sich unschwer hier einordnen (vgl. Körtner 1997: 138). In der Hochschätzung der Embryologie und der Molekularbiologie für die Orientierung in den Konfliktfällen am Lebensanfang, aber auch in der Konzentration auf einen vitalistischen Lebensbegriff am Ende des Lebens ist dieser Grundzug bis heute maßgeblich spürbar.

Die besondere Problemdynamik im 20. Jahrhundert entsteht dann dadurch, dass sich diese beiden problematischen Tendenzen gegenseitig verstärken und antreiben: Die Naturalisierung der Ethik wird unter Einflussverlustangst von Kirche und Theologie vorangetrieben und verstärkt gleichzeitig gegenläufig das problematische Bemühen, über den Schöpfungsbegriff zu einer überhöhenden und darin letztlich ideologisierenden Sicht der vorgefundenen Wirklichkeit zu gelangen. Aus Furcht vor dem eigenen Relevanzverlust bedient man sich selbst einer naturwissenschaftlichen und damit vermeintlich unangreifbar-objektiven Argumentationsweise, gleichzeitig aber stattet man, getrieben von dem Anspruch, die Kompatibilität des naturwissenschaftlichen Paradigmas mit dem Schöpfungsglauben darzulegen, die (sozio-)biologischen naturwissenschaftlichen Theoreme und die empirischen Ordnungen mit einer theologischen Legitimation aus. Nach der Erfahrung der nationalsozialistischen Katastrophe ist dieser Zugang diskreditiert, nun aber schlägt die Überhöhung vorfindlicher Strukturen um in die bewusste Abgrenzung von Theologie und Weltbezug; eine Herangehensweise, die sich erst unter dem Eindruck der ökologischen Krise verändert (vgl. Timm 1987a).

In einer stärker systematischen Zugangsweise lässt sich zudem erkennen, dass die ethische Abzweckung der Schöpfungslehre in der Theologie seit dem 19. Jahrhundert durch dasselbe Problem geprägt ist, das bereits im Blick auf Darwins Evolutionstheorie und auch das gesamte naturwissenschaftliche Weltbild identifiziert werden konnte: Das Einmalige tritt gegenüber dem Gleichförmigen zurück, das Individuum gerät in den Schatten der Gattung und wird nur in ihrem Horizont wahrgenommen. Über den Gedanken der Schöpfungsordnung, die zwar – in Aufnahme von romantischem Gedankengut – durchaus als einmalige Ordnung gedacht werden konnte, dennoch aber dem einzelnen Menschen gegenüber als eine überindividuelle Ordnung verstanden werden sollte, bekam die Ethik eben jenen antiliberalen Grundzug, der letztlich jedes Einmalige und darin Individuelle auf der Ebene der Geschöpfe nicht mehr positiv denken konnte. Individualität im Bereich des Ethischen steht hier von vornherein unter dem Generalverdacht individualistischer Selbstverwirklichung, die selbst wiederum unter Verweis auf die konstitutive Sündhaftigkeit des Menschen theologisch allein negativ gedeutet wurde. Ihre vielleicht prägnanteste Ausformung hat diese Sichtweise in den 1930er Jahren in Emanuel Hirschs Abhandlung *Schöpfung und Sünde* gefunden (Hirsch 1931). Hirsch sah die Individualität und Sündhaftigkeit gleichursprünglich als mit der Schöpfung gegeben und betonte, diese Spannung könne erst im Eschaton aufgehoben werden. In ähnlicher Weise argumentierten auch Paul Althaus und Werner Elert. Mit einer solchen Zugangsweise aber ist dem Gedanken der Schöpfung als Selbstdeutung gerade die spezifische Spitze genommen: Denn sich als Geschöpf zu verstehen bedeutet ja wie dargestellt, sich nicht als entindividualisiertes Produkt natürlicher Gesetzmäßigkeiten zu sehen, sondern die Einmaligkeit einer historischen Person positiv herauszustellen. Indem aber gerade diese Individualität in der dem Ordnungsdenken verpflichteten Fassung der Schöpfungslehre diskreditiert wurde, ging der theologischen Ethik das Widerlager gegen die entindividualisierenden Züge neuzeitlicher Ideologien verlustig, das mit der Deutung der Welt als Schöpfung und des Menschen als Geschöpf eigentlich gegeben wäre. Erst auf dieser Grundlage konnten dann die Diktaturen der Moderne ihr volles destruktives Potenzial entfalten.

Es liegt auf der Hand, dass dieser Grundzug keineswegs auf die schöpfungsethischen Konzepte der ersten Hälfte des 20. Jahrhunderts beschränkt bleibt. Dieselbe Problematik eignet grundsätzlich auch den neueren ökotheologischen Entwürfen, wenn dort unter dem Eindruck der ökologischen Krise Natur und Schöpfung zu nahe aneinander gerückt werden. Denn die Thematisierung der Lebensgrundlagen als Natur fokussiert gerade auf eine Sichtweise, die das Gleichförmige, Gesetzhafte und eben nicht das Individuelle, auch nicht den Entwicklungsgedanken in den Vordergrund rückt. Es ist darum nur konsequent, wenn Fortschritt und individuelle Freiheit in den meisten ökologisch-ethischen Entwürfen als zumindest problematisch erscheinen – Hans Jonas' »Prinzip Verantwortung« ist hier stilbildend geworden (Jonas 2009; vgl. Frey 1988: 49f.). Die Aufgabe einer schöpfungstheologischen Fundierung der Ethik bestünde jedoch im Unterschied zu einer solchen Zugangsweise darin, gerade den besonderen Wert der Individualität und auch den Auftrag zur Gestaltung und Weiterentwicklung der Lebensgrundlagen herauszustellen. Das ethische Regulativ zielte dann nicht auf die Kontrastierung zwischen Individualität und Gestaltungsfreiheit auf der einen, Ordnung, Gesetz und Gattung auf der anderen Seite. Seine normierende Kraft entfaltete das Selbstverständnis des Menschen als Geschöpf darin, dass es die prinzipielle Gleichheit aller Menschen herausstellte. Auch sie sind Geschöpfe, auch sie sind in ihrer Individualität zu respektieren. An ihren Rechten und Interessen findet die eigene Freiheit ihre Grenze. Darüber hinaus gehört der Gedanke der Selbstbegrenzung, die christologisch über die Figur der Selbstunterscheidung des Sohnes vom Vater vermittelt ist, konstitutiv zu einem Selbstverständnis als Geschöpf und mahnt daher ebenfalls dazu, sich gegenüber anderen Mitgeschöpfen nicht in einer prinzipiell übergeordneten Rolle zu sehen. Schließlich impliziert, in Weiterführung eines Gedankens von Knud E. Løgstrup (Løgstrup 1989), gerade diese Selbstunterscheidung des Geschöpfes vom Schöpfer, dass das Geschöpf für die Normen seines Verhaltens in der Welt selbst Verantwortung zu übernehmen hat. So verstanden besteht hier tatsächlich eine Verbindung zwischen dem Schöpfungsgedanken und der modernen Vorstellung von Menschenwürde und den Menschenrechten; es ist allerdings zumindest unpräzise, diesen Zusammenhang allein in der Gottebenbildlichkeit des Menschen nach Gen 1,26 begründet zu sehen. Erst in der Kombination des Gedankens der Selbstbegrenzung als Geschöpf in der Unterscheidung vom Schöpfer mit einer egalisierenden Deutung der Gottebenbildlichkeit, die die prinzipielle Gleichheit aller Menschen als Geschöpfe herausstellt, lässt sich das Selbstverständnis des Menschen als Geschöpf als kompatibel mit dem modernen Menschenrechtsgedanken darstellen.

Die Differenz zwischen Schöpfer und Geschöpf ist die Voraussetzung menschlicher Freiheit. Im Bewusstsein der eigenen Geschöpflichkeit leben bedeutet darum gerade nicht, sich als Marionette seines Urhebers zu verstehen. Es gehört vielmehr zum Konstitutivum des Lebens wie der Geschöpflichkeit, Verdanktsein und Selbstständigkeit zusammenzudenken (vgl. Gerl-Falkowitz 2007: 7–10). Darum sind Geschöpflichkeit und Freiheit so zu verbinden, dass sich hierin nicht nur die Möglichkeit, sondern auch die Verpflichtung zur Gestaltung der eigenen Lebenswirklichkeit und der umgebenden Welt ausdrückt. Auch dies lässt sich noch einmal mit dem Gedanken der Gottebenbildlichkeit verbinden: Wenn die neutestamentlichen Texte Christus als das Ebenbild Gottes charakterisieren (2Kor 4,4; Kol 1,15), so ist das in Verbindung mit der alttestamentlichen Rede vom Menschen als dem zum Bilde Gottes Geschaffenen darauf hin zu verstehen, dass die vorfindliche Existenz keineswegs mit einem Zustand vollendeter Harmonie assoziiert werden darf, aus dessen Perspektive alle weiteren menschlichen Entwicklungen nurmehr als problematische Eingriffe in diese Ordnung und daher vorrangig als Zeichen einer Verfallsgeschichte gedeutet werden können. Dementsprechend haben schon Martin Luther, besonders aber die hierin an Johann Gottfried Herder anknüpfende neuere Theologie die Zukunftsdimension der Gottebenbildlichkeit betont (vgl. Pannenberg 1983: 54f.). Das Bemühen, die Gottebenbildlichkeit als Bestimmung des Menschen zu verstehen, steht in einem engen inneren Zusammenhang zum neuzeitlichen Bildungsgedanken und zur Entwicklung der naturwissenschaftlich-technischen Kultur.

Zusammengenommen ergeben sich somit drei Orientierungspunkte für die Weltgestaltung und das Handeln derer, die ihre Existenz als Geschöpfe Gottes deuten und auch die sie umgebende Wirklichkeit als Schöpfung Gottes wahrnehmen: (1) Schöpfung bezeichnet keine prästabile, zeit- und geschichtslose Ordnung, sondern sie fokussiert auf das Einmalige, Individuelle, das im Glauben als das von Gott Gewollte verstanden wird. (2) In diesem Bezug zur Geschichtlichkeit liegt es zugleich begründet, dass die als Schöpfung gedeutete Wirklichkeit einem Wandel und einer fortwährenden Weiterentwicklung unterworfen ist. Hier liegt die Verbindung zur Evolutionstheorie und, vielleicht mehr noch, zu den entsprechenden Einsichten der Physik, insofern diese die Entwicklung der Welt nicht unabhängig von ihrem Betrachter konzipiert. Als Geschöpfe handeln bedeutet dementsprechend, Anteil haben an dem Entwicklungsprozess der Welt und diesen auch bewusst – und das heißt als freie und gerade darin verantwortliche Subjekte – zu gestalten. (3) Wer sich als Geschöpf versteht, sieht sich in dem gemeinsamen Bezug auf den Schöpfer als gleichgeordnet mit anderen, in denen er ebenfalls Geschöpfe erblickt. Abgeleitet und darum diesem Verhältnis zu den Mitmenschen nachgeordnet gilt dieser Bezug auch gegenüber der gesamten umgebenden Wirklichkeit, mit Blick auf das also, was wir mit Natur bezeichnen. Die maßgebliche Norm, an der es sich dabei im Gegenüber zu dem Anderen, aber auch zu der umgebenden Wirklichkeit zu orientieren gilt, ist dabei die Ermöglichung von Individualität, und das ist gleichbedeutend mit der Ermöglichung von Entwicklungs- und Zukunftsfähigkeit. In Aufnahme von Überlegungen Dietrich Bonhoeffers und in Anwendung der oben zum Verhältnis von naturwissenschaftlicher Welterklärung und schöpfungstheologischer Deutung ausgeführten Überlegungen kommt schließlich noch ein weiterer Gesichtspunkt hinzu: (4) Zwischen der Deutung als Geschöpf und dem empirischen Ausgangspunkt für diese Deutung muss ein explizierbarer Zusammenhang bestehen. Mit Dietrich Bonhoeffer lässt sich hier formulieren: Es ist die Aufgabe der Ethik, den Zusammenhang zwischen dem Natürlichen und dem Kreatürlichen zu explizieren, und zwar ohne auf der einen Seite, wie im naturwissenschaftlich dominierten Denken, nur das Natürliche zum Referenzpunkt zu erheben und es bereits mit der Schöpfung gleichzusetzen, ohne aber auf der anderen Seite alles Natürliche mit dem Verweis auf Sünde und Fall hamartiologisch abzuwerten. Vielmehr ist, im Anschluss an Bonhoeffer, konsequent das Natürliche als das Vorläufige zu explizieren, das zwar auch als dieses Vorläufige von Gott erhalten wird, dennoch aber auf seine Erlösung und Erneuerung durch Christus hin ausgerichtet ist (vgl. Bonhoeffer 1998). Dementsprechend gilt auf der anderen Seite auch: Dasjenige, das sich Jesus Christus verschließt, ist das Unnatürliche (Bonhoeffer 1998). Wo sich das Natürliche seiner Bestimmung verweigert und damit sich selbst ebenso absolut setzt, wie es seine Zukunft negiert, droht stets das Abgleiten in vitalistische, vor allem aber in mechanistische Organisationsformen, die die Individualität des Lebens nicht mehr in den Blick nehmen können (vgl. Neugebauer 2006: 151). In besonderer Weise hat Trutz Rendtorff in seinem Entwurf der Ethik die Fragment gebliebenen Überlegungen Bonhoeffers aufgenommen und zum Strukturprinzip seiner Darstellung gemacht. Rendtorff zu Folge besteht die Besonderheit einer theologischen Ethik gerade auch darin, »dass sie eine Weltsicht errichtet, die die Lebenswirklichkeit des Menschen in einer Weise erfasst, die dem tatsächlichen Gegebensein des Lebens gerecht wird als eines Lebens, das der Mensch von Gott empfangen hat« (Rendtorff 1990: 111).

7. Schöpfung und Lebensführung

An drei exemplarischen Themenkreisen sollen nun abschließend die im vorangegangenen Abschnitt entwickelten Orientierungspunkte verdeutlicht werden. Das erste Feld für eine solche Konkretisierung bildet der Bereich der biomedizinischen Ethik, insbesondere in Bezug auf die Fragen am Beginn und am Ende menschlichen Lebens. Ein zweiter Themenkreis gilt dem Verständnis und dem Umgang mit der Natur. Schließlich gilt es, drittens, die Konsequenzen für die Gestaltung der Gesellschaftsordnung in den Blick zu nehmen.

In den ethischen Konfliktfeldern um den *Beginn menschlichen Lebens* gruppieren sich die Auseinandersetzungen um die Frage, unter welchen Umständen Ausnahmen von dem grundsätzlich geltenden Schutz menschlichen Lebens legitimiert werden können. Denn so sehr gerade aus einer schöpfungstheologischen Perspektive unterschieden werden muss zwischen dem natürlichen und dem als Schöpfung gedeuteten Leben, so sehr ist auch deutlich, dass die natürliche Existenz die Grundlage für jene Individualität darstellt, die dann mit dem Gedanken der Geschöpflichkeit einen besonderen Wert zugemessen bekommt. Das Natürliche lässt sich in dieser Hinsicht als konditionales Gut (vgl. Nussbaum 2008: 78) begreifen. Das bedeutet jedoch, dass für eine schöpfungstheologisch motivierte Ethik dieses Leben nicht bereits als natürliches Leben zu schützen ist, sondern nur und insofern, als es die Voraussetzung darstellt für das Werden zu einem Individuum (Kohler-Weiß 2003). Individualität ist aber keineswegs bereits mit dem Feststehen des genetischen Codes gegeben, wie das Beispiel der eineiigen Zwillinge zeigt. Die Übernahme des naturwissenschaftlich-naturgesetzlichen Denkens in die theologische Ethik, die die Einzigartigkeit des Individuums an seinem genetischen Code festmachen und dementsprechend auch das Feststehen des diploiden Chromosomensatzes bei der Befruchtung zur maßgeblichen Definition des Personseins und der dem Individuum zustehenden Schutzrechte an dieses Datum binden möchte (vgl. Rat der EKD u.a. 1989), stellt somit eine abzulehnende Vermischung zwischen einer naturwissenschaftlichen und einer theologischen Perspektive dar. Darüber hinaus machen schon der in bewusster Parallele zur Genesis gebildete Begriff des Gens und Genoms deutlich, dass es sich bei diesem Denkmodell durchaus um ein Paradigma handelt, das der Deutung der Wirklichkeit und des Menschseins im Lichte der Schöpfung programmatisch entgegengesetzt ist (vgl. Schwarke

2000: 161f.; Nelkin u.a. 2004: 38–57). Der besondere Akzent eines schöpfungstheologischen Denkens liegt demgegenüber darin, die natürliche Ausstattung menschlichen Lebens zwar als Marker für die Gattungszugehörigkeit und damit, wie Jürgen Habermas jüngst ausgeführt hat, als starken Grund für die prinzipielle Gleichberechtigung aller Menschen aufzufassen (vgl. Habermas 2001: 54f.), nicht aber die genetische Ausstattung mit der Individualität und Personalität des Menschen gleichzusetzen. Darum sind für eine schöpfungstheologische Perspektive Individualität und Personalität eben nicht als mit der Befruchtung, sondern erst als im Prozess der je individuellen Lebensgeschichte entstehend aufzufassen – eine Einsicht, die interessanterweise auch durch die Epigenetik stark plausibilisiert wird. Die Konsequenzen für den Umgang beispielsweise mit menschlichen embryonalen Stammzellen und kryokonservierten befruchteten Eizellen sind deutlich: Da in beiden Fällen eben keine Individualität im Sinne einer individuellen Lebensgeschichte entstehen soll und wird, ist hier ein dem Ziel der Verbesserung der Lebensverhältnisse durch medizinische Forschung untergeordneter Schutz des natürlichen Lebens jedenfalls denkbar (vgl. Anselm u.a. 2003). Denn eine Gestaltung der Lebensverhältnisse, die über die Entwicklung neuer Therapiemethoden sich daran beteiligt, das Leid zu lindern, liegt mit Sicherheit in der Fluchtlinie der aus dem Schöpfungsgedanken heraus entwickelten Vorstellung der Weiterentwicklung der Lebensverhältnisse und des dem einzelnen Menschen dienenden Fortschritts. Die technische Entwicklung und gerade auch der medizinische Fortschritt bilden keinen Gegensatz zum Gedanken der Geschöpflichkeit, sondern sind vielmehr deren integraler Bestandteil.

Etwas anders stellt sich die Situation beim Schwangerschaftsabbruch dar. Hier sind zunächst die Schwangerschaft und damit das werdende Leben als Vorbedingung für die Ausbildung von Individualität zu schützen. Denn anders als im Fall des menschlichen Lebens in der Petrischale mündet nur die Schwangerschaft – einen normalen Verlauf vorausgesetzt – in die individuelle Lebensgeschichte eines neuen Menschen. Schwangerschaft und Geburt sind aber gebunden an den Körper und die Mitwirkung der Frau als Mutter, es sind keine Zustände, die allein vom werdenden

Leben ausgesagt werden können. Aus diesem Grund kommt der Nidation als Beginn des besonderen Verhältnisses von Mutter und Kind eine hervorgehobene Bedeutung zu. Es ist daher auch sachgerecht, dass das deutsche Bundesverfassungsgericht die Nidation als Beginn des rechtlichen Schutzes des werdenden Lebens festgesetzt hat (Bundesverfassungsgericht 1975). Ein Schwangerschaftskonflikt entsteht hier, wenn die Imagination der Zukunftsfähigkeit des Lebens der Mutter mit der Zukünftigkeit des Ungeborenen in Konflikt gerät, in der Regel aufgrund des Hinzutretens neuer Informationen, die eine veränderte Perspektive und eine tiefgreifende Neubestimmung der eigenen Lebensführung notwendig machen oder zumindest notwendig erscheinen lassen. Diese Veränderung kann durch den Sachverhalt der Schwangerschaft selbst bedingt sein, sie kann aber auch aus der Diagnose einer schwerwiegenden Erkrankung oder einer Missbildung des erwarteten Kindes resultieren. In allen Fällen erscheint das Leben mit dem erwarteten Kind für die werdende Mutter, für die werdenden Eltern, als unvereinbar mit den Erwartungen der eigenen Lebensführung. Gleichzeitig, und darin liegt die Schwere des empfundenen Konflikts, ist deutlich, dass ein Schwangerschaftsabbruch die Grundlagen für die Gestaltung einer individuellen Lebensgeschichte zerstört – und zugleich auch Optionen für die Zukunft des Lebens der Mutter, oder auch des Vaters sowie des gemeinsamen Lebens als Eltern. Auf der Grundlage der zuvor entwickelten Orientierungspunkte wird darum hier festzuhalten sein, dass die Beeinflussbarkeit des Lebensentwurfs durch neu Hinzutretendes gerade zu unserer Existenz als Individuen gehört. Der Versuch, an einer einmal gefassten Lebensplanung unter allen Umständen festzuhalten, entspricht gerade nicht dem Selbstverständnis als Geschöpf. Allerdings wird man auch zugestehen müssen, dass Situationen denkbar sind, in denen die eigene Individualität am vorgestellten Zusammenbestehen des eigenen Lebensentwurfs mit dem dieses Kindes zu zerbrechen droht und daher eine Abtreibung als vertretbar erscheint. Diese Legitimität verdankt sich aber keinen objektivierbaren Kriterien, wie etwa der Schwangerschaftswoche, dem Entwicklungsstand oder dem Missbildungsgrad des Ungeborenen. Sie ist allein gerechtfertigt als eine in Freiheit von den Betroffenen – nicht nur von der Mutter, sondern auch vom Vater – auf der Grundlage ihres Lebensentwurfes getroffene Entscheidung, für die es dementsprechend auch Verantwortung zu übernehmen gilt. Die Neuregelung des Abtreibungsstrafrechts nach der deutschen Vereinigung hat sensibel diese Struktur nachzubilden versucht.

Im Licht der Zukunftsoffenheit individueller Existenz ergeben sich nun auch Anhaltspunkte für den Umgang mit der Pränataldiagnostik wie überhaupt der prädiktiven Diagnostik, insbesondere der prädiktiven genetischen Diagnostik. Die Kenntnis und die Antizipation möglicher Entwicklungen sind wichtige Elemente für die Planung des eigenen Lebensentwurfs. Planung und damit auch Lebensgestaltung ist ohne das Wissen und die Berücksichtigung von maßgeblichen Einflussfaktoren nicht denkbar. Allerdings dürfen solche Kenntnisse nicht selbst an die Stelle der Zukunftsgestaltung treten, sondern müssen ihr unterstützend zur Seite stehen. Wo etwa im Bereich der Pränataldiagnostik schon mit einer Diagnose die Suggestion eines vollständig determinierten Lebensablaufs erzeugt und damit Freiheitsgrade für die Gestaltung des Lebens negiert werden, da erscheint dieses Wissen problematisch. Die Tatsache, dass es sich bei entsprechenden Diagnosen um Grundelemente und wichtige Einflussfaktoren für einen individuellen Lebensverlauf handelt, dass aber mit diesem Wissen der konkrete Verlauf noch nicht feststeht, wird beim Anbieten, aber auch bei der Inanspruchnahme pränataler Diagnostik häufig zu wenig berücksichtigt. Im Gegenteil, zu häufig wird hier versucht, über das erhobene Faktenwissen die Kontingenz des Lebensentwurfs zu überwinden. Demgegenüber verweist das Selbstverständnis als Geschöpf zwar nicht darauf, sich einfach in das Vorgefundene einzufügen, wohl aber das Gegebene als zu Gestaltendes aufzufassen, als etwas, das Zukunft hat. Zu Recht urteilt auch Bernard Williams: »Auch die Tatsache, daß man nicht alles weiß, ist eine Bedingung für das je eigene Leben – einige Dinge sind z.B. deshalb unbekannt, weil sie die Zukunft dieses Lebens ausmachen« (Williams 1999: 87). Pränatale und prädiktive Diagnostik können eine wichtige Hilfe für die Entwicklung des eigenen Lebensentwurfs als Eltern geben, sie können aber ebendiesen auch gefährden. Sie bedürfen daher eines reflektierten Umgangs, und darum ist nicht ein Verbot der Diagnostik, wohl aber der Ausbau der begleitenden Beratung aus der Perspektive einer schöpfungstheologisch orientierten Ethik geboten.

Im Blick auf die Probleme am *Ende des Lebens* lassen sich die gewonnenen Orientierungspunkte ebenfalls leicht konkretisieren: Wenn das Natürliche und das Verständnis als Geschöpf nicht identisch sind, dann bedeutet das, zwischen der physischen Natur des Menschen und seiner Existenz als Individuum zu differenzieren. Beide Elemente hängen zwar zusammen – das ist schon bei den Überlegungen zum konditionalen Gut des Lebens deutlich geworden –, aber sie sind nicht deckungsgleich: Die personale Identität eines Menschen entwickelt sich erst im Verlauf seiner Menschwerdung, und sie dauert über das Ende seiner physischen Existenz hinaus an: Auch Verstorbene werden als Personen geachtet und als Menschen beschrieben; dieser Sachverhalt bildet den Erfahrungsbezug der christlichen Vorstellung von der leiblichen, d.h. individuellen Auferstehung mit all ihren Konsequenzen für die Achtung der Sakralität der Person und damit auch der Menschenwürde (vgl. Joas 2008). Zwischen der physischen Existenz als Organismus und der individuellen Existenz als Geschöpf zu unterscheiden bildet nun eine wichtige Voraussetzung dafür, die Zielrichtung medizinischer Betreuung in der letzten Lebensphase am Ideal des Menschengerechten auszurichten und sich nicht starr am Leitbild maximaler Lebensverlängerung zu orientieren. Diese Sichtweise stellt damit ein wichtiges Korrektiv dar zu der in der modernen Medizin vorherrschend gewordenen Orientierung an einem biologischen Lebensbegriff. Die Fortschritte der modernen Medizin beruhen im Wesentlichen darauf, den Menschen rein funktional als ein System regelhaft ablaufender Prozesse zu begreifen und Fehlregulationen soweit als möglich auszugleichen. Dieses am Bild der Maschine orientierte Paradigma hat sich zweifelsohne als enorm leistungsfähig erwiesen. Dennoch treten seine Grenzen gerade bei intensivmedizinischer Behandlung am Ende des Lebens mittlerweile deutlich hervor. Die Skepsis gegenüber der modernen Medizin rührt vor allem von der Befürchtung her, im Augenblick größter Hilfebedürftigkeit nur Objekt ärztlichen Handelns zu werden. In der Fokussierung auf den Körper und die maximale Lebensverlängerung, so der häufig artikulierte Vorbehalt, würden die Lebensqualität und die Interessen des Patienten als individuelle Person hintangestellt. Demgegenüber leitet der Gedanke von der Geschöpflichkeit des Menschen dazu an, Lebensverlängerung und Lebensqualität miteinander auszutarieren und den ganzen Menschen, nicht allein seinen Organismus zu berücksichtigen. Anders ausgedrückt: In die naturalen Lebensgrundlagen darf sehr wohl eingegriffen werden, wenn das dem einzelnen, konkret betroffenen Patienten von seinem Selbstverständnis als von Gott geschaffener und gewollter Mensch her geboten erscheint. Sich als Geschöpf zu verstehen heißt eben auch anzuerkennen, dass das natürliche Leben endlich ist und nicht göttlich (vgl. Steck 1977: 293f.). Menschliches Handeln sollte dieser elementaren Einsicht auch in den Grenzsituationen medizinischen Handelns Rechnung tragen. Das bedeutet zunächst Zurückhaltung und Besonnenheit zu üben und sich vor dem Hintergrund der Begrenztheit und der Fehlerhaftigkeit des eigenen Lebens nicht vorschnell in die Rolle dessen drängen zu lassen, der über das Leben eines Kranken entscheidet. Es legt aber ebenso nahe, aus dem Bewusstsein der eigenen Grenzen heraus nach reiflicher Überlegung letztlich auf eine Lebensverlängerung um jeden Preis zu verzichten. Dies gilt insbesondere dann, wenn solche Maßnahmen nicht mehr vom Willen des einzelnen Patienten getragen sind. Auch der Entschluss, auf das eigene Leben zu verzichten, sei es durch Selbsttötung, durch Therapieverzicht oder Therapieabbruch erscheint in dieser Perspektive als eine mögliche Form menschlichen Handelns. Denn zu der mit der Endlichkeit gegebenen Freiheit gehört es auch, in letzter Konsequenz im Interesse der Integrität des eigenen Menschseins auf das eigene Leben verzichten zu können.

Gerade im Zusammenhang des ärztlichen Handelns und des medizinischen Fortschritts wird deutlich, dass das Verständnis der Welt als Schöpfung nicht einfach verbunden werden kann mit einem Plädoyer für die Beibehaltung des Gegebenen und der Akzeptanz des *status quo*. Eben dieser Zug ist jedoch in der ökotheologischen Interpretation der Schöpfungslehre im Blick auf das *Verhältnis zu der uns umgebenden Natur* besonders herausgestellt worden. In einer solchen Perspektive kommt es dann zur Identifikation einer bestimmten Momentaufnahme der natürlichen Umwelt mit der Schöpfung. Dass diese Sichtweise in ihrer Gleichsetzung von Natur und Schöpfung, vor allem aber in ihrer Statik und ihrer Negation geschichtlicher Entwicklung mit den Grundaussagen der Schöpfungslehre nicht vereinbar erscheint, ist oben bereits näher dargelegt worden. Hier ist nun, handlungsbezogen, hervorzuheben, dass die Gestaltung der vorgefundenen Natur und die Etablierung einer Kultur zu den Grundlagen einer aus dem Selbstverständnis als Geschöpf abgeleiteten Ethik gehört. Die Gestaltung der Natur, nicht als Selbstzweck, sondern im Dienst für den Nächsten und seine Lebensmöglichkeiten, in dem der christliche Glaube zugleich ein Ebenbild Gottes sieht, ist im christlichen Verständnis der Welt als Schöpfung ausdrücklich eingeschlossen. Der Mensch fungiert als der Mitarbeiter Gottes, der die Erde bebauen und bewahren soll. Ein bloßes Festhalten am Gegebenen kann sich nicht auf die christliche Vorstellung von der Schöpfung berufen. Schöpfung ist kein abgeschlossener Vorgang, sondern ein fortlaufender Prozess, bis hin zur Verheißung der neuen Schöpfung am Ende der Zeit.

In dieser Perspektive lassen sich Wissenschaft und Wirtschaft als Teil der Schöpfung beschreiben. Aus dieser Zuschreibung resultieren ihre hervorgehobene Bedeutung und ihre Würde, aus ihr folgt aber auch ihre Verantwortung. Wie die Schöpfung als Ganze dem Wohl des Nächsten und der Gewährleistung von dessen Lebensmöglichkeiten dient, so haben sich auch alle einzelnen Handlungen im Horizont der Schöpfung an diesem Wohl auszurichten. Von der Schöpfung zu sprechen bedeutet dabei zugleich, nicht nur einzelne Regionen und Landschaften, auch nicht einzelne Populationen im Auge zu haben, sondern möglichst zu versuchen, das Handeln an den Interessen aller Menschen auszurichten. Dabei ist in der Tradition des Christentums stets besonders hervorgehoben worden, dass die Verbesserung der Lebensverhältnisse der Schwächsten der Maßstab des Handelns sein muss. Forschung und Entwicklung, aber auch die Ökonomie müssen sich daher daran messen lassen, in wieweit sie einer solchen Verbesserung der Lebensverhältnisse der Schwächsten dienen.

Der Referenzpunkt für eine schöpfungsgemäße Gestaltung der Lebensverhältnisse und der den Menschen umgebenden Umwelt ist darum eben nicht das Festhalten an einer bestimmten, gleichförmigen Ordnungsstruktur, sondern die Erhaltung der Zukunftsfähigkeit für sich und für die Mitmenschen, denen sich der Einzelne als Mitgeschöpfen und als gleichberechtigten Ebenbildern Gottes verpflichtet weiß. Diese Rücksichtnahme auf die Zukunftsfähigkeit gilt aber nicht nur den Angehörigen der eigenen Generation, sondern in ganz besonderer Weise auch für die nachfolgenden Generationen (vgl. Heubach 2008). Ähnlich wie bei der Frage des individuellen Lebens ist dabei zu berücksichtigen, dass die natürlichen Lebensgrundlagen eine notwendige Vorbedingung für die Entwicklung individuellen menschlichen Lebens darstellen. Als solche sind sie auch schützenswert und Gegenstand einer auf dem Gedanken der Schöpfung als Selbstdeutung des Menschen basierenden Ethik. Weder ist es sachgerecht, der Natur einen religiös begründeten Sonderstatus als Natur und nicht als Vorbedingung menschlichen Lebens beizumessen, wie das in den bereits referierten, durch die Prozesstheologie und von der Übernahme naturreligiöser Vorstellungen geprägten Spielarten der Schöpfungslehre erfolgt (vgl. Altner 1989). Noch ist es angemessen, das Natürliche einfach als unbedeutsam oder problematisch für das Selbstverständnis des Menschen zu qualifizieren. Gerade menschliche Lebensgeschichte ist immer eine Lebensgeschichte, die sich in ein eigenes, produktives Verhältnis zum Vorgefundenen setzt; sie kann sich nur entfalten, wenn sich der Einzelne in der Welt verorten und sich in ihr als dem Ensemble der belebten und unbelebten außermenschlichen Natur »zu Hause« fühlen kann, wie Hermann Timm das Ökologie-Paradigma sehr schön zu umschreiben versucht hat (Timm 1987b: 126). In dieser Perspektive läuft die weitverbreitete Kontroverse zwischen einer anthropozentrischen oder einer biozentrischen Sicht der Schöpfungslehre und der entsprechenden, ökologisch inspirierten Ethik ins Leere (vgl. Rosenau 1993); das Außermenschliche wird als solches gerade deswegen zum Thema der Ethik und der Theologie, weil es zum Selbstverständnis und zur Selbstdeutung, aber auch zur individuellen Existenz des Menschen dazugehört.

Das Verhältnis zur Natur im Lichte der Zukunftsfähigkeit zu gestalten bedeutet sodann anzuerkennen, dass die uns umgebenden

Lebensverhältnisse selbst keine statische Größen darstellen, sondern einem beständigen Wandel unterworfen sind. Entscheidend ist daher auch hier nicht die Fokussierung auf den Erhalt einer bestimmten, punktuell vorhandenen Gestalt der Natur, sondern eine Gestaltung, die das mit der Natur auch gegebene Leid und die von ihr ausgehenden Gefahren und Beschränkungen zu minimieren sucht und dabei gleichzeitig anderen, sei es den Angehörigen künftiger Generationen, sei es den Mitmenschen, die Möglichkeiten zur eigenen Gestaltung ihres Lebensentwurfs nicht über Gebühr einschränkt – über Gebühr deswegen, weil gar nicht in Abrede zu stellen ist, dass je individuelles Leben immer bereits auf der Existenz, den Kulturleistungen und der Gestaltung der Natur durch vorangegangene Generationen aufbauen muss. Dennoch sollten, so müsste die Leitlinie einer Lebensführung im Horizont der Selbstdeutung als Geschöpf in diesem Bereich konkretisiert werden, Entwicklungen möglichst verhindert werden, die anderen keine Möglichkeit mehr zu einer korrigierenden Stellungnahme bieten oder unmittelbare Lebensräume zerstören (vgl. Rendtorff 1991b). Die Vernichtung von Lebensräumen durch die intensive landwirtschaftliche Nutzung ehemaliger Regenwaldgebiete ist ebenso ein Beispiel für solche Zerstörungen wie der übermäßige Gebrauch von Grundwasser und die damit einhergehende, dauerhafte Versalzung von Böden. Die Dauerhaftigkeit der nuklearen Abfälle (vgl. Beck 2007: 294), aber auch die mögliche Irreversibilität genetischer Eingriffe in die Keimbahn sind in diesem Zusammenhang ebenfalls zu nennen (vgl. Hacker 2009: 78–101).

Mit diesen Überlegungen sind bereits die Themen der Verhältnisbestimmung von Natur und Kultur sowie von Natur und Technik intoniert. Dabei ist zum einen deutlich, dass eine einfache Kontrastierung von Natur und Schöpfung auf der einen, Kultur und Technik auf der anderen Seite nicht sachgerecht ist und sich insbesondere nicht auf die Tradition der christlichen Schöpfungslehre berufen kann. Zum anderen aber ist auch deutlich, dass die Bedenken der Technikkritik unter bestimmten Bedingungen im Recht sind. Das ist immer dann der Fall, wenn über das Paradigma der Technik und ihrer auf der strikten Anwendung naturwissenschaftlicher Gesetzmäßigkeiten basierenden Rationalität Normen für die Gestaltung des Zusammenlebens begründet werden sollen oder die den Menschen umgebende Welt unter das strikte Diktat technischer Notwendigkeiten gerät. Denn in diesem Fall wird versucht, auf der Grundlage der Technik Gesellschaft zu gestalten und normierend in die Lebensgestaltung der Einzelnen einzugreifen. Damit aber wird die individuelle Lebensführung dem immer gleichförmigen, entindividualisierten und keine offene Zukunft kennenden Paradigma naturwissenschaftlicher Kausalitäten unterstellt. Entsprechende kritische Anfragen an die Technik reichen in ihren Anfängen an den Beginn der Industrialisierung zurück. Sie erfahren um die Wende vom 19. zum 20. Jahrhundert in der Lebensreformbewegung (vgl. Linse 1998) eine erste Verdichtung, deren Grundideen weit in Philosophie und Theologie hinein ausstrahlen. Unter dem Eindruck des ersten Weltkriegs, stärker aber noch nach den mit technischer Hilfe begangenen Gräueltaten in der Mitte des 20. Jahrhunderts, den Vernichtungsmaschinen der Nationalsozialisten, den Versuchen organisierter Dezimierung ganzer Völker und der Entwicklung von Massenvernichtungswaffen, die den Fortbestand menschlichen Lebens infrage stellen, wird die Stilisierung der Technik als dämonisch, als ein dem Humanum und auch der Geschöpflichkeit entgegengesetztes Prinzip dominant. In dieser Einschätzung konvergieren so unterschiedliche Positionen wie die von Oswald Spengler (Spengler 2006), Dietrich Bonhoeffer (Bonhoeffer 1998), Heinz-Dietrich Wendland (Wendland 1967) oder Helmut Schelsky (Schelsky 1961), um nur einige zu nennen. Angesichts der Erfahrungen des 20. Jahrhunderts ist diesen Sichtweisen die Plausibilität nicht abzusprechen. Allerdings ist darauf hinzuweisen, dass nach der teilweise unkritischen Affirmation der Technik als Fortführung von Gottes Schöpferwerk, wie sie in Übernahme einer im 19. Jahrhundert durch eine bestimmte Hegel-Rezeption beispielsweise bei Richard Rothe vorgeprägten Interpretationslinie im 20. Jahrhundert etwa bei Friedrich Dessauer und Hans-Rudolf Müller-Schwefe zu finden war (Dessauer 1928: 52–56; Müller-Schwefe 1971: 191–242), die theologische Auseinandersetzung mit der Technik nun nicht selbst in eine Stilisierung der Technik als Gegenprinzip zur Schöpfung verfallen sollte. Denn damit übernähme sie nur mit vertauschtem Vorzeichen das Selbstbild der Technokratie, die die Orientierungspunkte für das individuelle und das gesellschaftliche Leben aus der Rationalität der Technik selbst gewinnen wollte und darin die Technik als alles bestimmende Wirklichkeit darstellte. Ein vom Selbstverständnis als Geschöpf her entworfener Umgang mit der Technik wird dieser, aller Tendenz zur Selbst-Absolutsetzung zum Trotz, gerade ihre Vorläufigkeit und auch die Begrenztheit der eigenen Paradigmatik entgegenhalten und nicht wieder darauf verfallen, Technik als Gegen-Macht, als Dämon oder Gegen-Religion zu stilisieren (so u.a. Trowitzsch 2002).

Im Gegensatz dazu bietet es sich an, mit Wolfgang Krohn zwischen technischem Fortschritt und fortschrittlicher Technik zu unterscheiden und damit den Fortschritt als eine deutende, nicht aus dem Leitprinzip der Technik selbst ableitbare Kategorie zu profilieren (vgl. Huber 1983; Schleissing 2008). Denn, so Krohn, »ob ein technischer Fortschritt eine fortschrittliche Technik ist, bemisst sich nach der Frage, wie ausgewiesen werden kann, dass die Einführung dieser Technik im Interesse und dem Bedürfnis der von ihr Betroffenen liegt oder diese zumindest nicht verletzt« (Krohn 1976: 39). Das bedeutet zugleich, Kriterien für die Bewertung der Technik aus dem Selbstverständnis des Menschen zu gewinnen, konkret aus der Ermöglichung individueller und gesellschaftlicher Zukunftsfähigkeit und der Gestaltung von Handlungsspielräumen. Im Licht der zu Beginn dieses Abschnitts entwickelten Orientierungspunkte lässt sich also noch einmal summierend festhalten, dass Technik nicht per se illegitim ist; ebenso wenig lässt sich eine Position aufrecht erhalten, derzufolge das Natürliche dem technisch Gestalteten oder das Nicht-Tun dem Handeln grundsätzlich vorzuziehen wäre, wie es in Fortschreibung von Hans Jonas' »Prinzip Verantwortung« häufig vertreten wurde. Gerade im Bereich der Medizin, aber auch der Nahrungsversorgung liegt die Problematik einer Sichtweise, die grundsätzlich dem Nicht-Handeln den Vorzug geben möchte, auf der Hand (vgl. Lübbe 1998). Vielmehr ist die ethische Bewertung der Technik konsequent an die Möglichkeiten zur Gestaltung eines individuellen, darin aber zugleich mit den Anforderungen der Gesellschaft kompatiblen Lebensentwurfs zu binden; Technik darf die Zukunftsfähigkeit beider nicht infrage stellen, sondern sie gewinnt ihre

Legitimität daraus, dass sie Hilfe zu deren Ermöglichung bereitstellt (vgl. Honecker 1990). Aus der Geschöpflichkeit des Menschen ist die Verantwortung des Menschen abzuleiten, nicht aber der Imperativ, sich vollends in sein Schicksal zu ergeben. In dieser Fähigkeit zur Freiheit und zur Verantwortung ist zugleich die dem Menschen eigene Würde begründet.

Mit der Rückbindung der Technik an die Interessen der Betroffenen ist zugleich die letzte der hier zu behandelnden Konkretionen ins Blickfeld geraten, die Frage der *gesellschaftlichen Ordnungen*, die im vorangegangenen Abschnitt bereits kurz angesprochen wurde. Wie diskutiert, hatte hier die ältere evangelische Tradition seit der Reformation zunächst die Obrigkeit und sodann den Staat als Gottes mit der Schöpfung gegebene Anordnung verstehen wollen. Das war allerdings keineswegs schon gleichbedeutend mit einer Sakralisierung des Staates, vielmehr ist gerade bei Luther das Interesse zu beobachten, über den Gedanken der göttlichen Einsetzung des Staates und der Charakterisierung als Geschöpf den weltlichen Charakter des Staates hervorzuheben: Wie die anderen Geschöpfe so ist auch der Staat zunächst von Gott zu unterscheiden und kann keine unmittelbare religiöse Qualität für sich beanspruchen. Allerdings betrachtet Luther in Aufnahme biblischer Belegstellen, wie insbesondere Röm 13, aber auch Ps 82, die Ordnungen des Staates gleichwohl als in ihrer gegebenen Gestalt von Gott begründet. Sie sind Werke Gottes, die seinen Willen repräsentieren und auszuführen haben (vgl. Schweitzer 1968: 63). Insofern ist dann doch die Tendenz zur theologischen Überlegitimierung der staatlichen Ordnung auch über den Schöpfungsgedanken zumindest dem Luthertum in die Wiege gelegt. In dieser Hinsicht befinden sich allerdings auch die Entwürfe Huldrych Zwinglis und Jean Calvins in einer großen Übereinstimmung mit Luthers Denken: So kann Calvin in der *Institutio* explizit davon sprechen, dass die Obrigkeit einen Auftrag von Gott erhalten hat, mit göttlicher Autorität ausgestattet ist und als Statthalter Gottes fungiert (Calvin 1988). Besonders im Luthertum aber entwickelt sich diese Vorstellung weiter zu einem Verständnis gesellschaftlicher Ordnungen als den Manifestationen von Gottes Willen für das Zusammenleben der Menschen. Denn allein die vorgefundenen gesellschaftlichen

Ordnungen erscheinen angesichts der konstitutiven Sündhaftigkeit des Menschen dazu geeignet, den destruktiven individualistischen Tendenzen des auf sich selbst und das eigene Wohl fixierten Einzelnen entgegenzutreten. Nur durch die Einordnung in das Staatswesen und seine Strukturen, so die weitverbreitete Argumentation, könne demgegenüber die Ausrichtung am Gemeinwohl garantiert werden. In Analogie zum Verhältnis zwischen Schöpfer und Geschöpf bilden die gesellschaftlichen Ordnungen ein hierarchisch gegliedertes Gesamtgefüge: So wie der Fürst sich als von Gott eingesetzte Obrigkeit verstehen kann, so steht der *pater familias* dem Hausverband vor, der seinerseits in der Ordnung der Ehe seinen strukturierenden Kern findet. Dergestalt mit einer (schöpfungs-)theologisch begründeten Legitimation versehen, konnte von den Einzelnen nur die Unterordnung gegenüber den Ordnungen verlangt werden.

Wie bereits beschrieben, führten die Erfahrungen fortschreitender Modernisierung im Bereich des Gemeinwesens, zunächst in Gestalt der Staatssouveränität im Absolutismus, sodann die Etablierung funktionalistischer Staatstheorien und schließlich das Konzept der Volkssouveränität auf der Gegenseite zu einer verstärkten Betonung des gottgewollten Charakters vorfindlicher Ordnungsstrukturen. Der Schöpfungsgedanke spielt dabei eine wichtige Rolle, zumal er sich mit der seit der Romantik neu populär werdenden Vorstellung vom Staatsorganismus verbinden kann. So konzipiert etwa Friedrich Julius Stahl in scharfer Abgrenzung zu den Ideen der Französischen Revolution den christlichen Staat nach dem Vorbild der hierarchischen Organismusvorstellung: Im Gegensatz zu den auf Willkür und Individualismus gegründeten Vorstellungen von der Volkssouveränität könne, so Stahl, nur ein hierarchisch gegliederter Staat als kompatibel mit den christlichen Grundüberzeugungen verstanden werden und dementsprechend Legitimität beanspruchen (vgl. Stahl 1854).

Die Vorstellung des Staates und der nachgeordneten Strukturen der Gesellschaft als Gottes Anordnung und als Schöpfungsordnungen bestimmt, mit geringen Ausnahmen, die deutsche evangelische Staatsphilosophie im 19. Jahrhundert. Bei aller Differenz im Detail sind sich die Theologen darin einig, dass es sich beim Staat um eine göttliche Ordnung handelt, deren Leitprinzipien Herrschaft und Gehorsam heißen und die als Sozialorganismus strukturiert ist. Diese Herangehensweise bedeutet freilich nicht einfach die kritiklose Affirmation der herrschenden Verhältnisse, vielmehr reklamieren die protestantischen Ethiker durchaus für sich das Recht, die konkrete Ausgestaltung der staatlichen Ordnung an den geschilderten Leitprinzipien anzumahnen. Insbesondere treten sie einer zu großen Machtfülle des Staates gegenüber der Kirche entgegen (vgl. Moos 2005) und fordern die Bindung des Staates an das Recht ein. Je deutlicher allerdings die Modernisierungs- und dann auch die Säkularisierungsbestrebungen im 20. Jahrhundert spürbar werden, desto stärker versuchen gerade konservative lutherische Theologen die Vorstellung des Staates als Schöpfungsordnung als Widerlager zu diesen Entwicklungen zu konzipieren. Problematische Folgen hatte das vor allem deswegen, weil man das Hauptaugenmerk auf das Ziel des Staates, nämlich der Einhegung der Selbstsucht der sich im *status corruptionis* befindenden Menschen, richtete, dabei aber die Fragen einer konkreten Ausgestaltung des Staates und des Rechts vernachlässigte. Dadurch aber fanden die Gedanken der Volkssouveränität und der Selbstbindung des Staates an die Menschenrechte kaum Eingang in die theologisch-ethische Theoriebildung. Vielmehr war man stets dazu geneigt, diese für eine Beschränkung staatlicher Macht so wichtigen Elemente unter Hinweis auf übergeordnete Ordnungsstrukturen, seien es nun die Schöpfungsordnungen, der Volksnomos oder auch existenziale Bestimmungen von Gebundenheit, Dienstbarkeit und Freiheit, zu delegitimieren. Dass dabei der Einzelne immer nur im Licht übergeordneter Ideale erscheinen konnte und nicht die ihm eigentlich als Geschöpf gebührende Berücksichtigung fand, kommt problemverschärfend hinzu, ebenso wie die Abblendung des Egalitäts- und Freiheitsideals, das eigentlich mit dem Gedanken der Geschöpflichkeit mitgegeben war (Nowak 2002). Besonders deutlich sind diese Schwierigkeiten wiederum bei Emanuel Hirsch, Friedrich Gogarten und Paul Althaus zu sehen: Von Althaus werden die geschichtlich gewordenen Ordnungen des Staates als Schöpfung erkannt; aus dieser Klassifizierung als Schöpfung resultiert auch der Gehorsam, den der Einzelne den Ordnungen schuldet (Althaus

1934). Althaus folgt in dieser Einschätzung Gogarten (Gogarten 1933) und Hirsch (Hirsch 1920). Diese Position konnte mit dem nationalistischen und völkischen Gedankengut der Nationalsozialisten auch darum eine so unheilvolle Allianz eingehen, weil über den Organismusgedanken die Vorstellung von der Nation als Körper, der sich gegen äußere Bedrohungen zur Wehr setzen müsse, schon seit dem Beginn des 19. Jahrhunderts vorgeprägt worden war.

Legt man nun auch hier die aus dem Verständnis der Schöpfung als Selbstdeutung gewonnenen Orientierungspunkte an, so ist zunächst festzuhalten, dass wieder die problematische Tendenz zu erkennen ist, das Bestehende als das Natürliche und gleichzeitig als das von Gott so Geschaffene zu profilieren. Diese Tendenz wirkt sich deshalb so folgenreich in den 1930er und 1940er Jahren aus, weil der Gedanke der sündhaften Verfehlung, den Hirsch ja immerhin als mit der Schöpfung gegeben sah, allein für das Individuum in Anschlag gebracht wurde; der Gedanke der Verfehlung des Staates in seinen Grundstrukturen, nicht nur in seinen Agenten, kommt demgegenüber nicht in den Blick, sodass auch die Sensibilität für das strukturelle Böse der nationalsozialistischen Diktatur gar nicht erst entsteht. Indem dann auch vorrangig pejorativ vom Individuum gesprochen wird, lassen sich im Umfeld dieser theologischen Lehrbildung keine Ansatzpunkte für eine theologisch begründete Kritik der herrschenden Verhältnisse gewinnen.

Gegenüber einer solchen Fixierung auf das Vorfindliche ist mit Nachdruck die Entwicklungsbedürftigkeit, aber auch die Entwicklungsfähigkeit des Staates und seiner Ordnung hervorzuheben. Das Referenzkriterium für die Beurteilung einer solchen Fortentwicklung kann dabei nur die Ermöglichung eigener Lebensgestaltung für die Bürger eines Staatswesens sein. Eine solche Sicht hat zunächst den weltlichen und auch den vorläufigen Charakter staatlicher Ordnung anzuerkennen und gerade dies mit der Prädikation als »Geschöpf Gottes« zu verbinden. So verstanden sind Säkularisierung und eine im Horizont des Schöpfungsdenkens entworfene Sicht des Staates keine Gegensätze (vgl. Graf 2008: 160). Die Betonung des weltlichen Charakters gilt dabei keineswegs nur für den Staat und seine Organe, sondern auch für die familialen Ordnungen, die Ehe, die Wirtschaft und auch die verfasste Kirche. Vor diesem Hintergrund ist auch das Staatsverständnis, das Karl Barth vornehmlich in den 1930er und 1940er Jahren entwickelt hat, kritisch zu überprüfen, insofern auch bei Barth die Tendenz besteht, über die Ableitung staatlicher Strukturen aus theologischen Grundmustern die Weltlichkeit des Staates und damit auch seine Wandelbarkeit zu wenig zu berücksichtigen (Barth 1998), während er dies etwa im Blick auf die Ehe sehr viel stärker getan hat.

Die Konzentration auf das Individuum und der Respekt vor dessen Einmaligkeit, die sich mit dem Selbstverständnis als Geschöpf verbindet, bedingt die Affinität einer an dem Schöpfungsgedanken orientierten Ethik des Politischen zur menschenrechtsgebundenen Demokratie westlichen Typs – eine Position, die in der evangelischen Theologie nach 1945 nur langsam Einzug gehalten hat (vgl. Rendtorff 1991a; Andersen 2010) und erst 1985 mit der Demokratie-Denkschrift der EKD zu einem vorläufigen Ende gekommen ist (Rat der EKD 1985). Denn über den Gedanken grundlegender, dem Mehrheitsprinzip enthobener Menschenrechte wird der Schutz des Einzelnen und seiner Entfaltungsmöglichkeiten auch dann gewährleistet, wenn er seinen Lebensentwurf anders gestalten möchte als die Mehrheit. Diese Menschenrechte sollten dabei nicht als vorstaatliche Rechte verstanden werden, sondern, ebenso wie die Bindung des Staates an das Recht, als eine bewusste Selbstbeschränkung des Gemeinwesens. Die häufig in der theologischen Ethik zitierte Formel Ernst-Wolfgang Böckenfördes, derzufolge der freiheitliche, säkulare Staat von Voraussetzungen lebe, die er selbst nicht garantieren kann (Böckenförde 1991), sollte nicht für eine Restitution vermeintlich notwendiger theologischer Legitimierung des Staates verwendet werden. Vielmehr ist die theologische Sicht des Staates so zu explizieren, dass dieser um seiner Vorläufigkeit willen auf Absolutheitsansprüche verzichtet. Mit diesem Verzicht einher geht eine Entideologisierung der Sphäre des Politischen, die den strikt funktionalen Charakter von Staat und Politik betont: Die Staatsordnung ist keine Heilsordnung; der Zweck des Staates besteht darin, den Einzelnen individuelle Freiheiten zu ermöglichen und dafür Sorge zu tragen, dass die Lebensentwürfe aller möglichst miteinander koexistieren können. Darüber hinaus bedeutet Entideologisierung, den Staat zwar als notwendig anzusehen, um dem

Übel in der Welt entgegenzutreten, gleichzeitig aber auch das Bewusstsein dafür wach zu halten, dass der Staat selbst seine Grenzen überschreiten kann und daher die Kontrolle der Macht und die Bindung der Staatsgewalt an das Recht unabdingbar ist (vgl. Thielicke 1987). Zu dieser Kontrolle gehört im Übrigen auch eine Präferenz für die repräsentative, parlamentarische Demokratie, insofern hier konkrete Verantwortung zugeschrieben werden kann. Schließlich geht Entideologisierung einher mit der Einsicht, dass politische Entscheidungen Schnittsetzungen in einem prinzipiell offenen Diskursprozess darstellen.

Das mit Blick auf das Individuum entwickelte, zurückhaltende Staatsverständnis darf nun aber nicht dazu verleiten, im Sinne alt- (und möglicherweise neo-)liberaler Zuspitzung das Individuum und den Staat in ein Konkurrenzverhältnis zu bringen. Vielmehr ist anzuerkennen, dass die staatliche Ordnung für die Ermöglichung individueller Freiheitsspielräume und Zukünftigkeiten weit mehr tut als nur die Kompatibilität der Freiheit des einen mit den – gleichberechtigten – Freiheiten der anderen zu sichern. Vielmehr haben gerade demokratische, am Individuum orientierte Staaten ein differenziertes System staatlicher Leistungen aufgebaut, die das Erlangen solcher Freiheiten und die Entwicklung eines individuellen Lebensentwurfs überhaupt ermöglichen. Insofern sind moderne Staaten hoch differenzierte Institutionen, die, ähnlich wie die Technik, als Hilfsmittel für den Einzelnen fungieren sollen. Eine prinzipiell negative Sicht des Staates, wie sie in gewissen altliberalen Konzeptionen, aber auch in Barths »Römerbrief« und, in der Nachfolge Barths, von Helmut Gollwitzer (Gollwitzer 1978) und Friedrich-Wilhelm Marquardt (Marquardt 1985) entwickelt wurde, erscheint daher unangemessen. Problematisch ist allerdings auch der Versuch, an die Stelle staatlicher Tätigkeit in zunehmendem Maße die Aktivität kleiner Gruppen zu setzen, den egalisierenden Zugriff des Staates mithin durch die Solidarität kleiner, weltanschaulich homogener Lebenskreise zu ersetzen.

Beide Zugangsweisen übersehen allerdings häufig, dass es gerade zu den Einsichten des 20. Jahrhunderts gehört, dass freiheitliche Gesellschaften auf eine adäquate materielle Ausstattung ihrer Bürgerinnen und Bürger angewiesen sind: Freiheit und Daseinsvorsorge bilden keine Gegensätze, sondern bedingen einander. Der von der älteren liberalen Tradition, etwa von Ernst Troeltsch, so sehr herausgestellte Gedanke der Verwirklichung der Freiheit im Gegenüber zum Obrigkeitsstaat (vgl. Troeltsch 2001) wird im Prozess der fortgeschrittenen Modernisierung abgelöst durch die in Ansätzen schon bei Hegel diskutierte Frage, auf welchen Grundlagen solche Freiheitsrechte wahrgenommen werden können. Damit aber wird dem im Selbstverständnis als Geschöpf angelegten Gedanken der prinzipiellen Gleichberechtigung allererst adäquat Rechnung getragen. Denn nun ist die Einsicht leitend, dass eine auf der prinzipiellen Gleichberechtigung aller aufgebaute Gesellschaft auf Mechanismen angewiesen ist, die den Einzelnen die Teilhabe am Gemeinwesen auch dann ermöglichen, wenn sie aktuell – aufgrund ihrer Herkunft oder ihrer gegenwärtigen Verfassung – dazu nicht in der Lage sind. Die Ausbildung z.B. von leistungsfähigen Medizinsystemen lässt sich durchaus als ein Prozess der Demokratisierung deuten (vgl. Gerhardt 2000). Moderne Gesellschaften wenden in erster Linie deswegen einen beträchtlichen Teil des Bruttoinlandsprodukts für das Medizinsystem auf, weil dieses eben den Betroffenen die Teilnahme am gesellschaftlichen Leben ermöglicht. Ähnliches ließe sich natürlich auch für die anderen Bereiche der sozialen Sicherung, aber auch für die Verbesserung der individuellen Ausbildung namhaft machen.

An drei exemplarischen Themenfeldern wurde hier konkretisiert, welche Orientierungspunkte für die Lebensgestaltung sich aus der Selbstdeutung des Einzelnen als Geschöpf Gottes ergeben, aus dem Bewusstsein also, sich als individueller Mensch in der Gemeinschaft mit anderen von Gott angenommen und dem Auftrag verpflichtet zu wissen, die gemeinsame Lebenswirklichkeit verantwortlich zu gestalten. Allerdings ist abschließend noch einmal darauf hinzuweisen, dass gerade der Gedanke der Geschöpflichkeit verbietet, den Einzelnen dem Diktat generalisierender Normen zu unterwerfen. Evangelische Ethik im Horizont der Geschöpflichkeit muss darum in erster Linie Situationsethik sein, die die konkreten Herausforderungen für eine einzelne Person in der jeweiligen Situation im Blick hat. Sie kann aber, und hier liegt die spezifische Pointe eines Zugangs zur Ethik über die Schöpfungslehre, diese Situationsethik nur sein, wenn sie die konstitutive Sozialität des Einzelnen, sein Eingebundensein in gesellschaftliche Strukturen und deren Auswirkungen auf den Einzelnen mitbedenkt. Und schließlich: Sie kann nur dann die individuelle Situation so stark herausstellen, wenn sich der Einzelne aufgehoben weiß als Geschöpf Gottes.

Quellen- und Literaturverzeichnis

1. Quellen

Luther, Martin: *Zirkulardisputation über Mt 19,21*: D. Martin Luthers Werke. Kritische Gesamtausgabe, Bd. 39/II, Weimar 1932, 34–91.
Pico della Mirandola, Giovanni: *Über die Würde des Menschen*. Lateinisch-deutsch (Philosophische Bibliothek 427), Hamburg 1990.
Schleiermacher, Friedrich: *Der christliche Glaube nach den Grundsätzen der Evangelischen Kirche im Zusammenhange dargestellt* (1830/31), Berlin 1999[7].

2. Sekundärliteratur

Althaus 1934: Althaus, Paul: Theologie der Ordnungen, Gütersloh 1934.
Althaus 1958: Althaus, Paul: Die christliche Wahrheit. Lehrbuch der Dogmatik, Gütersloh 1958[4].
Altner 1965: Altner, Günter: Schöpfungsglaube und Entwicklungsgedanke in der protestantischen Theologie zwischen Ernst Haeckel und Teilhard de Chardin, Zürich 1965.
Altner 1989: Altner, Günter (Hg.): Ökologische Theologie. Perspektiven zur Orientierung, Stuttgart 1989.
Amery 1972: Amery, Carl: Das Ende der Vorsehung. Die gnadenlosen Folgen des Christentums, Reinbek 1972.
Andersen 2010: Andersen, Svend: Macht aus Liebe. Zur Rekonstruktion einer lutherischen politischen Ethik (TBT 149), Berlin/New York 2010.
Anselm u.a. 2003: Anselm, Reiner / Körtner, Ulrich H. J. (Hgg.): Streitfall Biomedizin. Urteilsbildung in christlicher Verantwortung, Göttingen 2003.
Barth 1945: Barth, Karl: Die Kirchliche Dogmatik, Bd. III/1: Die Lehre von der Schöpfung, Zollikon 1945.
Barth 1950: Barth, Karl: Die Kirchliche Dogmatik, Bd. III/3: Die Lehre von der Schöpfung, Zollikon 1950.

Barth 1998: Barth, Karl: Rechtfertigung und Recht. Christengemeinde und Bürgergemeinde. Evangelium und Gesetz, Zürich 1998.

Barth 1997: Barth, Ulrich: Abschied von der Kosmologie – Befreiung der Religion zu sich selbst, in: Gräb, Wilhelm (Hg.): Urknall oder Schöpfung? Zum Dialog von Naturwissenschaft und Theologie, Gütersloh 1997², 14–42.

Beck 2007: Beck, Ulrich: Risikogesellschaft. Auf dem Weg in eine andere Moderne (es 1365), Frankfurt a.M. 2007¹⁹.

Benz 2009: Benz, Arnold: Das geschenkte Universum. Astrophysik und Schöpfung, Düsseldorf 2009.

Böckenförde 1991: Böckenförde, Ernst-Wolfgang: Die Entstehung des Staates als Vorgang der Säkularisation, in: ders.: Recht, Staat, Freiheit. Studien zur Rechtsphilosophie, Staatstheorie und Verfassungsgeschichte (stw 914), Frankfurt a.M. 1991, 92–114.

Bonhoeffer 1955: Bonhoeffer, Dietrich: Schöpfung und Fall. Theologische Auslegung von Genesis 1 bis 5 [1937], München 1955³.

Bonhoeffer 1998: Bonhoeffer, Dietrich: Ethik, hg. v. Ilse Tödt und Eberhard Bethge (Dietrich Bonhoeffer Werke, Bd. 6), Gütersloh 1998².

Bundesverfassungsgericht 1975: Bundesverfassungsgericht, 1 BvF 1/74, 25.2.1975, in: Entscheidungen des Bundesverfassungsgerichts 39/1, 1–95.

Calvin 1988: Calvin, Jean: Unterricht in der christlichen Religion, hg. v. Otto Weber, Neukirchen-Vluyn 1988⁵.

Cobb u.a. 1979: Cobb, John B. / Griffin, David R.: Prozess-Theologie. Eine einführende Darstellung (Theologie der Ökumene 17), Göttingen 1979.

Conzelmann 1993: Conzelmann, Hans: Die Mitte der Zeit. Studien zur Theologie des Lukas (BHTh 17), Tübingen 1993⁷.

Cramer 1997: Cramer, Friedrich: Urspungsmythos, Zeit und Evolution, in: Gräb, Wilhelm (Hg.): Urknall oder Schöpfung? Zum Dialog von Naturwissenschaft und Theologie, Gütersloh 1997², 75–88.

Darwin 1872: Darwin, Charles: Die Abstammung des Menschen und die natürliche Zuchtwahl, aus dem Englischen übersetzt v. J. Victor Carus, Bd. 2, Stuttgart 1872².

Dessauer 1928: Dessauer, Friedrich: Philosophie der Technik. Das Problem der Realisierung, Bonn 1928².

Deuser 1993: Deuser, Hermann: Gott: Geist und Natur. Theologische Konsequenzen aus Charles S. Peirce' Religionsphilosophie (TBT 56), Berlin 1993.

Ebeling 1979: Ebeling, Gerhard: Dogmatik des christlichen Glaubens, Bd. 1, Tübingen 1979.

Engels 1982: Engels, Eve-Marie: Die Teleologie des Lebendigen. Kritische Überlegungen zur Neuformulierung des Teleologieproblems in der angloamerikanischen Wissenschaftstheorie. Eine historisch-systematische Untersuchung (Erfahrung und Denken 63), Berlin 1982.

Evers 2000: Evers, Dirk: Raum – Materie – Zeit. Schöpfungstheologie im Dialog mit naturwissenschaftlicher Kosmologie (HUTh 41), Tübingen 2000.

Frey 1988: Frey, Christopher: Theologie und Ethik der Schöpfung. Ein Überblick. Heinz Eduard Tödt zum 70. Geburtstag, ZEE 32 (1988), 47–62.

Gerhardt 2000: Gerhardt, Uta: Gesellschaftstheoretische Aspekte von Krankheit und Gesundheit, in: Hofmeister, Heimo (Hg.): Der Mensch als Subjekt und Objekt der Medizin, Neukirchen-Vluyn 2000, 99–116.

Gerl-Falkowitz 2007: Gerl-Falkowitz, Hanna-Barbara: Von der Gabe zum Geber. Nachdenken im Grenzgebiet zwischen Philosophie und Theologie, Korrespondenzblatt des Canisianums 140 (2007), 3–11.

Gogarten 1933: Gogarten, Friedrich: Politische Ethik, Jena 1933.

Gollwitzer 1978: Gollwitzer, Helmut: Reich Gottes und Sozialismus bei Karl Barth (TEH 169), München 1978².

Graf 1990: Graf, Friedrich Wilhelm: Von der creatio ex nihilo zur »Bewahrung der Schöpfung«. Dogmatische Erwägungen zur Frage nach einer möglichen ethischen Relevanz der Schöpfungslehre, ZThK 87 (1990), 206–223.

Graf 2008: Graf, Friedrich Wilhelm: Protestantismus und Rechtsordnung, in: Dreier, Horst / Hilgendorf, Eric (Hgg.): Kulturelle Identität als Grund und Grenze des Rechts. Akten der IVR-Tagung vom 28.–30. September 2006 in Würzburg (ARSP Beiheft 113), Stuttgart 2008, 129–161.

Habermas 2001: Habermas, Jürgen: Die Zukunft der menschlichen Natur. Auf dem Weg zu einer liberalen Eugenik?, Frankfurt a.M. 2001.

Hacker 2009: Hacker, Jörg: Biomedizinische Eingriffe am Menschen. Ein Stufenmodell zur ethischen Bewertung von Gen- und Zelltherapie, Berlin 2009.

Hartung 2003: Hartung, Gerald: Das Maß des Menschen. Aporien der philosophischen Anthropologie und ihre Auflösung in der Kulturphilosophie Ernst Cassirers, Weilerswist 2003.

Heckel 1968: Heckel, Martin: Staat und Kirche nach den Lehren der evangelischen Juristen Deutschlands in der ersten Hälfte des 17. Jahrhunderts (Jus ecclesiasticum 6), München 1968.

Heubach 2008: Heubach, Andrea: Generationengerechtigkeit. Herausforderung für die zeitgenössische Ethik, Göttingen 2008.

Hirsch 1920: Hirsch, Emanuel: Deutschlands Schicksal. Staat, Volk und Menschheit im Lichte einer ethischen Geschichtsansicht, Göttingen 1920.

Hirsch 1931: Hirsch, Emanuel: Schöpfung und Sünde in der natürlich-geschichtlichen Wirklichkeit des einzelnen Menschen. Versuch einer Grundlegung christlicher Lebensweisung (Beiträge zur systematischen Theologie 1), Tübingen 1931.

Honecker 1990: Honecker, Martin: Folgen der Technik, ZThK 87 (1990), 471–486.

Huber 1983: Huber, Wolfgang: Fortschritt. Ein Lexikonartikel, in: Lienemann, Wolfgang / Tödt, Ilse (Hgg.): Fortschrittsglaube und Wirklichkeit. Arbeiten zu einer Frage unserer Zeit, München 1983, 16–21.

Huber 1990: Huber, Wolfgang: »Nur wer die Schöpfung liebt, kann sie retten«. Naturzerstörung und Schöpfungsglaube, in: ders. (Hg.): Konflikt und Konsens. Studien zur Ethik der Verantwortung, München 1990, 176–194.

Joas 2008: Joas, Hans: Von der Seele zum Selbst. Probleme des Person-Verständnisses im Pragmatismus, in: Hingst, Kai-Michael (Hg.): Pragmata. Festschrift für Klaus Oehler zum 80. Geburtstag, Tübingen 2008, 216–229.

Jonas 2009: Jonas, Hans: Das Prinzip Verantwortung. Versuch einer Ethik für die technologische Zivilisation [1979], Frankfurt a.M. 2009.

Jüngel 1988: Jüngel, Eberhard: Die Welt als Möglichkeit und Wirklichkeit. Zum ontologischen Ansatz der Rechtfertigungslehre, in: ders. (Hg.): Theologische Erörterungen (BEvTh 61), Tübingen 1988², 206–233.

Keller 2003: Keller, Catherine: The Face of the Deep. A Theology of Becoming, London 2003.

Koch 1991: Koch, Traugott: Das göttliche Gesetz der Natur. Zur Geschichte des neuzeitlichen Naturverständnisses und zu einer gegenwärtigen theologischen Lehre (ThSt[B] 136), Zürich 1991.

Kohler-Weiß 2003: Kohler-Weiß, Christiane: Schutz der Menschwerdung. Schwangerschaft und Schwangerschaftskonflikt als Themen evangelischer Ethik, Gütersloh 2003.

Körtner 1997: Körtner, Ulrich H. J.: Schöpfung und Autopoiesis. Zur Auseinandersetzung der Theologie mit dem Programm der Kritischen Evolutionstheorie, in: Stock, Konrad (Hg.): Zeit und Schöpfung (VWGTh 12), Gütersloh 1997, 114–142.

Krohn 1976: Krohn, Wolfgang: Technischer Fortschritt und fortschrittliche Technik, in: Zimmerli, Walter (Hg.): Technik, oder: wissen wir, was wir tun? (Philosophie aktuell 5), Basel / Stuttgart 1976, 38–65.

Lange 1994: Lange, Dietz: Schöpfungslehre und Ethik, ZThK 91 (1994), 157–188.

Link 1991: Link, Christian: Schöpfungstheologie angesichts der Herausforderungen des 20. Jahrhunderts, Gütersloh 1991.

Link 2008: Link, Christian: Christlicher Schöpfungsglaube und naturwissenschaftliches Weltverständnis. Wie kann man dem Kreationismus argumentativ begegnen?, EvTh 68 (2008), 84–98.

Link 2010: Link, Christian: Die theologischen Entscheidungen in der Schöpfungslehre Karl Barths, in: Beintker, Michael (Hg.): Karl Barth im europäischen Zeitgeschehen (1935–1950). Widerstand – Bewährung – Orientierung. Beiträge zum internationalen Symposium vom 1. bis 4. Mai 2008 in der Johannes a Lasco Bibliothek Emden, Zürich 2010, 137–161.

Linse 1998: Linse, Ulrich: Das »natürliche« Leben. Die Lebensreform, in: Dülmen, Richard van (Hg.): Erfindung des Menschen. Schöpfungsträume und Körperbilder 1500–2000, Wien 1998, 435–465.
Løgstrup 1989: Løgstrup, Knud E.: Norm und Spontaneität. Ethik und Politik zwischen Technik und Dilettantokratie, Tübingen 1989.
Lübbe 1998: Lübbe, Weyma: Verantwortung in komplexen kulturellen Prozessen (Alber-Reihe praktische Philosophie 55), Freiburg i.Br. 1998.
Manzke 1992: Manzke, Karl Hinrich: Ewigkeit und Zeitlichkeit. Aspekte für eine theologische Deutung der Zeit (FSÖTh 63), Göttingen 1992.
Marquardt 1985: Marquardt, Friedrich-Wilhelm: Theologie und Sozialismus. Das Beispiel Karl Barths, München 1985³.
May 1978: May, Gerhard: Schöpfung aus dem Nichts. Die Entstehung der Lehre von der creatio ex nihilo (AKG 48), Berlin 1978.
Moltmann 1987: Moltmann, Jürgen: Gott in der Schöpfung. Ökologische Schöpfungslehre, München 1987³.
Moos 2005: Moos, Thorsten: Staatszweck und Staatsaufgaben in den protestantischen Ethiken des 19. Jahrhunderts (Bochumer Forum zur Geschichte des sozialen Protestantismus 5), Münster 2005.
Morche 2006: Morche, Torsten: Weltall ohne Gott, Erde ohne Kirche, Mensch ohne Glaube. Zur Darstellung von Religion, Kirche und »wissenschaftlicher Weltanschauung« in »Weltall, Erde, Mensch« zwischen 1954 und 1974 in Relation zum Staat-Kirche-Verhältnis und der Entwicklung der Jugendweihe in der DDR (Leipziger theologische Beiträge 4), Leipzig/Berlin 2006.
Müller-Schwefe 1971: Müller-Schwefe, Hans-Rudolf: Technik und Glaube. Eine permanente Herausforderung, Göttingen 1971.
Nelkin u.a. 2004: Nelkin, Dorothy/Lindee, N. Susan: The DNA Mystique: The Gene as a Cultural Icon, Michigan 2004.
Neugebauer 2006: Neugebauer, Matthias: Der theologische Lebensbegriff Dietrich Bonhoeffers im Lichte aktueller Fragen um Euthanasie, Sterbehilfe und Zwangssterilisation, in: Gestrich, Christof (Hg.): Der Wert menschlichen Lebens. Medizinische Ethik bei Karl Bonhoeffer und Dietrich Bonhoeffer, Berlin 2006, 147–165.
Nowak 1981: Nowak, Kurt: Zweireichelehre. Anmerkungen zum Entstehungsprozess einer umstrittenen Begriffsprägung und kontroversen Lehre, ZThK 78 (1981), 105–127.
Nowak 2002: Nowak, Kurt: Machtstaat und Rechtsstaat. Protestantisches Staatsverständnis im Wandel der politischen Systeme zwischen 1789 und 1989, in: ders.: Kirchliche Zeitgeschichte interdisziplinär. Beiträge 1984–2001, hg. v. Jochen-Christoph Kaiser (KoGe 25), Stuttgart 2002, 318–334.
Nussbaum 2008: Nussbaum, Martha C.: Women and human development. The capabilities approach (The John Robert Seeley Lectures 1998), Cambridge 2008.

Pannenberg 1979: Pannenberg, Wolfhart: Gottebenbildlichkeit als Bestimmung des Menschen in der neueren Theologiegeschichte (Sitzungsberichte der Bayerischen Akademie der Wissenschaften, Philosophisch-Historische Klasse Jg. 1979, H. 8), München 1979.

Pannenberg 1983: Pannenberg, Wolfhart: Anthropologie in theologischer Perspektive. Religiöse Implikationen anthropologogischer Theorie, Göttingen 1983.

Pannenberg 1991: Pannenberg, Wolfhart: Systematische Theologie, Bd. 2, Göttingen 1991.

von Rad 1987: Rad, Gerhard von: Theologie des Alten Testaments, Bd. 2: Die Theologie der prophetischen Überlieferung Israels, München 1987^9.

Rat der EKD 1985: Rat der EKD: Evangelische Kirche und freiheitliche Demokratie. Der Staat des Grundgesetzes als Angebot und Aufgabe. Eine Denkschrift der Evangelischen Kirche in Deutschland, Gütersloh 1985.

Rat der EKD u.a. 1989: Rat der EKD und Deutsche katholische Bischofskonferenz: Gott ist ein Freund des Lebens. Herausforderungen und Aufgaben beim Schutz des Lebens. Gemeinsame Erklärung des Rates der EKD und der deutschen Bischofskonferenz in Verbindung mit den übrigen Mitglieds- und Gastkirchen der AcK in der BRD, Gütersloh 1989.

Rendtorff 1990: Rendtorff, Trutz: Ethik. Grundelemente, Methodologie und Konkretionen einer ethischen Theologie, Bd. 1 (ThW 13/1), Stuttgart 1990^2.

Rendtorff 1991a: Rendtorff, Trutz: Die Autorität der Freiheit. Die Stellung des Protestantismus zu Staat und Demokratie, in: ders.: Vielspältiges. Protestantische Beiträge zur ethischen Kultur, Stuttgart 1991, 81–100.

Rendtorff 1991b: Rendtorff, Trutz: Strukturen und Aufgaben technischer Kultur, in: ders.: Vielspältiges. Protestantische Beiträge zur ethischen Kultur, Stuttgart 1991, 145–158.

Rosenau 1993: Rosenau, Hartmut: Das »Seufzen« der Kreatur. Das Problem der Anthropozentrik in einer Theologie der Natur, NZSThR 35 (1993), 57–70.

Roth 2002: Roth, Michael: Gott im Widerspruch? Möglichkeiten und Grenzen der theologischen Apologetik (TBT 117), Berlin 2002.

Schelsky 1961: Schelsky, Helmut: Der Mensch in der wissenschaftlichen Zivilisation, Köln 1961.

Schleissing 2008: Schleissing, Stephan: Das Maß des Fortschritts. Zum Verhältnis von Ethik und Geschichtsphilosophie in theologischer Perspektive (Edition Ethik 1), Göttingen 2008.

Schlink 1983: Schlink, Edmund: Ökumenische Dogmatik. Grundzüge, Göttingen 1983.

Schwarke 2000: Schwarke, Christian: Die Kultur der Gene. Eine theologische Hermeneutik der Gentechnik, Stuttgart u.a. 2000.

Schweitzer 1968: Schweitzer, Wolfgang: Der entmythologisierte Staat. Studien zur Revision der evangelischen Ethik des Politischen (Studien zur evangelischen Ethik 3), Gütersloh 1968.
Seeberg 1935: Seeberg, Reinhold: Ethik, Stuttgart 1935³.
Sölle 1985: Sölle, Dorothee: Lieben und Arbeiten. Eine Theologie der Schöpfung, Stuttgart 1985.
Spengler 2006: Spengler, Oswald: Der Mensch und die Technik. Beitrag zu einer Philosophie des Lebens [1931], Wien 2006.
Stahl 1854: Stahl, Friedrich Julius: Die Philosophie des Rechts nach geschichtlicher Ansicht, Bd. 2: Rechts- und Staatslehre auf der Grundlage christlicher Weltanschauung, Heidelberg 1854.
Steck 1977: Steck, Odil Hannes: Zwanzig Thesen als alttestamentlicher Beitrag zum Thema: »Die jüdisch-christliche Lehre von der Schöpfung in Beziehung zu Wissenschaft und Technik«, KuD 23 (1977), 277–299.
Thielicke 1987: Thielicke, Helmut: Theologische Ethik, Bd. 2/II: Ethik des Politischen, Tübingen 1987⁴.
Timm 1987a: Timm, Hermann: Evangelische Weltweisheit. Zur Kritik der ökologischen Apokalyptik, ZThK 84 (1987), 345–370.
Timm 1987b: Timm, Hermann: Vor der Welt-Religion. Natur als Rahmenthema der Zukunft, in: ders. (Hg.): Wie grün darf die Zukunft sein? Naturbewusstsein in der Umweltkrise (Zeitzeichen 1), Gütersloh 1987, 116–126.
Troeltsch 1981: Troeltsch, Ernst: Glaubenslehre. Nach Heidelberger Vorlesungen aus den Jahren 1911 und 1912, Aalen 1981.
Troeltsch 2001: Troeltsch, Ernst: Die Bedeutung des Protestantismus für die Entstehung der modernen Welt, in: ders.: Schriften zur Bedeutung des Protestantismus für die moderne Welt (1906–1913), hg. v. Trutz Rendtorff (Ernst Troeltsch Kritische Gesamtausgabe 8), Berlin/New York 2001, 199–316.
Trowitzsch 1988: Trowitzsch, Michael: Technokratie und Geist der Zeit. Beiträge zu einer theologischen Kritik, Tübingen 1988.
Trowitzsch 2002: Trowitzsch, Michael: Art. Technik II: Ethisch und praktisch-theologisch, TRE 33, Berlin/New York 2002, 9–22.
Weber 1908: Weber, Hans Emil: Der Einfluß der protestantischen Schulphilosophie auf die orthodox-lutherische Dogmatik, Leipzig 1908.
Welker 2009: Welker, Michael: Schöpfung und Endlichkeit. Theologische und naturwissenschaftliche Perspektiven, in: Bedford-Strohm, Heinrich (Hg.): Und Gott sah, dass es gut war. Schöpfung und Endlichkeit im Zeitalter der Klimakatastrophe, Neukirchen-Vluyn 2009, 17–28.
Wendland 1967: Wendland, Heinz-Dietrich: Die Macht schöpferischer Zerstörung, in: ders. (Hg.): Die Kirche in der revolutionären Gesellschaft. Sozialethische Aufsätze und Reden, Gütersloh 1967, 166–174.
White 1967: White, Lynn: The Historical Roots of Our Ecological Crisis, Science 155 (1967), 1203–1207.

Williams 1999: Williams, Bernard: Ethik und die Grenzen der Philosophie, Hamburg 1999.

Wölfel 1997: Wölfel, Eberhard: Endet die Zeit? Bemerkungen zum Zeitproblem im Aspekt naturwissenschaftlicher Erschließung, in: Stock, Konrad (Hg.): Zeit und Schöpfung (VWGTh 12), Gütersloh 1997, 11–40.

3. Literaturhinweise zum vertiefenden Studium

Bedford-Strohm 2001: Bedford-Strohm, Heinrich: Schöpfung (Bensheimer Hefte 96 / Ökumenische Studienhefte 12), Göttingen 2001.

Gräb 1997: Gräb, Wilhelm (Hg.) Urknall oder Schöpfung? Zum Dialog von Naturwissenschaft und Theologie, Gütersloh $1997^{2.}$

Koch 1991: Koch, Traugott: Das göttliche Gesetz der Natur. Zur Geschichte des neuzeitlichen Naturverständnisses und zu einer gegenwärtigen theologischen Lehre (ThSt[B] 136), Zürich 1991.

Lange 1994: Lange, Dietz: Schöpfungslehre und Ethik, ZThK 91 (1994), 157–188.

Pannenberg 1991: Pannenberg, Wolfhart: Systematische Theologie, Bd. 2, Göttingen 1991.

Praktische Theologie

Martin Rothgangel

Schöpfung – Praktisch-theologische Herausforderungen und bildungstheoretische Konsequenzen

Praktisch-theologische Überlegungen zum Thema ›Schöpfung‹ zeichnen sich insbesondere dadurch aus, dass sie ›Schöpfung‹ ausgehend von einer differenzierten Wahrnehmung des Subjekts im Kontext seiner Lebensgeschichte und seiner Lebenswelt reflektieren. In diesem Sinne implizieren die praktisch-theologischen Gegenwartsanalysen zum Thema ›Schöpfung‹ hermeneutische und heuristische Herausforderungen auch für die anderen theologischen Disziplinen. Zugleich geben die voranstehenden Beiträge aus verschiedenen theologischen Disziplinen wichtige Impulse auch für die nachstehenden schöpfungstheologischen Leitlinien und Bildungsziele.

Im Sinne einer problemorientierten Hinführung werden zunächst zwei praktisch-theologische Herausforderungen benannt, welche gegenwärtig im Blick auf ›Schöpfung‹ hervortreten. Weil sich insbesondere im Jugendalter ›die‹ Naturwissenschaft als Einbruchstelle des Glaubens an einen Schöpfergott erweist, gilt im zweiten Teil eine besondere Aufmerksamkeit dem Verhältnis von Schöpfung ›und‹ Naturwissenschaft, insbesondere Vereinbarungsstrategien aus entwicklungspsychologischer, alltagstheoretischer und theologischer Perspektive. Die abschließenden praktisch-theologischen Überlegungen des dritten Teils werden exemplarisch aus religionspädagogischer Perspektive vorgenommen.

1. Schöpfung: Aktuelle Herausforderungen aus empirischer Perspektive

Exemplarisch seien an dieser Stelle zwei zentrale praktisch-theologische Herausforderungen dargelegt (vgl. Rothgangel 2009), die im Kontext empirischer Analysen hervortreten und zugleich die Bedeutung einer lebensgeschichtlichen und lebensweltlichen Betrachtungsweise für Praktische Theologie speziell und für den innertheologischen Diskurs generell zeigen (zu Möglichkeiten und Grenzen empirischer Forschung vgl. auch den 1. Abschnitt des vorangehenden systematisch-theologischen Beitrags von R. Anselm): Die Vorstellung von Gen 1 als Tatsachenbericht ist auf je unterschiedliche Weise bei Kindern und Kreationisten verbreitet. Allein aufgrund der Tatsache, dass in lebensgeschichtlicher Perspektive eine wörtliche Verstehensweise kindgemäß ist, erfordert dies eine differenzierte praktisch-theologische Beurteilung. Die Bedeutung der lebensweltlichen Perspektive wird anhand des zweiten Punktes »Biblischer Schöpfungsglaube von Naturwissenschaften widerlegt?« herausgestellt.

1.1. Gen 1 als Tatsachenbericht?
Zur Schöpfungsvorstellung von Kindern und Kreationisten

Die verbreitete Redeweise vom ›Schöpfungsbericht‹ weist auf ein grundlegendes Problem mit verschiedenen Facetten hin. So kann erstens unbedacht und ungewollt der Eindruck vermittelt werden, dass es sich in Gen 1,1–2,4a (im Folgenden: Gen 1) um einen Tatsachenbericht von der Entstehung der Welt und des Lebens handelt. Diese Diktion wird oftmals selbst dann beibehalten, wenn man sich ›eigentlich‹ des stilisierten und poetischen Charakters von Gen 1 bewusst ist. Um das Missverständnis zu vermeiden, dass es sich in Gen 1 um einen Tatsachenbericht handelt, ist deshalb auf einen bewussten Sprachgebrauch zu achten, der Gen 1 als ›Schöpfungserzählung‹ oder ›Schöpfungspoesie‹ kennzeichnet. Durch diese gattungsgemäßen Charakterisierungen wird in sprachlicher Hinsicht ein unmittelbarer Konflikt mit Urknall- sowie Evolutionstheorie insofern vermieden, als mit diesen Begriffen der unterschiedliche Weltzugang im Vergleich zum naturwissenschaftlichen deutlich ausgedrückt wird.

Obwohl mit dem Hinweis auf die Unterschiedenheit des religiösen und des naturwissenschaftlichen Weltzuganges eine wesentliche bildungstheoretische Unterscheidung vorliegt (vgl. Dressler 2006), wäre die Vorstellung illusorisch, dass solche grundlegenden Differenzen mit dem Hinweis auf Begriffe wie ›Schöpfungspoesie‹ einfach zu vermitteln seien. Wie tief greifend entsprechende Verstehensschwierigkeiten sind, lässt sich anhand der folgenden Äußerung ersehen: »Dann gibt es viele Beweise für die Entstehungstheorie der Erde, dass man sagen kann, so wie in der Bibel war es nicht, selbst wenn man es noch so bildlich auslegt.« (Schuster 1984: T 1196). Anhand dieses Zitates wird deutlich, dass im Grunde genommen die Vorstellung von Gen 1 als Tatsachenbericht vorherrscht (»so wie in der Bibel war es nicht«), obwohl offensichtlich auch das Bewusstsein vorhanden ist, dass die Bibel nicht wortwörtlich interpretiert werden muss (»selbst wenn man es noch so bildlich auslegt«).

An dieser Stelle tritt ein zweiter wesentlicher Aspekt hervor: Grundsätzlich ist aus entwicklungspsychologischer Perspektive zu bedenken, dass James Fowler das zweite Stadium der Glaubensentwicklung als ›mythisch-wörtlichen‹ Glauben bezeichnet (vgl. Fowler 1989: 87–91). Dies bedeutet, dass Kinder Gen 1 wortwörtlich als Welt- und Lebensentstehungsberichte auffassen – und dies nicht einfach als defizitäres und möglichst rasch zu überwindendes Glaubensstadium zu beurteilen ist. Das kindliche Denken und Gen 1 entsprechen einander, weil Kinder ein artifizialistisches Schöpfungsverständnis besitzen, in dem »alles auf personal-lebendige Wirkmächte« (Fetz u.a. 2001: 343) zurückgeführt wird. Der Schöpfergott wird von Kindern als ein überelterliches, anthropomorphes Wesen verstanden, der alles herstellt, was Menschen nicht selbst machen können. Dies ist im voll ausgebildeten artifizialistischen Stadium die Natur, während die Artefakte von Menschen geschaffen werden. Grundsätzlich zeigt sich, dass Gen 1 »eine als Matrix fungierende Verstehensstruktur aktiviert, die das Kind selbst entwickelt hat. [...] Die Verstehensstruktur, die das kindliche Weltbild produziert, leistet [...] ein Doppeltes: sie ermöglicht eine Welterklärung, die zugleich eine Sinnstiftung verbürgt.« (Fetz u.a. 2001: 341).

Unterbleiben aber gezielte Impulse zur Weiterentwicklung dieser kindlichen Schöpfungsvorstellungen, dann grenzen sich Jugendliche schließlich vom biblischen ›Schöpfungsbericht‹ als kindlich und als von der Naturwissenschaft widerlegt ab. So verdrängt das über den sozialen Kontext aufgenommene naturwissenschaftliche Denken nach und nach artifizialistische und anthropomorphe Schöpfungsvorstellungen. Mit dem im Jugendalter sich etablierenden mittelreflektierten Denken, also der Reflexion über die Mittel des Denkens selbst, setzt ein tief greifender Transformationsprozess ein, in dem das kindliche Weltbild grundlegend umgestaltet wird und schließlich der artifizialistische und anthropomorphe Kinderglaube als eine obsolete Stufe erscheint. Am Ende dieses Prozesses gelten insbesondere die naturwissenschaftliche Urknall- und Evolutionstheorie »als die rationale und unanfechtbare Basis der Welterklärung überhaupt [...]. Gottesglaube und Welterklärung trennen sich« (Fetz u.a. 2001: 346f.). Ernüchternd in diesem Sinne ist der Umstand, dass nach empirischen Studien in Schottland durchschnittlich 35 % der Jugendlichen die Auffassung vertreten, dass ›wahre‹ Christen wörtlich an eine sechstägige Schöpfung des Universums glauben (vgl. Gibson 1989).

Dies leitet zu einem weiteren Punkt über, der insbesondere evangelikal oder fundamentalistisch orientierte Jugendliche und Erwachsene betrifft und gegenwärtig durch die Debatte um Kreationismus und ›Intelligent Design‹ eine nicht absehbare Aktualität auch im deutschen Kontext erhalten hat (vgl. u.a. EKD 2008). Ohne an dieser Stelle die intensive gegenwärtige Diskussion zu Kreationismus und ›Intelligent Design‹ aufnehmen zu können, lässt sich sagen, dass Personen dann eine kreationistische Einstellung aufweisen, wenn sie im Unterschied zu Kindern zwar strukturgenetische Denkvoraussetzungen jenseits des mythisch-wörtlichen Glaubens besitzen, jedoch aus anderen Motiven wie z.B. (post-)modernen Verunsicherungen Gen 1 als biblischen Konkurrenzbericht zu naturwissenschaftlichen Welt- und Lebensentstehungstheorien verstehen und diesen pseudonaturwissenschaftlich zu beweisen versuchen. Der (natur-)wissenschaftliche Anspruch des Kreationismus wird u.a. durch das »Institute for Creation Research« (ICR) in der Nähe von San Diego herausgestellt: Im Unterschied zu den älteren kreationistischen Auseinandersetzungen in den 1930er Jahren (»Scopes Trial«) verlagerte sich in jüngerer Zeit die Diskussion auf bestimmte naturwissenschaftliche Spezialfragen, welche von Laien kaum nachvollzogen und geprüft werden können. Näher betrachtet sind Kreationisten einer gängigen naturwissenschaftlichen Denkweise des 19. Jahrhunderts verhaftet, wenn sie immer wieder von den ›facts‹, den Tatsachen, sprechen. Nur beziehen sie sich nicht auf die ›facts‹ der Natur, sondern auf die ›facts‹ der Bibel. Und ausgehend von diesen biblischen ›facts‹ konstruieren sie eine ›wissenschaftliche‹ Gegentheorie zur Evolutionslehre – den Kreationismus.

Im Grunde genommen liegt hier ein doppelter Kategorienfehler vor. Theologisch unzureichend wird Gen 1 als Tatsachenbericht von der Welt- und Lebensentstehung verstanden, naturwissenschaftlich unzureichend, da das Ergebnis aller wissenschaftlichen Untersuchungen von vornherein feststeht: Es kann nur wahr sein, was in Übereinstimmung mit dem biblischen ›Schöpfungsbericht‹ als Gottes Wort steht.

Entscheidend in der Auseinandersetzung mit Kreationismus ist die Frage nach dem zugrunde liegenden Schriftverständnis: Generell sind die problematischen Folgen eines wortwörtlichen Schriftverständnisses im Religionsunterricht zu behandeln (vgl. Rothgangel 2002), speziell ist auf dem Hintergrund einer hermeneutisch sowie historisch-kritisch versierten Auslegung von Gen 1 darzulegen, dass die Autoren der biblischen Texte auf dem Hintergrund des ›naturwissenschaftlichen‹ Standes vor ca. 2500 Jahren ihren Glauben an Gott als Schöpfer zum Ausdruck brachten.

Gleichwohl sind auch die möglichen ›Abseitsfallen‹ einer historisch-kritischen Betrachtungsweise von Gen 1 in den Blick zu nehmen. Eine historisch-kritische Behandlung von Gen 1 kann auch zur Verstehensschwierigkeit des ›garstigen Grabens‹ führen, wie das folgende Textbeispiel belegt: »die meisten Sachen, die wir herausgefunden haben, die sind im Exil entstanden und da würden also heutzutage diese Sachen überhaupt nicht mehr zutreffen oder keinen wirklichen Sinn mehr haben praktisch so als Konkurrenz, als Konkurrenzgeschichten gegen die Babylonier. Was will er denn damit heute noch? Die sind eh tot die Babylonier. Ausgestorben. Weg.« (Rothgangel 2004a: 283). Das biblische Schöpfungsverständnis ist für diesen Schüler obsolet, da es keine gegenwärtige Funktion mehr zu erfüllen scheint.

1.2. Biblischer Schöpfungsglaube von Naturwissenschaften widerlegt? Zur Schöpfungsvorstellung von Jugendlichen und Szientisten

Im Kontext einer von Naturwissenschaft und Technik geprägten Lebenswelt finden szientistisch orientierte Sachbücher wie Richard Dawkins' *Der Gotteswahn* eine breite Leserschaft. Der szientistische Charakter dieses Bestsellers tritt dadurch hervor, dass die Kultur evolutionstheoretisch durch natürliche Selektion der Meme erklärt wird, ohne dass eine differenzierte Auseinandersetzung mit kulturtheoretischen Theorien als notwendig erachtet wird. Bestseller wie diese können szientistische Einstellungen bei Erwachsenen hervorrufen oder stärken. Teilweise scheint ein weiteres Motiv für die Genese und Verbreitung szientistischer Einstellungen auch im naturwissenschaftlichen Unterricht selbst zu liegen: Biologie- und physikdidaktische Studien zeigen, dass naturwissenschaftlicher Unterricht insofern zur Ausbildung szientistischer Einstellungen beitragen kann, als zwar zahlreiche naturwissenschaftliche Gesetze und Theorien gelehrt werden, jedoch wissenschaftstheoretische Überlegungen zu deren Reichweite und Grenzen unzureichend in den Blick geraten (vgl. Rothgangel 1999).

Repräsentative Studien zum Szientismus in Schottland und Kenia zeigen, dass Wissenschaftsgläubigkeit erstens ein zentraler negativer Faktor bezüglich der Einstellung zum Christentum ist und sich zweitens mit zunehmendem Alter eine steigende Wissenschaftsgläubigkeit bei Jugendlichen beobachten lässt (Fulljames/Francis 1988; Gibson 1989).

Diese negative Wirkung von Szientismus muss ernst genommen werden, da ›wissenschaftsgläubige‹ Einstellungen sehr verbreitet sind. Fast altersunabhängig vertreten nach der Studie aus Schottland ungefähr ein Viertel der 11 bis 16jährigen die Auffassung, dass naturwissenschaftliche Gesetze niemals geändert werden (vgl. Gibson 1989: 17). Nahezu kontinuierlich steigen des Weiteren die zustimmenden Äußerungen zu dem Item ›Die Naturwissenschaft hat die Bibel widerlegt‹ (von 17 % der 11jährigen auf 29 % der 16jährigen). Noch gravierender ist dieser Anstieg bei der Aussage ›Die Naturwissenschaft hat die biblische Schöpfungserzählung widerlegt‹ (von 20 % der 11jährigen auf 49 % der 16jährigen). Selbstredend lassen sich diese Daten nicht einfach auf die bundesdeutsche Situation übertragen, eine vergleichbare Large-Scale-Studie in Deutschland bleibt ein Desiderat.

Aus bildungstheoretischer Perspektive ist ohnehin nicht der repräsentative Befund eines Landes, sondern vielmehr die konkrete Zusammensetzung einer Klasse bzw. Lerngruppe entscheidend, da Letzteres erheblich vom sonst repräsentativen Befund abweichen kann und für die Gestaltung des Lehr-Lernprozesses grundlegend ist. Beispielhaft sei hier das Ergebnis einer 10. Klasse einer Realschule Baden-Württembergs angeführt: 19 Schülerinnen und Schüler bejahten das Item ›Naturwissenschaftliche Gesetze werden sich nie ändern‹, nur 13 Schülerinnen und Schüler vertraten die entgegen gesetzte Auffassung. Der Aussage ›Die moderne Naturwissenschaft hat die Bibel widerlegt‹ stimmten 13 Schülerinnen und Schüler zu, 19 Schülerinnen und Schüler verneinten dies; schließlich äußerte mit 15 Schülerinnen und Schüler fast die Hälfte jener Klasse die Ansicht: ›Die moderne Naturwissenschaft widerlegt die biblische Schöpfungserzählung‹.

Diese Daten sind nicht nur ein Hinweis auf die beachtliche Verbreitung generell von Szientismus und speziell von Evolutionismus. Vielmehr zeigt sich in den bislang durchgeführten Pilotstudien des Verfassers durchweg, dass speziell die biblischen Schöpfungserzählungen noch häufiger als generell die Bibel als von den modernen Wissenschaften widerlegt angesehen werden. Hier liegen ein entscheidender Konfliktpunkt und eine grundlegende Verstehensschwierigkeit von Jugendlichen.

Bedenkt man, wie stark die gegenwärtige Lebenswelt von Technik und Naturwissenschaft geprägt ist und z.B. in der Werbung der kurze Hinweis ›es ist wissenschaftlich bewiesen, dass …‹ als

Qualitätsausweis genügt, dann überrascht auch wenig, dass Gott als pseudonaturwissenschaftliche Erklärung früherer Zeiten bzw. als unmodern und veraltet charakterisiert wird: »Gott ist eine altertümliche Erklärung für natürliche Phänomene die damals nicht erklärbar waren«. Pauschale ›Beweis‹-Aussagen lassen sich gleichfalls hinsichtlich der Urknalltheorie finden: »Durch die Naturwissenschaft wurde bewiesen, daß der Mensch, Tiere und das All nicht durch Gott entstanden sind, sondern durch den Urknall und durch Kometen, die auf der Erde eingeschlagen sind.« Darüber hinaus ist damit zu rechnen, dass eine an sich unrichtige, jedoch breitenwirksame Trivialform der Evolutionslehre nach dem Motto ›Der Mensch stammt vom Affen ab‹ vertreten wird. Ein beredtes Beispiel ist der folgende Text: »Gott war mal da und es gibt ihn nicht mehr. Wenn man logisch denkt, sieht man das auch ein. Die Menschen wären von Gott entstanden. Das ist doch Blödsinn. Man hat doch bewiesen, daß die Menschen vom Affen abstammen« (Schuster 1984: T 361).

Im Fortgang dieses Zitates wird exemplarisch deutlich, dass naturwissenschaftliche Themen oftmals im unmittelbaren Zusammenhang mit der Theodizee-Frage genannt werden. Das Leid in der Welt ist dann der Erfahrungsbeweis gegen Gott oder umgekehrt: Gott soll den Beweis seiner Existenz führen, indem er hilft: »Wenn es Gott gibt, dann soll er doch kommen und uns helfen. Soll er doch die Kriege, die auf der Erde sind abschaffen, dann soll er doch kommen und allen Menschen beweisen, daß er da ist. ... Wenn er was beweist, dann erst glaube ich an ihn.« (Schuster 1984: T 361).

2. Schöpfung ›und‹ Naturwissenschaft: Vereinbarungsstrategien aus entwicklungspsychologischer, alltagstheoretischer und theologischer Perspektive

2.1. Zur Entwicklung komplementären Denkens

Mit guten Gründen haben die entwicklungspsychologischen Studien von Fritz Oser und Karl Helmut Reich zum Denken in Komplementarität (vgl. u.a. Oser/Reich 1987; Oser/Reich 1991; Reich 1995; Reich 1997; Fetz u.a. 2001) eine vielfältige Beachtung im religionspädagogischen Diskurs gefunden. Für die Verstehensschwierigkeiten von Schöpfung im Kontext einer naturwissenschaftlich geprägten Lebenswelt genügt ein Blick auf die ersten vier Stufen des Denkens in Komplementarität, wobei diese im Folgenden anhand des exemplarischen Problemfalls ›naturwissenschaftliche Welt- und Lebensentstehungstheorien (= Theorie A) – biblisches Schöpfungsverständnis (= Theorie B)‹ konkretisiert werden sollen.

Das erste Niveau des Denkens in Komplementarität lautet ›keine Komplementarität‹: In den meisten Fällen wird Theorie A *oder* Theorie B gewählt, beide Theorien werden getrennt betrachtet und spontan als richtig oder falsch beurteilt. Im Vordergrund steht eine alternative Betrachtungsweise (z.B. Präferenz für Theorie B: »Der Pfarrer hat recht. Gott hat ihm gesagt, daß es so ist.«). Im Unterschied dazu wird auf dem zweiten Niveau ›rudimentäre Komplementarität‹ die Möglichkeit in Betracht gezogen, dass sowohl Theorie A als auch Theorie B richtig sein könnten (z.B. »ich glaube zwar mehr an die Bibel, aber daß der Mensch vom Affen abstammt, scheint mir auch richtig«). Auf dem dritten Niveau ›beginnende Komplementarität‹ wird die Notwendigkeit erkannt, für die Erklärung eines Problemfalls Theorie A und Theorie B heranzuziehen. Gleichwohl ist gerade im Vergleich zu anderen Themenbereichen, anhand derer das Denken in Komplementarität untersucht wurde, bei dem Thema ›Schöpfung-Naturwissenschaft‹ nicht selten ein niedrigeres Performanz-Niveau festzustellen. In diesen Fällen ist oftmals eine Präferenz für Theorie A zu beobachten nach dem Motto ›A kann man beweisen, B nicht‹. Verstehensprobleme von Schülerinnen und Schüler hinsichtlich des Verhältnisses von biblischem Schöpfungsverständnis und naturwissenschaftlichen Theorien lösen sich, wenn das vierte Niveau der ›reflektierten Komplementarität‹ erreicht wird, auf dem die Theorien A und B bewusst als komplementär aufgefasst werden und ihr gegenseitiges Verhältnis reflektiert wird (z.b. »A und B gehören zu anderen Dimensionen. Es sind zwei verschiedene Perspektiven, die einander nicht beeinflussen«).

Das angesprochene Kompetenz-Performanzgefälle im vorliegenden Themenbereich wurde mit Hilfe einer kategorialen Inhaltsanalyse der Aussagen näher untersucht (vgl. Reich 1997). Dabei wurden insgesamt drei Kategorien gewonnen:

1) Ungenügendes Vorwissen bzw. Sachkenntnis, z.B. »Man weiß es nicht, weil noch kein Mensch da war« (ebd.: 14);

2) Einseitige Stellungnahme trotz Sachkenntnis, z.B. »Der Naturwissenschaftler hat recht, weil man es nachforschen kann« (ebd.: 16);

3) Unlösbarkeit des Problems, z.B. metatheoretische Reflexion mit dem Ergebnis: »das werden wir wohl nie wissen« (ebd.: 16). Ein beredtes Beispiel ist auch das folgende Zitat aus der Textsammlung von Schuster: »… Ich komme in den Gedanken, wie ist die Erde entstanden. Denn kann man sagen, Gott hat die Welt erschaffen, oder die Erde ist durch biologische Weise entstanden. Je länger ich darüber nachdenke, desto aufgeregter und angeregter werde ich, und dann sage ich zu mir, es hat ja sowieso keinen Sinn darüber nachzudenken und lasse das Thema wieder fallen.« (Schuster 1984: T 297).

Mit diesen Resultaten sieht Karl Helmut Reich die Hypothese bestätigt, dass für eine ›angemessene‹ Koordination nicht in allen Fällen eine entsprechende Kompetenz im komplementären Denken ausreicht: »Sachkenntnisse und eine effektive Anwendung der vorhandenen Denkmöglichkeiten, also u.a. eine hinreichende Motivation sind auch erforderlich« (Reich 1997: 17).

Grundsätzlich ist mit Karl Ernst Nipkow anzufragen, ob nicht doch die inhaltliche Komponente eines Problems einen Einfluss auf das strukturgenetische (!) Denken in Komplementarität ausübt und zu einem ›Verzögerungseffekt‹ führen kann. So zeigte bereits eine sorgfältige Analyse der ersten empirischen Studie, dass »auf dem Hintergrund der ihnen vorgelegten insgesamt 9 Probleme bei dem Weltentstehungsproblem Nr. 9 [...] und bei zwei weiteren, die dem Gebiet der ›Materie vs. Ultimates‹ angehören, die Entwicklung verzögerter ist; die Annäherung erfolgt erst, wenn überhaupt, zwischen 15 und 20 Jahren« (Nipkow 1988a: 105f.). In diesem Sinne wenden sich die nachstehenden Ausführungen der inhaltlichen Argumentationsebene zu.

2.2. Alltagstheoretische Vereinbarungsstrategien

Neben den formalen Fähigkeiten zum komplementären Denken verdienen auch konkrete alltagstheoretische Vereinbarungsstrategien Beachtung. Diese können einerseits als Ausgangspunkt von religiösen Bildungsprozessen dienen, andererseits können auch jeweils ganz bestimmte »Engführungen« auftreten.

Transzendenz Gottes und Glaube als eigene Dimension. Oftmals dient die Transzendenz Gottes als Argument, warum Naturwissenschaft und Gottesbild miteinander vereinbar sind. In diesem Sinn ist etwa davon die Rede, dass es nicht-erforschbare Bereiche gibt oder Gott nicht messbar bzw. erfassbar ist: »Wir jetzigen Menschen sind nicht das Endprodukt der Evolution. Mit unserem jetzigen Entwicklungsstand von Geist, Sinneswahrnehmung usw. lässt sich das Wesen ›Gott‹ weder erfassen noch mit unserer sprachlichen Ausdrucksweise erklären, lässt sich nicht in Worte fassen.« (Schuster 1984: T 68).

Auch bei Jugendlichen ist dieses Argumentationsmuster greifbar: »Ich bin nicht der Ansicht, dass Erkenntnisse der modernen Naturwissenschaften den Glauben an Gott widerlegen können, weil man Glauben meiner Meinung nach nicht widerlegen kann. Der Glaube an Gott ist naturwissenschaftlich nicht zu erklären. Er ist höchstens kulturell zu erklären, also was die Menschen bewegt hat an Gott zu glauben« (eigene Erhebung, unveröffentlicht).

Damit eng zusammenhängend kann allgemein die Verschiedenheit zwischen naturwissenschaftlichen und religiösen Kategorien oder speziell der besondere Charakter religiöser Rede angeführt werden: »Die Naturwissenschaft tut meinem Gottesbild *kei-*

nen Abbruch. Ich kann die Bilder des AT und NT auch so sehr gut verstehen.« (ebd.: T 22).

Ungeachtet dessen, dass der Verweis auf die Transzendenz Gottes und die Verschiedenheit zwischen Schöpfungsglaube und naturwissenschaftlichen Theorien an sich berechtigt sind, kann diese Betrachtungsweise im Extremfall dazu führen, dass im Kontext einer naturwissenschaftlich geprägten Lebenswelt ein derart akzentuierter Schöpfungsglaube für gegenwärtige Lebensfragen als irrelevant erscheinen und gewissermaßen zu einem frommen Ghettodasein führen kann.

Grenzen naturwissenschaftlicher Methodologie. Die am häufigsten vorgebrachte Argumentation ist mit dem erstgenannten Aspekt eng verbunden. Jedoch ist der Ansatz an dieser Stelle weniger von der Transzendenz Gottes her motiviert, sondern primär in den Grenzen naturwissenschaftlicher Methodologie und Forschung verankert. Neben kurzen Hinweisen auf die Grenzen der Naturwissenschaften finden sich auch sehr eingehende Erläuterungen zu diesem Punkt. So wird in einem Text die Vereinbarkeit von Gottesbild mit moderner Naturwissenschaft begründet, weil »sie immer nur einzelne *Gesetzmäßigkeiten* der Veränderung von Materie erklären können wird, nicht aber die Tatsache der Existenz von Materie, geschweige denn von Bewusstsein und Gefühlen; also existentiellen Grundfragen. Naturwissenschaft kann per Definition nichts über den tatsächlichen Verlauf der Weltentwicklung aussagen; es gibt nur jeweils vorläufig gültige Arbeitshypothesen – bis zu ihrer Widerlegung oder Präzisierung« (ebd.: T 59).

Diese gleichfalls von Jugendlichen vertretene Vereinbarungsstrategie ist durchaus ambivalent: Nur ein kleiner Schritt trennt sie noch von einem Lückenbüßergott, d.h. Gott wird von Jugendlichen da eingesetzt, wo sie Grenzen naturwissenschaftlicher Theorien sehen: »Wenn die Forscher auch sagen die Erde sei durch den Urknall entstanden, doch wo kommt der Urknall her, dieser muss ja auch irgendwo herkommen. Also kommt er doch von einer höheren Macht, – von Gott« (ebd.: T 33; vgl. T 15, 838). Im folgenden Textbeispiel zeigt sich jedoch, dass Grenzen naturwissenschaftlicher Theorien nicht zwingend mit einem Lückenbüßergott verbunden werden. In diesem Statement finden sich auch bei einem Jugendlichen Ansätze wissenschaftstheoretischer Kenntnisse: »Ich glaube an Gott, weil [...] ich mir nicht vorstellen kann, dass Leben von selbst entsteht. Es gibt so viele wissenschaftliche Begründungen für die Entstehung des Lebens auf unserer Welt: Urknalltheorie, Evolutionstheorie usw. Ich kann diesen Theorien keinen Glauben schenken, denn jede Theorie ist von einer Annahme ausgegangen, die sich irgendein Mensch ausgedacht hat und dann Schlußfolgerungen gesucht wurden. Man hat bei diesen Theorien nur die Möglichkeit sie zu glauben oder nicht, man kann sie nicht ausprobieren!« (ebd.: T 11). Diese Kenntnis der Grenzen naturwissenschaftlicher Theorien hinsichtlich der Entstehung des Lebens führt im vorliegenden Fall schließlich zu einer Kombination von Gottes Wirken und Evolution: Gott setzte Leben in tote Materie, die sich dann mit »Gottes Hilfe« (ebd.) entsprechend der Biologie vom Einzeller über Primaten hin zum Menschen entwickelte.

Naturwissenschaftliche Theorien als Gottesbeweis. Häufig werden naturwissenschaftliche Theorien und Gesetze z.B. auch als ein Verweis auf oder sogar als ein Beweis für Gott verstanden. So kann kurz und prägnant die Überzeugung geäußert werden, dass die Naturwissenschaften »in der Lage sind oder bald, ihn [Gott] zu beweisen« oder mit Blick auf das ›Wunderbare‹ der Schöpfung ausführlicher festgestellt werden: »Für mich [ist] das Wunder der Schöpfung, je mehr ich mich mit Biologie und Biochemie befaßt habe, immer noch größer geworden. Was bewirkt, daß sich aus einer Zelle gesteuert durch die DNA durch Aufbau bestimmter Aminosäuren ein Mensch entwickeln kann? Millionen kleiner Pannen wären dabei möglich und ohne eine liebende, diese Milliarden biochemischer Prozesse steuernde Kraft, wäre dieses perfekte Ineinandergreifen so komplizierter Vorgänge nicht möglich. Diese Kraft ist für mich Gott.« (ebd.: T 74).

Auch bei Jugendlichen findet sich der Hinweis auf einen ›Schöpfungsplan‹ oder eine eingehende Thematisierung kosmischer Ordnung, die letztlich als Indiz für einen transzendenten Schöpfergott gilt: »Ich glaube an Gott, weil [...] Wenn ich mir das Universum anschaue, dann muß ich immer wieder staunen. Eine unendliche Menge an Sternen, Galaxien und Milchstraßen. Dann unser Sonnensystem, mit seiner genialen Aufteilung, mit der Sonne, die Milliarden von Jahren unaufhörlich Licht und Wärme unserer Erde spendet […] Wenn man sich das alles überlegt, dann muss es doch einen Gott, sprich ein höheres intelligentes Wesen, das wir nicht wahrnehmen können, geben.« (ebd.: T 522).

Gleichwohl dürfen in diesem Zusammenhang die Nähe zu Vorstellungen eines »intelligenten Designers« und entsprechende »kreationistische Abseitsfallen« nicht übersehen werden.

Gott als Schöpfer der Naturgesetze. In dieser Vereinbarungsstrategie wird auf Gott als Schöpfer der Naturgesetze oder auf seinen Schöpfungsplan hinsichtlich der Naturwissenschaften verwiesen. Am folgenden Beispiel lässt sich ersehen, wie konkret das Schöpfungshandeln Gottes mit Urknall und Evolution verbunden werden kann: »Ich glaube, dass selbst hinter einem Urknall eine unendlich weise, gute, vollkommene Macht gestanden, ihn initiiert haben muss! – alles andere ist mir nicht der Rede wert, diese phantastische Schöpfung ist doch nicht einmal fragmentarisch von der Wissenschaft zu schaffen! Evolution, als Weiterentwicklung, von einer niederen nach einer höheren Stufe, die auf die veränderten Umweltbedingungen und -einflüsse sich allmählich ereignet hat – diese Möglichkeit hat der unendlich weise – ewige (alles überschauende) Schöpfer in die DNS der Lebewesen eingepflanzt um den wechselnden Verhältnissen auf unserem Planeten ›gewachsen‹ zu sein, d.h. wachsen = sich verändern, lebendig sein.« (ebd.: T 58).

Kontextbedingtheit der Bibel. Des Weiteren lässt sich bei manchen Befragten erkennen, dass die Einsicht in die Kontextbedingtheit der Bibel eine ›entlastende‹ Funktion hinsichtlich des Verhältnisses zur Naturwissenschaft zu bewirken vermag. In diesem Zusammenhang kann die historisch-kritische Methode explizit oder wie im nachfolgenden Beispiel implizit thematisiert werden:

»Ich glaube, dass viele Texte in der Bibel nicht wörtlich genommen werden dürfen. Die Schöpfungsgeschichte z.B. kann man sich so nicht vorstellen (Gott hat die Welt sicher *nicht* in 6 Tagen erschaffen). Die Texte müssen stets im Zusammenhang mit der Kultur und der Zeit, in der sie geschrieben wurden, gesehen werden.« (ebd.: T 98).

›*Gläubige‹ Naturwissenschaftler.* Abschließend ist auf einige Befragte zu verweisen, die ›gläubige‹ Naturwissenschaftler als einen

Beweis zur Vereinbarkeit beider Bereiche heranziehen. In diesem Sinne kann eine der Befragten auf Vertreter der modernen Physik verweisen und feststellen: »Gerade unsere Physiker haben heute vielfach erkannt und sprechen auch offen darüber, dass hinter allem eine höhere Macht steht, lange nicht alles beweisbar ist und sie an ihre Grenzen – eine andere Dimension stoßen.« (ebd.: T 69).

In gewisser Hinsicht liegt hier eine vergleichbare, auf naturwissenschaftliche Autorität rekurrierende Argumentationsweise vor, wie es umgekehrt zu beobachten ist, wenn allein die pauschale Bezugnahme auf die ›bewiesenen‹ naturwissenschaftlichen Theorien als ausreichend angesehen wird. ›Gläubige Naturwissenschaftler‹ können letztgenannte Sichtweise verunsichern, dies wäre jedoch bildungstheoretisch betrachtet unzureichend, wenn nicht auch die entsprechenden Argumente differenziert zur Kenntnis genommen werden, warum bestimmte NaturwissenschaftlerInnen keinen Widerspruch von naturwissenschaftlichen Theorien zum Schöpfungsglauben sehen.

Das abschließende Textbeispiel dokumentiert schließlich, dass Personen nicht selten verschiedene Vermittlungsstrategien anführen. Hier wird erstens der Glaube als eine eigene Dimension herausgestellt, zweitens auf die Grenzen der Naturwissenschaften verwiesen und drittens angemerkt, dass die biblische Schöpfungsgeschichte nicht wörtlich aufzufassen ist: »Ich bin nicht der Ansicht, dass Erkenntnisse der modernen Naturwissenschaften den Glauben an Gott widerlegen können, weil man das, was man glaubt, nicht mit realen Dingen vergleichen kann. Keiner wird behaupten, die Welt wurde in 7 Tagen erschaffen. Die Schöpfungsgeschichte ist wohl eher sinnbildlich gemeint. Man kann nicht mit Naturwissenschaft Zufälle messen […] was, das man nicht sieht. Man kann keine Liebe seh'n und sie ist da, wir werden von ihr beeinflusst, sie lässt uns Dinge tun, aber keiner kann's wissenschaftlich belegen. Man kann die Pulse messen etc. aber nicht das Gefühl, also kann man die Existenz Gottes nicht nachweisen« (eigene Erhebung, unveröffentlicht).

Diese alltagstheoretischen Vermittlungsstrategien besitzen fließende Übergänge zu theologischen Modellen, welche das Verhältnis von Schöpfung und Naturwissenschaft reflektieren. Ihnen gilt im Folgenden die Aufmerksamkeit, weil sie eine Vertiefung alltagstheoretischer Vereinbarungsstrategien leisten können.

2.3. Theologische Vereinbarungsstrategien

Im Anschluss an die verbreitete Typologie von Ian Barbour (1990) kann zwischen vier verschiedenen Verhältnismodellen von Naturwissenschaft und Theologie unterschieden werden, die sich wiederum unschwer auf das Verhältnis von theologischer Schöpfungslehre und naturwissenschaftlichen Welt- und Lebensentstehungstheorien übertragen lassen: Konflikt-, Unabhängigkeits-, Dialog- und Integrationsmodell. Einzig das Konfliktmodell kann nicht den Vereinbarungsstrategien zugerechnet werden, jedoch soll es der Vollständigkeit halber an dieser Stelle nochmals angeführt werden.

Kreationismus und Szientismus als die beiden Varianten des *Konfliktmodells* wurden bereits oben thematisiert. Im Grunde genommen besitzen sie ungeachtet ihrer Gegensätzlichkeit zahlreiche strukturelle Entsprechungen (vgl. auch o. Abschnitt 5. im Beitrag von R. Anselm). Beide bestreiten eine Vereinbarkeit von Schöpfungsglaube und Naturwissenschaft, beide reklamieren für ihr »Wissen« ein festes Fundament (szientistisch: Logik und Wahrnehmungsdaten; kreationistisch: Unfehlbarkeit der Bibel) und beide vertreten die Ansicht, dass sich naturwissenschaftliche und religiöse Aussagen auf den gleichen Bereich beziehen. Kreationismus wie Szientismus implizieren beide notwendig den Konflikt zwischen biblischem Schöpfungsverständnis und naturwissenschaftlichen Welt- und Lebensentstehungstheorien: Jeweils wird eine Perspektive absolut genommen und werden Theologie und Naturwissenschaft auf eine (Tatsachen-)Ebene gesetzt, bei der nur die eine oder die andere Ansicht wahr sein kann, *tertium non datur*.

Das *Unabhängigkeitsmodell* (vgl. dazu die Ausführungen o. Abschnitt 5. im Beitrag von R. Anselm zum Inkommensurabilitätsmodell und zu Karl Barth) stellt insofern eine Vereinbarungsstrategie dar, als es einen Konflikt zwischen Naturwissenschaft und Theologie vermeidet, indem beide Bereiche als völlig unabhängig und autonom angesehen werden. Vertreter dieses Modells heben die unterschiedlichen Methoden in Naturwissenschaft und Theologie (z.B. K. Barth) oder die verschiedene Funktion von naturwissenschaftlichen und religiösen Sprachspielen hervor (z.B. G. Lindbeck).

Didaktisch fruchtbar bringt Karl Barth diese Sichtweise in einem Brief an seine Großnichte zum Ausdruck: »Hat euch im Seminar niemand darüber aufgeklärt, dass man die biblische Schöpfungsgeschichte und eine naturwissenschaftliche Theorie wie die Abstammungslehre so wenig miteinander vergleichen kann wie, sagen wir: eine Orgel mit einem Staubsauger! – dass also von ›Einklang‹ ebenso wenig die Rede sein kann wie von Widerspruch?« (Barth 1975: 291f.). Allein die Bilder von ›Orgel‹ und ›Staubsauger‹ scheinen keineswegs unbedacht gewählt zu sein. Beide funktionieren zwar mit ›Luft‹, sind jedoch charakteristisch verschieden: das eine musisch-ästhetisch, das andere pragmatisch-technisch, das eine ›Instrument‹ steht für ›Kirchenmusik‹, das andere für ›Technik‹. Den weiteren Ausführungen dieses Briefes lassen sich vier typische Argumente für ein Unabhängigkeitsmodell von Theologie und Naturwissenschaft entnehmen, die gleichzeitig pointiert das Spezifikum der christlichen Glaubensperspektive, der religiösen Rationalitätsform, im Gegenüber zur kognitiv-instrumentellen Rationalitätsform (J. Baumert) der Naturwissenschaft herausstellen:

(1) Die Schöpfungsgeschichte handelt vom Beginn der von Gott verschiedenen Realität »im Licht des späteren Handelns und Redens Gottes mit dem Volk Israel« (ebd.). Die Abstammungslehre versucht dagegen, den inneren Konnex dieser Wirklichkeit zu erklären.

(2) In der Schöpfungsgeschichte erfolgt dies »in Form einer Sage und Dichtung« (ebd.), in der Abstammungslehre »in Form einer wissenschaftlichen Hypothese.« (ebd.).

(3) Die Schöpfungsgeschichte thematisiert letztlich die Offenbarung Gottes und somit das für die Wissenschaft nicht erfassbare »Werden aller Dinge« (ebd.), die Abstammungslehre befasst sich dagegen »mit dem Gewordenen, wie es sich der menschlichen Beobachtung und Nachforschung darstellt« (ebd.).

(4) Das Verhältnis von Schöpfungsgeschichte und Abstammungslehre wird nur dann als ein Entweder-Oder (miss-)verstan-

den, »wenn jemand sich entweder dem Glauben an Gottes Offenbarung oder dem Mut [...] zu naturwissenschaftlichem Deuten gänzlich verschließt.« (ebd.).

Das *Dialogmodell* berücksichtigt wie das Unabhängigkeitsmodell gleichfalls die Unterschiede zwischen Naturwissenschaft und Theologie, sieht jedoch im Gegensatz zu diesem Berührungspunkte zwischen beiden Bereichen als gegeben an. Diese lassen sich nach Ian Barbour wiederum in die Variante nach den Grenzfragen (z.B. religiöse Fragen, die sich im Grenzbereich der Naturwissenschaft stellen) sowie in die Variante der methodischen Parallelen zwischen Naturwissenschaft und Theologie unterteilen. Gegenwärtig erfreut sich gerade das Dialogmodell einer zunehmenden Anzahl von Vertretern (z.B. J. Moltmann, W. Pannenberg, vgl. auch den Beitrag von R. Anselm in diesem Band).

Für das Dialogmodell ist das Prinzip der Komplementarität ein zentraler Bestandteil des wissenschaftstheoretischen Ansatzes: Die sich dem Menschen eröffnende Wirklichkeit ist so komplex, dass sie nicht eindeutig und aus einer Perspektive allein beschrieben werden kann. Es gibt somit verschiedene, eventuell auch in Widersprüche führende Möglichkeiten, von ein und demselben ›Objekt‹ zu sprechen. Das Dialogmodell überwindet die Gegensätzlichkeit beider Sichtweisen von Wirklichkeit, indem die Komplementarität als notwendige Ergänzung hervorgehoben wird, nicht – und dies muss betont werden – als unmittelbare und vollständige Vereinbarkeit von Naturwissenschaft und Theologie.

Die Geschichte der theologischen Schöpfungslehre lässt sich nach Jürgen Moltmann (1993: 47–54) in drei Stadien unterteilen: Zuerst wurde das antike Weltbild sowie die biblische Überlieferung zu einer religiösen Kosmologie verschmolzen. Im Anschluss daran emanzipierte sich einerseits die Naturwissenschaft von jener religiösen Kosmologie, andererseits verabschiedeten sich theologische Schöpfungslehren gleichfalls von der Kosmologie und beschränkten sich auf die Entfaltung eines persönlichen Schöpfungsglaubens. Seit etwa drei Jahrzehnten suchen unter dem Vorzeichen der ökologischen Krise bestimmte Theologen und Naturwissenschaftler gemeinsam neue Richtlinien, damit Mensch und Natur auf dieser Erde überleben können. Während die Naturwissenschaften zeigen, wie man die Schöpfung als Natur verstehen kann, erklärt die Theologie die Natur als Gottes Schöpfung. Dabei weist Moltmann insbesondere auf den biblischen Sabbat hin: »Die Sabbatregeln sind nach der Bibel Gottes ökologische Strategie, um das Leben zu bewahren, das Gott geschaffen hat.« (Moltmann 1989: 87).

Darüber hinausgehend sind Vertreter des *Integrationsmodells* der Ansicht, dass eine Integration zwischen dem Gegenstand der Theologie und dem der Naturwissenschaft möglich ist. Gleichwohl sind entsprechende Positionen wie die der Prozessphilosophie ausgesprochen komplex und im praktisch-theologischen Kontext weniger vermittelbar als das Unabhängigkeits- und Dialogmodell. Zudem müssen Vertreter des Integrationsmodells auf einer ›metatheoretischen‹ Ebene eine einheitswissenschaftliche Rationalitätsform postulieren, welche die verschiedenen Modi der Weltbegegnung zu integrieren vermag.

Vertiefende Einzelstudien zu Vertretern obiger Modelle (Rothgangel 1999: 132–211) führen einen selbstverständlich scheinenden Aspekt vor Augen, der jedoch in seiner Tragweite oftmals unzureichend gewürdigt wird: Die Vertreter der einzelnen Modelle berufen sich auf unterschiedliche Positionen von Theologie und auf verschiedenste wissenschaftstheoretische bzw. philosophische Sichtweisen. Alle diese Faktoren sind aber Variablen, die eine Verhältnisbestimmung von theologischer Schöpfungslehre und naturwissenschaftlichen Welt- und Lebensentstehungstheorien entscheidend beeinflussen. Ungeachtet der zahlreichen Gründe, die unter gegenwärtigen gesellschaftlichen Bedingungen eine Favorisierung des Dialogmodells nahe legen, sollte im religionspädagogischen Kontext nicht kurzschlüssig eine einseitige Option für das eine oder andere Verhältnismodell forciert werden. In normativer Hinsicht gilt allein, dass das Konfliktmodell unzureichend und die Problematik von Kreationismus wie Szientismus aufgrund ihrer gegenwärtigen Aktualität eingehend darzulegen ist. In jedem Fall sind jeweils die Chancen und Grenzen der einzelnen Modelle differenziert wahrzunehmen und je nach »Adressaten« die besonderen Potentiale des jeweiligen Verhältnismodells für den Bildungsprozess fruchtbar zu machen.

3. Bildungstheoretische Überlegungen

3.1. Leitlinien einer schöpfungsorientierten Didaktik

Die voranstehenden Überlegungen stellten aufgrund der lebensgeschichtlichen wie lebensweltlichen Relevanz insbesondere das problematische Verhältnis zwischen theologischer Schöpfungslehre sowie naturwissenschaftlichen Welt- und Lebensentstehungstheorien heraus. Gleichwohl sind damit keineswegs alle Facetten und Problemfelder von Schöpfung weder allgemein aus praktisch-theologischer noch speziell aus bildungstheoretischer Perspektive erfasst. Dies kann ansatzweise verdeutlicht werden anhand des Resümees einer Schulbuchanalyse von Guido Hunze (2007: 67–69), der auf der Grundlage von drei etablierten Schulbuchreihen (1. Trutwin: »Zeit der Freude« – »Wege des Glaubens« – »Zeichen der Hoffnung«; 2. Hilger/Reil: »Reli«; 3. Koretzki/Tammeus: »Religion entdecken – verstehen – gestalten«) folgende fünf Problemfelder markiert:

1. Nur in einem der drei untersuchten Unterrichtswerke stellt Schöpfung einen wichtigen bzw. zentralen Bezugspunkt dar.

2. Fast durchgängig wird der Schöpfungsbegriff ganz selbstverständlich verwendet, ohne den Bedeutungsgehalt des Begriffs näher zu klären.

3. Wird Schöpfung in ethischer Hinsicht thematisiert, dann können Defizite in der theologischen Argumentation dazu führen, dass der Schöpfungsbegriff synonym mit ›Umwelt‹ bzw. ›Natur‹ verwendet wird.

4. Werden biblische Weltbilder in eine Reihe mit naturwissenschaftlichen Weltbildern gestellt, dann kann sich der Eindruck einstellen, dass die biblischen Weltbilder von den naturwissenschaftlichen überholt worden sind.

5. Die Frage nach der Schöpfung wird primär biblisch-theologisch, weniger systematisch-theologisch reflektiert.

Auf der Grundlage seiner eingehenden theologischen Analyse des Schöpfungsbegriffs im Anschluss an Jürgen Moltmann, seiner religionspädagogischen Analyse von Rahmenbedingungen religionsunterrichtlichen Lernens zum Themenfeld »Schöpfung«

sowie seiner Diskussion von naturwissenschaftlich-technischen Plausibilitätsansprüchen, entwirft Hunze sechs religionspädagogische Leitlinien für eine schöpfungsorientierte Didaktik:

»1. Leitlinie: Eine schöpfungsorientierte Didaktik ist gekennzeichnet durch ein Wahrnehmungsinteresse, das durch die Sensibilisierung zu einer erstaunenden Begegnung mit der Welt in eine vertiefte Beziehung zu ihr eintreten hilft, in der der eigene Ort relational bestimmt werden muss.

2. Leitlinie: Eine schöpfungsorientierte Didaktik ist gekennzeichnet durch ein Reflexionsinteresse, das einerseits der Schöpfungsidee theologisch auf den Grund gehen will, sich andererseits bewusst macht, was wissenschaftliche Aussagen der Theologie und der Naturwissenschaft aussagen wollen bzw. können und wie sie zueinander stehen.

3. Leitlinie: Eine schöpfungsorientierte Didaktik ist gekennzeichnet durch ein Beziehungsinteresse, das den Beziehungscharakter von Schöpfung in seinem zeitlichen Spannungsbogen in den Mittelpunkt stellt, und ihn zugleich im religionspädagogischen Handeln der Lehrenden wie auch im angezielten gesellschaftlichen Handeln der Lernenden umsetzt.

4. Leitlinie: Eine schöpfungsorientierte Didaktik ist gekennzeichnet durch ein Aneignungsinteresse, das bei den disparaten Erfahrungswelten der Lernenden und Lehrenden ansetzt und ihnen einen auf Aneignung setzenden Weg zu einer mündigen Glaubensentscheidung weist, die es ermöglicht, die Welt als Schöpfung Gottes wahrzunehmen und sich so in ihr neu zu orientieren.

5. Leitlinie: Eine schöpfungsorientierte Didaktik ist gekennzeichnet durch ein Bewährungsinteresse, das nach Möglichkeiten der Bewährung der angebotenen Glaubensperspektive sucht, die an den Lebenswelten und der Sprachfähigkeit der konkreten Lernsubjekte orientiert ist.

6. Leitlinie: Eine schöpfungsorientierte Didaktik ist gekennzeichnet durch ein naturwissenschaftlich-technisches Interesse, das die Durchformung der Lebenswelten durch Naturwissenschaft und Technik auf der einen, eine entsprechend geprägte Denkform auf der anderen Seite berücksichtigt – wobei sowohl deren grundsätzliche Wertschätzung als auch deren glaubenstheoretische

Qualität kritisch und konstruktiv zum Ausdruck kommen muss.« (Hunze 2007: 224f.).

3.2. Bildungsziele

Generell zeigen die empirischen Analysen, dass die Schöpfungsthematik und das damit verbundene Verhältnis von Gott und Naturwissenschaft ein wesentliches religionspädagogisches Thema darstellt. Gegenwärtig wird es zwar im Religionsunterricht behandelt, aber doch keineswegs seiner Bedeutung entsprechend wahrgenommen. Diese Thematik stellt eine zentrale Herausforderung für religionspädagogische Bildungsbemühungen dar, wenn man den empirisch dicht belegten Verlust des Gottesglaubens im Jugendalter ernst nimmt. Das Verhältnis von Gottesbild und Naturwissenschaft sollte im Rahmen eines Spiralcurriculums zumindest jedes zweite Schuljahr behandelt werden. Das mag übertrieben klingen: Jedoch handelt es sich bei dieser Thematik um ein Schlüsselproblem des Religionsunterrichts, das sich nicht en passant lösen lässt. Vielmehr bedarf es einer religionspädagogischen Biographiebegleitung.

Kindheit: Unvermeidlich stellen sich bei Kindern kontrovers diskutierte Fragen: Kommt den Welt- und Gottesbilder von Kindern ein eigenes Recht zu oder sind sie als ein notwendiges Übel hinzunehmen? Müssen diese kindlichen Sichtweisen akzeptiert oder bereits vom frühen Kindesalter an korrigiert werden? Gegenwärtig kristallisiert sich in dieser Hinsicht ein religionspädagogischer Kompromiss heraus: ›verweilen lassen und fördern‹. Das archaische Welt- und anthropomorphe Gottesbild von Kindern besitzt seine eigene Berechtigung. Kinder haben ein Recht darauf, in ihrem jeweiligen Stadium verweilen und ihre archaischen, mythisch-wortwörtlichen, artifizialistischen und anthropomorphen Denkmöglichkeiten entfalten zu dürfen. Die biblischen Geschichten zur Welt- und Lebensentstehung und das damit verbundene Welt- und Gottesbild entsprechen diesem Denken. Es ist grundverkehrt, aufgrund eines veränderten naturwissenschaftlichen Weltbildes sowie aufgrund historisch-kritischer Erkenntnisse den Kindern die biblischen Schöpfungserzählungen vorzuenthalten (vgl. Fetz u.a. 2001: 357). Für das artifizialistische Schöpfungsverständnis von Kindern findet sich gerade in Gen 1 der angemessene Ausdruck, dass Gott der heilschaffende Schöpfer der Welt ist. Kinder können von den Erzählungen in Gen 1 gefesselt werden. Sie entsprechen ihrer Welt, ihrer Gedankenwelt. Daraus folgt als ein erstes Bildungsziel:

(1) Die biblischen Schöpfungserzählungen kennen lernen und zum Ausdruck bringen.

Umgekehrt werden Kinder in einer naturwissenschaftlich geprägten Lebenswelt stets Hinweise bekommen, dass z.B. die Erde rund ist. Kognitive Dissonanzen sind auf die Dauer unausweichlich. Das heißt aber auch: Nicht nur verweilen lassen, sondern auch – in aller Behutsamkeit – fördern. Die zentrale Aufgabe für den Religionsunterricht lautet dann: Wie kann ich die sich entwickelnden Weltbilder der Kinder religionspädagogisch so begleiten, dass die theologisch unaufgebbare Aussage von Gott als Schöpfer mit dem jeweiligen Weltbild kompatibel ist. In diesem Sinne empfehlen sich die nachstehenden Bildungsziele, die im Anschluss an Werner Ritter (1999: 333) formuliert sind:

(2) »Gottes gute Schöpfung schmecken, sehen, spüren und erfahren«;

(3) »Staunen und Freude über und an der guten Schöpfung Gottes in biblischen Texten (v.a. Psalmen) und bei uns empfinden«;

(4) »von Lob und Dank für Gottes gute Schöpfung hören und dies selber ausdrücken und gestalten«;

(5) »vom Leid in der Schöpfung hören und die Bedrohung der Schöpfung wahrnehmen«;

(6) »vom ›Bebauen und Bewahren‹ der Schöpfung hören und eine Aktion mitgestalten«.

Jugendalter: Neue religionspädagogische Herausforderungen stellen sich bei Jugendlichen. Provozierend sei folgende These aufgestellt: Auch das kritisch-hypothetische Denken Jugendlicher besitzt wie das mythisch-wortwörtliche Denken von Kindern seine eigene Würde, seine eigene Dignität. Vor allem die folgenden zwei Themenkreise sind aufgrund ihres exemplarischen Charakters zentral: zum einen die Welt- und Lebensentstehung, zum anderen das Thema ›Grenzen und Tragweite naturwissenschaftlicher Theorien‹. Diese beiden Themen wirken sich für viele Jugendliche entscheidend und folgenreich auf ihr Gottesbild aus.

Gerade im Blick auf das kritische Bewusstsein Jugendlicher besitzt die historisch-kritische Methode eine besondere Chance. Mit allem Nachdruck sind aus diesem Grund die zwei biblischen Schöpfungserzählungen historisch-kritisch auszulegen. Hier zeigt sich zum einen, dass die biblischen Schöpfungsgeschichten ›naturwissenschaftliche‹ Weltbilder früherer Zeiten enthalten. Auf diesem Hintergrund wird zum Ausdruck gebracht, dass Gott der Schöpfer des Himmels und der Erde ist. Für Jugendliche ist es nachvollziehbar, dass das Bekenntnis von Gott als Schöpfer vor zwei- bis dreitausend Jahren nicht mit der Urknall- bzw. Evolutionstheorie erläutert werden konnte. Zum anderen ist zu betonen, dass die biblischen Schöpfungserzählungen im Kontext der Heilsgeschichte zu verstehen sind. Des Weiteren ist die kritische Haltung Jugendlicher auch im Blick auf die Grenzen und Tragweite naturwissenschaftlicher Theorien zu schärfen. Wie gültig sind Sinneserfahrungen? Kann eine naturwissenschaftliche Theorie überhaupt verifiziert werden? Was ist die Tragweite, was sind die Grenzen naturwissenschaftlicher Theorien? Bestimmte Texte von Karl Popper oder anderen Wissenschaftstheoretikern können – wie Erfahrungen aus dem Philosophieunterricht zeigen – durchaus bereits ab der 9. Klasse behandelt werden.

Für Jugendliche legen sich folgende Bildungsziele nahe:

(1) Die jeweilige Eigenart der Schöpfungserzählungen nach Gen 1,1–2,4a und Gen 2,4b–3,24 form- und traditionsgeschichtlich darlegen können, ihre Unterschiedenheit von einem historischen Tatsachenbericht verstehen und ihre Bezugnahme auf naturkundliches Wissen der damaligen Zeit sowie ihre Auseinandersetzung mit fremdreligiösen Vorstellungen (›Sterne als Leuchten‹) erkennen;

(2) die Unterschiedenheit der Weltzugänge von Naturwissenschaft und Theologie verstehen (vgl. besonders das Unabhängigkeitsmodell nach K. Barth) und auf diesem Hintergrund sowohl kreationistische wie szientistische Einstellungen kritisieren können;

(3) Vereinbarungsstrategien von Naturwissenschaft und Theologie hinsichtlich des Verhältnisses von theologischer Schöpfungslehre und naturwissenschaftlichen Welt- und Lebensentstehungs-

theorien in ihren Stärken und Grenzen darlegen können und verstehen;

(4) »Schöpfungspsalmen als Ausdrucksmöglichkeiten des Staunens und der Freude an Gottes Schöpfung erkennen« (Ritter 1999: 334) und gestalten;

(5) »die Folgen von Geschöpflichkeit für Lebensverständnis und Lebensgestaltung erkunden und bedenken (Mann und Frau; Schöpfungsauftrag; Ebenbild Gottes)« (ebd.);

(6) die Gefährdung der Schöpfung wahrnehmen und »ein Projekt zur ›Bewahrung‹ der Schöpfung vorbereiten und durchführen« (ebd.) können.

Erwachsenenalter: Gerade bei Erwachsenen ist davon auszugehen, dass eine große Bandbreite an Einstellungen bezüglich der Schöpfung vorliegt. Grundsätzlich gelten die gleichen Bildungsziele wie bei Jugendlichen, wobei diese eine besondere Zuspitzung erfahren, wenn es sich um kreationistisch oder szientistisch geprägte Erwachsene handelt. Gleichwohl ist im Kontext evangelischer Erwachsenenbildung damit zu rechnen, dass insbesondere diverse Vereinbarungsstrategien von Naturwissenschaft und Theologie vorherrschen. Diese Vereinbarungsstrategien können fortgeführt und vertieft werden. Insbesondere verdienen hier Vertreter des Dialogmodells von Theologie und Naturwissenschaft erörtert zu werden: Mit welchen theologischen und wissenschaftstheoretischen Argumenten vertreten Autoren wie Jürgen Moltmann oder Wolfhart Pannenberg ihr Dialogmodell? Darüber hinaus sollte auch eine Auseinandersetzung mit Bestsellerautoren wie Stephen Hawking oder Richard Dawkins geführt werden. Deren Kompetenz auf physikalischem oder biologischem Gebiet führt oftmals bei der zahlreichen Leserschaft dazu, dass diesen Autoren fälschlicherweise auch eine entsprechende theologische Kompetenz bescheinigt wird. Daraus resultieren über die genannten Bildungsziele im Jugendalter hinaus folgende zwei Bildungsziele:

(1) Dialogische Verhältnismodelle von Naturwissenschaft und Theologie anhand exemplarischer Positionen differenziert verstehen und anwenden können;

(2) kreationistische und szientistische Denkmuster anhand renommierter Vertreter darlegen und kritisieren können.

Insgesamt zeigt sich: Die Alltagstheorien von Kindern, Jugendlichen und Erwachsenen zum Themenbereich ›Schöpfung und Naturwissenschaft‹ ziehen jeweils ganz unterschiedliche praktisch-theologische Herausforderungen nach sich. Eine Wahrnehmung dieser Alltagstheorien ist eine unerlässliche Voraussetzung dafür, um einen wechselseitigen Erschließungsprozess mit wissenschaftlichen Theorien zu dieser Thematik anregen zu können.

Literaturverzeichnis

1. Sekundärliteratur

Angel 2009: Angel, Hans-Ferdinand: Steiniges Terrain. Religionspädagogische Sondierungen im Schnittfeld von Naturwissenschaft und Theologie, Theo-Web. Zeitschrift für Religionspädagogik 8 (2009), 4–25.

Barbour 1990: Barbour, Ian G.: Religion in an Age of Science, San Francisco 1990.

Barth 1975: Barth, Karl: Gesamtausgabe, V/4. Briefe 1961–1968, hg. v. Jürgen Fangmeier, Hinrich Stoevesandt, Zürich 1975.

Bayrhuber 2007: Bayrhuber, Horst: Leitideen zum Umgang mit Kreationismus, in: MNU 60 (2007), 196–199.

Bucher 1995: Bucher, Anton: Religionspädagogik und empirische Entwicklungspsychologie, in: Ziebertz, Hans-Georg / Simon, Werner (Hgg.): Bilanz der Religionspädagogik, Düsseldorf 1995, 28–46.

Dressler 2006: Dressler, Bernhard: Unterscheidungen. Religion und Bildung (ThLZ.F 18/19), Leipzig 2006.

EKD 2008: Weltentstehung, Evolutionstheorie und Schöpfungsglaube in der Schule. Eine Orientierungshilfe des Rates der Evangelischen Kirche in Deutschland, EKD Texte 94, Hannover 2008.

Fetz u.a. 2001: Fetz, Reto u.a. (Hgg.): Weltbildentwicklung und Schöpfungsverständnis: Eine strukturgenetische Untersuchung bei Kindern und Jugendlichen, Stuttgart 2001.

Fowler 1989: Fowler, James: Glaubensentwicklung. Perspektiven für Seelsorge und kirchliche Bildungsarbeit, München 1989.

Fulljames / Francis 1988: Fulljames, Peter / Francis, Leslie J.: The Influence of Creationism and Scientism on Attitudes towards Christianity among Kenyan Secondary School Students, Educational Studies 14 (1988), 77–96.

Gibson 1989: Gibson, Harry M.: Attitudes to Religion and Science Among Schoolchildren Aged 11 to 16 Years in a Scottish City, JET 2 (1989), 5–26.

Hemminger 2007: Hemminger, Hansjörg: Mit der Bibel gegen die Evolution. Kreationismus und »intelligentes Design« kritisch betrachtet (EZW-Texte 195), Berlin 2007.

Hunze 2007: Hunze, Guido: Die Entdeckung der Welt als Schöpfung. Religiöses Lernen in naturwissenschaftlich geprägten Lebenswelten (Praktische Theologie heute 84), Stuttgart 2007.

Klose 2009: Klose, Britta: Kreationismus und Wissenschaftsgläubigkeit – empirisch erfasst!?, Theo-Web. Zeitschrift für Religionspädagogik 8 (2009), 75–79.

Körner 2006: Körner, Beatrice: Schöpfung und Evolution. Religionspädagogische Untersuchungen zum Biologieunterricht an kirchlichen Gymnasien in Ostdeutschland, Leipzig 2006.

Kraft 2009: Kraft, Friedhelm: Schöpfung und / oder Evolution? Zur Aktualität einer »alten« Fragestellung im Zeichen des Darwinjahres, Theo-Web. Zeitschrift für Religionspädagogik 8 (2009), 56–67.

Link 2009: Link, Christian: Christlicher Schöpfungsglaube und naturwissenschaftliches Weltverständnis. Wie kann man Kreationismus argumentativ begegnen?, EvTh 68 (2008), 84–98.

Löber / Rothgangel 2008: Löber, Christhard / Rothgangel, Martin: Naturwissenschaft und Theologie. Eine Unterrichtssequenz zu ihrem Verhältnis in Planung und Analyse, Entwurf (4/2008), 46–55.

Mendl 2008: Mendl, Hans: Wie laut war eigentlich der Urknall?, KatBl 133 (2008), 316–319.

Moltmann 1989: Moltmann, Jürgen: Gerechtigkeit schafft Zukunft. Friedenspolitik und Schöpfungsethik in einer bedrohten Welt, München 1989.

Moltmann 1993: Moltmann, Jürgen: Gott in der Schöpfung. Ökologische Schöpfungslehre, München 1993^4.

Nipkow 1988: Nipkow, Karl Ernst: Religiöse Denkformen in Glaubenskrisen und kirchlichen Konflikten. Zur Bedeutung postformaler, dialektisch-paradoxaler und komplementärer Denkstrukturen, RPB 21 (1988), 95–114.

Nipkow 2008: Nipkow, Karl Ernst: Schöpfungsglaube, Kreationismus und Naturwissenschaft: Voraussetzungen für das Gespräch des Religionsunterrichts mit naturwissenschaftlichen Fächern, Theo-Web. Zeitschrift für Religionspädagogik 7 (2008), 28–47.

Oser / Reich 1987: Oser, Fritz / Reich, Karl Helmut: The Challenge of Competing Explanations. The Development of Thinking in Terms of Complementarity of ›Theories‹, Human Development 30 (1987), 178–186.

Oser / Reich 1991: Oser, Fritz / Reich, Karl Helmut: Wie Kinder und Jugendliche gegensätzliche Erklärungen miteinander vereinen, Schweizer Schule 4 (1991), 19–27.

Reich 1995: Reich, Karl Helmut: Komponenten von relations- und kontextkritischem (komplementärem) Denken. Berichte zur Erziehungswissenschaft Nr. 107. Pädagogisches Institut der Universität Freiburg (Schweiz), Fribourg 1995.

Reich 1997: Reich, Karl Helmut: Erkennen, Argumentieren und Urteilen mittels verschiedener Denkformen. Möglichkeiten für einen bewussteren Umgang mit ihnen, Bildungsforschung und Bildungspraxis 19 (1997), 29–54.

Ritter 1999: Ritter, Werner: Schöpfung/Leben, in: Lachmann, Rainer u.a. (Hgg.): Theologische Schlüsselbegriffe. Biblisch – systematisch – didaktisch (TLL 1), Göttingen 1999, 320–336.

Rothgangel 1999: Rothgangel, Martin: Naturwissenschaft und Theologie. Ein umstrittenes Verhältnis im Horizont religionspädagogischer Überlegungen (Arbeiten zur Religionspädagogik 16), Göttingen 1999.

Rothgangel 2002: Rothgangel, Martin: Fundamentalismus als ›epochaltypisches Schlüsselproblem‹. Eine Annäherung anhand des ›christlichen Originals‹, in: Spitzenpfeil, Christina/Utzschneider, Vera (Hgg.): Dem Christsein auf der Spur. Festschrift anlässlich des 60. Geburtstages von Karl Friedrich Haag, Arbeitshilfe 125 (2002), 158–168.

Rothgangel 2004a: Rothgangel, Martin: Die Bibel im Religionsunterricht – beobachtet und analysiert, in: Elsenbast, Volker u.a. (Hgg.): Die Bibel als Buch der Bildung. Festschrift für Gottfried Adam zum 65. Geburtstag (Forum Theologie und Pädagogik 12), Wien 2004, 279–291.

Rothgangel 2004b: Rothgangel, Martin: Gottes- oder Affenkind? Bibel und Naturwissenschaft bei SchülerInnen, in: Feldmeier, Reinhard/Spieckermann, Hermann (Hgg.): Die Bibel. Entstehung – Botschaft – Wirkung, Göttingen 2004, 117–131.

Rothgangel 2009: Rothgangel, Martin: Zwischen ›Schöpfungsbericht‹ und ›Evolutionismus‹. Verstehensschwierigkeiten von SchülerInnen, ZPT 61 (2009), 375–382.

Schuster 1984: Schuster, Robert (Hg.): Was sie glauben. Texte von Jugendlichen, Stuttgart 1984.

Schweitzer 2008: Schweitzer, Friedrich: Kreationismus und Intelligent Design im Religionsunterricht? Neue Herausforderungen zum Thema Schöpfungsglaube, in: ders.: Elementarisierung und Kompetenz. Wie Schülerinnen und Schüler von »gutem Religionsunterricht« profitieren, Neukirchen-Vluyn 2008, 52–61.

2. Literaturhinweise zum vertiefenden Studium

Rothgangel, Martin: Naturwissenschaft und Theologie. Ein umstrittenes Verhältnis im Horizont religionspädagogischer Überlegungen (Arbeiten zur Religionspädagogik 16), Göttingen 1999.

Rothgangel, Martin: Zwischen ›Schöpfungsbericht‹ und ›Evolutionismus‹. Verstehensschwierigkeiten von SchülerInnen, ZPT 61 (2009), 375–382.

Schweitzer, Friedrich: Kreationismus und Intelligent Design im Religionsunterricht? Neue Herausforderungen zum Thema Schöpfungsglaube, in: ders.: Elementarisierung und Kompetenz. Wie Schülerinnen und Schüler von »gutem Religionsunterricht« profitieren, Neukirchen-Vluyn 2008, 52–61.

Zusammenschau

Konrad Schmid

Die Welt als Schöpfung

1. Einführung

Die Vorstellung, dass die Welt als Schöpfung anzusehen sei, dürfte als eine der bemerkenswertesten Konstanten der Geistesgeschichte anzusprechen sein. Der Topos lässt sich bis in das 3. Jahrtausend v. Chr. zurückverfolgen, und er ist – trotz den seit dem 18. Jahrhundert lauter werdenden Einsprüchen im Gefolge der fortschreitenden Säkularisierung von Gesellschaft, Kultur und Wissenschaft – auch gegenwärtig, mitunter auch prominent belegbar, und zwar inner- und außerhalb von Theologie und Kirche.

Der durchgängigen Belegbarkeit der Vorstellung kontrastiert ihre innere Uneinheitlichkeit. Das gilt in historischer wie in sachlicher Perspektive: Was Schöpfung heißt, ist zu unterschiedlichen Zeiten je in mehrfach unterschiedlicher Weise bestimmt worden.

Die folgenden zusammenfassenden Überlegungen werden versuchen, zunächst in historischer und dann in sachlicher Perspektive die unterschiedlichen Facetten der Schöpfungsthematik zu beschreiben und auszuführen. Dieses Kapitel versteht sich weder als Zusammenfassung noch als Synthese – das ist aufgrund der Eigenständigkeit und Vielschichtigkeit der vorangehenden Beiträge weder möglich noch sinnvoll –, aber es versucht doch, einige Linien zu bündeln und auszuziehen.

2. Historische Entwicklungslinien

Mit dem Begriff der Schöpfung hängt der Sache nach dessen Verbindung zur Gottesvorstellung, zum »Schöpfer« zusammen. Blickt man auf die Anfänge der Schöpfungsvorstellungen im alten Mesopotamien zurück, so fällt zunächst deren Verankerung innerhalb einer polytheistischen Matrix auf: Die Welt ist entstanden durch das Werk vieler Gottheiten. Schöpfer und Geschöpfe sind nicht deutlich getrennt, da im Zuge der Weltschöpfung auch neue Gottheiten entstehen, diese also auch Teil der Schöpfung sind. Umgekehrt werden die Menschen aus göttlichem Blut erschaffen, so dass auch in dieser Hinsicht keine scharfe Trennlinie gezogen wird. Bemerkenswert ist, dass gemäß der altorientalischen Mythologie die an der Weltschöpfung beteiligten Gottheiten Angehörige von *vergangenen* Göttergenerationen sind, die in der Verfassergegenwart als nicht mehr aktiv wahrgenommen werden. Schon die antike Interpretation der *creatio prima* zeigt damit die Entzogenheit dieses Vorgangs selbst für die gegenwärtige Götterwelt an – es waren die uranfänglichen Götter, die an der Schöpfung beteiligt waren, nicht die gegenwärtig bestimmenden und handelnden.

Die gegenwärtige Welt wird in diesen altorientalischen Deutungen wahrgenommen als ein seit den Uranfängen im Wechselspiel zwischen lebensförderlichen und lebenshindernden, ja zerstörenden Kräften befindlicher Raum. Schöpfung ist demnach kein auf die Urgeschichte beschränkter Vorgang, sondern muss je und je stattfinden, damit die Lebenswelt nicht in sich zusammenbricht und zu einem Ende kommt. In den altorientalischen Traditionen ist dabei deutlich, dass vor allem dem König, aber auch den Menschen in diesem Prozess bestimmte Aufgaben zukommen – Schöpfung wird nicht als ein extrinsischer Vorgang verstanden, der der Welt oktroyiert wird, sondern er vollzieht sich in gewissen Interaktionen zwischen Göttern, König und Menschen. Diese dynamische Vorstellung der Schöpfung ist vor allem für die biblische, aber auch spätere theologiegeschichtliche Verarbeitung des Themas von Bedeutung.

In der Bibel tritt das Thema der Schöpfung nahezu ausschließlich in monotheistischen Kontexten auf, die ihm eine neue Prägung verleihen. Der biblische Monotheismus wäre unzureichend verstanden, würde man ihn nur als einen auf eine Gottheit reduzierten Polytheismus begreifen (Zenger 2003). Vielmehr ergeben sich durch den Monotheismus religionsgeschichtlich gesehen neue Orientierungsraster und Leitdifferenzen (Stolz 1983; 1996): Das alte Grundgefüge des Widerstreits von Chaos und Kosmos wird durch die strikte Gegenüberstellung von Gott und Welt abgelöst. Erst mit dem Aufkommen des Monotheismus entsteht jene grundlegende Vorstellung der Trennung von Gott und Welt, die für die nachmalige Ausgestaltung der Schöpfungstheologie in Judentum, Christentum und auch im Islam bedeutsam geworden ist. Umgekehrt hat das damit verbundene Weltverständnis auch die Gotteslehre nachhaltig geprägt. Erst das Verständnis einer von Gott getrennten Welt bedingt die Notwendigkeit, den Gottesgedanken jenseits aller Weltlichkeit zu denken. Weitet man den Blick auf die Schöpfungstexte außerhalb von Gen 1–3, so wird etwa namentlich beim Hiobbuch deutlich, dass der Gedanke einer gewissen Eigendynamik der Welt eine leitende Funktion einnimmt: Die Schöpfung folgt weder einer völligen Determination seitens Gottes, noch ist sie ganz sich selbst überlassen. Die in ihr ablaufenden Prozesse verdanken sich einer freiheitlichen Ordnung der Schöpfung, die freilich insgesamt der Souveränität Gottes unterworfen ist.

Eben dieses Thema der Souveränität Gottes ist im Neuen Testament ganz neu konzipiert worden, was auch zu einer Neufassung des insgesamt nicht zentral verhandelten Schöpfungsgedankens geführt hat. Die neutestamentliche Grundentscheidung, Gottes Souveränität mit deren Niedrigkeitsgestalt zusammenzudenken, findet in Bezug auf die Schöpfung einen angemessenen Ausdruck in der Vorstellung der Schöpfungsmittlerschaft Christi (Kol 1,15–20), die traditionell von der Weisheit getroffene Aussagen (vgl. Prov 8,22–31) nun auf Christus bezieht (vgl. auch Joh 1 und dazu Leuenberger 2008). Aber auch die Verarbeitung des Schöpfungsthemas in Jes 40–55 hat bei diesem Theologumenon Pate gestanden: Wie in Jes 40–55 die Schöpfung ganz auf Israel und Zion hin perspektiviert ist, wegen Israel und Zion entstanden und auf deren Rettung hin ausgerichtet ist, so gilt dies im Kolosserhymnus *mutatis mutandis* für das Verhältnis von Schöpfung und Christus: Dadurch, dass die Schöpfung in, durch und auf Christus hin erschaffen worden ist, wird ausgesagt, dass die Selbsterniedrigung Gottes die Welt von vornherein, durchgängig und im Blick auf ihre Vollendung hin prägt. Die Qualität der Welt ist gewissermaßen christologisch beschreibbar: Gottes Präsenz in ihr wird niedrigkeitstheologisch mit dem Ächzen und Seufzen der Schöpfung (Röm 8,18–30) und ihren Verkehrungen (Röm 1,18–32) zusammengedacht, die dereinst überwunden werden sollen.

Die kirchliche Traditionsbildung hat später mit ihrer trinitarischen Präzisierung des Monotheismus (Schwöbel 1993) zu begrifflich und dogmatisch fixierbaren Möglichkeiten gefunden, Gott und Welt in Trennung *und* Beziehung zueinander zu denken sowie die Vorstellungen unbedingter Souveränität und Erniedrigung Gottes zusammenzuführen, namentlich in der Lehre von der *creatio ex nihilo* und der *creatio continua*. Schöpfung geschieht aus dem Nichts (vgl. 2Makk 7,28), so wird deutlich: Gott und Welt sind kategorial voneinander geschieden, und die Welt ist dabei vollkommen der Souveränität Gottes unterworfen, die aber trinitarisch zu denken ist. Schöpfung ist kein einmaliger, sondern ein fortwährender Akt, ohne den die Welt sogleich wieder ins Nichts zurückfallen würde. Die Welt verdankt ihr Bestehen allein Gottes Zuwendung zu ihr, die in seinem Versöhnungs- und Erlösungshandeln konkrete Gestalt gewinnt.

Die neuzeitlichen Diskussionen um die Schöpfung sind naturgemäß vom Aufkommen der selbstbewussten Naturwissenschaften geprägt, die die Welt mehr und mehr ohne die Hypothese Gott erklären. Die Naturwissenschaften verdrängen aber den Schöpfungsgedanken nicht einfach – sie verdrängen ihn, was *ex post* aus theologischer Sicht nur zu begrüßen ist, aus der innerweltlichen Diskussion um die *causa prima* –, sondern sie nötigen die Theologie, ihn präziser zu fassen, was allerdings bisweilen zu gänzlich von den Weltvorstellungen gelösten Schöpfungsbestimmungen geführt hat.

Unterstützt wurde dieser Prozess zudem durch die naturromantischen Engführungen oder metaphysischen Überhöhungen des Schöpfungsbegriffs, die in den letzten zwei Jahrhunderten teilweise in Übung gekommen sind. Demgegenüber ist aus theologischer Perspektive die durch den Schöpfungsgedanken begründete Weltlichkeit der Welt nach wie vor unaufgebbar. Namentlich in ethischen Urteilsbildungen – im Bereich etwa der Medizin oder Ökologie – hat dies zur Folge, dass theologische Ethik sich nicht auf sakralisierende oder romantische Argumentationen zurückziehen kann, vielmehr solche – werden sie in Diskussionen denn vorgetragen – aus dezidiert theologischer Perspektive zu kritisieren hat. Von den biblischen Texten in Gen 1–9 ausgehend ist darauf zu insistieren, dass »Schöpfung« die reale Lebenswelt und nicht eine uranfängliche, irreale Gegenwelt bezeichnet. Schöpfungsgemäßheit kann deshalb nie Orientierung an einem supponierten irrealen Zustand bedeuten, für den Gen 3,24 mit der verwehrten Rückkehr ins Paradies schon in der Bibel selbst das »paradise lost« auf Dauer festgeschrieben hat.

3. Thematische Brennpunkte

3.1. Sein und Nichtsein

Der vielleicht fundamentalste Aspekt an der Rede von »Schöpfung« betrifft den nur scheinbar banalen Sachverhalt, dass sie – im Horizont des Gottesglaubens – die Frage danach stellt, weshalb es überhaupt etwas gibt und nicht vielmehr nichts (Leibniz 1714; Heidegger 1965: 42; vgl. Lütkehaus 1999; Hawking/Mlodinow 2010: 15). Diese von Heidegger als Grundfrage der Philosophie bezeichnete Problemstellung wird im Rahmen des Nachdenkens über die Welt als Schöpfung insofern zugespitzt, als die Schöpfungsvorstellung impliziert, dass tatsächlich einmal der Zustand des Nichts vorherrschte, an den sich dann das Sein anschloss. Zu berücksichtigen bleibt in Bezug auf dieses Nichts allerdings, dass dieses das Nichtvorhandensein einer zeitlichen Erstreckung miteinschließt. Schon Gen 1 lässt keinen Zweifel daran, dass die Schöpfung nicht irgendwann in der Zeit geschah, sondern dass die Schöpfung mit der Erschaffung der Zeit einsetzte.

Wer von der Welt als »Schöpfung« spricht, macht dadurch deutlich, dass diese Welt keine Selbstverständlichkeit ist, dass sie nicht fraglos von Ewigkeit zu Ewigkeit besteht. Die Nichtselbstverständlichkeit der Welt gewinnt ihren Ausdruck daran, dass ihr als Schöpfung, als Geschaffenes, grundsätzlich etwas Akzidentielles eignet. Wer den Gedanken der Schöpfung denkt, zieht damit in Betracht, dass es die Welt auch nicht geben könnte. Angesichts ihres faktischen Vorhandenseins erscheint das zwar als ein müßiger Gedanke, doch das Selbstverständnis dessen, der dies denkt, ist ein anderes, als dessen, bei dem dies nicht der Fall ist. Das Wissen um die Nichtnotwendigkeit der eigenen Existenz impliziert einerseits eine lebenspraktisch relevante Selbstrelativierung, bringt aber andererseits auch eine gesteigerte Aufmerksamkeit für den Wert dieser nichtnotwendigen und gerade deshalb besonders ausgezeichneten Existenz mit sich. Dass diese Aufmerksamkeit ihrerseits enorme lebenspraktische Bedeutung hat, versteht sich von selbst.

3.2. Die Weltlichkeit der Welt

Die Welt als Schöpfung zu denken, beruht – wie dies bei allen Glaubenssätzen der Fall ist – nicht auf zwingenden Argumenten. Lässt man sich aber auf den Gedanken ein, dann impliziert er sogleich auch die Weltlichkeit der Welt: Wenn ein Schöpfer die Welt als seine Schöpfung erschaffen hat, dann bedeutet das, dass die Welt eben nicht Teil des Schöpfers, sondern Teil der Schöpfung ist.

Diese Erkenntnis ist nicht erst eine der Bibel, sondern »entzaubernde« Tendenzen kennt bereits die babylonische Schöpfungstradition (Gertz 2009). Die entmythologisierende Interpretation der Gestirne als »Lampen« propagiert nicht erst Gen 1, sondern sie lässt sich bereits in einem Kommentar (KAR 307, in: SAA 3: 39,32) zu *Enūma eliš* aus dem 7. Jahrhundert v. Chr. belegen. Doch es steht außer Frage, dass Gen 1 diesen Trend im Rahmen seiner monotheistischen Fassung der Schöpfungstheologie deutlich verstärkt und zugespitzt hat. Gen 1 lässt keinen Zweifel daran, dass die Schöpfung über keine numinose Substanz verfügt, dass sie nicht »göttlich«, sondern »weltlich« ist und so insgesamt als Betätigungsfeld menschlicher Nutzung zur Verfügung steht. Der naturwissenschaftliche und technische Zugriff auf die Welt wurzelt im Prozess ihrer graduellen »Entzauberung« (vgl. Weber 1905/1984: 123; Schluchter 2009: 14). Allerdings ist gerade im Blick auf die neuzeitlichen Entwicklungen festzustellen, dass der »Entzauberung« auch gewisse »Wiederverzauberungen« entsprechen. Namentlich in der Gründungsphase der neuzeitlichen Naturwissenschaft werden Phänomene wie Magnetismus und Gravitation entdeckt und beschrieben – der Welt werden nun ihr inhärente Kräfte zugeschrieben, die zuvor Gott als Handlungssubjekt vorbehalten gewesen waren. Man mag freilich darüber diskutieren, ob die Beschreibung von Kräften als solche bereits hinreichende Rechtfertigung dafür bietet, zur Kategorie »Wiederverzauberung« zu greifen. Etwa die Gravitation beruht auf der gegenseitigen Anziehung von Massen, die zwar im Bereich des Mikrokosmos nicht unmittelbar evident ist, im makrokosmischen Bereich von Astronomie und Kosmologie aber eine der elementarsten beobachtbaren Gesetzmäßigkeiten darstellt. Insofern dürfte es angemessener sein, statt von »Wiedcrverzauberung« von einer gewissen »Eigengesetzlichkeit« zu sprechen, die zur Erklärung weltimmanenter Prozesse rekonstruiert werden kann.

3.3. Universalität und Partikularität

Biblisch gesehen ist die Schöpfungsthematik eines der wichtigsten Elemente, das die universale Perspektive der biblischen Überlieferungen einführt und sichert. Die Bibel beginnt nicht mit der Entstehung Israels, sondern mit der Erschaffung der Welt. Historisch gesehen verhält sich das Alter der beiden Themen allerdings umgekehrt zu ihrer erzählerischen Reihenfolge – die biblische Religion ist, nach allem, was kulturgeschichtlich wahrscheinlich ist, als Partikularreligion im Bereich des antiken Israel entstanden. Doch sachlich und literarisch hat sich die spätere Entwicklung der biblischen Religion zu einer Universalreligion durchsetzen und Gehör verschaffen können, als die sie sich im Rahmen ihrer weltgeschichtlichen Kontextualisierung in der Bibel entwirft.

Hier wird in anderer Weise noch einmal sichtbar, was zuvor bereits hervorgehoben worden ist: Judentum und Christentum haben je auf ihre Weise die Grundentscheidung verwirklicht, keine religiösen Sonderwahrheiten pflegen zu wollen, sondern die von ihnen thematisierte und gedeutete Welt mit der vorfindlichen Welt identisch sein zu lassen.

3.4. Die moralische Qualität der Welt und die Theodizeefrage

Mit der Interpretation der Welt als Schöpfung ist die Frage verknüpft, wie denn diese Schöpfung, als Werk ihres guten Schöpfers, zu qualifizieren sei. Dass die vorfindliche Schöpfung nicht einfach als gut, in der bislang optimistischsten Interpretation bestenfalls als die beste aller möglichen zu bezeichnen ist, gehört zu den unhintergehbaren Aussagen bereits der Bibel selbst. Diese hält zwar daran fest, dass die Schöpfung anfänglich insgesamt als »sehr gute« (Gen 1,31) erschaffen worden sei, lässt aber gleichzeitig auch keinen Zweifel daran, dass dies so für ihren vorfindlichen Zustand nicht mehr gilt (Gen 6,12f.; vgl. dann z.B. auch Qoh 3,10f. usw.). Ja, nicht nur die Schöpfung wird von der Bibel als ambivalent qualifiziert, auch dem Schöpfer selbst wird die Urheberschaft von Gutem und Bösem zugeschrieben (vgl. Jes 45,6f.; Am 3,6).

Während die altkirchliche Überlieferung vor allem mit der Frage der moralischen Qualität des Kosmos weiter gerungen hat, so hat sich in der Neuzeit, bis in die Gegenwart hinein dieses Problem in der Fassung der Theodizeefrage als eines der drängendsten populärtheologischen Themen etabliert. Dass sich diese Frage im Rahmen christlicher Theologie stellt, ist ohne Weiteres nachzuvollziehen – denn nimmt man einerseits die antignostische Tradition und den Weltbezug der christlichen Theologie ernst, die sie beide unmittelbar auf die fraglos als ambivalent erfahrbare Lebenswelt verweisen, und postuliert andererseits den Begriff eines guten Gottes, dann ist sie die logische Folge. Von Bibel und Tradition ist die Theodizeefrage in vielfacher Weise bearbeitet worden, was hier weder zu rekonstruieren noch kritisch zu würdigen ist (Laato/de Moor 2003). Im Blick zu behalten ist aber gerade aus schöpfungstheologischer Perspektive, dass die Theodizeefrage nur dann theologisch sinnvoll angegangen werden kann, wenn darauf verzichtet wird, Gott gewissermaßen vor einen innerweltlichen Richterstuhl zerren zu wollen – das würde den Gottesbegriff unweigerlich beschädigen und vermutlich auch zu einem Realitätsverlust in der Interpretation der Welt führen (vgl. programmatisch auch Lübbe 1986). In der Bibel hat sich zu diesem Problem das Hiobbuch umfassend und in aller Offenheit auch abschließend geäußert (Schmid 2010).

3.5. Die Minderung der Lebenswelt durch das konfliktträchtige Verhältnis der Geschöpfe untereinander

Im Blick auf die Erklärung, weshalb die Welt nicht mehr »sehr gut« ist, kommt innerhalb der biblischen Darstellung dem Verhältnis der Geschöpfe – d.h. Mensch und Tier – eine entscheidende Rolle zu. Das Zusammenleben von Mensch und Tier ist in Gen 1 insofern konfliktfrei geregelt, als beiden pflanzliche Nahrung zugewiesen wird – den Tieren nur Kraut, den Menschen Kraut und Obst. Diese anfängliche Ordnung wird dann durch Mensch und Tier gleicherweise pervertiert, die sich zum selbstgegebenen Fleischverzehr verleiten lassen, aber sich auch darüber hinaus in Gewalttaten verstricken (Gen 6,12f.).

Die Neuregelung der Schöpfungsordnung in Gen 9,1–6 reagiert genau auf diese Probleme dadurch, dass nun der Fleischkonsum freigegeben und die Todesstrafe eingeführt wird.

Die biblische Erklärung für die Depravierung der uranfänglich »sehr guten« Schöpfung ist innerhalb der antiken Welt durchaus bemerkenswert, ja erstaunlich. Dass spezifisch das Problem des Tötens, besonders des Tötens von Tieren zum Zweck des Verzehrs, das gewissermaßen als eine Konstante der Menschheitsgeschichte gelten darf, als das zentrale Movens angesehen wird, das die »sehr gute« Schöpfung pervertiert hat, entbehrt nicht einer augenfälligen Aktualität.

Die Bibel beschränkt sich aber nicht auf eine Problembeschreibung, sondern entwickelt auch eschatologische Lösungsstrategien: Schon das späte Alte Testament (Jes 65,25; vgl. 11,6–9, s. Schmid 2011), vor allem dann aber das Neue Testament entwickeln in Reaktion darauf die Vorstellung einer eschatologischen Neuschöpfung. Das Wissen darum, dass Gewalt ein irreduzibler Bestandteil der gegenwärtigen Schöpfung ist, setzt die Erwartung aus sich heraus, dass diese problematische Lebensordnung dereinst überholt werden wird – das wird aber nur im Rahmen einer neuen Schöpfung möglich sein.

3.6. Schöpfungsglaube und Naturwissenschaft

Obwohl die Debatte über das Verhältnis von Schöpfungsglaube und Naturwissenschaft im mitteleuropäischen Raum nur beschränkte mediale Aufmerksamkeit beansprucht, bleibt ihr Thema eine zentrale Fragestellung (Evers 2000; Welker 2009), die in den USA auch von höchster politischer Brisanz ist (Dawkins 2010, zu einer europäischen Rezeption und Kritik Schröder 2011). Blickt man auf die Kirchengeschichte insgesamt, so ist diese Diskussion aber erheblich zu relativieren. In ihrem Rahmen dürften zwei Epochen für das Verhältnis von Theologie und Wissenschaft allgemein von zentraler Bedeutung gewesen sein: einerseits das 2. und 3. Jahrhundert n. Chr., in diese Zeit fiel im Wesentlichen die Rezeption des philosophischen Gottesbegriffs in der christlichen Theologie, andererseits das 17. und 18. Jahrhundert, in dem die grundsätzliche Entscheidung zumindest der protestantischen Theologie zugunsten eines Miteinanders und nicht eines Gegeneinanders von Theologie und Wissenschaft fiel. Dies implizierte die grundsätzliche Freigabe der Naturwissenschaft, die – theologiegeschichtlich gesehen – eben keine Kapitulation der Theologie darstellt, sondern vielmehr Folge einer zunächst zwar schmerzvollen, dann aber bewussten und – wie man im Nachhinein urteilen darf – zweifellos zukunftsträchtigen Entscheidung gewesen ist. Man darf mit Fug und Recht bezweifeln, dass das Christentum in der westlichen Welt heute noch eine lebendige Religion wäre, hätten sich damals andere Allianzen gebildet, hätte sich das Christentum – mit Schleiermacher gesprochen – entschlossen, mit der Barbarei einherzugehen und so die Wissenschaft der Partnerschaft mit dem Unglauben zu überlassen (Schleiermacher 1829/1968: 146).

Diese Entscheidung ist deswegen auch gerade in theologischer Hinsicht richtig, als sie so den Weltbezug des christlichen Glaubens sichert: Das Christentum beschäftigt sich mit keiner anderen

Welt als die Naturwissenschaft, und es beschäftigt sich auch nicht aus einer grundsätzlich höheren oder gar besserwissenden Warte mit ihr. Wäre dies der Fall, so wäre der Weg zu einer gnostischen Häresie nicht mehr weit. Allerdings ist gerade bei neuzeitlichen theologischen Behandlungen des Schöpfungsthemas, die Schöpfungsglaube und Naturwissenschaft völlig gesondert voneinander behandeln, vor einem »Doketismus in der Schöpfungslehre« (vgl. Schlink 1983: 86) zu warnen, der die Schöpfungstheologie als metaphysischen Überbau zur Welt konstruiert. Natürlich kann es nicht darum gehen, für die Rückkehr theologischer Argumente oder Positionen in die Naturwissenschaft zu optieren, wohl aber darum, im Gespräch der Wissenschaften insgesamt unterschiedliche Perspektiven und Konstruktionsbedingungen der Einzelwissenschaften zu benennen und untereinander in Beziehung zu setzen. Das daraus zu erwartende Resultat wird keine theologisch erweiterte »theory of everything« sein, aber die Etablierung eines wissenschaftlichen Prozesses, der der Vielgestaltigkeit und Multiperspektivität der Wirklichkeit Rechnung trägt und sie als übergreifenden Horizont seiner denkerischen Bemühungen akzeptiert.

Dass die Entscheidung gegen gnostisierende Weltdeutungen schon älter als das Christentum ist, zeigt im Übrigen auch ein Blick in die vorchristliche Überlieferung. Das Problem, dass die Welt wahrscheinlich älter ist, als es die Chronologie des hebräischen Bibeltextes vorsieht, hat schon das antike Judentum beschäftigt. Die biblische Zeitrechnung identifiziert nach dem chronologischen Gerüst des masoretischen Textes das Jahr 2666 *anno mundi* mit dem Zeitpunkt des Exodus sowie das Jahr 4000 *anno mundi* mit der Wiederweihe des Tempels unter den Makkabäern (162 v. Chr.). Die heutige Jahresrechnung des Judentums divergiert davon etwas, sie identifiziert das Jahr 2010 mit dem Jahr 5770/5771 *anno mundi*, was einer Datierung der Schöpfung in das Jahr 3761 v. Chr. entspricht. Die Divergenzen zu der masoretischen Zeitrechnung, nach der die Schöpfung in das Jahr 4162 v. Chr. fallen würde, ergeben sich einerseits durch die in der biblischen Überlieferung nicht ganz geklärte Chronologie der nachexilischen Zeit sowie andererseits durch die zahlreichen textkritischen Divergenzen in den relevanten Angaben für die Chronologie der Weltzeit (Schmid 1999: 19–22).

Die antiken Diskussionen lassen sich vor allem aus der Übersetzung des Alten Testaments in das Griechische, der Septuaginta, ersehen. Die Weltzeitordnung der hebräischen Bibel hängt zu nicht geringen Teilen an den untereinander verknüpften Lebensdaten der Vorväter in Gen 5 und 11. Die Septuaginta nun hat die Zeugungsalter der Vorväter jeweils um hundert Jahre heraufgesetzt, so dass die Welt in der griechischen Überlieferung insgesamt um gut 1000 Jahre älter wird. Der Grund dafür dürfte im Kulturkontakt mit der griechischen Welt zu erblicken sein, der die Notwendigkeit mit sich brachte, deren Mythologien auch noch im Bereich der Ur- und Vorgeschichte unterbringen zu können. Dieser Kulturkontakt hat sich auch in der für die Erschaffung der Welt in Gen 1 gebrauchten Terminologie in der Septuaginta niedergeschlagen: Deren Begrifflichkeit und implizite Vorstellungen lehnen sich an Platons *Timaios* an und streben offenkundig nach einer Harmonisierung zwischen biblischer und platonischer Kosmologie (Rösel 1994: 31, 36, 60, 81–87): Die von der Bibel beschriebene Welt ist gemäß der Auffassung der Septuaginta keine andere als diejenige der griechischen Philosophie und Wissenschaft. Die Nähe zu *Timaios* wird zunächst aus Gen 1,2 ersichtlich: Die Septuaginta gibt den Zustand der Welt vor der Schöpfung, der im Hebräischen als das sprichwörtliche תהובהו (»Tohuwabohu«, d.h. »lebensfeindliche Wüste«, vgl. Jes 34,11; Jer 4,23) bezeichnet wird, als ἀόρατος καὶ ἀκατασκεύαστος (»unsichtbar und unbearbeitet«) wieder, womit eine Entsprechung zur Unterscheidung von Ideenwelt und Materiewelt, wie sie im *Timaios* leitend ist, angedeutet zu sein scheint. Dann ist die Wiedergabe von רקיע *rāqiaʿ* (»Feste«) in Gen 1,6 mit στερέωμα (»Gerüst«) wohl ebenfalls vom *Timaios* her zu erklären, da dort das zugehörige Adjektiv στερεός (»fest, solide«) mehrfach auf die Himmelskörper angewendet wird (31b; 43c u.ö.). Schließlich wird die einebnende Übersetzung von ברא *bārāʾ* (»schaffen«) und עשה *ʿāśā* (»machen«) in Gen 1–3 gleicherweise durch ποιεῖν (»machen«) ebenfalls im Horizont des *Timaios* verständlich, da dort das Verb ποιεῖν (»machen«) insgesamt für das Wirken des Demiurgen reserviert ist. Vom Begriff ποιεῖν (»machen«) setzt der *Timaios* dagegen denjenigen des πλάσσειν (»bilden, formen«) ab: πλάσσειν bezeichnet im *Timaios* das Bilden des sterblichen Körpers der Menschen durch die so genannten jüngeren Götter (42d–45a), dasselbe Verb verwendet die Septuaginta in Gen 2,7 für die Erschaffung des Menschen, womit יָצַר *jāṣar* (»formen«) wiedergegeben wird.

3.7. Gott als Designer?

Eine besondere Spielart des Zusammenbringens von Schöpfungsglaube und Naturwissenschaft findet sich in der seit den neunziger Jahren des letzten Jahrhunderts vermehrt Aufmerksamkeit beanspruchenden Theorie eines »Intelligent Design« der Welt. Dessen Vertreter möchten in sachlicher Aufnahme des alten teleologischen bzw. physikotheologischen Gottesbeweises von der spezifischen Beschaffenheit der Natur auf einen Schöpfer zurückschließen, der als »Designer« meist ungenannt bleibt, aber natürlich auf den christlichen Gott hin transparent sein soll. Besonderes Augenmerk erhalten dabei Phänomene in der Natur, die als Beispiele nichtreduzierbarer oder spezifischer Komplexität interpretiert werden. Von ihnen wird behauptet, dass sie nicht durch Evolution, sondern nur durch ein gewolltes intelligentes Design erklärbar sind.

Die Theorie des »Intelligent Design« vertritt eine naturwissenschaftlich verkleidete Form des Kreationismus, mitunter wurde sie gar als ein »trojanisches Pferd« bezeichnet (Forrest/Gross 2007). In philosophischer Hinsicht ist dem »Intelligent Design« zunächst mit der bekannten Kritik Kants an den Gottesbeweisen zu begegnen (Immanuel Kant, *Kritik der Urteilskraft*, § 79; vgl. Hiltscher 2008; Link 2008: 97): Von der Zweckmäßigkeit der Welt kann deshalb nicht auf Gott als deren Urheber geschlossen werden, da dieses Argument zirkulär ist und im Begriff der »Zweckmäßigkeit« eine Ursache bereits voraussetzt. In theologischer Hinsicht ist dieser Kritik uneingeschränkt zuzustimmen und weiter darauf hinzuweisen, dass der von den Vertretern des »intelligent design« empfohlene »Designer« einigen grundlegenden Mindestanforderungen an einen überzeugenden Gottesbegriff nicht genügt. Denn als Designer, als Hervorheber, als Grund der Welt wird Gott – wider Willen – selbst zu einem Element welthafter Wirklichkeit degradiert (Härle 1995: 410). Insofern bringt das Projekt des »Intelligent Design« der Theologie ein Danaergeschenk dar: Statt seinen vermessenen Anspruch zu verwirklichen, Gott als den Schöpfer wissenschaftlich zu begründen, verweltlicht es den Gottesbegriff und löst ihn so in Tat und Wahrheit auf.

Nicht viel besser steht es um den von Stephen Hawking (Hawking/Mlodinow 2010) propagierten »großen Entwurf« der Welt, dessen Erklärung nun – im Zeitalter nach Pierre-Simon Marquis de Laplace ist dies allerdings keine bahnbrechende Neuerung mehr (Gillispie 1997) – spezifisch ohne Gott als Schöpfer auskommen will, aber durch die so genannte »M-Theorie« hinreichend begründbar sein soll (118f.), die aber jenseits ihrer Anpreisungen eigentümlich ungreifbar bleibt. Die Theorie Hawkings immunisiert sich dabei gegen mögliche Kritik, weil sie dem Vorschlag eines »modellabhängigen Realismus« (42–46) verpflichtet ist, innerhalb dessen sich ein mit den Beobachtungen übereinstimmendes Modell seine eigene Realität schaffe. So mutiert der Astrophysiker als Schöpfer seiner Theorien unter der Hand selbst zum Schöpfer der Welt – die Überzeugungskraft dieser Konstruktion nimmt dadurch aber entgegen der Intention ihres Autors eher ab als zu.

3.8. Das Selbstverständnis des Menschen

Bereits die biblischen Grundtexte sehen Weltschöpfung und Menschenschöpfung zusammen, womit das Thema der Anthropologie gegeben ist. Besonders seit Luthers folgenreicher Auslegung des ersten Artikels des Credos im *Kleinen Katechismus*, der die Schöpfungsaussage konsequent auf die eigene Individualität bezieht (»Ich glaube, dass Gott *mich* geschaffen hat«), konnte sich namentlich im protestantischen Bereich ein Zugang zur Schöpfungstheologie etablieren, der sich als in besonderer Weise modernitätskompatibel erweisen sollte. Die Auffassung, dass jeder einzelne Mensch sich als Geschöpf Gottes verstehen darf, ist unabhängig davon vertretbar, welche kosmologischen oder evolutionistischen Theorien man für wahrscheinlich oder unwahrscheinlich hält. »My dear, descended from the apes«, soll die Frau des Bischofs von Worcester aufgeschrien haben, als sie von Darwins Evolutionstheorie erfuhr. »Let us hope it is not true, but if it is, let us pray that it will not become generally known!« – dieser Aufschrei ist nur unter den Bedingungen der Annahme einer direkten Konkurrenz evolutionsbiologischer und theologischer Erklärungsmodelle von Menschenbildern verständlich, die heute, zumindest im europäischen Bereich, so kaum vertreten wird.

Die Geschöpflichkeit des Menschen, bezogen auf das eigene Ich, ist insofern charakteristisch für die protestantische Theologie, als sie damit die *coram-deo*-Relation des Individuums ganz in den Mittelpunkt rückt. Der Mensch agiert vor verschiedenen Foren, *coram deo* und *coram mundo*. Vor Gott ist er dessen von ihm ganz abhängiges Geschöpf, das aus dem Nichts geschaffen ist, der Versöhnung teilhaftig werden kann und auf Erlösung hoffen darf.

Dieser Gedanke antwortet auf die kirchengeschichtliche Konzeption der Erbsünde, die, heilsgeschichtlich gesehen, am ersten Menschenpaar im Paradies haftet. Durch den so genannten »Sündenfall« seien die ersten Menschen gefallen, von nun an dauerhaft in die Sünde verstrickt und deshalb unauflösbar mit dem Todesgeschick verbunden. Allerdings ist festzuhalten, dass diese vor allem von Gen 2f., Paulus und Augustin her beeinflusste und entwickelte Vorstellung eher auf einer produktiven Rezeption von Gen 2f. im Lichte von Röm 5 beruht, als auf Gen 2f. selbst (Schmid/Riedweg 2008). Gen 2f. steht von sich aus eher näher bei Röm 7 als bei Röm 5 und verleiht der Erfahrung einen erzählerischen Ausdruck, dass menschliche Selbstbetätigung – die moralisch zu kritisieren sinnlos wäre, da sie unverzichtbar ist – zwangsläufig in einen Zustand der Gottferne führt. Diese grundsätzliche Gottferne bleibt aber gleichwohl durch die Zuwendung Gottes qualifiziert, die er seinem Geschöpf gegen dessen eigene Entfremdung von Gott zukommen lässt.

In der wissenschaftlichen Diskussion um den Menschen akzentuiert der schöpfungstheologische Zugang die Unableitbarkeit jedes einzelnen Individuums gegenüber der evolutionsbiologischen Beschreibbarkeit der Entwicklung der Gattung insgesamt. Die gesetzesförmige Darlegung der Evolution der Species *homo sapiens* erklärt zahlreiche Aspekte des Menschen, klammert aber seine je und je vorfindliche Individualität *per definitionem* aus. Natürlich ist deshalb die Schöpfungstheologie kein ontogenetisches Komplement oder gar eine Überbietung ihres phylogenetischen Partners in der Naturwissenschaft, doch sie schärft die Aufmerksamkeit dafür, dass das Denken sich nicht nur mit Regularitäten und Kollektiven, sondern auch Besonderheiten und Individuen zu beschäftigen hat und sich so einer angemessenen, nicht allein technikförmigen, sondern multiperspektivischen Interpretation der Wirklichkeit annähern kann (Welker 1999).

3.9. Die Schöpfung bewahren?

Die ökologische Krise ist eine der größten politischen Herausforderungen der Neuzeit, namentlich im Bereich derjenigen Länder, die nicht über ausreichende wirtschaftliche Ressourcen verfügen, um ihre Haushalte und Industrien ökologisch verantwortlich betreiben zu können.

Es kann im Folgenden nicht darum gehen, Skepsis gegen politische und wirtschaftliche Initiativen im Umweltbereich zu äußern. Solche Anstrengungen sind, wenn sie sachgemäß und effektiv ausgerichtet sind, selbstredend sinnvoll und richtig (Bedford-Strohm 2009). Wenig hilfreich sind aber pseudotheologische Überhöhungen solcher Projekte, wenn dazu die Natur mystisch-verschleiernd als »heilige Erde« oder quasibiblisch als (vor der bevorstehenden Vernichtung) »zu bewahrende Schöpfung« interpretiert wird.

Schöpfung – als die von Gott geschaffene Welt – ist in der Bibel etwas anderes als heilige Erde oder intakte Natur, die noch von menschlichen Eingriffen verschont geblieben und, wo noch möglich, weiter zu verschonen ist, wie in religiös und ökologisch engagierten Kreisen oft angenommen wird. Man bezog sich mitunter gerne auf das – in seiner bekannt gewordenen, dritten Fassung als Fälschung aus dem Jahr 1972 entlarvte – »fünfte Evangelium« des Häuptlings Seattle, das vorgibt, aus dem Jahr 1854 zu stammen und als Antwort auf ein Angebot des damaligen amerikanischen Präsidenten Franklin Pierce, den Indianern Land abzukaufen, eine wundersame Ökotheologie entwickelt: Die Erde sei heilig, die Flüsse seien unsere Brüder, während der Anblick der Städte der Weißen die Augen des roten Mannes schmerze und es unbegreiflich sei, weshalb das qualmende Eisenpferd wichtiger sein soll als der Büffel, den der rote Mann nur deshalb töte, um selbst am Leben zu bleiben.

Solche Gedanken – in dieser oder abgemilderter Form – mögen einen ansprechen oder nicht, mit biblischen Positionen lassen sie sich nur sehr bedingt in Verbindung bringen. Dass die Erde heilig sei, bleibt in der biblischen Schöpfungsüberlieferung nicht nur ungesagt, sondern wird von ihr der Sache nach sogar bekämpft. So wie am Anfang des Buches Genesis die Welt als Gottes Schöpfung in den Blick genommen wird, steht außer Frage, dass ihre erste Eigenschaft darin besteht, keinerlei göttliche Substanz in sich zu haben, sie ist profan, nicht heilig. Als Schöpfung gehört die Welt ganz und gar auf die Seite der Geschöpfe und nicht auf diejenige des Schöpfers, der ihr von Anfang an gegenüber steht.

Ökologische Verantwortung ist nicht über eine supponierte Heiligkeit der Schöpfung, sondern über die Zerbrechlichkeit und Bedürftigkeit ihrer Geschöpfe zu begründen. Sie erstreckt sich auch nicht auf die Frage der *Bewahrung* der Schöpfung als solcher, denn biblisch gesehen kann und wird nur Gott selbst die Schöpfung bewahren (Gen 8,20–22; Gen 9), dem Menschen ist es weder gegeben, sie zu bewahren, noch sie zu zerstören. Der klassische biblische Beleg für den in Kirche und Theologie geläufigen Topos »Bewahrung der Schöpfung« in Gen 2,15 steht dem nicht entgegen: Das dort genannte »Bebauen« (עבד *'ābad*) und »Bewahren« (שמר *šāmar*) bezieht sich nicht auf die Frage von Sein oder Nichtsein der Schöpfung, sondern meint vielmehr – wie Leopold Zunz in seiner Bibelübersetzung schreibt – ein »Bebauen und Warten«. Es betrifft zudem nicht die Schöpfung insgesamt, sondern – das ist im Hebräischen nicht ganz klar – den Garten Eden (so der Konsonantentext) oder den Erdboden aus Gen 2,9 (so der vokalisierte Text).

Dass nicht der Mensch Subjekt des Bewahrens oder des Zerstörens der Schöpfung ist, mag für moderne Ohren befremdlich klingen, hat aber doch eine tiefere Evidenz: Auch unter Aufgebot aller zerstörerischen Kräfte könnte der Mensch nicht mehr, als die Schöpfung weit, Tausende oder Zehntausende von Jahren, zurückwerfen – wirklich auszulöschen vermag er sie nicht (allenfalls sich selbst). Umgekehrt scheinen bei allen menschlichen Bemühungen zur Verbesserung der ökologischen Situation die Regenerationskräfte der Natur selbst von vorrangiger Bedeutung zu sein, damit den Menschen eine lebenswerte Umwelt erhalten bleibt. Natürlich sind diese Regenerationskräfte auf bestimmte ökologische Rahmenbedingungen angewiesen, doch hat der Mensch bei deren Gewährleistung noch lange nicht die Schöpfung »bewahrt«.

So verdankt sich das Projekt der »Bewahrung der Schöpfung« wesentlich mehr der aufklärerisch-ethischen und romantischen Rezeptionsgeschichte der Bibel als ihr selbst: In der Aufklärung las man die Bibel vor allem als moralischen Imperativ, denn in der Ethik lag ihr vernunftskonformer Gehalt; die Romantik steuerte das Dekadenzmodell bei, demzufolge die Anfänge den späteren Entwicklungen stets überlegen seien (»zurück zur Natur!«). So wurde die Darstellung der anfänglichen Schöpfung in der Bibel als Idealbild der Erde gelesen, zu dessen aktueller Wiederherstellung der Mensch moralisch verpflichtet sei. Die biblischen Schöpfungsgeschichten sind aber weder auf die ethische Inanspruchnahme des Menschen noch auf die romantische Verklärung der Ursprünge hin ausgerichtet. Sie versuchen, die vorfindliche Lebenswelt der Menschen zu deuten und sind insofern grundsätzlich hermeneutisch und nicht so sehr ethisch perspektiviert.

4. Schöpfung als Thema der Theologie und der Kultur- und Geisteswissenschaften

Wie zu Beginn dieses Bandes vermerkt wurde, gehört der Begriff »Schöpfung« zu den wenigen theologischen Termini, die sich auch außerhalb von Theologie und Kirche behaupten konnten – allerdings mit nicht geringen Umprägungen in seiner Konnotation. So wird er etwa gerne in naturromantischer Verklärung aufgegriffen. Eine besondere Faszination scheint auch in den seit dem Beginn der Neuzeit wohlbekannten, aber sowohl aus Sicht der Naturwissenschaft als auch der Theologie abzuweisenden Verlockungen zu liegen, die Lücken der Naturwissenschaft in der Beschreibung der ersten Nanosekunden des Urknalls mit dem Gottesbegriff als Schöpfer aufzufüllen.

Eine umfassende theologische Klärung und Herangehensweise an das Schöpfungsthema deckt aber möglicherweise ganz andere

Attraktivitäten auf, die – vielleicht eher der Sache als dem Begriff nach – auch in außertheologischen Bereichen von Belang sein könnten.

Zunächst hervorzuheben ist vor allem das als Resultat theologischer Reflexion auf das Schöpfungsthema vielleicht überraschende Moment der Weltlichkeit der Welt. Es bewahrt vor der Vergötzung der Welt und öffnet einen denkerischen Zugang zu ihr, der von Realitätssinn geprägt ist und insofern – paradoxerweise – als Resultat theologischer Reflexion einen dezidiert nüchternen Umgang mit ihr nahe legt.

Weiter empfiehlt sich im Rahmen eines theologischen Umgangs mit dem Schöpfungsthema, dass der Topos der Schöpfungsmittlerschaft Christi mitzubedenken ist (überzogen und einseitig zuungunsten des Schöpfungsgedankens vorgenommen bei Wagner 1995: 89–113). Diese Vorstellung ist traditionsgeschichtlich erklärbar – das Neue Testament greift hier zurück auf Aussagen, die im Alten Testament von der Weisheit getroffen werden (bes. Prov 8,22–31) –, doch wie ist sie sachlich fruchtbar zu machen? Man steht hier vor der eingangs in diesem Band erwähnten Schwierigkeit, dass der *articulus de creatione* schwieriger zu verstehen sei als der *articulus de incarnatione*, da der erste nur von dem zweiten her zu erschließen ist. Die Schwierigkeit ist allerdings einer besonderen Präzisierung geschuldet: Die Schöpfung ist von allem Anfang an so zu denken, dass sie nicht als Experiment Gottes erscheint, in dem sich die biblisch dargestellte Heilsgeschichte dann in zufälliger Weise abspielt; vielmehr ist sie so zu verstehen, dass die Erniedrigung Gottes selbst von allem Anfang an die Welt bestimmt. Die Schöpfung ist in der Weise auf die Versöhnung und Erlösung ausgerichtet, wie der Schöpfergott nicht von Gott, dem Versöhner und dem Erlöser, zu trennen ist.

Schließlich mag der Gedanke der Schöpfung, der fraglos historisch bedingt ist, möglicherweise Verständnis für die antiken, soziomorphen Interpretationen der Wirklichkeit wecken (vgl. Topitsch 1958). Der Umstand, dass kosmologische Spekulationen auch heute noch – in einem Zeitalter abnehmender Bedeutung von Weltbildfragen – interessant erscheinen, obwohl sie keinerlei unmittelbare lebensweltliche Relevanz haben, macht deutlich, dass die Frage nach der Stellung des Menschen im Kosmos in grundsätzlich fortschrittsindifferenter Weise aktuell bleibt. Die Frage nach dem Kosmos stößt Denkmöglichkeiten an, mittels derer sich der Mensch seiner selbst vergewissern kann. Dass in diesem Prozess die biblischen und christlichen Weltdeutungen mit ihrer Verschränkung von naturwissenschaftlichen und lebensweltlichen Perspektiven nur hinderlich sein sollten, darf mit Fug und Recht bezweifelt werden.

Quellen- und Literaturverzeichnis

1. Quellen

Kant, Immanuel: *Kritik der Urteilskraft* [1799], hg. v. Karl Vorländer (PhB 17a), Hamburg 1959.
Platon: *Timaios*. Griechisch-deutsch, hg., übersetzt, mit einer Einleitung und mit Anm. versehen v. Hans Günter Zekl (PhB 444), Hamburg 1992.

2. Sekundärliteratur

Bedford-Strohm 2009: Bedford-Strohm, Heinrich (Hg.), Und Gott sah, dass es gut war. Schöpfung und Endlichkeit im Zeitalter der Klimakatastrophe, Neukirchen-Vluyn 2009.
Dawkins 2010: Dawkins, Richard: Die Schöpfungslüge. Warum Darwin recht hat, Berlin 2010².
Evers 2000: Evers, Dirk: Raum – Materie – Zeit. Schöpfungstheologie im Dialog mit naturwissenschaftlicher Kosmologie (HUTh 41), Tübingen 2000.
Forrest/Gross 2007: Forrest, Barbara/Gross, Paul: Creationism's Trojan Horse. The Wedge of Intelligent Design, New York 2007.
Gertz 2009: Gertz, Jan Christian: Antibabylonische Polemik im priesterlichen Schöpfungsbericht?, ZThK 106 (2009) 137–155.
Gillispie 1997: Gillispie, Charles Coulston: Pierre-Simon Laplace, 1749–1827. A Life in Exact Science, Princeton 1997.
Härle 1995: Härle, Wilfried: Dogmatik, Berlin/New York 1995.
Hawking/Mlodinow 2010: Hawking, Stephen/Mlodinow, Leonard: Der große Entwurf. Eine neue Erklärung des Universums, Reinbek 2010.
Heidegger 1965: Heidegger, Martin: Was ist Metaphysik?, Frankfurt a.M. 1965⁹.
Hiltscher 2008: Hiltscher, Reinhard: Gottesbeweise, Darmstadt 2008.

Laato/de Moor 2003: Laato, Antti/de Moor, Johannes C.: Theodicy in the World of the Bible, Leiden 2003.
Leibniz, Gottfried Wilhelm 1714: Leibniz, Gottfried Wilhelm: Principes de la Nature et de la Grâce, fondés en raison [1714], in: Gerhardt, Carl Immanuel (Hg.): Die philosophischen Schriften von Gottfried Wilhelm Leibniz, Bd. 6, Berlin 1885, 598–606.
Leuenberger 2008: Leuenberger, Martin: Die personifizierte Weisheit vorweltlichen Ursprungs von Hi 28 bis Joh 1. Ein traditionsgeschichtlicher Strang zwischen den Testamenten, ZAW 120 (2008), 366–386.
Link 2008: Link, Christian: Christlicher Schöpfungsglaube und naturwissenschaftliches Weltverständnis. Wie kann man dem Kreationismus argumentativ begegnen?, EvTh 68 (2008), 84–98.
Lübbe 1986: Lübbe, Hermann: Theodizee als Häresie, in: Oelmüller, Willi (Hg.): Leiden, Kolloquium Religion und Philosophie 3, Paderborn u.a. 1986, 167–176.
Lütkehaus 1999: Lütkehaus, Ludger: Nichts. Abschied vom Sein, Ende der Angst, Zürich 1999.
von Rad 1936: Rad, Gerhard von: Das theologische Problem des alttestamentlichen Schöpfungsglaubens [1936] , in: ders.: Gesammelte Studien zum Alten Testament (ThB 8), München 1961², 136–147.
Rösel 1994: Rösel, Martin: Übersetzung als Vollendung der Auslegung. Studien zur Genesis-Septuaginta (BZAW 223), Berlin/New York 1994.
Schleiermacher 1829/1968: Schleiermacher, Friedrich Daniel Ernst: Über seine Glaubenslehre, an Herrn Dr. Lücke [1829], in: Bolli, Heinz (Hg.): Schleiermacher-Auswahl, Gütersloh 1968, 120–175.
Schlink 1983: Schlink, Edmund: Ökumenische Dogmatik. Grundzüge, Göttingen 1983.
Schluchter 2009: Schluchter, Wolfgang: Die Entzauberung der Welt. Sechs Studien zu Max Weber, Tübingen 2009.
Schmid 1999: Schmid, Konrad: Erzväter und Exodus. Untersuchungen zur doppelten Begründung der Ursprünge Israels innerhalb der Geschichtsbücher des Alten Testaments (WMANT 72), Neukirchen-Vluyn 1999.
Schmid/Riedweg 2008: Schmid, Konrad/Riedweg, Christoph (Hgg.): Beyond Eden. The Biblical Story of Paradise and Its Reception History (FAT II/34), Tübingen 2008.
Schmid 2010: Schmid, Konrad: Hiob als biblisches und antikes Buch. Historische und intellektuelle Kontexte seiner Theologie (SBS 219), Stuttgart 2010.
Schmid 2011: Schmid, Konrad: Neue Schöpfung als Überbietung des neuen Exodus. Die tritojesajanische Aktualisierung der deuterojesajanischen Theologie und der Tora, in: ders., Schriftgelehrte Traditionsliteratur. Fallstudien zur innerbiblischen Schriftauslegung im Alten Testament (FAT 77), Tübingen 2011, 185–205.

Schröder 2011: Schröder, Richard: Abschaffung der Religion? Wissenschaftlicher Fanatismus und die Folgen, Freiburg i.Br. u.a. 2011².

Schwöbel 1993: Schwöbel, Christoph: Art. Monotheismus V. Systematisch-theologisch, in: TRE 23, Berlin/New York 1993, 256–262.

Stolz 1983: Stolz, Fritz: Unterscheidungen in den Religionen, in: Geisser, Hans Friedrich / Mostert, Walter (Hgg.): Wirkungen hermeneutischer Theologie. Eine Zürcher Festgabe zum 70. Geburtstag Gerhard Ebelings, Zürich 1983, 11–24.

Stolz 1996: Stolz, Fritz: Einführung in den biblischen Monotheismus, Darmstadt 1996.

Topitsch 1958: Topitsch, Ernst: Vom Ursprung und Ende der Metaphysik. Eine Studie zur Weltanschauungskritik, Wien 1958.

Wagner 1995: Wagner, Falk: Zur Lage des Protestantismus, Gütersloh 1995.

Weber 1905/1984: Weber, Max: Die protestantische Ethik und der »Geist« des Kapitalismus [1905], in: ders.: Die protestantische Ethik, hg. von Johannes Winckelmann (GTB 53), Gütersloh 1984⁷.

Welker 1999: Welker, Michael: Was ist Pluralismus?, in: Wertepluralismus. Sammelband der Vorträge des Studium Generale der Ruprecht-Karls-Universität Heidelberg im Wintersemester 1998/99, Heidelberg 1999, 9–23.

Welker 2009: Welker, Michael: Schöpfung und Endlichkeit. Theologische und naturwissenschaftliche Perspektiven, in: Bedford-Strohm, Heinrich (Hg.): Und Gott sah, dass es gut war. Schöpfung und Endlichkeit im Zeitalter der Klimakatastrophe, Neukirchen-Vluyn 2009, 15–28.

Zenger 2003: Zenger, Erich: Der Monotheismus Israels. Entstehung – Profil – Relevanz, in: Söding, Thomas (Hg.): Ist der Glaube Feind der Freiheit? Die neue Debatte um den Monotheismus (QD 196), Freiburg i.Br. u.a. 2003, 9–52.

Autoren

Reiner Anselm, geb. 1965, ist Professor für Ethik an der Theologischen Fakultät der Georg-August-Universität Göttingen.

Matthias Konradt, geb. 1967, ist Professor für Neutestamentliche Theologie an der Theologischen Fakultät der Ruprecht-Karls-Universität Heidelberg.

Martin Rothgangel, geb. 1962, ist Professor für Religionspädagogik an der Evangelisch-Theologischen Fakultät der Universität Wien.

Konrad Schmid, geb. 1965, ist Professor für Alttestamentliche Wissenschaft und Frühjüdische Religionsgeschichte an der Theologischen Fakultät der Universität Zürich.

Anselm Schubert, geb. 1965, ist Professor für Evangelische Theologie/Kulturgeschichte des Christentums an der Erziehungswissenschaftlichen Fakultät der Universität Erfurt.

Annette Zgoll, geb. 1970, ist Professorin für Altorientalistik an der Philosophischen Fakultät der Georg-August-Universität Göttingen.

Der Bandherausgeber dankt der Autorin und den Autoren für ihre Beiträge sowie Dr. Anke Dorman, Lida Panov und Michael Braunschweig für die Unterstützung bei der redaktionellen Bearbeitung des Bandes.

Namenregister

al-Rawi, Farouk 63
Althaus, Paul 212, 253, 264, 282, 283
Altner, Günter 251, 276
Amery, Carl 232
Andersen, Svend 284
Anselm, Reiner 12, 209, 270, 296, 310, 312
Anselm von Canterbury 197
Arato 144
Aristoteles 196, 197
Augustinus 193, 194, 195, 230
Aurel, Marc 143, 157
Avigad, Nahman 73

Bacon, Francis 263
Balz, Horst R. 166
Barbour, Ian 13, 310
Barr, James 95
Barth, Karl 211, 212, 229, 241, 253, 257, 284, 285, 310, 311, 318
Barth, Ulrich 248, 251, 253
Bauks, Michaela 107
Baumann, Gerlinde 105
Baumbach, Günther 146
Beck, Ulrich 277
Becker, Jürgen 121, 124, 165, 172, 158
Bedford-Strohm, Heinrich 9, 340
Benz, Arnold 6, 253
Betz, Hans Dieter 126
Beyerle, Stefan 111
Bierbaum, Max 205
Blum, Erhard 85, 93, 113
Böckenförde, Ernst-Wolfgang 284
Bonhoeffer, Dietrich 230, 267, 268, 278

Breytenbach, Cilliers 139
Brockes, Barthold Hinrich 208
Brosseder, Claudia 207
Brunner, Emil 212
Brüschweiler, Françoise 30, 32, 53
Buber, Martin 211
Burger, Christoph 171

Calvin, Johannes 203, 280
Carl von Linné 205
Cicero 139, 143
Clemens von Alexandrien 138
Cobb, John B. 231
Collins, John J. 111
Comte, Auguste 257
Conzelmann, Hans 255
Cramer, Friedrich 253

Daecke, Sigurd Martin 210
Darwin, Charles Robert 12, 208, 209, 249, 251, 252, 264, 338
Dautzenberg, Gerhard 162
Dawkins, Richard 300, 319, 334
Demodokos 48
Denzinger, Heinrich 201, 210
Descartes, René 238, 263
Desmond, Adrian 209
Dessauer, Friedrich 278
Deuser, Hermann 226
Dibelius, Martin 140, 141
Dijk, Jan J.A. van 30
Dio Chrysostomos 139, 142, 143, 144
Dionysius Areopagita 195, 196
Dressler, Bernhard 297

Ebeling, Gerhard 255

Ebner, Martin 125
Eckhart (Meister) 199
Einstein, Albert 6
Eisenstadt, Shmuel N. 7
Elert, Werner 212, 264
Eltester, Walther 142
Engels, Eve-Marie 257
Euripides 141
Eusebius 144
Evers, Dirk 226, 334

Faller, Adolf 205
Feldmeier, Reinhard 122
Fetz, Reto 297, 298, 303, 316
Ficino, Marsilio 259
Flacius, Matthias 201
Forrest, Barbara 337
Fowler, James 297
Fox, Michael V. 105, 106
Francis, Leslie J. 300
Frey, Christopher 265
Fulljames, Peter 300

Gabriel, Gösta 54
Galilei, Galileo 206, 207, 247
George, Andrew R. 31
Gerhard, Johann 204
Gerhardt, Uta 286
Gerl-Falkowitz, Hanna-Barbara 266
Gertz, Jan Christian 75, 89, 330
Gesundheit, Shimon 71
Gibson, Harry M. 298, 300, 301
Gillispie, Charles Coulston 338
Glassner, Jean-Jacques 35, 45
Gogarten, Friedrich 282, 283
Gollwitzer, Helmut 285
Graf, Friedrich Wilhelm 9, 262, 283
Grayson, A. Kirk 63
Gross, Paul 337
Gross, Walter 90
Grund, Alexandra 100
Gudea von Lagas 52, 56, 57

Habermas, Jürgen 270
Hacker, Jörg 277
Haeckel, Ernst 210, 249
Hahn, Ferdinand 111
Hammurapi 100
Härle, Wilfried 338
Hartenstein, Friedhelm 99, 100
Hartung, Gerald 249
Hawking, Stephen 319, 329, 338
Heckel, Martin 259
Hegel, Georg Wilhelm Friedrich 286
Hegemon, Petrus 1
Hegermann, Harald 171
Heidegger, Martin 329
Heim, Karl 211
Herder, Johann Gottfried 207, 267
Hesiod 36
Heubach, Andrea 276
Hiltscher, Reinhard 337
Hirsch, Emanuel 212, 264, 282, 283
Höffken, Peter 102
Hofius, Otfried 169
Homer 48
Hommel, Hildebrecht 142
Honecker, Martin 280
Hoppe, Rudolf 138, 146
Horowitz, Wayne 19, 51
Hubble, Edwin 6
Huber, Wolfgang 279, 245
Hunze, Guido 314, 315, 316

Irenäus von Lyon 189, 192
Irsigler, Hubert 99
Isaac de la Peyrères 205
Iustinus Martyr 191

Janowski, Bernd 74, 90
Jeremias, Jörg 72
Joas, Hans 273
Jonas, Hans 265, 279
Josephus, Flavius 163
Jüngel, Eberhard 258

Namenregister

Kant, Immanuel 248, 337
Keel, Othmar 6, 7, 106, 107, 108, 109
Keller, Catherine 230
Kepler, Johannes 207
Kertelge, Karl 147
Kessler, Martin 207
Kilmer, Anne D. 48
Kittsteiner, Heinz Dieter 207
Kleanthes 144
Kliefoth, Theodor 260
Koch, Klaus 111
Koch, Traugott 226, 256, 257
Köckert, Matthias 100, 101
Kohler-Weiss, Christiane 269
König, Johann Friedrich 204
Konradt, Matthias 11, 132, 133, 186
Kopernikus, Nikolaus 206, 207, 247
Körtner, Ulrich 8, 235, 263
Koyré, Alexandre 200, 206
Kratz, Reinhard Gregor 113
Krebernik, Manfred 20, 39, 51, 54
Krohn, Wolfgang 279
Krolzik, Udo 208
Krüger, Annette 100
Krüger, Thomas 78, 100, 101, 106, 109, 110, 111

Laato, Antti 332
Lamarck, Jean-Baptiste de 205, 208, 209
Lambert, Wilfred G. 20, 29, 38, 44, 45
La Mettrie, Julien Offray de 207
Lange, Dietz 249, 251, 260
Laplace, Pierre-Simon Marquis de 338
Lehmann, Reinhard G. 8
Leibniz, Gottfried Wilhelm 206, 329
Leuenberger, Martin 73, 102, 106, 327

Lichtenberger, Hermann 131
Lindemann, Andreas 140, 145
Link, Christian 253, 254, 258, 337
Linse, Ulrich 278
Lips, Hermann von 132
Løgstrup, Knud E. 266
Lübbe, Hermann 7, 333
Lübbe, Weyma 279
Luhmann, Niklas 257
Luther, Martin 1, 97, 201, 202, 203, 207, 229, 234, 246, 259, 267, 280, 338
Lütkehaus, Ludger 329
Luz, Ulrich 129

Macchi, Jean-Daniel 103
Manzke, Karl Hinrich 230
Markion 190, 191
Marquardt, Friedrich-Wilhelm 285
Martens, John W. 152
Marx, Karl 257
Maul, Stefan M. 31, 32, 53, 57
May, Gerhard 229
Meisner, Balthasar 202
Melanchthon, Philipp 259
Mell, Ulrich 159
Mettinger, Tryggve N.D. 75, 95
Mirandola, Giovanni Pico della 259
Mlodinow, Leonard 329, 338
Moltmann, Jürgen 8, 212, 213, 230, 233, 312, 313, 314, 319
Moore, James de 209, 332
Moos, Thorsten 282
Moran, William L. 43
Morche, Thorsten 253
Müller, Hans-Peter 54
Müller, Ulrich B. 124, 131
Müller-Schwefe, Hans-Rudolf 278

Nabonid 57
Nelkin, Dorothy 270

Neugebauer, Matthias 268
Neumann-Gorsolke, Ute 99
Newton, Isaac 206, 207, 238
Nipkow, Karl Ernst 304, 305
Nowak, Kurt 262, 282
Nussbaum, Martha C. 269

Oeming, Manfred 73, 100, 107
Olearius, Christian 206
Opel, Daniela 107
Origenes 190, 192, 193
Oser, Fritz 303

Pannenberg, Wolfhart 238, 241, 257, 255, 260, 267, 312, 319
Paulsen, Henning 175
Paulus 11
Reich, Karl Helmut 303, 304
Pelagius 193, 194, 195
Pesch, Rudolf 144
Philo 127, 133, 137, 139, 141, 142, 143, 148, 151, 152, 154, 157, 168, 169, 170, 231
Pierce, Franklin 340
Platon 132, 133, 148, 169, 170, 186, 187, 230, 336
Plotin 188
Plutarch 139, 141, 142, 144
Popkin, Richard 205
Popper, Karl 318
Proclos 195
Pury, Albert de 74, 77, 85

Rad, Gerhard von 8, 94, 254, 255
Rendtorff, Trutz 268, 277, 284
Renz, Johannes 74
Riedweg, Christoph 75, 92, 339
Ritter, Werner 317
Röllig, Wolfgang 73
Roloff, Jürgen 174, 175, 176, 177
Rösel, Martin 336
Rosenau, Hartmut 276
Roth, Michael 229, 245
Rothe, Richard 278

Rothgangel, Martin 13, 251, 296, 299, 300, 313
Ruiten, Jacques van 104

Sanherib 32
Sargon 62
Saur, Markus 75, 107
Schellenberg, Annette 110
Schelsky, Helmut 278
Schleiermacher, Friedrich 226, 248, 252, 334
Schleissing, Stephan 279
Schlink, Edmund 226, 261, 335
Schluchter, Wolfgang 331
Schmid, Hans Heinrich 8
Schmid, Konrad 10, 73, 75, 92, 93, 103, 104, 106, 110, 111, 186, 333, 335, 339
Schmidt-Biggemann, Wilhelm 206
Schneider, Gerhard 140, 144
Schnieringer, Helmut 99
Schoberth, Wolfgang 173
Scholder, Klaus 200
Schröder, Richard 3, 334
Schroer, Silvia 6, 7, 106, 107
Schubert, Anselm 11, 201, 202
Schüle, Andreas 90
Schuster, Robert 297, 302, 304, 305
Schwarke, Christian 269
Schweitzer, Wolfgang 280
Schweizer, Eduard 168
Schwienhorst-Schönberger, Ludger 109, 110
Schwöbel, Christoph 328
Seeberg, Reinhold 262
Sellin, Gerhard 154
Seneca 130, 133, 141, 143, 144
Simon, Richard 207
Smith, Mark 89
Sölle, Dorothee 233
Spengler, Oswald 278
Spieckermann, Hermann 8, 74, 75, 93, 99, 113

Spinoza, Baruch de 238
Stahl, Friedrich Julius 281
Steck, Odil Hannes 77, 104, 274
Steno, Nicolaus 205
Stettler, Christian 169, 170
Stipp, Hermann-Josef 81
Stock, Konrad 205
Stolz, Fritz 327
Stuhlmacher, Peter 160
Syring, Wolf-Dieter 106

Talkenberger, Heike 207
Teilhard de Chardin, Pierre 210, 211
Tertullian 191
Theißen, Gerd 123, 125
Thielicke, Helmut 285
Thomas von Aquin 197, 198, 201, 246, 260
Thyen, Hartwig 163
Timm, Hermann 264, 276
Töllner, Johann Gottlieb 204
Topitsch, Ernst 343
Troeltsch, Ernst 255, 257, 286
Trowitzsch, Michael 251, 279
Tsukimoto, Akio 29

Velthuysen, Lambert van 206
Vergil 144
Vielhauer, Philipp 112
Vogt, Carl 249
Vögtle, Anton 165, 175
Vollenweider, Samuel 162
Vosberg, Lothar 99

Wagner, Falk 6, 343
Walter, Nikolaus 137, 138, 144, 165
Weber, Max 89, 331
Weder, Hans 166, 246
Weippert, Manfred 92
Welker, Michael 253, 334, 340
Wendland, Heinz-Dietrich 278
Westenholz, Joan G. 19, 20, 22, 25, 29, 30
White, Lynn 232
Whitehead, Alfred N. 231
Wiggermann, Frans 20, 21, 22, 32, 33, 36
Wilcke, Claus 17, 20, 24, 27, 34, 35, 37, 39, 41, 43, 45, 47, 49, 50, 56, 58, 61, 62, 63
Wilckens, Ulrich 166
Wilke, Alexa F. 56
William von Ockham 199, 200
Williams, Bernard 272
Wischmeyer, Oda 124, 128, 158
Wöhrle, Jakob 83, 92
Wölfel, Eberhard 253
Wolff, Christian 156
Wolter, Michael 169, 173
Woyke, Johannes 156

Xenophon 146, 147

Zehnder, Markus 82
Zenger, Erich 73, 327
Zgoll, Annette 9, 29, 39, 52, 59
Zunz, Leopold 341
Zwingli, Huldrych 280

Sachregister

Ägypten 86, 87, 103
Allmacht 177, 199, 232, 239, 240, 244, 245, 247
Alte Kirche 11, 186
altorientalisch 3, 9, 10, 17, 18, 40, 56, 58, 64, 71, 85, 100, 107, 228, 326
Anthropogonie 10, 18, 19, 25, 51
Anthropologie 1, 92, 99, 132, 136, 138, 193, 200, 201, 206, 208, 236, 338
Äon 76, 111, 112, 113, 152, 160, 161, 162, 164
Apokalyptik 77, 111, 112, 113, 161, 175
Aufklärung 7, 202, 204, 247, 250, 259, 260, 342

Babylon 8, 19, 25, 26, 28, 29, 31, 32, 34, 35, 39, 40, 44, 52, 55, 57, 62, 63, 65, 104, 106, 174, 176, 300
Basileia 123, 124, 128, 132

Chaos 10, 11, 32, 52, 58, 65, 99, 101, 107, 108, 142, 174, 186, 230, 327
Christologie 2, 106, 173
concursus divinus 12, 235, 236, 238, 239, 246, 262
creatio continua 12, 74, 75, 76, 77, 130, 139, 199, 227, 228, 229, 234, 235, 241, 328
creatio ex nihilo 12, 90, 157, 227, 228, 229, 230, 231, 328
creatio prima 74, 75, 76, 77, 326

Demiurg 90, 186, 187, 189, 190, 191, 230, 231, 336

Dialektische Theologie 8, 12, 212, 226, 251, 255
Doketismus 13, 226, 261, 335
Dualismus 189, 192, 194, 233

Eden 75, 92, 93, 97, 98, 341
Emanation 188, 189, 196
Epigraphik 74
Eschatologie 65, 145, 146, 161, 204
Evolution 17, 42, 84, 208, 209, 210, 211, 222, 226, 251, 252, 256, 257, 264, 267, 288, 298, 299, 301, 302, 305, 307, 308, 318, 320, 321, 322, 323, 337, 338, 339
Exil 9, 72, 73, 74, 102, 103, 106, 299
Exodus 88, 103, 104, 335

Gattung 19, 46, 68, 85, 86, 255, 264, 265, 270, 339
Gebot 75, 96, 127, 129, 130, 166
Gesetz 17, 100, 123, 152, 166, 195, 206, 207, 210, 231, 237, 238, 247, 252, 255, 257, 260, 262, 263, 265, 277, 300, 301, 306, 307, 308, 331
Gnosis 189, 192
Gottebenbildlichkeit 90, 91, 115, 135, 152, 198, 201, 244, 249, 266, 267
Gotteslehre 2, 229, 327
(Un-)Heilsgeschichte 8, 103, 192, 193, 202, 255, 318, 343

Inkarnation 191, 192
Israel 5, 9, 37, 73, 74, 77, 86, 87, 92, 102, 103, 104, 105, 112, 122, 123, 137, 147, 157, 205, 311, 327, 331

Jerusalem 31, 65, 66, 73, 75, 103, 106, 174, 175, 176
Juda 9, 73, 92, 106

Kirche 1, 2, 4, 8, 9, 11, 170, 171, 185, 186, 189, 190, 191, 198, 200, 201, 204, 207, 209, 210, 212, 229, 248, 250, 255, 262, 263, 282, 283, 311, 325, 334, 341, 342
König 10, 21, 23, 25, 26, 28, 31, 32, 36, 38, 39, 40, 41, 48, 51, 52, 53, 54, 55, 57, 59, 65, 74, 91, 92, 99, 100, 102, 102, 109, 123, 124, 125, 126, 127, 128, 129, 132, 135, 204, 326
Konzeption 7, 9, 11, 29, 31, 33, 73, 75, 76, 77, 89, 91, 99, 112, 113, 132, 169, 173, 193, 196, 197, 207, 208, 212, 231, 246, 253, 285, 339
Kosmogonie 10, 18, 19, 20, 21, 23, 25, 38, 51, 63
Kosmologie 1, 6, 12, 80, 186, 189, 234, 235, 246, 253, 312, 331, 336
Kosmos 11, 17, 20, 25, 28, 29, 30, 31, 32, 33, 34, 35, 36, 37, 38, 45, 51, 53, 55, 62, 64, 107, 122, 140, 142, 143, 145, 169, 172, 186, 191, 230, 231, 238, 240, 248, 327, 331, 332, 344
Kreationismus 1, 253, 298, 299, 310, 313, 337
Kultur 4, 5, 9, 10, 44, 55, 58, 59, 62, 64, 65, 73, 90, 98, 109, 125, 127, 152, 259, 267, 275, 277, 300, 308, 325, 336, 342

Logos 168, 169, 170, 186, 191, 192, 193, 231

Mesopotamien 7, 17, 19, 36, 59, 60, 64, 326
Mittelalter 195, 196
Monotheismus 73, 85, 86, 88, 122, 327, 328

Mythos 19, 20, 21, 34, 35, 36, 38, 39, 40, 41, 42, 43, 44, 45, 46, 49, 50, 53, 54, 55, 59, 121, 142, 189, 207, 326, 336

Neuzeit 12, 187, 200, 207, 208, 235, 237, 245, 247, 258, 260, 261, 332, 340, 342

Offenbarung 8, 111, 123, 139, 147, 148, 165, 173, 174, 175, 177, 211, 247, 256, 311, 312
Ontogenese 63, 210
Ontologie 36, 37, 195, 211, 234, 237
Opfer 39, 55, 59, 140

Paradies 75, 92, 93, 95, 96, 97, 98, 108, 329, 339
Parusie 161, 164, 165, 167
Pentateuch 74, 77
Polytheismus 327
Präexistenz 106, 173
Priesterschrift 74, 77, 85, 86, 87, 91, 256

Qumran 5, 94

Reformation 12, 201, 229, 280
Ritual 18, 20, 21, 29, 34, 38, 39, 52, 53, 55, 59, 60

Sabbat 78, 131, 170, 213, 313
Segen 83, 84
Soteriologie 122, 156, 200, 201
Souveränität 12, 13, 158, 229, 230, 232, 236, 240, 244, 246, 281, 282, 327, 328
Sünde 46, 92, 93, 96, 124, 134, 146, 152, 161, 166, 170, 191, 192, 194, 195, 197, 198, 203, 229, 236, 237, 264, 268, 339
Szientismus 300, 301, 310, 313

Tempel 10, 19, 23, 24, 25, 27, 26, 28, 29, 30, 31, 32, 33, 34, 35, 41, 42, 44, 45, 51, 52, 53, 54, 55, 56, 57, 59, 63, 64, 65, 75, 76, 91, 101, 109, 112, 113, 141, 151, 176, 335
Theodizee 232, 240, 245, 302, 332
Theogonie 18, 36, 63
Theokratie 62
Tora 112, 127, 130, 137, 152, 164
Tradition 2, 4, 11, 23, 29, 33, 48, 71, 74, 75, 76, 77, 78, 88, 89, 90, 98, 104, 105, 121, 122, 123, 132, 134, 137, 149, 154, 158, 173, 174, 193, 196, 199, 201, 202, 203, 211, 227, 228, 230, 231, 234, 240, 254, 256, 275, 277, 280, 286, 326, 328, 330, 332

Trinität 91, 186, 194, 195, 204, 212, 241, 242, 243

Universum 6, 7, 28, 32, 34, 35, 51, 54, 62, 65, 231, 253, 298, 307
Urgeschichte 72, 104, 326
Urknall 6, 7, 17, 226, 252, 296, 298, 302, 306, 307, 308, 318, 342

Weisheit 11, 36, 39, 44, 47, 50, 61, 72, 75, 94, 96, 105, 106, 110, 132, 149, 150, 154, 158, 169, 201, 327, 343
Weltbild 5, 7, 205, 206, 207, 211, 231, 237, 238, 239, 247, 248, 264, 297, 298, 312, 314, 316, 317, 318, 343

Konrad Schmid
Schriftgelehrte Traditionsliteratur
Fallstudien zur innerbiblischen Schriftauslegung im Alten Testament

Die neuere Forschung zum Alten Testament hat deutlich gemacht, dass dessen Bücher über weite Strecken hin Text und Kommentar in einem sind. Die Schriftwerdung des Alten Testaments lässt sich als ein differenzierter Prozess innerbiblischer Schriftauslegung interpretieren, der überkommenes Textgut jeweils auf neue historische Situationen hin aktualisiert hat. Erst die Kanonsgrenze hat Text und Kommentar dann dauerhaft voneinander getrennt. Der vorliegende Band vereinigt verschiedene Studien von Konrad Schmid, in denen er sich der Rekonstruktion der Schriftkultur und des Literaturbetriebs im antiken Israel zuwendet, mehrere Fallstudien innerbiblischer Exegese im Alten Testament vorstellt und schließlich die theologische Bedeutung dieser Befunde thematisiert. Das von der neueren alttestamentlichen Wissenschaft gezeichnete Bild des Alten Testaments als schriftgelehrter Traditionsliteratur erweist sich dabei als Grundlage einer historisch differenzierten und theologisch dynamischen Wahrnehmung der Bibel.

2011. VIII, 339 Seiten
(Forschungen zum Alten
Testament 77).
ISBN 978-3-16-150860-8
Leinen

Mohr Siebeck
Tübingen
info@mohr.de
www.mohr.de

Reinhard Feldmeier /
Hermann Spieckermann
Der Gott der Lebendigen
Eine biblische Gotteslehre

Die Bibel bezeugt den Schöpfer als den, der nicht bei sich sein will ohne sein Geschöpf und deshalb dieses in Anteilnahme und Selbsthingabe aus tödlicher Verblendung und Schuldverstrickung zu einem Leben in Gemeinschaft mit sich und dem Nächsten befreit. Unter intensiver Berücksichtigung der Religionsgeschichte werden Altes und Neues Testament darauf abgehört, welches Grund-Wissen über Gott als »den uns Liebenden« vermittelt wird. Im Dialog des Alt- und Neutestamentlers ist so eine biblische Theologie entstanden, welche die theologischen Topoi in ihrem geschichtlichen Werdegang nachzeichnet und zugleich nach sachlichem Gewicht sowie logischem Zusammenhang ordnet.

2011. XX, 689 Seiten
(Topoi Biblischer Theologie 1).
ISBN 978-3-16-150548-5
fadengeheftete Broschur.
ISBN 978-3-16-150674-1
Leinen

Mohr Siebeck
Tübingen
info@mohr.de
www.mohr.de

Kirche
Herausgegeben von Christian Albrecht

Mit der Kirche ist eines der ältesten und wichtigsten Themen der Theologie gegeben. Zum zentralen Thema wurde die Kirche jedoch erst in der Neuzeit und insbesondere im 19. Jahrhundert mit Hilfe und im Rückgriff auf ältere Texte, die aus der neuzeitlichen Perspektive interpretiert wurden. Der Band zeigt, wie die Kirche jeweils zum Thema der verschiedenen theologischen Subdisziplinen wird. Die Fachvertreter kommen dabei in ein Gespräch, das Konvergenzen und Divergenzen der Fachperspektiven erkennen lässt. Dabei haben die einzelnen Beiträge das Ziel, die Fragestellungen ihrer Disziplinen so zu entfalten, dass der innertheologischen Vermittlung der jeweiligen, disziplinenspezifischen Problemstellungen angemessen Rechnung getragen wird.

Mit Beiträgen von:
Christoph Levin, Jens Schröter, Peter Gemeinhardt, Martin Laube, Monika Wohlrab-Sahr, Kristian Fechtner

Ein ausführliches Inhaltsverzeichnis finden Sie auf *www.mohr.de.*

2011. IX, 240 Seiten
(UTB S 3435; Themen der Theologie 1).
ISBN 978-3-8252-3435-5
Broschur

Mohr Siebeck
Tübingen
info@mohr.de
www.mohr.de

Trinität
Herausgegeben von Volker Henning Drecoll

Ist die Trinitätslehre eine Spekulation, die in der Bibel nur wenig Anhalt hat, vielleicht die Folge einer »Hellenisierung« des Christentums? Oder führt die Trinitätslehre ins Zentrum der christlichen Theologie, da sie die Identität des christlichen Gottes beschreibt? Die Autoren der hier gesammelten Aufsätze gehen den Wurzeln und Voraussetzungen der Trinitätslehre in der Bibel nach und verfolgen die Entwicklung der Trinitätslehre im Laufe der Theologiegeschichte bis in die Gegenwart. Neben diesem historischen Zugang wird die Frage aufgeworfen, welche theologische Aussage eine gegenwärtige Trinitätslehre besonders zu entfalten hat und wie sich dies in den verschiedenen Feldern kirchlicher Arbeit wiederfindet. Auch die Frage der religionswissenschaftlichen Einordnung unter besonderer Berücksichtigung des Islam wird gestellt. Ein reflektierender Abschnitt, der die Perspektiven der verschiedenen Fachdisziplinen zueinander in Beziehung setzt, schließt den Band ab.

Mit Beiträgen von:
Jan Dochhorn, Volker Henning Drecoll, Andreas Feldtkeller, David Käbisch, Christiane Tietz

2011. VIII, 279 Seiten
(UTB S 3432; Themen der Theologie 2).
ISBN 978-3-8252-3432-4
Broschur

Mohr Siebeck
Tübingen
info@mohr.de
www.mohr.de